131 EST ET SUD

Il s'agit de l'une des régions les plus hostiles de la planète avec l'immense désert aux dunes mouvantes du Rub' al-Khali. Les rares oasis sont écrasées par une chaleur torride ou étouffée par l'humidité du golfe Persique.

137 : L'est
154 : Le sud

161 OUEST

La région des villes saintes de La Mecque et de Médine abrite aussi la splendide oasis d'AlUla et les vestiges nabatéens d'Hegra. Un passage obligé pour tout touriste en Arabie Saoudite.

166 : L'Aseer
173 : Province d'Al-Bahah
176 : Mekkah
201 : Province de Médine

219 NORD

Une région aux paysages ébouriffants, entre la chaîne granitique du Hedjaz et les eaux cristallines de la mer Rouge. A découvrir de toute urgence.

225 : Qassim
227 : Province d'Hail
230 : Frontières du Nord
231 : Al Jawf
234 : Province de Tabuk

Vieille ville de Dje…

243 ORGANISER SON SÉJOUR

Vous aurez peut-être plus que jamais besoin de bonnes adresses et d'interlocuteurs sérieux pour vous aider à organiser votre séjour dans cette « terra incognita » qu'est l'Arabie Saoudite. Agents de voyages, agents réceptifs, principaux transporteurs vous aideront dans cette organisation.

244 : Pratique
251 : S'y rendre
252 : Séjours et circuits
257 : Se loger
258 : Se déplacer
260 : S'informer
261 : Rester
262 : Index

Hegra. © TY NEWCOMB - ISTOCKPHOTO.COM

© TRAVELERCREWS - ISTOCKPHOTO.COM

Nukhayb
IRAK
Al Qurayyat
`Ar`ar
JORDANIE
Tubarjal
Uwayqilah
SAKAKAH ★★
DUMAT AL JANDAL ★★
Rafha
Aqaba
HAQL ★★
JABAL AL-LAWZ ★★★
DÉSERT DU NAFUD ★★★
TABUK ★★
JUBBAH ★★★
TAYMA ★★
HAIL ★
AL-ULA ★★★★
UYUN AL JAWA ★★
AL WAJH ★
KHAYBAR ★
AL BUKAYRIYAH ★
HANAK ★★
Marsa Alam
UMLUJ ★★★
WADI E JIN ★
MÉDINE ★★★
AL JAHAMAH ★
YANBU ★
Afif
Alshalateen
CRATÈRE D'AL-WHABAH ★★
Rabigh
Abu Ramad
MOON MOUNTAIN ★★
JEDDAH ★★★
LA MECQUE ★★★★
TAIF ★★
Tomala
AL-BAHAH ★★
THEE AIN ★★★
JABAL SHADA RESERVE ★★
Port-Soudan
SOUDAN
Al Qunfudhah
AL NAMAS ★
Mer Rouge
Tokar
MONT SOUDAH ★★★
ABHA ★★
RIJAL ALMA ★★★
TAMNIAH ★★
MONT FAYFA ★★
Saada
Jizan
FARASAN ISLANDS ★★★
300 KM

Arabie Saoudite

LE VOILE SE LÈVE

L'Arabie Saoudite est le dernier pays au monde à s'ouvrir au tourisme. Si les pèlerins pouvaient se rendre dans le berceau de l'islam à La Mecque et à Médine, le reste du pays ne connaissait de l'étranger que quelques rares expatriés et une main-d'œuvre immigrée chargée des basses tâches. Désormais, le pays entier accueille à bras ouverts des touristes espérés du monde entier. Et quoi de plus excitant que de faire partie des premiers à parcourir ce pays grand comme 4 fois la France ? Vous serez surpris par une hospitalité bienveillante partout où vous irez, une modernité exubérante, des infrastructures impeccables. Vous serez enchanté par des paysages fantasmagoriques de sable et de montagnes, des oasis verdoyantes au milieu de nulle part, des fonds marins intacts et des récifs coralliens multicolores, des vestiges vertigineux de civilisations antiques, des palais, maisons, tours, forteresses et villages de pisé ou de pierre. Sillonner l'Arabie Saoudite, c'est écaler une par une toutes les couches de clichés qui collent à la peau de ce pays. En s'ouvrant au tourisme, l'Arabie Saoudite semble réaliser qu'elle possède un patrimoine culturel et naturel de grande valeur. Partout, les rénovations et mises en conformité des sites vont bon train, afin de pouvoir accueillir chacun dans les meilleures conditions possibles. On sent que l'Arabie Saoudite a à cœur de faire bonne impression. Un pari réussi !

Retrouvez cette offre en page 84

SOMMAIRE

Vieille-ville de Djedda. © LUCA LADI BUCCIOLINI - ISTOCKPHOTO.COM

Wadi Al Disah, près de Tabouk. © BENEDEK - ISTOCKPHOTO.COM

6 INSPIRER

Des idées de séjour, des bons plans, des infos pratiques et des photos hautes en couleur pour alimenter votre projet de voyage en Arabie Saoudite.

6 : Quand y aller ?
8 : Les bonnes raisons d'y aller
11 : Les 12 mots-clés
13 : Interview audio / vidéo
14 : Tableau des distances
16 : Idées de séjour
21 : Pratique

35 DÉCOUVRIR

Nos dossiers approfondis vous permettent d'appréhender toutes les facettes culturelles encore méconnues de l'Arabie Saoudite.

36 : Trek dans le désert
40 : Géographie
42 : Nature
45 : Climat
46 : Environnement
48 : Histoire
53 : Les enjeux actuels
55 : Architecture
59 : Beaux-arts
61 : Musiques et scènes
64 : Littérature
67 : À l'écran
68 : Population
70 : Société
72 : Religions
74 : Que rapporter ?
76 : Sports et loisirs
78 : Gastronomie
82 : Agenda

87 RÉGION DE RIYAD

Riyad et sa région sont un concentré d'Arabie Saoudite : du désert, des montagnes, des palais et vieilles maisons de pisé, des villages fantômes, des tours de verre et d'acier et l'hospitalité bien ancrée.

91 : RIYAD

Derrière ses allures de ville ultra-moderne, Riyad cache entre ses gratte-ciel de splendides vestiges du passé, dont la cité de Turaïf, toute de boue séchée, inscrite au Patrimoine mondial de l'humanité.

124 : Au nord de Riyad
130 : Au sud de Riyad

Saoudiens. © XAVIERARNAU - ISTOCKPHOTO.COM

Al-Amara
Izeh
Yazd
Ahvaz
IRAN
Nasiriyah
Yasuj
Bassorah
Kazerun
Chiraz
Sirjan
KOWEÏT
Bouchehr
Hafar Al-Batin
Jahrom
Lar
Nariyah
Golfe Persique
TAROUT
DAMMAN
BAHREÏN
AL UQAÏR
AL HOFUF
QATAR
HURAYMILA
OASIS D'AL AHSA
RIYAD
AL BAD'
AL-MUZAHMIYA
Sila
ÉMIRATS ARABES UNIS
Um Al Zumoul
Layla
EMPTY QUARTER
Al Kharkhir
OMAN
Sharurah
YÉMEN
Salalah
Al Ghaydah
Say'un

QUANDY ALLER

JANVIER

3° / 28°

FESTIVAL DE DROMADAIRE DU ROI ABDULAZIZ
(RIYAD)
Animé et haut en couleur, ce festival de 40 jours ambitionne de devenir le plus important rassemblement de dromadaires au monde.

$

FÉVRIER

4° / 30°

FESTIVAL NATIONAL DE JANADRIYAH
(RIYAD)
Ce festival célèbre le folklore de l'Arabie Saoudite aux portes de Riyad, avec des pavillons éphémères érigés par chaque région.

$

MARS

8° / 35°

ALULA ARTS FESTIVAL
(AL-ULA)
Rendez-vous de l'art contemporain au cœur de l'Arabie Saoudite, ce festival est un évènement culturel majeur dans le monde.

$ $

JUILLET

23° / 45°

AÏD AL-ADHA
La fête du mouton coïncide avec le pèlerinage à La Mecque. Les Saoudiens les plus aisés sacrifient un dromadaire âgé de 5 ans.

$ $ $

AOÛT

24° / 45°

FESTIVAL DU DROMADAIRE DU PRINCE HÉRITIER
(TAIF)
Taïf accueille l'un des plus importants festivals de dromadaire du pays, avec plus de 500 courses organisées en un mois.

$ $ $

SEPTEMBRE

19° / 43°

FÊTE NATIONALE
(RIYAD)

Le 23 septembre, les Saoudiens s'enroulent dans leurs drapeaux et se rendent aux feux d'artifice programmés dans tout le pays.

$ $

L'Arabie Saoudite est connue pour ses chaleurs extrêmes qui peuvent atteindre les 50° en été. La meilleure saison est incontestablement l'hiver, d'octobre à avril, qui coïncide aussi avec la saison des pluies. Celles-ci sont rarement copieuses, mais elles existent, et sont plus intenses en mars et avril. Attention, en altitude ou dans le désert, les nuits peuvent se montrer mordantes et le mercure flirter avec les 0°. Prévoyez des vêtements chauds malgré tout.

AVRIL

12° / 38°

RAMADAN
Le grand jeûne musulman revêt une importance particulière dans le berceau de l'islam. Pendant un mois, le pays tourne au ralenti.

MAI

18° / 42°

JUIN

21° / 44°

HAJJ
(LA MECQUE)

© ORHANDURGUT - ISTOCKPHOTO.COM

Le pèlerinage à La Mecque, qui figure parmi les 5 piliers de l'islam, est un témoignage de la soumission des fidèles à Allah.

OCTOBRE

14° / 38°

NOVEMBRE

9° / 33°

DÉCEMBRE

3° / 28°

FESTIVAL INTERNATIONAL DU FILM DE LA MER ROUGE
(DJEDDA)
Djedda célèbre le 7e art à travers un festival destiné à promouvoir les talents émergents d'Afrique, d'Asie et des pays arabes.

LES BONNES RAISONS D'Y ALLER

© HANOHIKI - ISTOCKPHOTO.COM

AL-'ULA

Paysages féeriques et héritage culturel immense, Al-'Ula est une destination en soi.

LES DÉSERTS

Dunes de sable, montagnes stériles, plaines infinies : les déserts sont protéiformes.

© WALEEDPD - SHUTTERSTOCK.COM

© SAUDI TOURISM AUTHORITY

LA MER ROUGE

Une mer chaude toute l'année et des fonds marins préservés, la mer Rouge est un paradis.

© M.Z.KHAN - SHUTTERSTOCK.COM

AL-HOFUF

Entourée de désert, la plus grande oasis du monde compte plus de 3 millions de palmiers.

© NEOM

LA DÉMESURE

Une ville de 170 km de long, une station de ski, le projet NEOM dépasse l'entendement.

© CAMILLE ESMIEU

L'HOSPITALITÉ

En Arabie Saoudite, vous serez accueilli avec un café et un sourire partout où vous irez.

© PHOTOGRAPHER - ISTOCKPHOTO.COM

LA DÉCOUVERTE

Pour faire partie des premiers à pénétrer un pays longtemps fermé aux touristes...

LES BONNES RAISONS D'Y ALLER

WADI AD-DISAH

Long de 5 km, ce canyon-oasis est l'un des plus beaux du pays.

© FELIX FRIEBE - SHUTTERSTOCK.COM

© SAUDI TOURISM AUTHORITY

L'ASEER

Les vertes montagnes de l'Aseer vont à l'encontre de l'idée que l'on se fait du pays.

© ARISSU - ISTOCKPHOTO.COM

LA FERVEUR RELIGIEUSE

Se mêler aux pèlerins de Médine, c'est désormais possible pour les non-musulmans.

LES 12 MOTS-CLÉS

#ABAYA

S'il n'est plus obligatoire pour les femmes de porter le long manteau noir, il faudra encore des années pour que cesse ce qui est devenu une coutume. Depuis les années 1970, les Saoudiennes se couvrent de l'abaya qui cache les formes, ainsi que du hijab (le foulard) et du niqab (le voile sur le visage), qui eux non plus ne sont plus obligatoires.

#BALAD

Le terme signifie « vieille ville » en arabe. Longtemps tournée vers son développement et en quête de modernité, l'Arabie Saoudite a ignoré ses vieux quartiers. Le pays commence tout juste à s'y intéresser et rénove avec entrain certaines de ses vieilles villes, comme celle de Djedda, classée au patrimoine mondial de l'Unesco, ou celle d'Al-'Ula.

© SAUDI TOURISM AUTHORITY

#BÉDOUIN

Nomades, les Bédouins ont longtemps vécu dans le désert. Ils ont été sédentarisés de force dans les années 1970 et les Bédouins vivent désormais dans des maisons en dur. Mais ils ont gardé un lien fort avec le désert. Ils y plantent toujours des tentes qui leur servent d'abri pendant qu'ils mènent leurs troupeaux de chèvres et de moutons paître.

#DROMADAIRE

Véritable emblème national, le dromadaire occupe une place essentielle dans le cœur des Saoudiens. Il existe plus de 100 mots dans le vocabulaire arabe pour le désigner. *Hejin* est le terme générique, *thenaya* celui qui désigne le chameau de 5 ans abattu pour l'Eid, *harib* est la chamelle qui mène le troupeau, *ghab* celui qui boit tous les 2 jours...

#GHUTRA

En Arabie Saoudite, le keffieh est connu sous le nom de *ghutra*. Ce grand carré de coton rouge et blanc ou blanc est l'apanage des hommes. Il est plié en deux, en triangle, et posé sur le sommet de la tête. Il est maintenu par un *igal*, un cordon noir, autrefois en laine de dromadaire ou de chèvre. Les coins sont rabattus sur le sommet de la tête.

© XAVIERARNAU - ISTOCKPHOTO.COM

#HOOKAH

La pipe à eau, aussi connue sous le nom de chicha ou narguilé, fait partie des menus plaisirs des Saoudiens. Hommes comme femmes s'adonnent à ce plaisir, de préférence en soirée, mais rarement ensemble, sauf chez les jeunes. Ils se retrouvent dans des bars spécialisés qui proposent un grand choix de tabacs parfumés : menthe, pastèque, ananas...

#KABSA

Le plat national saoudien est composé de riz, de viandes, d'épices, de piment, de fruits secs. Les aliments sont pressés (*kabasa* en arabe) ensemble dans le plat de cuisson. Il en existe de nombreuses variantes. Selon les régions les épices ou le riz utilisé seront différents. A Hofuf on utilise le riz ahsawi, les plus aisés utilisent du safran.

© FROM MY POINT OF VIEW - SHUTTERSTOCK.COM

#KEBAB

Chez les Arabes, le kebab est une brochette de viande hachée parfumée aux herbes et aux épices. Il en existe de plein de sortes différentes, à base de bœuf, d'agneau, de poulet... Le shawarma est la viande rôtie sur de longs sabres, à la turque, et effilochée. En sandwich, il vous sera servi avec des frites, quelques légumes et une sauce à l'ail.

#MAHABA

Signifiant bonjour et bienvenue à la fois, *mahaba* est une façon décontractée de se saluer. Moins formel et moins empreint de religiosité que *salam aleikum* qui signifie littéralement « que la paix soit sur vous », le terme est surtout usité en arrivant quelque part. Une autre façon de dire bienvenue : la formule qui vient de l'arabe ancien *ahlan wa sahlan*.

#PÉTROLE

Si vous entreprenez un circuit touristique en Arabie Saoudite, vous ne verrez pas les puits de pétrole qui se trouvent au nord de Dammam, proches de la frontière avec le Koweït. En revanche, vous percevrez très nettement les conséquences de cette manne financière dans les excellentes infrastructures en place et les investissements massifs.

#QAHWA

Boisson nationale, le *qahwa* récolte tous les suffrages. Le café arabe est élaboré à partir de grains non torréfiés. Son jus est jaune et son goût amer. Les Saoudiens le sirotent à longueur de journée, en petites quantités, et l'accompagnent d'une datte ou d'une sucrerie pour combattre l'amertume. A l'origine, les grains venaient du Yémen.

#THOBE

Le *thobe* ou *thawb* désigne la robe de coton blanc portée jusqu'aux chevilles par les Saoudiens. Malgré une apparence identique, les thobes varient dans leurs détails, notamment les broderies de la poitrine. Traditionnellement, les brodeurs étaient spécialisés dans un motif. Ils se passaient le thobe de main en main pour assembler le motif final.

VOUS ÊTES D'ICI, SI...

- Vous abreuvez votre interlocuteur de formules de politesse et prenez des nouvelles de sa famille en même temps que de ses nouvelles.
- Vous vous versez un petit *qahwa* avant de sortir de votre hôtel. Vous trouverez la cafetière traditionnelle dans le hall de presque tous les établissements.
- Vous mangez exclusivement avec la main droite, à même le plat, en formant une boulette avec le riz et la viande mêlée. La main gauche est réservée aux activités impures, telles que la toilette intime.
- Vous ne croisez jamais la jambe gauche sur la droite et vous ne tournez pas votre plante de pieds vers un interlocuteur lorsque vous êtes assis.
- Vous ne serrez jamais la main d'un homme lorsque vous êtes une femme, sauf s'il vous la tend.
- Vous utilisez l'entrée *family* dans les restaurants lorsque vous êtes en compagnie d'une femme, d'enfants ou si vous êtes une femme seule.
- Vous ôtez vos chaussures à l'entrée d'une pièce ou en vous asseyant sur un tapis.

INTERVIEW

MON ARABIE SAOUDITE

AVEC ASTRID LATAPIE, AUTEURE

Qu'est-ce qui vous a menée en Arabie Saoudite ?

Pour la bonne connaisseuse du Moyen-Orient que je suis, l'occasion était trop belle de pouvoir défricher cette destination nouvelle. Je n'ai pas été déçue. Le pays est magnifique, j'ai reçu un accueil chaleureux partout, et cela m'a permis de revoir pas mal d'idées reçues.

Que gardez-vous en souvenir ?

Une sensation d'émerveillement permanent. L'Arabie Saoudite recèle de paysages somptueux et inégalés. Nombreux sont les espaces naturels qui n'appartiennent qu'à elle : les hautes montagnes de l'Asir, les îles vierges de Farasan, les fabuleux wadis du Hedjaz, le désert de feu du Nafud. C'est un pays taillé pour les âmes contemplatives et aventureuses.

Quel est votre endroit préféré ?

Entre AlUla et l'oasis d'Al Ahsa, mon cœur balance. A AlUla, la force et la beauté qui émanent des paysages est juste incroyable. C'est aussi une destination culturelle fascinante, avec les vestiges de civilisations anciennes. Al Ahsa m'a séduite par la gentillesse de ses habitants, son souk traditionnel, son immense palmeraie, son étonnante montagne Al Qarah et son splendide lac Jaune à découvrir au coucher du soleil. L'oasis se trouve à l'écart des itinéraires classiques, mais elle mérite vraiment de s'y intéresser.

S'il ne fallait retenir qu'un bon conseil pour découvrir le pays, ce serait lequel ?

Louer une voiture. La conduite en ville est un peu stressante, mais dès qu'on s'en éloigne, les routes sont en bon état et presque désertes. Cela permet de gagner en autonomie et d'effectuer quelques détours. Il faut juste penser à faire le plein régulièrement, car les distances sont énormes et on peut parfois rouler des heures sans croiser âme qui vive.

© ASTRID LATAPIE

© ASTRID LATAPIE

© ASTRID LATAPIE

DISTANCES

TEMPS DE TRAJET

	RIYAD	DJEDDA	DAMMAM	TABOUK	MÉDINE
RIYAD		943 KM 9h	409 KM 4h	1355 KM 13h	837 KM 7h4
DJEDDA	943 KM 9h		1358 KM 13h15	972 KM 10h30	415 KM 4h
DAMMAM	409 KM 4h	1358 KM 13h15		1751 KM 16h30	1234 KM 11h1
TABOUK	1355 KM 13h	972 KM 10h30	1751 KM 16h30		586 KM 6h
MÉDINE	837 KM 7h45	415 KM 4h	1234 KM 11h15	586 KM 6h	
LA MECQUE	868 KM 8h	87 KM 1h	1275 KM 12h	986 KM 10h	453 KM 4h3
HAIL	624 KM 6h	836 KM 8h	1020 KM 9h30	638 KM 6h30	428 KM 4h1
ABHA	948 KM 9h30	657 KM 7h45	1354 KM 13h30	1594 KM 17h	1016 KM 11h
JEZAN	1144 KM 12h	710 KM 7h45	1551 KM 16h	1642 KM 17h45	1119 KM 11h4
AL HOFUF	326 KM 3h30	1276 KM 12h45	147 KM 1h30	1562 KM 15h30	1152 KM 11h3
ALULA	1041 KM 10h30	683 KM 7h15	1438 KM 14h	360 KM 2h45	332 KM 3h3
NAJRAN	944 KM 9h45	927 KM 10h30	1344 KM 13h30	1800 KM 19h	1222 KM 13h

L'Arabie Saoudite est un vaste pays, grand comme 4 fois la France, avec des villes souvent éloignées les unes des autres, placées stratégiquement autour d'oasis. Les routes en excellent état permettent de se déplacer facilement et rapidement. Une voiture de ville est tout à fait suffisante pour sillonner le pays. En revanche, si vous prévoyez d'emprunter les pistes, un 4x4 et un équipement adéquat s'avèrent indispensables.

MECQUE	HAIL	ABHA	JEZAN	AL HOFUF	ALULA	NAJRAN
868 KM 8h	624 KM 6h	948 KM 9h30	1144 KM 12h	326 KM 3h30	1041 KM 10h30	944 KM 9h45
87 KM 1h	836 KM 8h	657 KM 7h45	710 KM 7h45	1276 KM 12h45	683 KM 7h15	927 KM 10h30
275 KM 12h	1020 KM 9h30	1354 KM 13h30	1551 KM 16h	147 KM 1h30	1438 KM 14h	1344 KM 13h30
986 KM 10h	638 KM 6h30	1594 KM 17h	1642 KM 17h45	1562 KM 15h30	360 KM 2h45	1800 KM 19h
453 KM 4h30	428 KM 4h15	1016 KM 11h	1119 KM 11h45	1152 KM 11h30	332 KM 3h30	1222 KM 13h
	871 KM 8h	637 KM 7h45	689 KM 8h	1191 KM 11h45	728 KM 7h30	907 KM 10h45
871 KM 8h		1326 KM 14h45	1538 KM 15h45	935 KM 9h15	429 KM 4h45	1564 KM 16h
637 KM 7h45	1326 KM 14h45		206 KM 2h45	1270 KM 13h	1337 KM 14h15	256 KM 3h15
689 KM 8h	1538 KM 15h45	206 KM 2h45		1461 KM 15h45	1390 KM 15h15	331 KM 5h15
1191 KM 11h45	935 KM 9h15	1270 KM 13h	1461 KM 15h45		1356 KM 13h30	1263 KM 13h
728 KM 7h30	429 KM 4h45	1337 KM 14h15	1390 KM 15h15	1356 KM 13h30		1545 KM 16h30
907 KM 10h45	1564 KM 16h	256 KM 3h15	331 KM 5h15	1263 KM 13h	1545 KM 16h30	

IDÉES DE SÉJOUR

Grande comme 4 fois la France, l'Arabie Saoudite offre une diversité de paysages, d'activités, de sites d'intérêt qui vous fera réviser tous les lieux communs que vous pourriez avoir concernant ce pays. Certes, les dunes de sable blond ou rouge existent. Mais le pays est également parcouru par une longue chaîne de montagnes, qui court du nord au sud, dont les plus hauts sommets s'élèvent à 3 000 mètres. Si vous avez le temps et le budget, il faut prévoir un mois pour découvrir le pays dans son intégralité. En 15 jours, vous aurez un aperçu des essentiels, qui se concentrent au nord et à l'ouest du pays. Mais vous pouvez aussi envisager de faire un saut de puce, à l'occasion d'un passage au Moyen-Orient ou en profitant du vol direct entre Paris et AlUla en hiver. Vous pourrez alors découvrir le joyau touristique de l'Arabie Saoudite, entre trésors archéologiques, montagnes spectaculaires et oasis verdoyante.

ALULA LE TEMPS D'UN WEEK-END

AlUla est reliée à l'international par des vols directs à Dubaï, Le Caire et Paris (décembre et janvier uniquement). Le gouvernement investit massivement dans cette oasis plurimillénaire pour en faire une destination touristique mondiale majeure. Avec ses vestiges des civilisations lihyanites et nabatéennes, ses paysages majestueux, son Winter X Festival, AlUla mérite le voyage à elle seule.

› Jour 1 : Arrivée à AlUla

L'intérêt d'AlUla pour l'art contemporain est visible dès l'aéroport avec 64 œuvres exposées. Vingt-quatre artistes saoudiens et internationaux célèbrent la beauté d'AlUla et célèbrent son héritage culturel à travers des sculptures, des photos, des peintures, des textiles... Récupérez votre voiture de location indispensable et check-in à l'hôtel.

› Jour 2 : Dadan et Old AlUla

Prévoyez la matinée pour visiter Dadan, l'ancienne capitale de la civilisation lihyanite, puis Jabal Ikhma. Les caravaniers y ont laissé des milliers de graffitis gravés sur les rochers. Déjeuner dans Old AlUla et visite guidée de la vieille ville jusqu'au château ottoman. Coucher de soleil à Elephant Rock et concert au Maraya, selon la programmation.

› Jour 3 : Vieille ville et nature

Réservez le premier créneau pour la visite d'Hegra, pour éviter la chaleur et profiter d'une lumière douce. Départ depuis le Winter Park. Déjeuner dans Old AlUla, puis flânerie dans le souk et la palmeraie. En fin d'après-midi, rendez-vous au Husaak Centre, pour une soirée à lire les étoiles sur le plateau de Gharameel.

› Jour 4 : Retour

Selon l'heure de votre vol retour, vous pouvez partir de bon matin pour effectuer une descente en rappel le long des falaises de grès. Prévoyez aussi de parcourir AlUla et ses environs en voiture. Dirigez-vous vers le nord de l'oasis et Tabouk. Les paysages somptueux vous donneront de vous arrêter partout et tout le temps pour faire des photos.

L'ARABIE SAOUDITE EXPRESSE

L'Arabie Saoudite est un pays immense et la variété de paysages vous surprendra. En une semaine, vous pouvez découvrir l'essentiel de ses facettes. De l'animation qui règne dans les villes de Riyad et Djedda, à la splendide tranquillité de l'oasis d'AlUla, à la ferveur religieuse de Médine, ces quelques étapes vous permettront d'aborder le pays.

› Jour 1 : l'arrivée

Vous arriverez en fin de journée si vous empruntez le vol quotidien qui relie Roissy CDG à King Khalid International Airport. Faites votre demande de visa à l'arrivée, c'est rapide et munissez-vous d'une carte SIM après avoir passé la douane. Vous êtes relié à Internet et pouvez commander un Uber pour gagner votre hôtel et dîner en ville.

› Jour 2 : Riyad

Prenez la direction du nord-ouest et de l'ancienne capitale d'Ad-Diriyah au petit matin, pour éviter la chaleur. Vous flânerez dans les ruelles de la vieille ville de pisé, et parcourrez ses souks. Déjeuner dans le jardin de Dim Light. Retour à Riyad et au Musée national, suivi de la visite de la forteresse Al-Masmak. Grimpez au sommet du Kingdom Centre pour le coucher du soleil.

› Jour 3 : AlUla

Prenez un vol tôt le matin pour gagner AlUla. Louez une voiture à l'aéroport et filez directement au Winter Park. De là, vous empruntez le bus pour visiter l'ancienne capitale nabatéenne d'Hegra. En fin d'après-midi, gagnez le Husaak

Centre qui vous mènera au plateau de Gharameel pour vous transmettre le vieux savoir bédouin : se diriger avec les étoiles.

› Jour 4 : AlUla

Vous poursuivez la découverte des anciennes civilisations avec la visite des sites de Dadan et de Jabal Ikhma. Arrêtez-vous à Old AlUla pour le déjeuner et flânez dans son dédale de ruelles charmantes. Arrêtez-vous pour un café sur l'une de ses placettes. Faites de la balançoire à l'ombre des palmiers. Allez admirer le coucher du soleil à Elephant Rock et dîner dans la vieille ville et son souk.

› Jour 5 : Médine

Vous aurez pris soin de vous arranger avec le loueur de voitures pour qu'il récupère le véhicule à la gare routière d'AlUla. Vous empruntez le bus jusqu'à Médine, une expérience en soi. Les chauffeurs de taxi vous sauteront dessus à l'arrivée pour vous emmener à votre hôtel. Négociez la course. Puis promenez-vous dans l'enceinte sacrée en fin d'après-midi alors que les pèlerins gagnent la mosquée.

› Jour 6 : Djedda

De Médine, vous pouvez prendre le train jusqu'à Djedda et vous assurer du confort des trains saoudiens. Prenez possession de votre chambre d'hôtel et filez à la Maison des Arts Islamiques, un très beau musée installé dans un centre commercial. En fin d'après-midi, gagnez Al-Balad, la vieille ville de Djedda qui s'anime après la prière de 17h.

› Jour 7 : Retour

Prenez le temps de faire un tour à la Corniche ou de faire un peu de shopping dans un centre commercial, deux activités très prisées des habitants de Djedda. Faites un tour au musée Al Tayebat avant de boucler vos valises. Direction l'aéroport à 30 minutes au nord de la ville. Vous prenez un vol direct pour Roissy ou effectuez l'escale à Riyad.

L'ARABIE SAOUDITE EN MODE ROAD TRIP

Avec ses 2,15 millions de km², vous aurez à peine assez d'un mois pour visiter le pays dans son intégralité et explorer ses moindres recoins. En réalité, c'est votre budget qui décidera du temps passé sur place, car la destination est très onéreuse. D'autant plus si vous vous assurez les services d'un guide avec voiture.

› Jour 1 - Arrivée à Riyad

Vous arriverez en fin de journée si vous empruntez le vol quotidien qui relie Roissy CDG à King Khalid International Airport. Faites votre demande de visa à l'arrivée, c'est rapide et munissez-vous d'une carte SIM après avoir passé la douane. Vous êtes relié à Internet et pouvez commander un Uber pour gagner votre hôtel et dîner en ville.

› Jour 2 - Les temps forts de la capitale

Prenez la direction du nord-ouest et de l'ancienne capitale d'Ad-Diriyah au petit matin, pour éviter la chaleur. Vous flânerez dans les ruelles de la vieille ville de pisé, et parcourrez ses souks. Déjeuner dans le jardin de Dim Light. Retour à Riyad et au Musée national, suivi de la visite de la forteresse Al-Masmak. Grimpez au sommet du Kingdom Centre pour le coucher du soleil.

› Jour 3 - Les environs de Riyad

Le jour suivant, partez tôt pour éviter les embouteillages légendaires de Riyad. Prenez la direction du nord-est pour le marché aux dromadaires de Thumamah et les dunes rouges. Puis piquez vers l'ouest jusqu'au village d'Ushaiqer, les salines de Qasab et admirez le soleil se coucher depuis Edge of The World de retour vers Riyad.

› Jour 4 - De Riyad à Hail

Étape de 630 km et 6 heures de route. Vous pouvez vous arrêter à mi-chemin à Buraydah et visiter le musée de la ville. Vous goûterez aux vastes étendues saoudiennes, au désert de sable jaune, aux routes bordées de petites montagnes de basalte. A Hail, visitez le fort A'arif puis prenez possession de votre chambre pour la nuit.

› Jour 5 - De Hail à Sakaka

Étape de 384 km et 4 heures de route. La route rectiligne comme une traversée des Landes passe par Jubbah, un site classé au patrimoine mondial de l'Unesco pour ses pétroglyphes vieux de 7 000 ans. Juste avant Sakaka, ne manquez pas les colonnes de Rajajil. Une fois en ville, visitez le château Zaabel, la vieille ville et le puits de Sisra.

› Jour 6 - De Sakaka à Tabouk

Étape de 460 km et 5 heures de route. Cette journée de transit vous permettra d'apprécier l'immensité saoudienne, la monotonie changeante du désert en traversant l'immense Réserve royale du roi Salmane bin Abdulaziz, un sanctuaire préservé de la chasse. Hail est une ville saoudienne typique, sans grand charme, mais une étape incontournable pour sillonner la région.

› Jour 7 - La boucle du Jebel al Lawz

Étape de 590 km et 7 heures de route. Profitez de l'appel à la prière du matin pour vous lever et prendre la route pour Al Humidah. Vous descendez la côte de la mer Rouge jusqu'à Magna, traversez la montagne jusqu'à Al Bad' puis retournez à Tabouk en contournant le sud du massif du Jebel al Lawz. Vous traverserez des paysages montagneux spectaculaires.

› Jour 8 - Wadi Al Disah et le Grand Canyon

Boucle de 520 km et 6 heures de route. Sortez de Tabouk en prenant la direction du sud. Si vous avez un 4x4, vous pourrez traverser le Wadi Al Disah, l'un des plus beaux canyons d'Arabie Saoudite. La route d'accès au côté est est incroyable de beauté. Sans 4x4, vous pourrez en emprunter un à l'entrée ouest du canyon. En remontant vers Tabouk, arrêtez-vous à Alsiq, une faille monumentale.

› Jour 9 - De Tabouk à Al-'Ula

Étape de 460 km et 5 heures 30 de route. Prenez la route 15 de Tabouk à Médine. L'itinéraire est un peu plus long, mais vous traverserez le village de Tayma, son puits étonnant et son palais en ruine. Une fois que vous bifurquez vers Al-'Ula et la route 70, des montagnes de grès se dressent de part et d'autre de la route, dessinant des formes évocatrices. L'arrivée à Al-'Ula vous laissera bouche bée.

› Jour 10 - Al-'Ula

Rendez-vous le matin au Winter Park pour emprunter le bus qui vous fera visiter Hegra. Enchaînez avec la visite de Dadan et Jabal Ikhma. En fin de journée, vous partirez depuis Husaak pour Gharameel, un plateau situé à 90 km au nord d'Al-'Ula, pour observer les étoiles. La route pour s'y rendre est somptueuse.

› Jour 11 - Al-'Ula

Ne manquez pas la visite guidée d'Old Al-'Ula qui vous promènera dans le dédale des ruelles de la vieille ville et vous permettra d'accéder au fort, d'où la vue sur l'oasis est magnifique. Prenez le temps de flâner dans la ville en faisant une pause-café sur l'une de ses nombreuses placettes et descendez jusqu'à l'Oasis Heritage Trail. Coucher du soleil à Elephant Rock. Dîner dans le souk.

› Jour 12 - De Al-'Ula à Médine

Étape de 340 km et 3 heures 45. Vous laissez les magnifiques montagnes de grès rose derrière vous pour rallier la deuxième ville sainte de l'islam : Médine. C'est ici que le prophète Mahomet a fondé l'islam. L'enceinte sacrée est désormais accessible aux non-musulmans et il faut voir les pèlerins se rendre à la mosquée Nabawi pour la prière de fin de journée.

› Jour 13 - De Médine à Djedda

Étape de 460 km et 5 heures de route. Mettez votre maillot de bain sur le dessus de votre valise et prenez la direction d'Al Rayes. Faites une halte à la somptueuse plage de White Head. Le bleu translucide n'a rien à envier à celui des Maldives. Puis descendez jusqu'à Djedda et sa circulation intense. Dîner en ville.

› Jour 14 - Djedda

La grande ville de la côte ouest est habituée aux touristes. C'est là que débarquent les pèlerins pour La Mecque depuis toujours. Vous apprécierez son ouverture, son climat poisseux et surtout la vieille ville d'Al-Balad, classée au patrimoine mondial de l'Unesco. Ne manquez pas non plus la Maison des Arts Islamiques.

› Jour 15 - De Djedda à Al-Baha

Étape de 390 km et 5 heures de route. En descendant vers le sud de l'Arabie Saoudite, les paysages changent drastiquement. Vous atteignez les montagnes et les routes en lacets, la végétation fait son apparition. Vous passerez par La Mecque et les roseraies de Taïf. En avril, la saison des roses, n'hésitez pas à faire une halte. Puis vous plongez vers Al-Baha.

› Jour 16 - De Al Baha à Abha

Étape de 324 km et 5 heures 15 de route. Prenez la route du sud et de l'ancien village de Theen Ain accroché à sa montagne. Les hautes montagnes vous accompagneront tout au long de cette journée, jusqu'à atteindre le plateau d'Abha. En ville, faites un tour dans le quartier d'Al Basta avec ses maisons traditionnelles.

› Jour 17 - Abha et ses environs

Prenez vers l'ouest et Jabal Al Souda, une montagne qui culmine à 3 000 mètres. Ne manquez pas le point de vue sur la vallée qui s'étale à vos pieds et descendez vers le vieux village de Rijal Alma'a, parfaitement retapé. Remontez à Abha et prenez la direction du sud pour visiter le village de Thamnia et ses 400 maisons traditionnelles de l'Aseer.

› Jour 18 - De Abha à Najran

Étape de 260 km et 3 heures 15 de route. En direction du sud-est, vous vous approchez du Yémen. Najran est une ville charmante qui compte quelques maisons et palais de style yéménite, en pisé. Arrêtez-vous notamment à Aba as Su'ud juste avant Najran, au site archéologique de Al Ukhdud ou aux maisons d'Al Qabil.

› Jour 19 - De Najran à Fayfa

Étape de 255 km et 5 heures de route. La route longe la frontière avec le Yémen, à travers la chaîne de montagnes des Sarawat. Vous serez à nouveau récompensé par des paysages spectaculaires bien loin des dunes de sable ou du plateau du Najd. Fayfa est un village traditionnel, sans point d'intérêt particulier, mais ses environs sont splendides. Et on y fait pousser du café.

› Jour 20 - De Fayfa à Jizan

Étape de 92 km et 1 heure 30 de route. En quittant Fayfa, vous laissez les montagnes des Sarawat derrière vous et gagnez Jizan, une station balnéaire très prisée par les Saoudiens du sud. Sa corniche, son village traditionnel, son château Adosareyah méritent un coup d'œil, tout comme le marché aux fleurs de Sabya où vous croiserez des hommes-fleurs vendant leurs couronnes.

› Jour 21 - Les îles Farasan

Le ferry pour les îles Farasan part de bonne heure. Vous pouvez y embarquer votre voiture s'il reste de la place. Prévoyez du matériel de camping pour y passer la nuit et munissez-vous de votre masque et de votre tuba. Vous pouvez aussi passer par une agence de voyage spécialisée, qui vous emmènera plonger dans des eaux cristallines.

› Jour 22 - De Jizan à Dammam

Prenez un vol pour traverser le pays d'ouest en est, de Jizan à Dammam. La grande ville de l'est, tournée essentiellement vers l'industrie du pétrole, possède un splendide musée, autant par son architecture audacieuse que sa muséographie impeccable. Artistes contemporains, collection d'art islamique, le musée Ithra est l'un des plus beaux du pays.

› Jour 23 - De Dammam à Al Hofuf

Vous prendrez le train rapide et confortable pour relier les deux villes. Al-Hofuf serait la plus grande oasis du monde et compterait plus de 3 millions de palmiers-dattiers. La ville compte quelques palais en pisé en pleine restauration, un formidable souk traditionnel et un vieux quartier où il fait bon flâner.

› Jour 24 - Al-Hofuf et Al-Ahsa

La ville et la province se confondent souvent dans l'esprit des gens, d'autant que les limites de la ville qui s'étend de plus en plus sont floues. Vous traverserez la palmeraie pour vous rendre à la montagne d'Al-Qarah et visiter ses entrailles. Prenez ensuite un 4x4 pour le lac Jaune, une vaste étendue marécageuse entourée de dunes de sable doré. Retour en ville pour la soirée.

› Jour 25 - De Al-Hofuf à Riyad

Le train est à nouveau le moyen de transport le plus pratique et le plus confortable pour traverser le plateau du Najd, complètement désolé. Profitez des quelques heures qu'il vous reste dans la capitale pour une dernière séance shopping ou visiter un monument que vous n'auriez pas eu le temps de visiter. Vol retour pour Paris au milieu de la nuit.

Les grottes de Al-Qarah-Al Ahsa.

L'ESSENTIEL DE L'ARABIE SAOUDITE

L'Arabie Saoudite est un vaste pays qui mérite bien de lui accorder au moins deux semaines de votre temps pour en dessiner tous les contours. En 15 jours, vous aurez le temps d'explorer ses différentes facettes et de toucher du doigt sa richesse culturelle. Ce circuit instaure les grandes étapes incontournables et dresse une vue d'ensemble fidèle du pays.

› Jour 1 - Riyad

Vous arriverez à Riyad en fin de journée. Pensez à acheter une carte SIM au comptoir de l'aéroport qui pourra vous servir dès la sortie pour commander un VTC. Optez pour un hôtel central, dans la mesure du possible, vers Olaya Street, le cœur battant de la capitale. Dîner à l'hôtel ou dans le quartier et nuit de repos.

› Jour 2 - Riyad

Démarrez tôt le matin, car la journée va être chargée. Commencez par vous rendre dans la vieille ville de Riyad, à la forteresse de Masmak, puis au palais de Murabba et au Musée national. Déjeuner dans le quartier de Diriyah et visite de la cité de Turaïf, classée au Patrimoine mondial de l'Unesco. Vers 15h, départ pour les montagnes de Tuwaiq et « The Edge of the World » pour le coucher du soleil.

› Jour 3 - Al Hofuf

Prenez le train tôt le matin pour Al Hofuf et l'oasis d'Al-Ahsa. À l'arrivée, commencez par une visite de la vieille ville avec le palais d'Ibrahim, le quartier du Vieux Koud, suivie d'un déjeuner au Al-Koot Heritage Hotel. Dans l'après-midi, prenez la route de la palmeraie puis du lac Jaune pour le coucher du soleil. Ne manquez pas de faire un tour au souk de Qaisariyah avant le retour à l'hôtel.

IDÉES DE SÉJOUR

› Jour 4 - Al Hofuf / Dammam

Retour dans la palmeraie de bon matin et balade dans la montagne d'Al Qarah, une expérience magique. Train en fin de matinée ou début d'après-midi pour Dammam. Installation à l'hôtel et virée shopping ou promenade sur la Corniche, en bordure de golfe Persique. Dîner dans un restaurant de poisson dans le quartier de Corniche.

› Jour 5 - Dammam / Hail

Visite du splendide musée Ithra dans la matinée, qui vaut autant par son architecture que sa collection d'art islamique. Vol dans l'après-midi pour Hail, visite de la forteresse d'A'Arif et flânerie dans la vieille ville jusqu'au souk de Barzan. Faites un détour par le marché aux dattes et celui des fruits et légumes.

› Jour 6 - Jubbah / Sakakah

Prenez la route pour Jubbah et ses incroyables pétroglyphes, vieux de 8 000 ans pour certains d'entre eux. La montagne livre le mode de vie des anciennes civilisations sur ses parois. Poursuivez jusqu'à Sakakah, le « Stonehenge » de l'Arabie Saoudite. Grimpez au fort de Zaabal, sans manquer l'incroyable puits de Sisra.

› Jour 7 - Tabouk

En prenant la route pour Tabouk, arrêtez-vous dans le village de Daumah al-Jandal et sa forteresse étonnante. Ses fondations remontent à la période nabatéenne, au tournant de notre ère. Vous traversez ensuite la Réserve royale du roi Salmane, aux confins du désert du Nafud et de ses dunes de sable rouge.

› Jour 8 - Tabouk / Wadi Disah / Tabouk

Prenez la route pour le Wadi Disah, avec votre véhicule ou en passant par une agence. Après quelques heures traversées de paysages arides, vous débouchez dans un étroit défilé planté de palmiers et de manguiers. Pique-nique dans le wadi et retour à Tabouk où vous visiterez le formidable Musée de Tabouk, installé dans l'ancienne gare du Hedjaz.

› Jour 9 - Tabouk / Al Bad / Tabouk

Prenez la route tôt pour une longue boucle dans le nord des montagnes du Hedjaz, absolument stupéfiantes de beauté. Prenez la direction du nord jusqu'à Bin Ibn Harmas, puis celle de l'ouest vers Alsharaf et enfin piquez au sud jusqu'à Al Bad'. Là, des vestiges nabatéens vous attendent, à l'ombre du jabal al Lawz et du projet NEOM. Continuez jusqu'à la côte et Sharma, puis Tabouk.

› Jour 10 - Tayma / AlUla

Une longue traversée de 500 km vous attend aujourd'hui pour vous rendre à AlUla, la mecque du tourisme en Arabie Saoudite. Faites le détour par l'oasis de Tayma, la plus ancienne colonie humaine de la Péninsule arabique. Un os de doigt vieux de 90 000 ans y a été trouvé. Son puits et ses forteresses de l'époque néo-babylonienne vous attendent. Prenez le pouls d'AlUla au Rocher de l'Éléphant.

› Jour 11 - Les trésors d'AlUla

Vous aurez pris soin de réserver vos visites à l'avance pour éviter les mauvaises surprises. Commencez par la visite d'Hegra, ancienne capitale nabatéenne, puis continuez la remontée du temps en vous rendant à Dadan et sa nécropole et le Jabal Ikhma et ses pétroglyphes. En soirée, prenez la route pour Gharameel pour observer les étoiles comme jamais.

› Jour 12 - Médine

Flânez dans le souk du vieil AlUla et l'ancien village avant de prendre la route pour Médine. Vous quittez les somptueux paysages de montagnes de grès et de sable rose pour gagner le berceau de l'islam. C'est là que le prophète Mahomet a fondé la religion musulmane. Des pèlerins du monde entier se rendent dans la mosquée historique (et largement remaniée) pour prier.

› Jour 13 - Cratère d'Al Wabah / Djedda

Le détour par le cratère d'Al Wabah vaut vraiment la peine. Le cratère de ce volcan éteint est tapissé d'une épaisse plaque de sel. Formant un cercle presque parfait, le blanc du sel tranche sur le noir de la pierre basaltique pour des photos qui susciteront l'envie de vos proches. Arrivée à Djedda avec sa circulation à faire tourner la tête.

› Jour 14 - Djedda

Si vous avez la chance d'avoir une piscine dans votre hôtel, profitez de la matinée pour vous détendre et vous acclimater à la lourdeur du temps. Faites un tour à la Maison des Arts islamiques installée dans un centre commercial. En fin de journée, rendez-vous à Al-Balad, la vieille ville de Djedda aux splendides immeubles aux balcons de bois ajourés.

› Jour 15 - Vol retour

En fonction de l'heure de votre vol, profitez du temps qu'il vous reste pour une petite séance de shopping dans un centre commercial climatisé, à la saoudienne. Ou faites une dernière longueur dans la piscine de l'hôtel. Vous pouvez ensuite gagner l'aéroport en empruntant le train ou le taxi. Il n'est qu'à 30 minutes du centre-ville.

SE REPÉRER / SE DÉPLACER

DE L'AÉROPORT AU CENTRE-VILLE

Si vous vous rendez en Arabie Saoudite depuis la France, vous atterrirez soit à Riyad la capitale, soit à Djedda, le point d'arrivée pour La Mecque. Des liaisons sont également assurées en hiver entre Paris et AlUla. La première chose à faire est d'acheter une carte SIM locale afin de pouvoir faire appel aux services d'Uber ou de Careem. Des taxis verts attendent également aux portes de sortie des aérogares et vous pourrez régler la course en carte bancaire.

Les distances dans le pays sont grandes et les aéroports sont souvent assez éloignés des villes. S'il peut parfois y avoir des transports en commun, ce n'est pas le moyen le plus pratique pour gagner son hôtel. Ainsi, à Djedda, un train relie l'aéroport à La Mecque en passant par la ville.

ARRIVÉE EN TRAIN

Il existe deux lignes de train au départ de Riyad. La première dessert Al Hofuf, Abqaiq et Dammam. La seconde remonte vers le nord, jusqu'à la frontière jordanienne et dessert Majmaah, Qassim/Buraydah, Hail, Jauf et Qurayyat. Tous les renseignements et réservations de billets sur www.sar.com.sa.

Il existe une ligne dans l'ouest du pays qui relie les villes saintes de Médine et de La Mecque, en passant par Djedda (ville et aéroport), la Haramain High Speed Railway. Il s'agit d'une ligne à grande vitesse avec des trains se déplaçant à 300 km/h. Tous les renseignements et réservations de billets sur www.sar.hhr.sa.

ARRIVÉE EN BATEAU

L'Arabie Saoudite n'est reliée à d'autres pays tels que l'Egypte, la Jordanie, le Koweit ou le Qatar par aucune liaison maritime.

TRANSPORTS EN COMMUN

La SAPTCO est la compagnie nationale de bus, qui gère autant les liaisons intercités que les réseaux dans les villes de Riyad, Djedda et La Mecque. Les bus circulent tous les jours entre 5h30 et 23h30.

La circulation intense qui règne dans ces villes rend les déplacements en bus longs et fastidieux. Les Saoudiens empruntent peu les transports en commun qui permettent surtout aux travailleurs immigrés de se déplacer.

VÉLO, TROTTINETTE & CO

Des couloirs réservés aux vélos ont fait leur apparition sur les trottoirs du centre-vile de Riyad très récemment. En raison de la forte chaleur qui règne en ville, et dans le reste du pays, vous ne verrez que peu de personnes se déplacer à vélo.

AVEC UN CHAUFFEUR

Uber et Careem sont les principales compagnies VTC en Arabie Saoudite. Les deux sociétés se valent et offrent des services équivalents à des tarifs similaires. Les services sont disponibles dans toutes les villes saoudiennes et fonctionnent bien, de manière rapide. Le temps d'attente excède rarement plus de 10 minutes pour localiser un chauffeur. En revanche, dans certaines villes, en raison d'une circulation dense, le temps d'arrivée peut être long. AlUla est la seule destination touristique où le service est inefficace en raison d'un manque de chauffeurs.

En Arabie Saoudite, les taxis publics sont verts et repérables de loin. Ils sont tous équipés d'un compteur et il est possible de régler en carte bancaire. Avec l'apparition des compagnies VTC, et depuis que les femmes ont l'autorisation de conduire, ils sont de moins en moins nombreux.

© CAMILLE ESMIEU

Train moderne Riyad-Al-Hafuf.

EN VOITURE

La conduite saoudienne est pour le moins sportive et peut s'avérer assez stressante dans les villes. Les conducteurs n'hésitent pas à zigzaguer entre les files sans mettre le clignotant, se collent à votre parechoc ou roulent à cheval sur deux files. Une fois sorti des villes, il y a peu de circulation et vous ne croiserez pas grand monde dans le désert.

En général, les vitesses sont limitées à 50 km/h en ville, 70 km/h aux abords des villes, 80 km/h sur les voies secondaires et 120 km/h sur les autoroutes. Toutes les routes asphaltées sont gratuites et en très bon état.

Les Saoudiens étant peu respectueux des règles de conduite et le nombre de morts sur les routes étant élevé, les contrôles sont de plus en plus fréquents et les amendes chères. Elles peuvent s'assortir d'une peine de prison immédiate pour certaines infractions.

En raison des conditions climatiques particulières, veillez toujours à faire le plein si vous envisagez un long trajet et ayez un gros bidon d'eau dans votre coffre. N'empruntez jamais les pistes si vous avez une voiture de ville et ne partez pas à l'assaut des dunes de sable sans une voiture adaptée, un matériel adéquat pour désensabler si besoin, ou si vous n'êtes pas déjà un conducteur expérimenté.

ACCESSIBILITÉ

L'Arabie Saoudite s'est développée autour du « tout voiture ». Vous ne verrez quasiment jamais des gens marcher dans les villes, sauf aux abords des souks traditionnels. Les villes sont tout de même équipées de larges trottoirs, parfois assez hauts, ce qui peut être handicapant avec une poussette ou en fauteuil roulant.

Dans les grandes villes comme Riyad, Djedda ou Dammam, les rues sont très larges et il n'y a que peu de feux de circulation pour assurer une fluidité. Il est par conséquent parfois un peu compliqué de traverser et il faut faire de longs détours à pied.

LES ATTRAPE-TOURISTES

L'Arabie Saoudite est un pays très sûr et le développement touristique n'y est que très récent. Par conséquent, il n'y a pas de vigilance particulière à avoir contre d'éventuelles fraudes ou arnaques.

LES PHRASES CLÉS

Bonjour, comment puis-je me rendre à…
مرحبا، كيف يمكنني الذهاب إلى...

Est-ce loin à pied ? Y a-t-il le métro ou un bus... pour y aller ?
هل المكان بعيد سيرا على الأقدام؟ هل توجد محطة مترو او حافلة للذهاب إلى هناك؟

Pouvez-vous me montrer cet endroit sur la carte s'il vous plait ?
هل يمكنك تحديد هذا المكان على الخريطة من فضلك؟

Où puis-je acheter les tickets de transport ? Est-ce que je peux payer en carte de crédit ?
اين يمكنني شراء تذاكر سفر؟ هل يمكنني الدفع باستخدام بطاقة الائتمان؟

Où est la sortie ? A gauche, à droite ou tout droit ?
اين المخرج؟ - يسارا او يمينا او مباشرة امامي؟

Je suis perdu et je suis en retard, s'il vous plait, aidez-moi ! Merci beaucoup !
من فضلك انا تائه وتاخرت عن موعدي، هل يمكنك مساعدتي؟ شكرا جزيلا!

HORAIRES

L'Arabie Saoudite est un pays encore peu fréquenté par les touristes. Vous aurez la plupart des sites pour vous seul ou presque, même les sites d'importance inscrits au Patrimoine mondial de l'Unesco comme Hegra, Jubbah ou la vieille ville de Djedda. En contrepartie, vous vous heurterez à nombre de sites fermés pour rénovation ou pour une raison inconnue. En dépit d'horaires souvent élargis, il arrive que certains lieux soient fermés. Les horaires peuvent être aménagés en été ou durant les heures les plus chaudes de la journée. La plupart des points d'intérêt ouvrent tôt le matin, ferment en milieu de journée et rouvrent peu de temps avant le coucher du soleil. Certains musées ferment tard en soirée. S'agissant des lieux gérés par le gouvernement saoudien, ils sont habituellement ouverts tous les jours de la semaine, avec une grosse coupure le vendredi ou une ouverture l'après-midi seulement.

A RÉSERVER

Toutes les activités et visites dans l'oasis d'AlUla sont gérées par la Royal Commission of AlUla et sont à réserver sur leur site Internet www.experiencealula.com. Il est également possible de tenter sa chance à la dernière minute au Winter Park. En raison d'un nombre limité de départ pour l'ancienne capitale nabatéenne d'Hegra, il est vivement recommandé de réserver à l'avance, surtout si vous vous y rendez en hiver, dans le cadre du Winter Festival.

BUDGET / BONS PLANS

Certains sites sont gratuits, comme le site archéologique de Jubbah ou la vieille ville de Djedda. L'entrée dans les musées est payante, entre 10 SAR et 20 SAR pour les établissements publics et autour de 20 SAR pour les musées privés. Le musée Tayebat de Djedda fait exception, avec un droit d'entrée de 80 SAR.

Le prix d'entrée sur les sites d'AlUla est fixé entre 70 SAR et 95 SAR selon les sites. Toutes les visites sont guidées et partent du Winter Park. Le tarif des activités dans les environs d'AlUla est plus élevé et dépend de la nature de l'activité.

LES ÉVÉNEMENTS

En hiver, les festivals destinés à animer les différentes destinations se multiplient. Pas une grande ville qui n'ait son festival. Le plus important et le plus enthousiasmant est le Winter Festival d'AlUla. Durant 3 mois, concerts, expositions d'art contemporain et happenings se succèdent dans le cadre enchanteur de l'oasis. Mais attention, en raison d'un nombre d'hébergements limité, les tarifs augmentent en flèche, notamment les week-ends. Réservez longtemps à l'avance.

Aux mois de mars-avril, Taïf vit au rythme de la récolte des pétales de rose, un événement qui attire de nombreux touristes. L'été marque la saison des festivals de dromadaires, mais il fait très très chaud.

VISITES GUIDÉES

Toutes les visites de sites autour d'AlUla (Hegra, Dadan, Jabal Ikhma, Old AlUla...) sont guidées et organisées par la Royal Commission of AlUla. Les visites sont à réserver sur le site www.experiencealula.com ou dans les centres des visiteurs du Winter Park ou à l'entrée du vieux souk. Les sorties nature dans les déserts et les montagnes du pays sont à envisager avec une agence spécialisée, tout comme la plongée dans les îles Farasan sur la mer Rouge ou à Jubail dans le golfe Persique.

FUMEURS

Il est interdit de fumer dans les espaces publics clos en Arabie Saoudite. Vous pourrez fumer en extérieur. Si vous êtes fumeur et que vous envisagez une expédition dans la nature, prévoyez un cendrier de poche afin de ne pas laisser vos mégots dans des espaces immaculés.

LES ATTRAPE-TOURISTES

L'Arabie Saoudite est un pays très sûr et le développement touristique n'y est que très récent. Par conséquent, il n'y a pas de vigilance particulière à avoir contre d'éventuelles fraudes ou arnaques.

C'EST TRÈS LOCAL

En raison des fortes chaleurs et d'un soleil qui cogne dur, ayez toujours avec vous un chapeau et des vêtements couvrants pour éviter l'insolation. Les femmes devront avoir les bras couverts et les jambes couvertes jusqu'au genou et s'abstenir d'arborer un décolleté, en toutes circonstances. Le port du bermuda ou du short pour les hommes est mal vu.

LES PHRASES CLÉS

Bonjour, puis-je avoir deux entrées adultes et un enfant s'il vous plait ?
مرحبا، هل يمكنني الحصول على تذكرتين لبالغين وتذكرتين لطفلين من فضلك؟

Le tarif enfant est jusqu'à quel âge ? Et pour les seniors, est-ce qu'il y a une réduction ?
ما الحد العمري لتذكرة الأطفال؟ هل يوجد خصم للمسنين على المعاش؟

Est-ce qu'il y a des visites guidées en français ou un audioguide ?
هل توجد جولة إرشادية باللغة الفرنسية او دليل صوتي؟

Combien de temps faut-il pour faire la visite ?
كم تبلغ مدة الزيارة؟

J'ai du mal à monter les escaliers, avez-vous un ascenseur ?
لا استطيع صعود السلالم، هل يوجد مصعد من فضلك؟

Excusez-moi, pouvez-vous me dire où sont les toilettes ? Merci beaucoup.
لو سمحت، هل يمكنك إخباري أين توجد دورة المياه؟ شكرا جزيلا.

PRATIQUE

SE RÉGALER

HORAIRES

Les horaires varient selon le type de restaurant. Les fast-foods servant des falafels et les restaurants spécialisés dans les mets de petit-déjeuner (foul madames, foie de mouton, omelettes...) ouvrent très tôt, entre 5h et 6h, et ferment à midi. Les restaurants traditionnels ouvrent en fin de matinée, entre 11h et 13h, et ferment en soirée après 23h. Les fast-foods de type shawarma, hamburger, poulet sous toutes ses formes sont ouverts en continu entre 11h et minuit, parfois 2h du matin.

Attention, le vendredi, jour de la grande prière, la plupart des restaurants sont fermés le matin et n'ouvrent qu'à partir de 13h ou 14h, voire plus tard.

BUDGET / BONS PLANS

Les fast-foods permettent de se nourrir à petit prix, mais les menus proposés ne sont pas très variés. Il faut compter entre 8 SAR et 12 SAR pour un sandwich falafel, un shawarma ou un hamburger. Dans un restaurant traditionnel, le ticket moyen est compris entre 25 SAR et 50 SAR, selon que vous prenez un repas complet ou un plat. Dans les restaurants branchés ou offrant une expérience différente (type restaurant panoramique), l'addition peut monter à 250 SAR voire plus.

EN SUPPLÉMENT

La TVA et le service sont compris dans les prix affichés. En revanche, il est de rigueur de laisser un pourboire dans les restaurants. Le service est souvent assuré par une main-d'œuvre étrangère, souvent mal payée. Un pourboire d'au moins 10 % de l'addition sera toujours apprécié.

C'EST TRÈS LOCAL

La séparation entre les hommes et les femmes est encore très présente dans la société saoudienne, et beaucoup de femmes refusent de se découvrir le visage en public, même si la loi ne les oblige plus à porter le niqab. Les restaurants ont souvent deux entrées séparées, une pour les hommes et une autre appelée « Family », pour les femmes et les familles. Les sections « Family » sont agencées en petits salons privatifs. Il peut s'agir d'un simple rideau tiré autour de la table ou d'une véritable pièce avec une porte ou un rideau.

Le Covid-19 a imposé le code QR dans tous les restaurants. Vous ne trouverez (presque) plus de menus imprimés. Par conséquent, n'oubliez pas votre téléphone portable et assurez-vous des données dans votre forfait sous peine de ne pas pouvoir consulter le menu.
Tous les menus des restaurants affichent les calories par plat (à ne pas confondre avec les prix !), c'est la loi.

A ÉVITER

Traditionnellement, les Saoudiens mangent assis à même le sol et partagent le même plat. Il est proscrit de se servir de sa main gauche, considérée comme impure. De la même manière, vous devez ôter vos chaussures avant de vous asseoir sur le tapis et vous ne devez jamais tourner la plante de vos pieds vers une personne assise avec vous. Le plus simple est de s'asseoir en tailleur.

ENFANTS

Les enfants sont les bienvenus absolument partout. Les Saoudiens sortent souvent en famille et ils ont pour la plupart trois à quatre enfants, sinon plus.

FUMEURS

Il est interdit de fumer dans les espaces publics clos. Cette loi s'applique aux restaurants. Il y a une exception notable, le bar à chicha. Ils font souvent office de restaurant également et vous pourrez alors fumer et manger dans le même lieu. Il est en revanche autorisé de fumer à la terrasse d'un restaurant.

LES PHRASES CLÉS

Bonjour, je voudrais réserver une table pour deux personnes pour ce midi ou ce soir.
مرحبا، أود حجز طاولة لشخصين اليوم وقت الغذاء أو في المساء.

Avez-vous un menu en français ou en anglais ?
هل توجد قائمة طعام باللغة الفرنسية أو الإنجليزية؟

Je suis végétarien, y a t-il des plats sans viande ?
أنا نباتي، هل لديكم أي وجبات لا تحتوي على اللحوم؟

Je n'ai vraiment plus faim mais avez-vous une carte des desserts ?
لقد شبعت الآن، ولكن هل يمكنني الاطلاع على قائمة التحلية، تحسبا؟

Puis-je avoir l'addition s'il vous plait ? Je peux payer par carte ou en espèces ?
هل يمكنك إحضار الفاتورة لو سمحت؟ هل يمكنني الدفع بالبطاقة الائتمانية أو تريد الدفع نقداً؟

C'était très bon, nous reviendrons. Merci et à bientôt.
كان الطعام شهيا، سنكرر الزيارة مرة أخرى. شكراً جزيلاً، نراك قريباً.

PRATIQUE

FAIRE UNE PAUSE

HORAIRES

Vous trouverez un café à chaque coin de rue de chaque ville ou presque en Arabie Saoudite. Certains sont ouverts en journée, de 9h à 19h, d'autres ouvrent très tôt le matin et ferment en fin de journée, d'autres encore sont ouverts 24h/24. Les horaires sont donc très variables, mais vous ne peinerez jamais à trouver un café ouvert dès que l'envie vous prendra de boire un café.

BUDGET / BONS PLANS

Le café est un art en Arabie Saoudite et la boisson est servie de toutes les manières possibles et imaginables. Le prix varie donc en fonction du type de café que vous commandez. Il faut compter entre 10 SAR et 25 SAR pour un café traditionnel et entre 5 SAR et 15 SAR pour un thé, selon le type d'établissement. La carte bleue est acceptée partout.

A PARTIR DE QUEL ÂGE

La consommation d'alcool est interdite en Arabie Saoudite. Par conséquent, il n'existe aucune limite d'âge.

C'EST TRÈS LOCAL

Les restaurants gastronomiques et les bars chics proposent souvent une sélection de vins, de champagnes et de bières sans alcool. Mais le goût n'est pas le même...

ENFANTS

L'alcool étant interdit, les enfants sont acceptés partout. On croise tout de même rarement des parents avec leurs enfants dans les bars à chicha ou les bars à cocktails (sans alcool évidemment).

FUMEURS

Il est interdit de fumer dans les espaces publics clos. Une exception notable toutefois, le bar à chicha. En raison des fortes chaleurs, les salles climatisées sont accessibles aux fumeurs.

LES ATTRAPE-TOURISTES

L'Arabie Saoudite est un pays très sécurisé. Il n'existe pas d'arnaques aux touristes particulières ou de rabatteurs pénibles qui veulent absolument vous faire consommer chez eux.

LES PHRASES CLÉS

Bonjour, quelle est la spécialité de la maison ? Nous voulons découvrir.
مرحبا، ما هي الوجبة المميزة هنا؟ نود تجربتها.

Avez-vous de la place en terrasse ?
هل توجد لديك غرفة مطلة على الشرفة؟

Quel est votre nom ? Je m'appelle… Ravi de vous rencontrer !
ما اسمك؟ اسمي... سعدت بلقائك!

A votre santé ! Zut, j'ai renversé mon verre… pouvez-vous m'aider ?
نخبك! اوه لا، لقد انسكب مشروبي... هل يمكنك مساعدتي؟

C'était très bon. Nous allons reprendre la même chose s'il vous plait.
طعمه لذيذ. سناخذ نفس الطلب مرة اخرى لو سمحت.

PRATIQUE

(SE) FAIRE PLAISIR

HORAIRES

Les Saoudiens se lèvent tôt (pour la première prière aux aurores), mais les magasins ouvrent tard. Dans les souks, ils sont parfois ouverts le matin, entre 8h et 10h. Ils baissent le rideau pendant les heures chaudes de la journée, pour rouvrir vers 16h et fermer à 22h. Certains n'ouvrent pas du tout le matin.
Les enseignes traditionnelles, aux boutiques climatisées, sont généralement ouverts entre 10h et 22h. Les centres commerciaux ont sensiblement les mêmes horaires. Les centres commerciaux les plus achalandés ou possédant de nombreux restaurants et des salles de cinéma ferment entre minuit et 2h.

BUDGET / BONS PLANS

Dans les grandes enseignes internationales, les tarifs sont les mêmes pour des articles de marque, qu'il s'agisse de vêtements ou de matériel informatique ou de téléphonie mobile. Les bonnes affaires sont à faire dans les souks où vous pouvez marchander (un peu).

SOLDES

Il n'y a pas de dates légales de soldes en Arabie Saoudite. Vous trouverez donc des promotions et des « stocks à liquider » toute l'année. Chaque enseigne choisit ses dates. Le Black Friday est cependant un rendez-vous incontournable pour faire de bonnes affaires, d'autant que les Saoudiens sont fous de shopping.

C'EST TRÈS LOCAL

Les marchés traditionnels sont organisés par sections. Tous les revendeurs d'un même type d'article sont regroupés dans le même coin d'un bazar. Il est possible de marchander lorsque le prix n'est pas affiché. Le marchandage est à prendre comme un jeu, d'autant que souvent les vendeurs sont coriaces et vous ne ferez baisser le prix demandé que de quelques riyals de principe.
Vous trouverez quelques articles artisanaux sur les marchés locaux, comme de la poterie ou des objets en feuilles de palme tressées. Ne manquez pas non plus de faire un tour au marché aux dattes ou au marché aux dromadaires.

LES ATTRAPE-TOURISTES

La vente d'alcool ou de drogues est strictement interdite. Refusez expressément toute sollicitation, même s'il n'y a que peu de probabilités qu'elle se produise. Les vêtements de marque vendus dans les souks sont très certainement des contrefaçons. La possession d'articles contrefaits est interdite en France et les douanes peuvent les saisir à votre arrivée à l'aéroport.

LES PHRASES CLÉS

Bonjour, c'est superbe, mais combien ça coûte ?
مرحبا، هذا مذهل، ولكن كم السعر؟

Vous auriez ma taille ? Où se trouvent les cabines d'essayage ?
هل يوجد لديك مقاسي؟ اين غرفة تبديل الملابس؟

Est ce que je pourrai vous le rapporter et l'échanger si ça ne va pas ?
هل يمكنني استبدالها إذا لم تكن مناسبة لمقاسي؟

J'ai trop dépensé aujourd'hui, pouvez-vous me faire une réduction sympa ?
لقد انفقت الكثير من الاموال اليوم، هل يوجد اي خصم؟

Je prendrai celui-ci. Pouvez-vous me faire un paquet cadeau ?
ساشتري هذه القطعة. هل يمكنك تغليفها مثل الهدية من فضلك؟

Vous prenez la carte de crédit ? Où puis-je trouver un distributeur de billets ?
هل تقبل الدفع ببطاقة الائتمان؟ أين يمكنني العثور على ماكينة صراف الي؟

PRATIQUE

BOUGER & BULLER

BUDGET / BONS PLANS

Riyad s'est équipée de pistes cyclables dans certains quartiers de la ville, dont le très chic Olaya. En raison des fortes chaleurs qui règnent dans la ville 9 mois sur 12, elles sont le plus souvent désertes. Certains hôtels mettent tout de même des vélos à disposition de leur clientèle.

C'EST TRÈS LOCAL

Les Saoudiens pratiquent du sport de préférence dans une salle climatisée. Tous les hôtels et même de nombreux appart'hôtels sont équipés de salles de gym. On en trouve également partout dans les villes.

VOS PAPIERS SVP

Si vous envisagez de plonger dans les îles Farasan ou à Yanbu, pensez à vous munir d'un certificat médical rédigé en anglais, par mesure de précaution.

A RÉSERVER

De nombreuses activités de plein air sont proposées à AlUla, comme de la randonnée, l'observation des étoiles, des descentes en rappel ou encore de la via ferrata. Un grand nombre d'activités sont recensées sur le site www.experiencealula.com et doivent être réservées en ligne ou auprès du Centre des Visiteurs au Winter Park.

LES ÉVÉNEMENTS

L'hiver voit fleurir des festivals un peu partout dans le pays. Les deux plus importants sont Riyad Season et Winter X Festival à AlUla. Riyad Season démarre en novembre et propose pendant plusieurs mois des parcs d'attractions, des expositions, des feux d'artifice. Le Winter X Festival s'étend de décembre à mars : c'est le grand rendez-vous de l'art contemporain en Arabie Saoudite.

De nombreux concerts sont également programmés dans la fabuleuse salle de concert de Maraya.

LES ATTRAPE-TOURISTES

L'Arabie Saoudite est un pays extrêmement sécurisé et il n'existe pas d'arnaques particulières à l'encontre des touristes.

LES PHRASES CLÉS

Bonjour, comment puis-je me rendre à… ? Est-ce loin ?
مرحبا، كيف يمكنني الذهاب إلى...؟ - هل المكان بعيد؟

J'aimerais aller courir. Il y a un coin sympa pour cela dans la ville ?
اود الذهاب للجري. هل يوجد مكان مناسب للجري حول المدينة؟

J'adore cuisiner. Savez-vous où je peux trouver des cours de cuisine ?
انا احب الطهي. هل تعرف اين يمكنني التسجيل في دورة تعليم الطهي؟

Vous pourriez m'indiquer une salle de sport pas très loin ?
هل يمكنك إبلاغي اين توجد اقرب صالة رياضية؟

Quel est le sport national ?
ما هي الرياضة الشعبية هنا؟

Pensez-vous que nous pourrions voir cela ou même participer ?
هل تعتقد إنه يمكننا مشاهدتها في مكان قريب، او حتى تجربة ممارستها؟ ممارستها؟

SE LOGER

BUDGET / BONS PLANS

Il existe trois grands types d'hébergement en Arabie Saoudite : les hôtels, les résidences hôtelières, les chambres chez l'habitant.

Hôtels : l'offre hôtelière propose toujours d'excellentes prestations, avec souvent de très grandes chambres. Ils sont classés de 3* à 5*. Les hôtels 3* sont souvent de petits établissements, avec peu de chambres, et pas forcément de service de restauration associé. Les hôtels 4* ont toujours un restaurant et une salle de sport. Les hôtels 5* proposent une large de gamme de services, dont une piscine, souvent couverte, avec des horaires aménagés pour les femmes. Les tarifs vont de 320 SAR à plus de 800 SAR.

Résidences hôtelières : l'appart'hôtel est un concept très répandu en Arabie Saoudite. Les tarifs sont moins élevés que dans les hôtels, car les services sont moins étendus. Vous louerez souvent un appartement avec une kitchenette et parfois un salon séparé de la chambre. Le confort varie de la petite résidence, à la propreté parfois limite, à la résidence tout confort aux services dignes d'un hôtel. Certaines résidences possèdent un restaurant, mais c'est rare. Le tarif s'étend entre 160 SAR et 450 SAR selon le confort et la ville.

Chambre chez l'habitant. A AlUla, en raison d'une offre d'hébergement classique limitée et d'une forte demande, le logement chez l'habitant s'est beaucoup développé. Les résidents se sont fait construire de grandes maisons, avec une partie réservée à l'accueil des voyageurs. Vous ne logerez donc pas à proprement parler avec la famille. Les chambres sont souvent grandes, quand vous n'aurez pas un appartement entier pour vous. Elles sont concentrées dans la ville nouvelle d'Al Aziziyah, à 15 km au sud d'AlUla. Une voiture est indispensable. Le petit-déjeuner n'est jamais compris ou servi, mais vous avez accès à une cuisine. Le tarif s'entend entre 400 SAR et 600 SAR, selon la saison.

A RÉSERVER

Il est indispensable de réserver votre hôtel le plus tôt possible si vous vous rendez à AlUla en période de festival, à Djedda au moment du Grand Prix de F1 (mars) ou à Taïf au moment de la cueillette des roses (mars-avril). Partout ailleurs, en raison d'un tourisme encore limité, la tension est peu importante.

© XAVIERARNAU - ISTOCKPHOTO.COM

C'EST TRÈS LOCAL

Dans certains appart'hôtels bas de gamme, le linge de toilette n'est pas toujours compris.

Les Saoudiens aiment leur confort et les chambres sont souvent vastes, avec un salon séparé et plusieurs chambres, afin de pouvoir accueillir toute la famille.

Toutes les formules d'hébergement sont recensées sur le site Booking.com, le compagnon incontournable de vos réservations de nuitées dans le pays.

POUR LES GOURMANDS

Les hôtels proposent presque toujours des petits-déjeuners continentaux, servis sous forme de buffet. Vous ne serez donc pas obligé de vous plier à la tradition du petit-déjeuner salé à base de falafels, de houmous, de foul madames (purée de fèves) ou de foie de mouton. Mais rien ne vous empêche d'aller goûter à tous ces délices en compagnie de Saoudiens dans un petit restaurant spécialisé.

FUMEURS

Il est interdit de fumer dans les espaces publics clos en Arabie Saoudite. Certains hôtels proposent encore des chambres « fumeur », mais c'est de moins en moins fréquent. Renseignez-vous à la réception.

LES ATTRAPE-TOURISTES

L'Arabie Saoudite est un pays très sécurisé et le tourisme est encore balbutiant. Par conséquent, il n'y a pas d'arnaques particulières concernant l'hébergement dans le pays.

LES PHRASES CLÉS

Bonjour, avez-vous de la disponibilité pour une chambre double pour ce soir ou demain soir ?
مرحبا، هل توجد لديك غرفة مزدوجة متاحة الليلة او غدا؟

Avez-vous un code wifi… les enfants ne tiendront pas sans !
هل يوجد لديك رمز شبكة واي فاي... وإلا سيشعر الأطفال بالإحباط الشديد؟

C'est bruyant, est ce que je peux changer de chambre ?
توجد ضوضاء كثيرة، هل استطيع الانتقال إلى غرفة اخرى؟

Jusqu'à quelle heure est-ce que nous pouvons aller à la salle de sport et à la piscine ?
ما هي مواعيد إغلاق حمام السباحة وصالة الألعاب الرياضية؟

Est-ce que je peux laisser mon bagage et revenir plus tard le récupérer ?
هل استطيع ترك حقائبي هنا والعودة لاحقا لأخذها؟

Est-ce que vous pouvez nous appeler un taxi ? Merci beaucoup.
هل يمكنك طلب سيارة اجرة لنا؟ شكرا جزيلا.

ALLO ?

L'indicatif de l'Arabie Saoudite est +966. Pour appeler depuis la France, composez l'indicatif international et le numéro de téléphone, sans le 0. Pour appeler la France depuis l'Arabie Saoudite, composez le +33, suivi du numéro sans le 0.

Une carte SIM locale s'avérera indispensable durant votre voyage. Vous pouvez vous la procurer à votre arrivée à l'aéroport. Les principaux opérateurs sont STC et Zain. Pour obtenir une carte SIM, vous devrez fournir votre passeport et votre numéro de visa.

Les forfaits proposés vont de 1 semaine à 1 mois. Ils comprennent appels, SMS et données mobiles. Le prix du forfait évolue en fonction du montant de données dont vous avez besoin. Comptez 80 SAR pour un mois et 2 Go de données.

ACCESSIBILITÉ

L'accessibilité n'est pas un problème en Arabie Saoudite. Tous les immeubles sont équipés d'ascenseurs, tout comme les ponts enjambant les chaussées ou les stations de métro. Dans les principaux sites touristiques (Al Balad à Djedda, AlUla), des voiturettes électriques sont postées aux endroits stratégiques afin de véhiculer les personnes à mobilité réduite ou les parents avec de jeunes enfants. Il n'est d'ailleurs pas nécessaire d'être empêché pour faire appel à leurs services. Le pays est fait pour se déplacer en voiture et vous trouverez partout de grands parkings : devant les centres commerciaux, dans les hôtels, etc.

Visite de la vieille ville de Djedda.

SANTÉ

Il n'existe pas de risque sanitaire particulier en Arabie Saoudite. Seuls quelques cas de paludisme ont été rapportés dans le sud du pays, à la frontière avec le Yémen.

L'eau est potable, mais fortement traitée. Elle est désalinisée, reminéralisée et chlorée. Par conséquent, les Saoudiens boivent de l'eau en bouteille. Vous en trouverez très facilement et à petit prix (1 SAR les 50 cl).

Chaque ville saoudienne, même les plus petites, compte un hôpital ou un centre de soin. Ces hôpitaux sont réservés aux habitants de la ville, mais ils gèrent les urgences réelles.

URGENCES SUR PLACE

Services hospitaliers et pompiers sont présents dans toutes les villes saoudiennes. Pour toute information concernant la situation sanitaire en Arabie Saoudite, reportez-vous aux recommandations du ministère des Affaires étrangères sur le site www.diplomatie.gouv.fr.

- **911.** Ce numéro vous met en relation avec les services de santé d'urgence et les pompiers.

SÉCURITÉ

En raison de la guerre civile dans le pays voisin et dans laquelle l'Arabie Saoudite intervient, il n'est pas recommandé de se rendre dans la région. Pour toute information concernant la situation sécuritaire en Arabie Saoudite, reportez-vous aux recommandations du ministère des Affaires étrangères sur le site www.diplomatie.gouv.fr.

- **999.** Ce numéro vous met en relation avec la police.

LGBTQ

L'homosexualité est interdite en Arabie Saoudite et le sujet est hautement tabou. Si vous voyagez en couple, ne vous affichez jamais en public et évitez tout geste de tendresse ou d'affection. Cette recommandation vaut autant pour les couples homosexuels que pour les couples hétérosexuels.

AMBASSADE ET CONSULATS

Riyad. Ambassade de France, Al Safarat, Riyadh 11693. Tél. +966 11 434 4100. Ouverte du dimanche au lundi de 8h à 15h30.

Djedda. Consulat de France, 6868 Al-Aman, Al Hamra District, Djedda 23324. Tél. +966 12 610 8900.

POSTE

Le prix du timbre pour envoyer une carte postale d'Arabie Saoudite en Europe est de 4 SAR.
Si vous envoyez du courrier en Arabie Saoudite, l'envoi de médicaments est interdit, sauf à être accompagnés d'une ordonnance en bonne et due forme et d'une déclaration de douane.

MÉDIAS LOCAUX

Presse écrite. L'Arabie Saoudite compte plusieurs titres nationaux quotidiens dont les principaux sont *Al Watan* et *Okaz*. Riyad, Médine, Djedda ou La Mecque comptent des titres régionaux. Il existe deux quotidiens diffusés en langue anglaise : *Arab News* et *Saudi Gazette*. Les diasporas pakistanaises et kéralaises (sud de l'Inde) disposent de titres de presse dans leur langue.

Télévision. Le pays compte 3 chaînes d'info : Al Ekhbariya, Al Arabiya et Alhadth. Le bouquet saoudien de médias télévisuels comprend également une chaîne de sport, des chaînes diffusant des films (groupe MBC), deux chaînes généralistes (Saudi TV Channel 1 et Faaliat), une chaîne musicale (Wanasah) et deux chaînes religieuses (Quran TV et Suuna TV).

LES PHRASES CLÉS

Bonjour, mon téléphone ne fonctionne pas, pouvez-vous m'aider s'il vous plait ?
مرحبا، هاتفي لا يعمل، هل يمكنك مساعدتي من فضلك؟

Je ne me sens pas bien, pouvez-vous m'amener à l'hôpital le plus proche ?
أشعر أنني لست بخير، هل يمكنك اصطحابي إلى أقرب مستشفى؟

Est-ce que vous avez un médecin qui parle français ?
هل يوجد طبيب يتحدث الفرنسية؟

Je viens de me faire voler mes papiers, où est le poste de Police le plus proche ?
لقد سرق جواز سفري للتو، أين يوجد أقرب مركز شرطة؟

Est-ce un quartier dangereux ou je peux y aller sans crainte ?
هل هذه المنطقة خطرة أو هل استطيع التجول فيها بدون قلق؟

Avez-vous des timbres pour une carte postale à envoyer en France ? C'est combien ?
هل لديك اي أختام لطابع بريدي لفرنسا؟ كم سعره؟

PASSPORT

DÉCOUVRIR

Terre fermée aux touristes étrangers jusqu'en 2019, l'Arabie Saoudite montre un visage bien loin des clichés qui lui collent à la peau. L'accession au pouvoir du jeune prince héritier Mohammed Ben Salman en 2017 semble marquer une cassure nette dans l'histoire du pays. Son plan de modernisation du royaume « Vision 2030 » vise à amorcer le virage post-pétrole, à réduire le chômage et les inégalités sociales, à diversifier l'économie et à fixer un cap à la jeunesse saoudienne. Le pays de 34 millions d'habitants s'est développé à une vitesse fulgurante à partir des années 50, faisant émerger routes, villes et barrages entre les dunes de sable et les montagnes désertiques. Le mode de vie ancestrale semi-nomade a été abandonné au profit d'un confort clinquant, pour lequel les Saoudiens s'endettent massivement. Entre vent de modernité et immobilisme religieux imposé par les oulémas wahhabites, le pays se trouve à la croisée des chemins.

TREK DANS LE DÉSERT

Les trois déserts reliés entre eux que sont le Rub' al-Khali, le Nefoud et ad-Dhana forment l'un des plus grands déserts de sable au monde, couvrant plus de la moitié de la surface de l'Arabie Saoudite. Les hautes dunes rougeoyantes aux lignes mouvantes, les nuits étoilées et le silence absolu sont la promesse d'une expérience exaltante. Partir en trek dans le désert ne s'improvise pas. Que vous soyez en dromadaire, à pied ou en voiture, un équipement adapté est indispensable. Une tenue couvrante, une tête bien protégée, de très bonnes lunettes de soleil et de solides chaussures de randonnée sont le minimum. La nuit, sortez couvert pour admirer le ciel constellé de milliards d'étoiles. Les nuits sont froides, d'autant que la meilleure saison pour parcourir le désert est l'hiver. Votre guide, obligatoire, assurera la partie logistique, prévoira la tente et les repas et vous apprendra peut-être les rudiments de la conduite sur sable.

Le Rub' al-Khali

L'Arabie Saoudite est un immense terrain désertique, ponctué de quelques oasis. Son désert le plus mythique est le Rub' al-Khali, l'un des plus grands déserts du monde et le plus grand espace de sable continu. Il occupe le sud du pays, débordant sur le Yémen et Oman, les Émirats et le Qatar. Il évoque les caravanes chamelières chargées d'épices et d'encens ; l'hostilité d'un climat aride ; un décor changeant au gré des vents où il est facile de se perdre. Ses 650 000 km² sont parcourus de dunes de sable d'or ou rougeoyant, certaines pouvant atteindre 300 mètres de haut. Le Rub al-Khali est considéré comme le désert le plus inhospitalier au monde. Les températures peuvent atteindre 60°C en journée et -10°C la nuit. Même les Bédouins ne s'y aventurent guère. En arabe, Rub al-Khali signifie « le quart vide » et effectivement, il n'y a rien d'autre que du sable. Seules une vingtaine d'espèces de plantes auraient été répertoriées. Quelques araignées, des scorpions ou des rongeurs peuplent les dunes. Le Rub' al-Khali est une terre pour explorateurs expérimentés, aventuriers aux nerfs d'acier. Le premier Occidental à avoir traversé ce désert est Bertram Thomas, un diplomate britannique, ministre du sultan de Mascate et Oman dans les années 30. Il lui faudra près d'un an pour achever son aventure, qu'il retracera dans un récit de voyage intitulé *Arabia Felix*. St John Philby, espion britannique et éminence grise du premier roi d'Arabie Saoudite Ibn Saoud, lui emboîte le pas en 1932. Il est le premier à découvrir les cratères de Wabar, laissés par des météorites qui se seraient abattues dans la région il y a 140 millions d'années. Il a laissé une littérature abondante retraçant ses expéditions et aventures, malheureusement non traduite. L'explorateur britannique Wilfred Thesiger s'immerge pendant presque 4 années avec les Bédouins du Rub', entre 1946 et 1950. Il est le premier à tenter de cartographier la région et il rapporte son expérience dans le récit *Le Désert des Déserts*. Le Rub' al-Khali n'a pas toujours été aussi hostile et dévasté. La région, autrefois verdoyante, s'est asséchée au fil des millénaires. Le dernier lac aurait disparu il y a 800 ans et certains lacs asséchés sont encore visibles. Les sables enseveliraient peut-être Iram, la « Cité aux mille piliers », qui aurait prospéré entre -3 000 et le Iᵉʳ siècle. Pour se rendre au Rub' al-Khali aujourd'hui, il faut bénéficier d'une autorisation spéciale et être accompagné d'un guide local, les dangers étant nombreux et réels.

Le Nefoud et le désert d'ad-Dhana

Le désert du Nefoud, situé entre Hail et Sakaka, au nord du pays, est un erg. Les dunes en forme de croissant sont fixes et seul le sable de surface se déplace. La région est régulièrement balayée par des vents violents, imprimant sur le sol des formes étranges. Il occupe une grande dépression ovale s'étirant sur 250 kilomètres de large et 90 kilomètres de haut. Les pluies y sont très aléatoires. Ainsi, aucune goutte d'eau n'est tombée entre 1998 et 2001, alors que certaines années, il peut pleuvoir trois fois dans le même hiver. Le sable rouge provient de dépôt de grès érodé. Dans certaines régions, on peut observer les traces de forêts fossilisées et un squelette d'éléphant vieux de 7 000 ans a été retrouvé ici. Sur son flanc ouest, en bordure des montagnes du Hedjaz, l'eau se déverse et permet la culture de dattes et d'orge. L'oasis de Jubbah, au pied de la montagne noire d'Umm Senman, est un point de départ privilégié pour explorer le Nefoud.

FOCUS

AMAZING TOURS

ESCAPADE EN ASEER

A l'opposé de l'idée que l'on se fait de l'Arabie Saoudite, la province d'Aseer dévoile des paysages de montagnes escarpées, de vallées encaissées, de hauts plateaux parcourus d'arbrisseaux. Nous sommes au sud de la chaîne du Hedjaz, où les cîmes culminent à 3 000 mètres. L'arrivée en avion est spectaculaire. Les sommets pointent vers les cumulonimbus qui se forment en cette fin de journée. Le nuage enveloppe la carlingue, et là, tout d'un coup, en sortant du voile moutonneux, un plateau verdoyant s'étale à perte de vue, couronné par quelques hautes montagnes. D'anciennes tours de guet et maisons en adobe se glissent entre de grosses maisons cossues et modernes. Outre de somptueux paysages, l'Aseer, c'est une architecture particulière, aux bâtiments érigés en couches successives d'un mélange d'argile, de terre et de paille. Des poutres de bois sont insérées entre chaque couche, pour apporter de la solidité aux édifices et des ardoises sont glissées pour protéger les façades de la pluie.

Ces maisons de trois ou quatre étages, on les débusque dans le vieux quartier d'Al Basta, à Abha la capitale, dans les fantastiques villages de Tamniah ou d'Al Masgi. Certains villages peuvent compter jusqu'à 400 habitations toujours encerclées par les champs des paysans, séparés les uns des autres par des murets de pierre. La route d'accès est l'une des plus belles d'Arabie Saoudite. Elle dévale dans la vallée, épousant les contours des flancs des montagnes et formant de formidables lacets. Des babouins facétieux regardent défiler les voitures et leurs passagers, happés par le panorama.

AMAZING TOURS

RIYAD

✆ +966 55 593 0139

amazingtours.com.sa

saudituorism@yahoo.com

TREK DANS LE DÉSERT

© JIRI VLACH - SHUTTERSTOCK.COM

Le Rub'al-Khali.

Le désert d'ad-Dahna est un long ruban de sable rouge, reliant les déserts du Rub' al-Khali et du Nefoud. Large de 40 à 80 kilomètres, il s'étire sur 1 000 kilomètres en formant un arc de cercle à l'est de Riyadh. Riche en oxyde de fer, c'est le plus rouge des déserts saoudiens. Les dunes forment des « veines » horizontales de toute beauté. A l'est de la capitale saoudienne, sur le plateau calcaire de Summan, un réseau de galeries et de cavités souterraines est exploité depuis des millénaires par les locaux. Ils se servent des cavités naturellement creusées par les eaux de pluie, comme citernes. La proximité du désert d'ad-Dhana avec la capitale en fait le désert le plus fréquenté par les Saoudiens le week-end (vendredi et samedi).

Marcher dans le désert

Expérience rare, la marche dans le désert s'avère également exigeante. Les déserts saoudiens sont des ergs, des déserts de sable. Si le dénivelé est relativement modéré, marcher sur le sable mou peut s'avérer fatigant. Une bonne condition physique est donc impérative. Vous serez récompensé par des paysages spectaculaires, des couleurs éclatantes et des nuits dans un silence total, où il n'y a qu'à tendre le bras pour se saisir des étoiles. Même si vous bivouaquez dans le confort, le désert est un lieu unique pour se débarrasser des contingences matérielles, un endroit parfait pour se ressourcer. La meilleure période pour s'y rendre est entre octobre et mars. Les températures sont plus clémentes, mais attention, les nuits peuvent se montrer mordantes. Il fait en général entre 20°C et 30°C en journée et 0°C et 15°C la nuit, selon les mois et les déserts. Le Rub al-Khali est plus chaud que les déserts du nord, mais l'amplitude thermique est aussi plus importante. Nous vous déconseillons vivement de trekker en été, entre avril et septembre. Partir avec un guide est absolument essentiel. Il connaît le désert, sait lire les paysages et déjouer ses pièges. Il gère également toute la partie logistique : bivouacs, repas, eau, chameliers... Il faut prévoir un budget conséquent, d'au moins 200 € par jour, l'Arabie Saoudite étant un pays cher. Pour lutter contre la chaleur, le mieux est de commencer votre randonnée tôt le matin, de faire une longue pause au déjeuner et de marcher à nouveau en fin de journée. Prévoyez des vêtements couvrants. Les nomades du désert ont pour habitude de porter deux couches de vêtements qui les protègent des agressions du soleil et aussi parce qu'entre les deux couches se crée un léger mouvement d'air. Pensez à vous hydrater très régulièrement et si vous le pouvez avec une boisson chaude. L'évaporation de la transpiration procure une sensation de fraîcheur. La transpiration vous fera perdre beaucoup de sels minéraux. Le meilleur moyen d'éviter les crampes et malaises dûs au manque de sels dans l'organisme et de manger très salé. Les fruits secs salés à grignoter dans la journée combleront les fringales. En cas de coup de chaud, mouillez votre chapeau ou votre chèche.

Que mettre dans son sac ?

Une sortie dans le désert se prépare. Il ne s'agit pas d'y aller le nez au vent, sous peine de se retrouver avec les yeux qui piquent, la gorge qui gratte et la peau brûlée. Vous constaterez rapidement que le sable s'infiltre partout et que plus vous êtes prévoyant, plus confortable sera votre expédition. La liste des articles spécifiques à prévoir est proportionnelle aux nombres de jours. Plus vous passerez de temps dans le désert, plus votre équipement sera conséquent. Tout dépend également de votre mode de transport dans le désert. Entre la voiture climatisée, le dos d'un dromadaire ou vos pieds, les besoins ne sont pas les mêmes. Dans tous les cas, il vous faudra une tenue couvrante et légère, un coupe-vent, un foulard pour se couvrir la tête, une paire de baskets, des lunettes de soleil avec des verres anti-UV de catégorie 3 ou 4, une crème solaire à indice de protection très élevé, un petit sac à dos, beaucoup d'eau. Si vous envisagez un trek de plusieurs jours, des vêtements anti-UV couvrants seront nécessaires, ainsi que des chaussures spéciales anti-sable, des guêtres, des gants anti-UV et des bâtons de marche avec un embout spécial « sable ». Vous protégerez vos affaires avec un sac-à-dos anti-sable et glisserez vos articles sensibles dans des sacs de congélation munis d'un zip (appareil photo, téléphone, chargeur nomade, documents...). Glissez dans votre trousse de toilette du sérum physiologique pour se rincer les yeux, des lingettes de toilette, des pansements anti-ampoules, une crème apaisante à base d'arnica ou d'aloé vera et un rouleau de papier toilette. Si vous prévoyez de bivouaquer une ou plusieurs nuits, prévoyez des vêtements chauds pour les soirées, voire une doudoune compacte en hiver, des gants et un bonnet.

Bivouaquer dans le désert

Quitte à pousser les portes du désert, autant y passer la nuit. Vous serez saisi par la bulle de silence qui s'abat sur cette partie du monde et les nuits privées de toute forme de pollution. Les étoiles brillent par milliards dans une nuit d'un noir d'encre. Rien ne semble pouvoir perturber l'extrême tranquillité qui y règne, à l'exception du vent, s'il a décidé de souffler. L'amplitude thermique jour/nuit est élevée et si on y ajoute la fatigue de la journée, le froid peut vite devenir mordant dès que la nuit tombe. Au cœur de l'hiver, le thermomètre peut frôler les 0°C juste avant le lever du jour. Il est essentiel de prévoir le matériel adéquat pour des nuits vraiment récupératrices : un sac de couchage sarcophage avec une température de confort descendant à -5°C, un tapis de sol ou un petit matelas autogonflant, de bonnes chaussettes, un bonnet, une tenue chaude et confortable. Pour les soirées à la belle étoile, munissez-vous d'une lampe de poche, d'une doudoune et d'un bon pull. Glissez dans votre sac un sac poubelle pour ramasser tous vos déchets et laisser le désert comme vous l'avez trouvé, immaculé.

Bien préparer son véhicule

Un véhicule 4x4 est indispensable pour se rendre dans le désert saoudien, qu'il soit de sable ou caillouteux. Prévoyez de l'essence en quantité suffisante, avec au moins un jerrican de dépannage, et des bidons d'eau pour le radiateur. Ayez avec vous une pelle pour dessabler en cas de besoin et une corde de remorquage. Moins votre véhicule sera truffé d'électronique, plus vous aurez de facilités à le réparer en cas de panne. Arrivé dans le désert, réduisez la pression de vos pneus. La surface de contact entre le sable et le véhicule sera plus importante et l'adhérence meilleure. Pour éviter de vous ensabler, maintenez une vitesse constante et adoptez une conduite souple. Les fortes accélérations risquent de faire patiner les roues et de creuser un trou sous celles-ci. Munissez-vous d'une carte détaillée et d'une boussole, afin de garder le cap. Nous vous déconseillons fortement de partir seul(s) à l'aventure, surtout si vous n'avez aucune expérience de conduite sur sable. Certains déserts comme le Rub al-Khali (Empty Quarters) nécessitent une autorisation spéciale. Vous devrez fournir votre itinéraire détaillé pour l'obtenir.

4X4 dans le désert du Nefoud.

GÉOGRAPHIE

La formation géologique de l'Arabie Saoudite remonte à 100 millions d'années. Si l'imagerie commune évoque un désert de sable interminable, la réalité de terrain est toute autre. Une longue chaîne de montagnes, le Hedjaz, parcourt toute la façade ouest du pays, en bordure de la mer Rouge pour culminer à 3 133 mètres. Un vaste plateau s'étend à l'est des pentes, bordé par trois déserts qui forment une barrière naturelle, l'isolant du reste de la péninsule. Ce plateau est ponctué de nombreuses oasis, dont certaines sont devenues de grandes villes, comme Riyad, la capitale située au centre-est du plateau. Le quart sud-est du pays, le Rub al Khali n'est qu'un vaste désert de sable, l'un des plus hostiles au monde. Rien n'y pousse, il n'y pleut jamais et seules quelques tribus bédouines le sillonnent. L'Arabie Saoudite possède une frontière commune avec tous les pays de la péninsule, mais dont certaines ne sont toujours pas fixées.

Situation géographique

L'Arabie Saoudite est le plus grand pays de la péninsule arabique et couvre 80 % de sa surface. Il est bordé par tous les pays de la péninsule : Irak et Jordanie au nord, Koweït, Bahreïn, Émirats arabes unis (EAU) et Qatar à l'est, Oman et Yémen au sud. La surface exacte du pays n'est pas connue, car les frontières avec les EAU et le Yémen ne sont pas figées. La frontière avec la Jordanie a été entérinée en 1965, lors d'un échange de terres entre les deux pays. Les limites avec l'Irak sont plus anciennes et remontent à 1922 et la réorganisation administrative opérée par les Britanniques dans la région. La convention d'Al Uqair est signée entre l'Irak et Ibn Saoud pour définir une zone neutre à cheval sur les deux pays, interdisant la construction de villes et d'installations, permettant de préserver les ressources en eau pour les Bédouins. En 1981, les deux pays signent un accord fixant définitivement la frontière entre les deux pays et annulant de facto la gestion commune de cette zone. La gestion de la frontière avec le Koweït est elle aussi fixée par la convention d'Al Uqair qui délimite une zone commune neutre de 5 790 km². En 1938, du pétrole est découvert dans la zone, au sud du Koweït. Les deux pays gèrent son exploitation communément. Après de longues discussions, les deux pays parviennent à un accord pour fixer une frontière passant au milieu de la zone et perpétuant la gestion commune des ressources naturelles dans cette zone. La frontière avec le Qatar, en bordure du golfe Persique a été fixée en 1965. La ligne de démarcation entre l'Arabie Saoudite et Oman a été figée en 1990 après de longues tractations.

Le gouvernement saoudien estime la surface de son pays à 2 217 949 km², soit l'équivalent du Groenland. La façade ouest de l'Arabie Saoudite est bordée par la mer Rouge et le golfe d'Aqaba. La côte parcourt environ 1 800 km de la frontière avec la Jordanie à celle avec le Yémen. Sa façade orientale est bordée par le golfe Persique. Ces vastes zones maritimes sont ponctuées de 1 300 îles, la très grande majorité d'entre elles étant situées en mer Rouge. L'Arabie Saoudite bénéficie d'une zone maritime de 12 milles nautiques (22 km) tout le long de ses façades.

On trouve de nombreuses oasis dans le pays.

Géologie de l'Arabie Saoudite

La formation géologique de la péninsule arabique est concomitante à celle des Alpes, il y a 100 millions d'années. La formation de la Grande vallée du Rift, qui part de la Méditerranée pour descendre jusqu'au Mozambique, a poussé la péninsule arabique à glisser vers l'est. Ce glissement progressif se poursuit et les scientifiques estiment que d'ici 10 millions d'années la pointe sud-est de la péninsule sera reliée au continent asiatique et le golfe Persique deviendra un vaste lac. Un plissement montagneux abrupt s'est

Le désert de Nefoud.

formé sur la façade ouest de la péninsule et le sud. Les pentes situées à l'est de ce massif, descendent progressivement pour former des plateaux et une vaste plaine. Un second escarpement de moindre altitude traverse le pays du nord au sud, plus ou moins en son centre. Ces enchaînements de montagnes, de plateaux et de plaines forment différentes régions naturelles très variées, malgré le climat désertique qui sévit sur l'ensemble de la péninsule.

La façade ouest est parcourue par la chaîne montagneuse du Hejaz. Il forme une barrière naturelle abrupte entre la mer Rouge et l'intérieur de la péninsule. Il n'est bordé que de rares zones de plaines côtières. Sur son flanc est, les pentes se déversent doucement et sont parcourues de wadis, des canyons asséchés. Au nord de La Mecque, l'élévation de la chaîne dépasse rarement 2 100 mètres. Des oasis clairsemées, dont la plus importantes est Médine, permettent la pratique de l'agriculture. Au sud du Hedjaz, dans la province d'Asir, les pics culminent à 2 400 mètres d'altitude avec le plus haut sommet, le Jabal Sawda, atteignant 3 133 mètres.

L'est du Hedjaz et des montagnes de l'Asir forment un vaste plateau rocheux, le Najd. L'élévation varie entre 1 360 mètres et 750 mètres. Le plateau est parcouru de petites portions de déserts sablonneux ou de pitons rocheux isolés. On peut ainsi citer le Jabal Shammar situé au nord-ouest de Riyadh ou le Jabal Tuwaiq, au centre du plateau. De nombreuses oasis existent dans cette région, qui ont permis à des villes comme Riyadh, Unayzah ou Buraydah de se développer.

Le nord de l'Arabie Saoudite est relié géologiquement au désert de Syrie. Ce haut-plateau est traversé de nombreux wadis orientés dans un axe nord-sud. Quelques oasis et une végétation de broussailles ont fait de cette région un lieu de choix pour les bergers semi-nomades. Le Wadi as Sirhan, une ancienne mer intérieure, a été pendant des milliers d'années une étape incontournable pour les caravanes qui reliaient le centre et le sud de la péninsule à la Méditerranée.

A l'est de Riyadh, le terrain continue de décliner en douceur vers le golfe Persique. Le plateau d'As Summen, large de 120 kilomètres, présente une élévation comprise entre 400 mètres et 240 mètres. A l'est de ce plateau, le dénivelé s'affaisse brusquement pour former une vaste zone côtière de 60 kilomètres de large. Les sols sont formés de graviers ou de sable. Sur la côte du golfe Persique, les zones de sable, de marais et de salines naturelles alternent. La mer est peu profonde sur plusieurs kilomètres parfois.

Les grands déserts

Trois grands déserts isolent le plateau de Najd du reste du pays, tout comme le Hedjaz forme une barrière naturelle entre la mer Rouge et l'intérieur de la péninsule arabe. Au nord, le grand désert du Néfoud couvre une surface de 55 000 km². Ses dunes de sable rouge pouvant s'élever à 90 mètres de haut sont entrecoupées de larges vallées. Les pluies hivernales font naître des herbes de pâturage pour les troupeaux des Bédouins. Dans le prolongement sud du Néfoud, le désert de ad-Dahna, forme un arc de cercle étroit qui sépare le plateau du Najd du plateau d'As Summen. De l'oxyde de fer lui procure une teinte rouge, au soleil couchant, surtout dans sa partie nord. Au sud et à l'est de cet arc s'étire le désert du Rub' al Khali, l'un des plus hostiles au monde. Cette vaste zone de 550 000 km² est inhabitée et mieux connue sous le nom de « Empty Quarter », car il n'y a rien que du sable à perte de vue.

NATURE

La faune et la flore de l'Arabie Saoudite n'ont été que peu étudiées. Si les grands mammifères et les rapaces sont connus, ce n'est pas le cas des papillons, quasiment pas recensés. La prise de conscience de la préservation de la nature est récente en Arabie Saoudite et a démarré dans les années 1970 avec l'extinction d'un animal emblème du désert, l'oryx d'Arabie. La pratique intensive de la chasse, le développement du pays et des centres urbains ont grandement nui à la vie sauvage saoudienne. L'animal national est le dromadaire, le fidèle compagnon des Bédouins, qui peut valoir des fortunes lorsqu'il s'agit d'animaux destinés à la course ou aux concours de beauté. La flore est limitée et seules de rares variétés d'arbres poussent sous le climat hostile. Les plantes vivaces possèdent un cycle de vie extrêmement court, de 3 mois à peine, à la fin de la saison des pluies. C'est dans les montagnes de l'Asir qu'elle est la plus variée.

Le dromadaire

L'animal-emblème du pays est le dromadaire. Le camélidé n'existe plus à l'état sauvage depuis la période romaine, mais il trouve ses origines dans la péninsule arabe. Les Saoudiens l'ont domestiqué pour s'en servir d'animal de trait et de transport. Il accompagne les Bédouins dans leur vie quotidienne depuis des temps immémoriaux. Les individus les plus rapides participent à des courses et les plus gracieux à des concours de beauté. Le Festival de Chameaux du Roi Abdul Aziz qui se tient en février dans le désert de Dahna est ainsi doté de plus de 30 millions de dollars de prix. Ce sont chaque année 30 000 bestiaux qui participent, provenant des meilleurs élevages de la péninsule. La beauté d'un dromadaire s'apprécie en observant son manteau qui doit être clair et brillant ; son cou qui doit être long, élancé et élégant ; sa tête qui doit être large et proportionnée au reste du corps ; une bosse qui doit être grande, droite et posée le plus près possible du derrière de l'animal. Les dromadaires de course sont tout autant bichonnés, car ils peuvent rapporter beaucoup d'argent à leur propriétaire. La course de dromadaire est le loisir préféré des Saoudiens. Un dromadaire de course doit être léger, avoir de petites pattes et de longues jambes, un poitrail large et puissant et une longue queue. Les bêtes suivent un vrai régime d'athlète composé de dattes, de lait, de miel, de maïs et de fourrage, ce qui lui permet de rester svelte et fort. Un chameau de course peut parcourir 40 kilomètres en une heure et atteindre une vitesse de pointe de 70 km/h. De nombreuses courses ont lieu à Riyadh et ses environs entre novembre et mars ou à Taïf en août à l'occasion du Festival du Chameau du Prince héritier. Pour se payer un dromadaire de course, il faut être prêt à investir au moins 60 000 US$. Mais le prix d'un héritier d'une lignée championne ou des cracks multi-primés peut atteindre 30 millions de dollars ! Traditionnellement, les dromadaires sont montés par des jockeys, souvent

Dromadaires.

© REBIUS - SHUTTERSTOCK.COM

Le caracal.

des enfants en raison de leur poids. Mais les accidents sont nombreux et désormais, beaucoup de courses sont téléguidées. Une cravaché télécommandée est installée sur la selle, et les entraîneurs suivent la course depuis une voiture qui remonte la bordure du champ de course à l'allure de leur monture. La course du Prince héritier à Taïf est la mieux dotée avec un premier prix équivalent à 14 millions de dollars.

Les mammifères d'Arabie Saoudite

Des conditions climatiques extrêmes, l'urbanisation, la chasse intensive et la conduite hors piste sont autant de facteurs qui nuisent considérablement à la faune d'Arabie Saoudite. Un manque d'intérêt général pour la vie sauvage fait que la faune a été peu étudiée et peu préservée dans le pays. Outre les grands mammifères et les oiseaux les plus communs, la faune est mal connue. Les lions, guépards et ânes sauvages de Syrie ont complètement disparu de la péninsule. Ils étaient mentionnés dans des textes de pèlerins pour La Mecque.

Le tahr d'Arabie est un drôle de mammifère aux origines méconnues, à la croisée des chemins entre la chèvre et le mouton. On retrouve des espèces cousines dans l'Himalaya et les Nilgiri au sud de l'Inde. Le tahr est une espèce en voie de disparition qui vit dans l'est de la péninsule arabe, d'Oman aux Emirats en passant par l'Arabie Saoudite. Son habitat de prédilection est un terrain rocailleux.

Le loup d'Arabie est la plus petite espèce de loups recensée. Il s'est adapté au rude climat désertique et vit solitaire ou en petite meute. Il ne resterait que 2 000 à 3 000 individus en Arabie Saoudite. L'espèce est gravement menacée et pourchassée par les Bédouins qui cherchent à protéger leurs troupeaux. On le croise encore parfois dans les régions de Najd et Tabuk.

Le fennec est la plus petite espèce de renard. Il est reconnaissable à son manteau couleur sable et ses grandes oreilles. Il supporte les chaleurs extrêmes et boit peu. Adapté à son environnement, il se nourrit d'insectes, de petits mammifères et d'oiseaux. Il peut vivre une dizaine d'années dans la nature.

Le caracal est un félin relativement répandu du Moyen-Orient à l'Asie Centrale et au nord-ouest de l'Inde. Il peut mesurer jusqu'à 50 cm de haut au garrot et peser 19 kg. Il est reconnaissable à son manteau rougeoyant, ses longues oreilles pointues terminées en plume et ses canines longues et acérées. Animal nocturne par excellence, il est très difficile à observer.

La hyène rayée a pratiquement disparu de la surface saoudienne et même du globe. Elle est considérée proche de l'extinction par l'Union Internationale de la Conservation de la Nature (UICN). Il en va de même pour le chacal doré ou le blaireau.

Le chat des sables est la seule espèce sauvage à vivre dans le désert saoudien. On le trouve dans la partie occidentale du pays, mais il est difficile à observer, car il se déplace surtout la nuit. Son fourrage couleur sable lui assure un parfait camouflage en journée. Il est pourvu de pattes très poilues, ce qui l'empêche de se brûler au contact du sable chauffé à blanc par le soleil. Il passe le plus clair de ses journées à dormir dans une tanière et sort la nuit pour chasser.

Le daman des rochers est un petit mammifère qui ressemble à un gros cochon d'Inde ou une petite marmotte. Il se cache dans des crevasses rocheuses, afin d'échapper à ses prédateurs. Le daman des rochers est à manipuler avec une extrême précaution, car il peut transmettre la leishmaniose, une maladie parasitaire invalidante, voire mortelle.

© VARAPRASAD VFX - SHUTTERSTOCK.COM

Grouse des sables.

Le lièvre du Cap est reconnaissable à ses très longues oreilles qui lui permettent d'entendre le danger venir de loin et au cercle blanc qui borde son oeil jaune. Il est acclimaté aux régions désertiques et se nourrit d'herbes et de broussailles la nuit.

L'oryx d'Arabie est une antilope couleur sable aux très longues cornes torsadées. Animal emblématique des déserts du Moyen-Orient, il a été chassé jusqu'à l'extinction dans les années 1970. Il a été réintroduit suite à un programme de conservation initié par le zoo de Phoenix aux Etats-Unis. Une aire protégée et close de 2 200 km², Mahazat as-Sayad, a été instituée dans le province de Taïf. D'autres espèces comme la gazelle à goitre ou l'autruche à cou rouge participent également à un programme de conservation dans la même réserve.

Le léopard d'Arabie bénéficie lui aussi d'une attention toute particulière. Il ne resterait que 200 individus sur toute la péninsule arabe. En Arabie Saoudite, on le trouve dans les montagnes de l'Asir. Un programme spécial de sauvegarde a été initié par le gouvernement. Des bébés sont nés en captivité pour la première fois en 2021. Le léopard a été réintroduit dans la région de Taïf et des études sont menées pour rétablir et préserver la végétation indispensable à son habitat.

Les oiseaux d'Arabie Saoudite

Proies de choix des chasseurs, la faune avicole de l'Arabie Saoudite est elle-aussi menacée et rare. Parmi les oiseaux originaires de la péninsule on trouve le sergent Ganga ou grouse des sables, des cailles, des aigles, des busards, des alouettes. Sur les côtes, on peut aussi observer des pélicans et des mouettes. Les montagnes de l'Asir abritent quelques espèces rares comme le vautour fauve, l'aigle de Verreaux ou le faucon de Barbarie. Plus au sud, dans les zones boisées proches du Yémen, on peut observer dans les branches fragiles des genévriers, des linottes, des grives, des fauvettes et des gobe-mouches d'Afrique. La surprenante et rare ombrette nidifie dans la réserve naturelle du Wadi Turabah. C'est le seul endroit où cet oiseau apparenté à la famille des pélécaniformes peut être observé sur la péninsule arabe.

Les Saoudiens sont de grands amateurs de rapaces et les plus riches d'entre eux engloutissent des fortunes dans l'élevage des oiseaux de proie. Il existe même une clinique spécialisée, le Falcon Medical Research Hospital installé à Riyadh.

La flore d'Arabie Saoudite

Très peu étudiée, la flore d'Arabie Saoudite est connue dans son ensemble, mais ses zones de distribution sont mal connues. Près de 3 500 variétés de plantes ont été recensées avec un bon millier rien que dans les montagnes de l'Asir qui profitent d'une pluviométrie bien plus abondante que partout ailleurs dans la péninsule. La seule réserve naturelle réputée pour sa flore est située dans la province de Ha'il, au nord-est de Médine. Il s'agit de l'aire protégée de Jabal Aja. La plupart des plantes observées en Arabie Saoudite sont des herbes ou des broussailles rabougries. Très peu de variétés d'arbres sont observées et le palmier dattier est le seul à sembler s'acclimater pleinement sous les latitudes de la péninsule arabe.

La façade est de l'Arabie Saoudite voit tomber l'essentiel de sa pluviométrie annuelle en mars et avril. Ces eaux ravivent les plantes vivaces qui complètent leur cycle de vie en seulement trois mois : floraison, germination, graines. Dès le mois de mai, la végétation disparaît. Dans les zones désertiques, les rares plantes sont concentrées au fond des wadis, les fonds de canyon. Dans le désert hostile du Rub' al-Khali, seules 37 variétés de plantes ont été identifiées et on n'y trouve aucun arbre. Les prosopis et certaines variétés d'acacia peuvent néanmoins être observés aux marges de ce désert.

La végétation la plus variée et la plus dense pousse dans les montagnes de l'Asir. Les températures y sont moins élevées en raison d'une altitude comprise entre 2 400 mètres et 3 100 mètres et une pluviométrie annuelle plus abondante équivalente à celle de la ville de Marseille. Dans les plus hautes parties de la chaîne montagneuse pousse une forêt nuageuse comprenant des genévriers, des euryops d'Arabie, des rosiers d'Abyssinie, des euphorbes et des lichens. Vers 2 500 mètres, parmi les arbres à feuilles persistantes, on peut citer l'olivier sauvage ou le camphrier. En-dessous de 2 000 mètres, les sols sont parcourus de plantes succulentes, d'acacias, de commiphora, des arbustes épineux, et des grewis, une plante ornementale à fleurs mauves.

CLIMAT

Il fait chaud, très chaud en Arabie Saoudite. Durant les 4 mois d'été, de juin à septembre, le thermomètre ne descend jamais sous les 40°C en journée. Aucun nuage, ni aucune goutte de pluie ne viennent perturber cette chaleur infernale. Si Djedda a enregistré le record absolu de température en 2010 avec 52°C, c'est en moyenne à La Mecque qu'il fait le plus chaud. Pour espérer trouver un peu de fraîcheur, il faut se rendre dans la province d'Asir, sur les pentes du mont Sawda. Les lieux enregistrent les plus grands écarts de température jour/nuit au monde. Si en journée le mercure peut grimper à 30°C, la nuit il frise avec les 0°. Il n'est pas rare de se réveiller dans un brouillard à couper au couteau, même en été. Il arrive qu'il y neige en hiver. C'est aussi la région qui connaît les précipitations les plus importantes avec 500 mm annuels, l'équivalent d'une année de pluie à Marseille, mais trois fois moins qu'à Biarritz.

Un climat désertique

La quasi-totalité de la péninsule arabique est soumise à un climat désertique. Cela signifie que les températures sont très élevées en journée, avec une forte amplitude thermique jour/nuit. En moyenne, les températures à Riyadh dépassent les 40°C de juin à septembre. En hiver, de novembre à mars, les températures moyennes sont inférieures à 30°C, le mois le plus froid étant celui de janvier, avec une température moyenne en journée de 19°C et de 11°C la nuit. Les intersaisons sont très courtes. En avril mai, les températures remontent progressivement pour se stabiliser autour de 35°C, tout comme en octobre, où le phénomène s'inverse et où les températures chutent plus brutalement. L'amplitude thermique jour/nuit varie entre 8°C et 20°C, les amplitudes les plus faibles étant enregistrées en hiver.

Le climat désertique se caractérise par un climat sec, mais les zones côtières en bordure de mer Rouge et du golfe Persique sont très humides, du fait de l'évaporation de la mer. Il fait une chaleur étouffante dans les villes de Djedda, La Mecque, Médine ou Dammam. La Mecque est la ville la plus chaude du pays, mais le record de chaleur est détenu par Djedda, avec 52°C enregistrés le 22 juin 2010. Il fait globalement quelques degrés de plus à Djedda qu'à Riyadh, quelle que soit la saison et l'amplitude thermique jour/nuit y est plus faible.

Il peut y avoir d'importants écarts de température dans le pays à une même période donnée. Cela s'explique par la taille du pays – plus de 2 000 kilomètres séparent le nord du sud –, mais surtout par des différences d'élévation notables. Ainsi, à Tabouk, une ville du nord édifiée à 750 mètres d'altitude, il convient de se couvrir avec doudoune, bonnet, écharpe et gants en hiver, quand un petit pull est suffisant à Djedda.

L'exception climatique du sud-ouest

La province d'Asir, traversée par une chaîne de montagnes connaît un climat semi-aride, aux précipitations limitées quoique plus importantes que dans le reste du pays. Située au sud-ouest du pays, entre les provinces de La Mecque au nord et celle de Jazan au sud, c'est dans cette région que culmine le plus haut sommet d'Arabie Saoudite à 3 133 mètres, le jabal Sawda. L'amplitude thermique y est l'une des plus importantes au monde. Si les températures flirtent avec les 30°C en journée et en toutes saisons, il n'est pas rare de se réveiller avec du givre sur les vitres et un brouillard si épais que la visibilité est proche de 0. Il peut y neiger en hiver. Pour ces raisons, la région d'Asir est la plus verte d'Arabie Saoudite, mais elle demande également de posséder des tenues vestimentaires adaptées.

En attendant la pluie

L'Arabie Saoudite connaît une pluviométrie très limitée. A Riyadh, la capitale située au centre du pays, la moyenne annuelle de précipitations est de 110 mm. Les hivers connaissent de faibles précipitations, avec un pic aux mois de mars et avril. Sur cette période, la moyenne enregistrée est de 270 mm. La province d'Asir, la plus arrosée du pays, enregistre une moyenne annuelle de 500 mm, avec aussi, une période de pluie plus importante en mars et avril. Il ne pleut pas dans le pays durant les 4 mois d'été, qui s'étalent entre juin et septembre. La pluviométrie annuelle de l'Arabie Saoudite est située sous le seuil potentiel d'évapotranspiration. Cette dernière est un phénomène biophysique qui voit l'évaporation de l'eau contenue dans les plantes et les sols vers l'atmosphère. Par conséquent, les rares pluies qui arrosent l'Arabie Saoudite sont immédiatement absorbées par les sols et les plantes et ne retournent pas dans l'atmosphère pour générer de nouvelles pluies, à l'inverse de ce qui se produit dans les pays tropicaux.

ENVIRONNEMENT

Sans aucune rivière ni lac naturel permanent, et avec des températures toujours plus élevées, l'Arabie Saoudite fait face à une sécheresse intense. Celle-ci est intensifiée par le réchauffement climatique qui touche d'autant plus intensément le pays qu'il y participe activement, par ses émissions parmi les plus élevées au monde. Car ici l'or bleu est remplacé par l'or noir, et l'économie pétrolière est lourde en conséquences sur l'environnement. Le Royaume saoudien organise cependant un avenir plus écologique, sous la forme de l'initiative verte saoudienne, un programme ambitieux, visant à renforcer le développement durable saoudien. La promesse phare de ce programme : la neutralité carbone d'ici 2060 ! Mais alors que le pays annonce que l'exploitation pétrolière sera toujours prioritaire, les environnementalistes s'interrogent sur l'efficacité de ces mesures.

La neutralité carbone au pays du pétrole

En octobre 2021, à quelques jours de la COP26 visant à faire appliquer les accords de Paris sur le climat, l'Arabie Saoudite a fait une annonce retentissante : elle visera la neutralité carbone d'ici 2060 !

Venant d'un pays parmi les plus pollueurs au monde, avec 600 millions de tonnes de CO_2 produites par an (1,5 fois les émissions de la France), l'annonce peut sembler ambitieuse. Pourtant, les émissions sont nettement en baisse depuis 2017. Pour respecter cette promesse, tous les moyens sont bons : investissement dans des technologies de décarbonisation, plantation de dix milliards d'arbres pour absorber les émissions dans le cadre de l'initiative verte saoudienne, limitation de l'utilisation de l'énergie fossile, investissement massif dans les énergies renouvelables, notamment solaires, avec la construction de nombreuses centrales… Mais alors que le royaume entend bien continuer l'exploitation pétrolière, et entreprend dans le même temps des projets très polluants, comme la multiplication des usines de dessalement, les experts climatiques s'inquiètent sur le bien-fondé de cet objectif.

L'écologie, une affaire politique

C'est le ministère de l'Environnement, de l'Eau et de l'Agriculture qui est le chef d'orchestre de la politique saoudienne en matière d'écologie. Mais l'économie se veut toujours prioritaire, au point de refuser catégoriquement toute suggestion de ralentir l'exploitation pétrolière, qui participe pourtant au classement du royaume parmi les dix pays les plus pollueurs au monde en termes d'émissions de CO_2. Cette méfiance est telle que l'Arabie Saoudite a longuement hésité à signer les accords de Paris, et a notamment tenté de faire disparaître l'objectif de 1,5 °C maximum d'augmentation des températures. Le blocage a été tel que le pays a reçu plusieurs Fossil of the Day Awards, des prix satiriques remis par le réseau d'ONG Climate Action Network aux pays ralentissant les négociations pour le climat.

Pourtant, l'Arabie Saoudite sera bien obligée de sortir du pétrole, alors que ses réserves commencent déjà à s'essouffler. Elle organise déjà l'après-pétrole à travers le plan de diversification de l'économie Vision 2030. C'est au cours de ce programme qu'a été lancée, en 2021, l'initiative verte saoudienne visant à organiser un avenir sous le signe de l'écologie. Les objectifs sont ambitieux : planter dix milliards d'arbres pour créer des écosystèmes et absorber les émissions de carbone jusqu'à atteindre la neutralité, fonctionner à 50 % d'énergies renouvelables, recycler la presque totalité des déchets, augmenter les aires protégées…

Quand la sécheresse fait rage

L'Arabie Saoudite ne partait pas avec les bonnes cartes en main : un territoire entier sans une seule source d'eau douce permanente, des précipitations extrêmement rares, des températures très élevées pouvant atteindre jusqu'à 50 °C… Mais quand, à cela, viennent s'ajouter le réchauffement climatique et les besoins en eau toujours plus importants d'une population grandissante, la situation dégénère rapidement en une sécheresse extrêmement intense. Sur le banc des accusés : une agriculture peu durable, qui puise inlassablement dans les maigres réserves souterraines d'eau dans le désert. C'est ainsi que la culture massive du blé, introduit dans les années 1980, a fini par être interdite, trop gourmande en eau. Résultat des courses : alors que seulement 2 % du territoire est cultivable, l'agriculture pompe 88 % des ressources en eau.

La majorité de l'eau du pays est donc importée. Mais le gouvernement planche sur des solutions d'avenir, et a notamment investi dans des usines de dessalement parmi les plus importantes au monde. Le royaume représente à lui seul 18 % de l'eau de mer dessalée au monde. Voilà qui ne va pas arranger son bilan carbone, alors que ces usines sont extrêmement énergivores et représentent des émissions pharaoniques. En avril 2022, le gouvernement saoudien a également donné son feu vert pour un projet de pluie artificielle, par ensemencement des nuages.

Des espèces rares et fascinantes

Adaptées depuis des siècles au climat extrême du désert d'Arabie, nombre d'espèces saoudiennes présentent des particularités qui les rendent fascinantes. C'est le cas du mystérieux oryx d'Arabie (*Oryx leucoryx*) : blanc immaculé pour refléter la lumière du soleil, équipé d'un système de refroidissement interne lui permettant de ne pas transpirer pour ne pas gâcher la moindre goutte d'eau, il est même capable de détecter une pluie à des kilomètres. Mais ses longues cornes ne lui auront pas permis de faire face à la chasse par armes à feu depuis des véhicules tout-terrain, une mode qui aura conduit l'espèce à son extinction à l'état sauvage dans les années 1970. Des programmes de réintroduction conduits par un zoo américain, aujourd'hui notamment appuyé par un zoo français, ont permis la réintroduction de quelques individus dans des zones protégées du pays, à tel point que l'espèce n'est aujourd'hui plus classée en danger, mais « vulnérable ».

À l'image de l'oryx d'Arabie, de nombreuses autres espèces saoudiennes ont vu leur population chuter dangereusement. C'est le cas du léopard d'Arabie (*Panthera pardus nimr*). Ce léopard au petit gabarit occupait encore largement la péninsule arabique il y a une cinquantaine d'années, mais la chasse et la perte de son habitat ne l'ont pas épargné. L'espèce est aujourd'hui classée en danger critique d'extinction, bien que de timides efforts de reproduction voient le jour.

Les zones protégées : refuges de biodiversité

Si le pays compte aujourd'hui plusieurs dizaines de zones protégées sous différents statuts, il entend bien augmenter ce score. Dans le cadre de l'initiative verte saoudienne, il a en effet promis de créer de nouvelles aires protégées pour qu'elles représentent 20 % du territoire.

Parmi eux, le parc national de l'Asir englobe sur une surface de 6 500 km^2, couvrant à la fois des reliefs montagneux et les écosystèmes marins de la mer Rouge. Variant ainsi du niveau de la mer jusqu'à 3 200 m d'altitude, et couvrant de nombreux écosystèmes allant des mangroves aux plaines côtières désertiques de la Tihama, le parc abrite une diversité d'espèces remarquable. On dénombre ainsi 300 espèces d'oiseaux, dont 10 % de rapaces.

C'est un autre trésor que renferme l'Al Ahsa Uqair National Recreation Area : celui de la plus grande oasis au monde. Inscrite au patrimoine mondial de l'Unesco, l'oasis est bordée de 2,5 millions de palmiers, et est habitée depuis des siècles.

La zone protégée Al-Khunfah, située au nord du royaume, fait quant à elle partie des plus grandes, puisqu'elle couvre près de 20 000 km^2. Elle abrite un écosystème désertique typique, mais dont la vulnérabilité rend sa protection d'autant plus précieuse. Comme ailleurs dans la région, sa flore est surtout rase et constituée de quelques touffes végétales. On observe notamment des *Tamarix aphylla*, une espèce particulièrement adaptée au désert dans lequel elle pousse malgré sa salinité.

Éco-ville dans le désert : utopie ou dystopie ?

Imaginez une ville futuriste, en plein cœur du désert, où les habitants vivraient dans une ligne de 170 km de long, entourée de deux murs, et organisée en plusieurs étages. Lune artificielle, plage de sable phosphorescent, taxis volants, trains parmi les plus rapides au monde, 100 % d'énergies renouvelables pour 0 carbone… Voilà quelques-unes des promesses de The Line, voulue par le prince héritier Mohammed Ben Salmane. Elle s'intégrera dans la future zone Neom, qui aura pour ambition de défier la Silicon Valley dans le cadre du projet Vision 2030, visant à organiser l'avenir économique de l'Arabie Saoudite, quand les ressources en pétrole seront épuisées. Mais n'est-ce pas un peu trop beau pour être vrai, alors que les associations de protection de l'environnement du monde entier s'inquiètent de l'utilisation colossale de ressources d'un tel projet, dans un désert qui n'en possède aucune, et d'un chantier aussi massif dans un environnement si vulnérable ? Pour l'instant, l'échéance du projet est sans cesse retardée, alors que nombre de ses acteurs se retirent et que l'on recherche encore des investisseurs pour financer les plusieurs centaines de milliards de dollars nécessaires.

Oryx d'Arabie près de Djedda.

HISTOIRE

La présence humaine en Arabie Saoudite est attestée plus de 300 000 ans avant notre ère. Les groupements humains s'organisent sous forme de tribus. Certaines contrôlent des routes commerciales et constituent les premières civilisations : al-Magar, Dilmun, Nabatéens, Kinda... 622 et la fuite de Mahomet à Médine marque l'avènement de l'islam et de la puissance des Arabes. Les califes omeyyades et abbassides font rayonner la religion de La Mecque à l'Espagne et à l'Asie Centrale. Une conscience nationaliste arabe naît au XVIIIe siècle sous l'impulsion du clan Saoud. Après de longues rivalités avec les Ottomans et le clan Rashid, les Saoud fondent l'Arabie Saoudite le 21 septembre 1932. La découverte de pétrole 7 ans plus tard va permettre au pays d'assurer son développement. Jusqu'à aujourd'hui, le trône est occupé par un fils du fondateur Abdulaziz al-Saoud, même si c'est son petit-fils Mohammed Ben Salman qui tient les rênes du pays.

La période pré-islamique

-300 000 À -9 000

Des recherches archéologiques ont mis au jour des outils en pierre et des animaux fossilisés dont certains remontent à 300 000 ans. Cette découverte laisse penser que des Homo Erectus transitaient à travers « l'Arabie verte », s'ils n'y vivaient. Un lac de la période paléolithique dans le désert du Rub' al-Khali a révélé d'anciens outils laissés sur ses rives par des chasseurs, datés de -10 000 à -5 000 avant notre ère.

-9 000

La civilisation al-Magar occupe le sud-ouest de l'Arabie Saoudite, dans la province actuelle de Najd. Il s'agit peut-être du premier groupe humain à avoir domestiqué les animaux. Une statue de cheval équipé de rênes remontant à 9 000 av. J.-C constitue un témoignage unique. En novembre 2017, des scènes de chasse représentant des chiens de Canaan tenus en laisse vieilles de 10 000 ans ont été découvertes à Shuwaymis.

-3 000

La civilisation Dilmun est établie à l'est de la péninsule arabe, placée sur les routes commerciales entre la Mésopotamie et la vallée de l'Indus. La capitale se trouvait probablement sur l'île de Bahreïn. La civilisation qui contrôlait les échanges commerciaux dans la région a atteint son apogée au début du IIe millénaire av. J.-C.

800 AV. J.-C À 500

La tribu des Thamud est mentionnée dans des écrits dès le VIIIe siècle av. J.-C. Elle était installée le long du golfe d'Aqaba. La tribu a prospéré jusqu'à l'époque romaine. On en trouve mention chez Pline l'Ancien ou Ptolémée. La tribu s'est probablement éteinte vers 500. Le Coran mentionne les Thamud par 23 fois, les érigeant en exemple de la colère divine qui a mené à l'extinction les peuples pécheurs.

50 AV. J.-C. À 360

Les Nabatéens, qui contrôlent une route caravanière, fondent la cité de Hégra. Si leur origine demeure inconnue à ce jour, leur puissance est incontestable au tournant de l'ère moderne. Hégra est un avant-poste de la capitale située à Pétra (Jordanie), permettant de sécuriser la route vers le nord et l'accès à la mer Rouge en direction de Louxor (Egypte).

INTERVIEW

HAYA TOUR

SALWA ALQUNAIBIT, FONDATRICE ET CHARISMATIQUE

Comment est née Haya Tour ?

J'ai monté mon agence en 2010, au commencement du tourisme dans le pays. J'ai mis sur pied une visite culturelle de Riyad pour les expatriés. Dès le début, mon ambition était de partager la culture saoudienne au travers de son patrimoine.

Quels sont ces témoignages ? Riyad est une immense ville moderne…

On peut se promener dans la vieille ville, de la forteresse Al Masmak en passant par la Grande Mosquée et l'ancien palais du gouverneur. Au palais de Murabba, nous vous expliquons les spécificités de l'architecture du Najd, comment sont construites les maisons en pisé. Il n'y a qu'une place à traverser pour découvrir les trésors archéologiques du Musée national. Puis nous sortons de Riyad pour gagner Diriyah et sa palmeraie ainsi que la cité en ruine de Turaïf.

On vous sent très attachée à ce patrimoine…

C'est une formidable introduction à notre culture et la partager me passionne. Que ce soit à Riyad, à Taif, à Al Hofuf, AlUla, Abha ou ailleurs, je me rends partout pour trouver des personnes désireuses de partager leur histoire, pour dénicher les meilleures adresses.

Qu'est-ce qui fait la force d'Haya Tour ?

Notre envie de partager et de prendre soin de nos visiteurs. Je suis aussi la première femme saoudienne à avoir rejoint l'univers du tourisme. Cela change la perspective et le regard des visiteurs sur nous, d'autant que je m'attache à faire participer d'autres femmes à cette aventure.

Quels sont les retours des visiteurs ?

Ils sont souvent surpris par la chaleur, la générosité des Saoudiens à leur égard. Ils soulignent toujours notre sens de l'hospitalité et ont rapidement l'impression d'être un membre de notre famille. C'est notre plus beau compliment.

HAYA TOURS

8479 Airabee Avenue / Thumamah Road - **RIYAD**
✆ +966 11 229 0091 /
✆ +966 50 4166 323 /
✆ +966 11 2291181
https://hayatour.com/ - info@hayatour.com

450 - 500

La tribu Kinda venue du sud de l'Arabie Saoudite mène des raids vers le centre et le nord du pays. Elle fonde un royaume puissant en se plaçant à la tête d'une confédération de tribus arabes dont les Ma'ad, les Iyad, les Murad et les Abd al-Qays. Vers 500, le royaume s'étend à tout le plateau central de la péninsule.

L'avènement de l'islam et le Califat

570 À 632

Mahomet naît vers 570 à La Mecque, dans une région divisée en cellules claniques. La Mecque est déjà un centre religieux et une étape importante sur les routes caravanières entre le Yémen et les pays du Levant. Prônant une religion monothéiste, Mahomet échappe à un attentat en 622 et se réfugie à Médine. Cet exode constitue l'avènement de l'islam. Il parvient à unifier l'essentiel des tribus arabes et obtient un important pouvoir politique jusqu'à sa mort en 632.

632 - 661

Abu Bakr succède au Prophète. En tant que calife, il est le leader des musulmans. Il fait face à une révolte des tribus arabes et s'en prend à l'empire byzantin. Il meurt en 634. Lui succèdent trois autres califes, Omar, Othman et Ali. Cette période des 4 premiers califes est connue sous le nom de califat Rashidun ou « les biens guidés ».

661 - 750

Muawiya devient calife et fonde la dynastie des Omeyyades. Natif de La Mecque, il s'intéresse au développement de la ville qui devient un centre culturel important. Il transfère le siège du pouvoir à Damas (Syrie) et chasse l'Empire byzantin du Levant et d'Irak. Si cette décision permet de consolider le pouvoir musulman au nord, elle marque le début du déclin politique et économique de la péninsule arabe.

750 - 967

Abou al-Abbas as-Saffah emporte une victoire décisive contre le calife omeyyade Marwan II à la bataille du Grand Zab le 25 janvier 750. En 762, la capitale déménage à Bagdad (Irak). Le pouvoir des Abbassides décline rapidement pour n'être plus que limité à des fonctions religieuses au Xe siècle.

967 - 1517

A la chute du califat abbasside, La Mecque est reprise par Hasan ibn Ali, un descendant du petit-fils de Mahomet. Il fonde un chérifat qui étend rapidement son pouvoir à Médine, puis au Hedjaz. Durant toute son existence, l'Etat est le vassal de l'empire islamique en place, des Fatimides aux Ottomans.

L'empire ottoman et les fondements de l'Arabie Saoudite

1517 - 1744

Sélim Ier obtient le contrôle de La Mecque et de Médine en 1517 et fait pénétrer l'Empire ottoman sur le territoire. Au XVIe siècle, l'Empire étend son influence au Hedjaz et à l'Asir et sur les rives du golfe Persique. Au Hedjaz, le chérif garde le contrôle sur son territoire, mais se voit adjoindre un gouverneur ottoman.

1744 - 1808

En 1744, le chef de la tribu des Saoud s'allie au fondateur du mouvement wahhabite. A eux deux, ils vont jeter les bases de l'Arabie Saoudite en fournissant un socle idéologique religieux et nationaliste. Les leaders de la tribu combattent tour à tour les Egyptiens, les Ottomans et d'autres tribus locales pour tenter de s'emparer de la péninsule arabique.

1808 - 1891

Le sultan Mustafa IV s'inquiète de l'emprise du clan Saoud sur la région. Il fait intervenir le Vice-roi d'Egypte à ses ordres pour contrer les Saoud. Le clan arabe est défait en 1818, mais réussit à reconquérir le pouvoir dès 1824. Il doit désormais faire face à la menace intérieure du clan Rashid. En 1891, les Rashid parviennent à défaire les Saoud, qu'ils envoient en exil au Koweït.

1902 - 1921

Abdulaziz al-Saoud revient d'exil et s'empare de Riyad avec l'aide de Bédouins wahhabites. En 1906, il réussit à chasser les Rashid de la région de Najd. En 1913, il s'empare de l'oasis d'Al-Hasa au détriment des Ottomans, ce qui lui assure l'accès au golfe Persique. Néanmoins, en 1914 il s'inféode aux Ottomans afin de poursuivre sa lutte contre le clan Rashid, qu'il parvient à défaire définitivement en 1921. Les Saoud contrôlent tout le nord de l'Arabie Saoudite. Un an plus tôt, les Bédouins ont conquis le sud-ouest et la province d'Asir.

1921 - 1932

En 1921, le Hedjaz, où se joue une guerre d'influence entre les Britanniques et les Ottomans, échappe au clan Saoud. En 1923, les Britanniques se retirent de la province et des troupes sont amassées devant La Mecque. Les wahhabites voient d'un mauvais œil les libéralités que prennent les chérifs du Hedjaz avec la charia. Le traité de Djedda signé le 20 mai 1927 par les Britanniques reconnaît l'indépendance d'Abdulaziz al-Saoud. Les Bédouins veulent continuer leur conquête vers la Transjordanie, l'Irak et le Koweït. Abdulaziz s'y oppose et fait massacrer les Bédouins. Le royaume d'Arabie Saoudite est officiellement fondé le 21 septembre 1932.

1953 - 2017

Ibn Saoud décède en 1953. Son fils Saoud lui succède sur le trône. S'ensuit un long bras de fer pour le pouvoir avec son frère Faisal, qui s'achèvera au profit du second en 1958. Celui-ci est assassiné en 1975 et c'est son demi-frère Khalid qui prend sa succession. En 1982, le roi Fahd monte sur le trône à la suite de son frère. Débilité par une attaque cérébrale en 1995, son demi-frère Abdallah prend la suite jusqu'en 2015. Son demi-frère Salman monte alors sur le trône et cède le pouvoir à son fils Mohammed Ben Salman (MBS) en 2017. Il est le dernier des fils d'Abdelaziz al-Saoud sur le trône.

2017 - 2018

Afin d'asseoir son autorité, le jeune prince MBS assigne à résidence 200 princes et hommes d'affaires saoudiens au Ritz-Carlton de Riyad. Il ne les libère qu'après s'être assuré de leur allégeance. Il lance le plan Vision Saoudienne 2030 destiné à diversifier l'économie du pays. Il octroie le droit de conduire aux femmes et de monter leur propre affaire (avec l'accord de leur tuteur).

LA MODERNISATION

Il a fallu près de 200 ans à l'Arabie Saoudite pour se forger en tant que nation et unifier les tribus et clans éclatés qui constituaient jusqu'alors son paysage. Un homme va jouer un rôle essentiel dans la fondation du pays et de sa destinée : Abdulaziz bin Abdul Rahman al-Saoud, mieux connu en Europe sous le nom d'Ibn Saoud. La découverte de pétrole en 1938 dans la région d'Al-Ahsa, le long du golfe Persique, va changer la destinée du jeune pays. Fin tacticien, Ibn Saoud va en faire un levier politique et économique assurant à son pays puissance et développement.

Pétrodollars et wahhabisme

En février 1945, alors que la Seconde Guerre mondiale s'achève, Ibn Saoud rencontre le président américain Theodore Roosevelt. Il conclut un pacte stratégique qui lui assure la protection militaire des Etats-Unis en échange de son pétrole. Il convainc les wahhabites des bienfaits de la modernisation en leur assurant que les nouvelles technologies ne sont que des outils pouvant générer le bien. Automobiles, radios, télévisions, avions, téléphones font leur apparition dans le désert. Ibn Saoud se retire à Taïf en 1948 et cède progressivement le pouvoir à son fils Saoud ibn Saoud. Il meurt en 1953. Une lutte fratricide pour le pouvoir s'engage entre Faisal et Saoud. En 1958, Saoud est obligé de se démettre de ses pouvoirs au profit de son frère, suite à la découverte d'une tentative d'assassinat du président égyptien Nasser. S'ensuit une période d'instabilité politique qui permet l'émergence des « princes rouges ». Un courant socialiste traverse les Etats arabes, emmené par le président Nasser en Egypte. La guerre civile au Yémen isole l'Arabie Saoudite sur le plan régional, alors que Faisal prend le parti des monarchistes, à l'encontre de l'Egypte et d'Oman. Dans les années 1980, l'ouverture en grand des vannes du pétrole pour soutenir la croissance économique américaine va enrichir considérablement le royaume. En 1981, les recettes du pays doublent, passant de 65 milliards de dollars à 135 milliards. Parallèlement, le courant wahhabite qui défend une vision rigoriste de l'islam s'empare du pays. 70 % des Saoudiens se revendiquent de ce courant. Le 20 novembre 1979, un groupe de 200 islamistes fondamentalistes mené par une puissante famille du Najd pénètre dans la Grande Mosquée de La Mecque et retient des milliers de personnes en otage. Il s'agit d'un coup d'état religieux visant à la reconnaissance de Mohammad Ben Abdallah Al Qahtani comme étant le Mahdi, le rédempteur envoyé par Allah censé apporté la justice sur terre ; il s'agit aussi de délégitimer les Saoud, accusés de vivre dans l'opulence et la luxure et d'avoir détruit la culture saoudienne en s'ouvrant à l'Occident. Il faudra deux semaines au gouvernement saoudien appuyé par les Américains et les Français pour reprendre le contrôle de la mosquée. Suite à cet évènement, la famille royale s'octroie le titre de gardien des deux sanctuaires de La Mecque et de Médine et institue une police des mœurs, la muttawa. Sur le plan international, l'Arabie Saoudite finance de nombreuses organisations salafistes qui prônent un retour aux pratiques en vigueur à l'époque de Mahomet.

La crise du Golfe

L'invasion du Koweït par l'Irak le 2 août 1990 place l'Arabie Saoudite face au mur de ses contradictions. Le roi Fahd, un fils d'Ibn Saoud, annonce l'accueil d'une coalition internationale sur le sol saoudien pour contrer le régime de Saddam Hussein. 800 000 travailleurs yéménites sont expulsés en rétorsion de la prise de position du Yémen en faveur de l'Irak. Une partie du peuple demande un durcissement de la politique religieuse avec une mise en conformité des lois du pays avec l'Islam. L'autre partie, demande, au contraire, une libéralisation du régime avec la mise en place d'un conseil consultatif et la rédaction d'une Constitution. Le renforcement de la présence militaire américaine génère de vives contestations dans le pays. Oussama Ben Laden propose de lever une armée de volontaires arabes pour éviter de recourir à la force américaine dans la libération du Koweït. Son discours porte auprès de la jeunesse. Le roi Fahd déchoit Ben Laden de sa nationalité en 1994. Mais le ver est dans le fruit et le discours anti-américain ne retombe pas. Un attentat à la voiture piégée visant des Américains fait 7 morts le 13 novembre 1995. Un an plus tard, un attentat vise une base militaire américaine tuant 19 soldats. Les Américains regroupent et déplacent leurs troupes dans le plus grand secret. En 2003, l'Arabie Saoudite se range du côté des opposants à la guerre en Irak.

LES ENJEUX ACTUELS

La découverte de pétrole a assuré une manne financière considérable à l'Arabie Saoudite, permettant son développement rapide. D'un vaste désert peuplé de tribus semi-nomades, le pays a fait naître barrages, routes, villes, centres industriels, ports et industrie manufacturière. Dans les années 1990, le pays comptait 23 000 usines. Depuis les années 2000, la part des exportations de pétrole dans le PIB ne cesse de décroître, même si le pays demeure le premier pays exportateur de pétrole au monde avec plus de 10 millions de barils par jour. En accédant au pouvoir, le jeune prince héritier Salmane a développé un programme visionnaire destiné à diversifier l'économie saoudienne, afin de faire face à la fin des recettes liées à l'exploitation pétrolière. Ce projet « Vision 2030 » est destiné à redonner une fierté nationale aux jeunes Saoudiens en agissant sur les trois grands piliers sociétaux : économique, social et politique.

Pétrole, à la source de la richesse

L'essentiel de l'économie de l'Arabie Saoudite repose sur la production pétrolière. Un premier gisement est découvert en mars 1938 au nord-est du pays. Dès 1945, les Etats-Unis s'assurent un accès privilégié au pétrole saoudien en échange d'une protection militaire. Les revenus tirés de l'exploitation du pétrole permettent au jeune pays d'assurer son développement. Une ligne de chemin de fer est construite entre le nord-est et La Mecque, des routes permettent de relier les différentes régions entre elles. En 1960, les pays producteurs de pétrole s'organisent pour faire remonter le cours du baril, qui était alors fixé à 5 US$. L'OPEP compte 5 pays fondateurs, dont l'Arabie Saoudite. Entre 1977 et 1981, l'Arabie Saoudite engrange 300 millions de dollars par jour. Cette manne financière permet de financer des plans quinquennaux de développement. Le plan 1975-1980 doté de 195 milliards de budget permet d'édifier 28 barrages, 24 000 km de routes, 4 ports, 175 000 maisons, et l'aéroport de Djedda, alors le plus grand au monde. A partir des années 2000, la part des exportations de pétrole brut dans le PIB régresse. Elle passe de 34 % en 2000 à 21 % en 2013, ce qui représente tout de même 312,7 milliards de dollars. En 2015, la baisse des prix du pétrole n'est pas sans conséquence sur l'économie du pays. L'Arabie Saoudite est contrainte d'émettre une dette, la première fois depuis 2007, et de revoir ses dépenses de fonctionnement à la baisse. A l'heure actuelle, le pays produit 10,4 millions de barils de pétrole brut par jour pour une production maximale de 12 millions de barils. Un peu moins de 7 millions sont destinés à l'exportation, ce qui fait du pays le premier exportateur au monde. Le royaume envisage de porter ses capacités de production à 13 millions de barils d'ici 2027. En 2019, la société pétrolière britannique BP estimait les réserves pétrolières de l'Arabie Saoudite à 266 milliards de barils, ce qui représente 15,8 % des réserves mondiales. Le pays possède également une réserve importante de gaz naturel avec 8 200 milliards de m^3, soit 4,4 % des réserves mondiales.

L'industrie manufacturière

A partir des années 50, l'Arabie Saoudite commence à diversifier sa production pour faire face à une demande croissante sur le marché intérieur. La diversification des produits dérivés du pétrole ainsi que la disponibilité de capital amènent le pays à implanter et augmenter le nombre d'unités de production dans des secteurs variés : matières plastiques, mobilier de bureau, alimentaire industriel, peintures, systèmes de climatisation, engrais, bâtiments préfabriqués en aluminium... Mais souffrant d'expertise technique et d'un manque en main d'œuvre qualifiée, les Saoudiens se voient contraints de passer des contrats avec des industriels étrangers qui prévoient bien souvent la maintenance et l'exploitation, en plus de la livraison d'une usine clés en main. Dans les années 1970, le gouvernement fait pousser deux cités industrielles : Jubayl sur la côte du golfe Persique et Yanbu au bord de la mer Rouge. Ces oasis se concentrent en priorité sur les activités à forte consommation énergétique ou de production de produits dérivés des hydrocarbures : raffinerie, chimie lourde, engrais, plastiques, acier et métal. Des zones résidentielles ultra-modernes sont construites aux abords de ces usines. En 1982, afin de limiter l'influence grandissante des contractants et investisseurs étrangers, l'Etat procède à une « saoudisation » des entreprises destinée à augmenter la part des travailleurs locaux. En 2020, l'industrie manufacturière participait à 10 % du PIB saoudien.

© LUKASZ Z - SHUTTERSTOCK.COM

Plateforme pétrolière.

Un pays en quête d'investissements étrangers

En 2000, l'Arabie Saoudite augmente son attractivité pour tenter d'attirer les capitaux étrangers en créant une agence dédiée à l'investissement dans le royaume, la Saudi General Investment Authority (SGIA). L'institution est notamment chargée de faciliter les démarches administratives pour les investisseurs, y compris étrangers, et délivre les licences autorisant les investisseurs étrangers à prendre part au capital des entreprises locales. Des montants minimums d'investissement sont fixés par secteur : 6,7 millions US$ dans le secteur agricole, 1,3 millions US$ dans l'industrie et 500 000 US$ dans les autres secteurs. Par ailleurs, de nombreux secteurs sont fermés aux étrangers, tels que l'industrie pétrolière (exploration, forage, production), la santé, les transports, les télécommunications (à l'exception des services de télécommunication mobiles et fixes ou d'échanges de données électroniques), la pêche, la distribution, les services aux armées, l'impression et la publication d'ouvrages, les investissements immobiliers et les services aux pèlerins dans les villes saintes de La Mecque et Médine. Cependant, l'afflux de capitaux demeure désespérément faible et avec un taux de croissance de 0,2 % en 2019, l'Arabie Saoudite manque encore d'attractivité. En 2020, les investissements directs étrangers s'élevaient à 5,4 milliards de dollars, bien en-dessous des 19 milliards budgétisés par l'Etat.

Vision 2030

Porté au pouvoir en 2017 par son père le roi Salmane, le jeune prince héritier Mohammed Ben Salmane s'atèle à redorer l'image son pays, au moins en façade, dans le but d'attirer les investissements. Soucieux d'anticiper la fin de la manne pétrolière, il met au point un programme de diversification de l'économie ambitieux. « Vision 2030 » est présentée le 25 avril 2016 alors que MBS est ministre de la Défense et président du Conseil des affaires économiques et du développement. Ce programme de réformes socio-économiques repose sur trois piliers. Le volet économique prévoit une diversification des activités et une autonomisation de la jeunesse. Il prévoit l'ouverture du pays au tourisme et d'importants projets de développement durable. Le plan social vise à renforcer les services à la population, notamment dans les secteurs de la santé, de la culture ou des loisirs. Il veut renforcer l'identité nationale saoudienne, notamment en revalorisant l'héritage national. Le volet politique n'est pas oublié avec un projet de réformes institutionnelles amenant plus de transparence et d'efficacité dans la gestion des affaires publiques. Le programme se décline en trois plans quinquennaux permettant l'implémentation de 543 initiatives concrètes.

ARCHITECTURE

Difficile d'imaginer que derrière l'exubérance outrancière des projets financés par le pétrodollar se cache un patrimoine historique dont la première des qualités est de s'intégrer harmonieusement dans son environnement… et pourtant ! Les terres désertiques d'Arabie Saoudite abritent ainsi des trésors sculptés dans la roche par les légendaires Nabatéens, des oasis fortifiées ou bien encore les étonnants vestiges de cités caravanières. Le pays se fait aussi le berceau d'architectures locales uniques, entre raffinement de l'architecture de terre Nadji et élégance des maisons en corail de la côte. A cela s'ajoutent les trésors de l'islam, des toutes premières mosquées tout en sobriété aux fascinantes routes du Hadj. Devenu pétromonarchie, le pays est entré dans une frénésie constructrice que rien ne semble pouvoir arrêter, les premiers gratte-ciel semblant presque obsolètes face aux pharaoniques projets à venir… et déjà fortement contestés.

Aux origines

Premier site du pays à avoir été inscrit au Patrimoine mondial de l'Unesco, le site archéologique d'**Hegra** (p.213) (Al-Hijr) est le plus important témoin de la civilisation nabatéenne après le site de Pétra en Jordanie. Les Nabatéens sont célèbres pour leurs tombes monumentales directement taillées dans le grès. Maîtres dans l'art de faire jouer les reflets du soleil sur la roche pour en révéler la variété infinie de tons, les Nabatéens ont également développé un étonnant sens du décor, mêlant créations propres et motifs et symboles empruntés à d'autres cultures. Voyez les portiques monumentaux d'inspiration hellénistique ; les motifs à merlons ou redans mésopotamiens ; ou bien encore les motifs aux structures pyramidales rappelant l'Égypte. Le tombeau de Lihyan, fils de Kuza est l'un des plus célèbres tombeaux du site. Les Nabatéens ont également fait preuve d'un sens inné de l'ingénierie hydraulique creusant des centaines de puits dans la vallée. Une maîtrise de l'eau que l'on retrouve dans les incroyables oasis du pays. Occupée depuis des millénaires, la zone archéologique de l'ancienne oasis Qaryat Al-Faw est d'une richesse incroyable. Comment ne pas être impressionnés par ses étonnantes structures de pierres effilées aux silhouettes triangulaires ou circulaires ornées de gravures rupestres et associées à des tombes et cairns ? L'oasis abrite également les vestiges d'un urbanisme parfaitement cohérent séparant zones résidentielle, commerciale (souks), et religieuse. Cette dernière comprend notamment une fascinante nécropole dont les tours-tombes traduisent la hiérarchie sociale de l'époque, les élites se faisant édifier d'imposantes sépultures… ainsi que de vastes demeures dont certaines ont conservé de belles fresques décoratives. Plus au nord, le pays abrite d'incroyables oasis fortifiées à l'histoire millénaire. Pour les chercheurs, ces fortifications illustrent le passage d'un climat tempéré à un climat aride et désertique nécessitant une protection accrue des sources et des cultures. Pensées pour protéger des raids ennemis, ces fortifications étaient également pensées pour se prémunir des assauts de ce climat hostile. Avec son château construit en pierre et entouré de près de 15 puits dont les plus profonds pouvaient atteindre 40 m (certains ont même des escaliers intégrés à leur maçonnerie), son « zonage » urbain clair composé de bâtiments de pierre et de maisons de terre bordant d'étroites allées ombragées, le site de Dumat Al-Jandal est particulièrement saisissant. Le plus souvent construites en hauteur, ces silhouettes fortifiées étaient immanquables depuis les routes commerciales… telles celles jalonnant l'aire culturelle de Hima. Ponctuées de cairns, sépultures, puits, mais aussi de postes de péage et d'établissements urbains d'où émergent d'imposants caravansérails aux allures de forteresse, de plan carré, entourés de hauts murs et ordonnés autour d'une cour centrale, ces routes caravanières conservent encore une aura légendaire.

Une architecture unique

Dans la région d'Aseer, l'Heritage Village de Rijal Almaa abrite des demeures très particulières s'étageant sur plusieurs niveaux et dont la silhouette n'est pas sans rappeler celle de forts. Faits de pierre naturelle locale, souvent soulignée d'un brillant quartz blanc, d'argile et de bois (notamment pour les balcons), ces « palais » donnent au village des allures de cité fortifiée. Dans la région d'Al Baha, l'Heritage Village de Zee Ain, lui, abrite des habitations de 2 à 4 étages, réalisées en pierre polie, avec des murs porteurs à l'impressionnante épaisseur, un système de charpente en bois recouverte de pierres, elles-mêmes protégées de boue afin de renforcer l'isolation, et de vastes salles jalonnées de colonnes de pierre.

Les vieilles villes de Riyad, Dariya, et Khobar, ou bien encore le village d'Ushaiqer témoignent, eux, de la richesse structurelle et stylistique de l'architecture Nadji. Il s'agit d'une architecture de terre entièrement basée sur les principes d'harmonie et de cohérence. Zones et quartiers sont divisés selon leurs fonctions et l'équilibre privé/public est partout respecté. Pour saisir toute la richesse de cette architecture, il faut déambuler dans les entrelacs de ruelles bordées d'étonnantes demeures. Le premier élément phare est la porte d'entrée (al-bab) dont le degré de raffinement décoratif témoigne de l'importance du propriétaire. Travail du bois et du métal, motifs floraux, géométriques ou calligraphiques, ces portes peuvent être de véritables œuvres d'art. Maintenant, regardez les murs extérieurs, vous y verrez sans doute de petits éléments de bois ou d'adobe légèrement en saillie et percés, dans leur partie la plus basse, de petits trous. En forme de demi-cercle, carré ou triangle, ces éléments permettent de voir sans être vu. On les appelle des tarma, l'équivalent de nos œilletons ou judas. En levant les yeux, vous découvrirez les alfuraj, de petites ouvertures en forme de triangle, placées en haut des murs, qui assurent éclairage et ventilation tout en respectant l'intimité du foyer. Les motifs créés par leurs alignements permettent de rompre la massivité et la monotonie des murs extérieurs. Les shuraf, eux, couronnent ces harmonieux édifices de terre. Réalisés en briques d'adobe, couverts de gypse locale et peints en plâtre blanc (autant pour décorer que pour protéger de la pluie), ces pignons peuvent être de formes variées mais leurs sommets doivent toujours être pointés vers le ciel. Élégantes prolongations du toit, ils offrent ombre et fraîcheur aux vastes toits-terrasses des maisons. Dans la plaine côtière désertique de la Tihama, il n'est pas rare de croiser des maisons rondes faites d'une structure en roseaux et plâtre de boue et couverte d'un toit en chaume. Une architecture qui témoigne du passage de pèlerins et commerçants africains dans la région. Dans le reste des zones côtières, les murs des maisons étaient réalisés à base de corail fossilisé. La sublime et inclassable ville historique de Jeddah, la Porte de La Mecque, a su mêler à ces traditions côtières des emprunts à d'autres techniques et savoir-faire. Les plus belles représentantes de ce mélange sont les maisons-tours de la ville que l'on reconnaît à leurs silhouettes en pierre de corail et à leurs façades ornées de somptueuses pièces de bois sculptées légèrement en saillie rappelant d'élégants moucharabiehs. Jeddah abrite également quelques beaux exemples de maisons ottomanes plus récentes que l'on reconnaît à leurs grandes baies vitrées, leurs bow-windows, leurs bases surélevées et le découpage de leurs façades.

Architecture de l'islam

De nombreux chercheurs et théologiens pensent que la toute première mosquée de Médine fut en réalité la maison même du prophète Mahomet. Si rien n'a survécu de l'édifice, de nombreuses sources anciennes l'ont décrit. En briques séchées, l'édifice était de plan carré, chaque côté mesurant environ 56 m. 9 pièces étaient aménagées le long du mur est et ouvraient vers l'intérieur ; tandis que furent ajoutées, au nord et au sud, de courtes colonnades en troncs de palmiers dont les branches étendues prodiguaient ombre et fraîcheur. Enfin, élément le plus important : l'orientation de la prière passa de Jérusalem à La Mecque. Cette simplicité et cette sobriété dessinèrent les contours de la première architecture islamique qui se répéta à travers le monde musulman.

Le site d'Hegra.

© HYSERB - SHUTTERSTOCK.COM

Le village de Rijal Alma.

Une sobriété que l'on retrouve dans la Mosquée Jawatha à Al-Ahsa, construite au VIIe siècle, et sans doute la plus ancienne de la péninsule. Voyez ses murs en brique de terre, simples et sans ornementation, ses tours basses aux créneaux arrondis, son imposante porte en bois et son toit de chaume. Mais les siècles défilant, cette sobriété fut abandonnée au profit de structures plus imposantes et décoratives, notamment à la période ottomane. La **Mosquée du Prophète** (p.204) de Médine en est l'exemple parfait. L'enceinte de la mosquée actuelle est 100 fois plus grande que celle de la maison originelle du Prophète ! L'imbrication des structures est étonnante. La mosquée contemporaine tout en marbre blanc enserre la mosquée ottomane qui a conservé ses décors de marbres et pierres polychromes, ses colonnes en marbre blanc aux bases percées de grilles de ventilation, ses arcades à l'alternance de pierres blanches et noires surmontant les fenêtres, et surtout son dôme vert-de-gris et ses minarets fins et élancés. Une juxtaposition des époques que l'on retrouve dans la **Mosquée Al-Haram** (p.181), plus grande mosquée de La Mecque et écrin de la Kaaba. Il est d'ailleurs fascinant de constater que la Kaaba, édifice du VIIe siècle, a conservé une certaine sobriété avec sa structure en granit de plan carré, ses murs épais et nus qui font d'autant plus ressortir son imposante porte en bois plaquée de 280 kg d'or pur, tandis que tout autour la Mosquée déploie un étonnant gigantisme. A l'époque ottomane, c'est le grand architecte Sinan qui fait ajouter des dômes dorés aux voûtes ornées de calligraphie, des colonnes, des minarets élancés et de superbes pavements de marbre. A partir des années 1950, la mosquée entre dans de nouvelles phases de transformation avec des extensions en béton armé, l'ajout de minarets, coupoles décorées et plafonds à caisson, la création de nouveaux décors tout en pierre artificielle, plâtre et contre-plaqué de marbre, et la mise en place d'un système moderne de climatisation destiné à rafraîchir les deux millions de pèlerins que la nouvelle structure doit pouvoir accueillir. Un souci d'impressionner que l'on retrouve dans deux mosquées plus récentes : la Mosquée de la Miséricorde à Jeddah (1985), également baptisée « mosquée flottante » car sa structure d'un blanc éclatant surmontée d'élégants dômes turquoise semble s'avancer sur l'eau ; et la Mosquée Al-Rahji de Haïl (2010) avec ses 4 minarets de 80 m de haut et ses 50 dômes vermillon s'étageant en cascade. Mais les mosquées ne sont pas les seules représentantes de cette architecture de l'islam. L'Arabie Saoudite est également sillonnée par les nombreuses routes du Hadj, le pèlerinage menant les fidèles à La Mecque. Ces chemins sont jalonnés de forts assurant non seulement la protection des pèlerins, mais aussi et surtout celles des sources, bassins, citernes et réservoirs d'eau. De plan carré, organisés autour de vastes cours, ces forteresses impressionnent par leur massivité, renforcée par la présence de remparts de protection. A cela s'ajoutent de plus modestes gîtes d'étapes, tandis que les « stations » phares du pèlerinage sont d'authentiques petites villes avec mosquées et souks. Sur la route reliant la ville irakienne de Kufa à La Mecque, des tronçons de routes pavées et des parties de routes protégées par de petits murs composés de larges pierres empilées ont également été retrouvés, prouvant l'importance de ce chemin de pèlerinage et les trésors d'ingénierie développés pour lutter contre un environnement hostile.

Un sens de l'ingénierie que l'on retrouve chez les Ottomans qui, au début du XXe siècle, ont imaginé la Hejaz Railway, le chemin de fer du Hadj. Près de 2 000 ponts en pierre locale brute ont été érigés, tandis que tous les 20 km étaient construites des stations à l'organisation calquée sur les stations de pèlerinage originelles avec fortifications, puits, citernes et caravansérails. Le Hadj inspire encore les architectes contemporains, tel Mahmoud Bodo Rasch, architecte allemand converti à l'islam, qui imagina l'étonnante structure composée de 250 parasols couvrant chacun une surface de 625 m² protégeant les pèlerins de Médine.

Arabie Saoudite contemporaine

La découverte des gisements de pétrole a engendré un essor sans précédent de la construction dans le pays. Dans les années 1970, le désert voit partout émerger des villes nouvelles et d'imposants complexes pétrochimiques. A l'époque, les citoyens saoudiens reçoivent même gratuitement des terrains à bâtir. Les gratte-ciel sortent également de terre. Le plus célèbre de cette période est sans doute la Banque Nationale du Commerce de Jeddah imaginée par l'agence américaine SOM. Sa silhouette en V flanquée de parkings hélicoïdaux ne passe pas inaperçue. Une urbanisation à marche forcée qui a également contraint de nombreux bédouins à se sédentariser. Au début des années 1990, un projet est mis en place pour construire maisons, écoles, mosquées. Faites en roche volcanique locale, ces constructions étaient pensées pour être réalisables à moindre coût par les populations locales… mais le projet fut malheureusement rapidement abandonné. Face à l'afflux constant de pèlerins, La Mecque, elle, a fait l'objet de toutes les attentions, connaissant d'intenses transformations, commencées dès les années 1970 avec la création de la Porte de La Mecque, arche monumentale représentant un lutrin. Percement d'un boulevard de 80 m de large et 4 km de long, créations de nouveaux quartiers, réalisation du complexe Abraj Al Bait comprenant la désormais célèbre Tour de l'Horloge surplombant la ville de ses 601 m… : ces transformations ont entraîné la destruction des deux tiers de la ville historique. En 2016, le prince héritier MBS lance son plan Vision 2030. Objectif ? Ouvrir le pays au tourisme notamment. Les structures les plus folles sortent alors de terre, à commencer par d'étonnants centres culturels et scientifique, tels : le King Abdulaziz Center for World Culture à Dhahran, avec sa tour de la connaissance de 18 m et sa structure couverte de 350 km de tubes en acier inoxydables dessinées par l'agence Snøhetta; le centre culturel Maraya à Al-Ula dont le nom signifiant miroir renvoie aux 9740 m² de miroirs recouvrant sa silhouette ; ou bien encore le King Abdullah Petroleum Studies and Research Center à Riyad, pour lequel l'agence Zaha Hadid s'est inspirée de la structure des ruches. Les gratte-ciel, eux, continuent à tutoyer les sommets telle la Kingdom Tower ou Tour Djedda de 1 000 m de haut qui devrait être prochainement inaugurée. Autre inauguration prévue : celle du métro de Riyad, dont les principales stations auront une architecture signée Zaha Hadid, Snøhetta et Gerber Architeckten. Et le pays ne compte pas s'arrêter là : The Line / Neom, ville verticale de 500 m de haut et de 170 km de long aux allures de vaisseau spatial ; The Red Sea Development, avec ses marinas, plages artificielles et complexes hôteliers dont certains seront signés Norman Foster (qui a également dessiné les plans de la Tour Al Faisaliah à Riyad) ou Kengo Kuma ; le vaste projet de la zone archéologique d'Al-Ula avec création de nouveaux pôles urbains et de complexes hôteliers… dont un projet de villas taillées dans la roche signé Jean Nouvel.

La mosquée du prophète à Médine.

BEAUX-ARTS

Consciente de son image en politique, l'Arabie Saoudite redouble d'initiatives pour transmettre un message positif par le biais de la culture. Tout n'est pas permis pour autant. La religion demeure très présente. Cela dit, les subventions semblent inépuisables. C'est ainsi que les projets les plus ambitieux se concrétisent, laissant entrevoir un avenir radieux aux artistes saoudiens. Le projet Art Riyadh consiste par exemple en l'installation d'un millier d'œuvres saoudiennes et internationales dans l'espace public. « La Vallée des Arts » (Wadi AlFann) réunira en 2024, au cœur du désert, dans la région de Médine, des créations nationales et internationales dans un cadre grandiose. Signalons « Evolution de l'Homme » d'Ahmed Mater, une critique sans détour de l'industrie pétrolière. Et bientôt, dans le quartier JAX, le Saudi Arabian Museum of Contemporary Art (SAMoCA) ouvrira ses portes. Réjouissons-nous de ce dynamisme en faveur des arts !

Archéologie

Le site archéologique de la cité d'**Hegra** (p.213) s'étale dans le désert au nord-ouest de l'Arabie Saoudite. Occupé dès le Néolithique, il dévoile sur près de 3 km² 138 tombeaux rupestres datés entre le Ier siècle av. J.-C. et le Ier siècle apr. J.-C. Ils constituent le témoignage le plus important des Nabatéens. Sur leurs faces, les influences assyrienne, égyptienne, phénicienne et hellénistique s'entrecroisent. Des textes gravés révèlent un mélange de langues, dont le nabatéen, le grec et le latin. Hegra, agencée sur le modèle de Pétra, est mentionnée dans le Coran sous l'appellation Al-Hijr.

Ces œuvres gigantesques sont l'œuvre d'un peuple commerçant qui connaît son heure de gloire au cours de l'Antiquité. Le commerce nabatéen est alors favorisé par la domestication du dromadaire. La vie des hommes s'en trouve bouleversée à tel point que le camélidé est représenté en taille réelle dans une série mise au jour en 2018. D'une valeur rarissime, ces sculptures de la région de Hail apparaissent sur les trois rochers en saillie du « site du Chameau ». Le **site archéologique de Jubbah** (p.229) a été classé au patrimoine mondial de l'Unesco.

Les ancêtres des populations actuelles ont laissé sur ces sites de nombreux panneaux de pétroglyphes. Les djebels al-Manjor et Raat abritent désormais un foisonnement de représentations humaines et animales qui retracent dix millénaires d'histoire.

Politique moderne

Durant des siècles, le fondamentalisme wahhabite met un frein à toute expression artistique. Par respect pour l'interdiction de représentation humaine imposée par la tradition islamique sunnite, les arts visuels se limitent aux motifs géométriques et abstraits, aux végétaux et à la calligraphie.

Cette époque est bel et bien révolue. Depuis une décennie, l'Arabie Saoudite affiche sa volonté de promouvoir l'art contemporain. Les galeries et les centres d'art fleurissent. Le Misk Art Institute organise tous les ans la Misk Art Week, destinée à promouvoir la création. L'événement offre un formidable tremplin aux jeunes talents.

La pionnière Safeya Binzagr

Née en 1940 à Djedda, Safeya Binzagr est à ce jour l'unique artiste saoudienne à posséder son propre musée, la Maison Safeya Binzagr à Jeddah. Sa reconnaissance internationale lui vaut le titre de fondatrice du courant des beaux-arts saoudiens.

Très jeune, Safeya Binzagr a la chance de voyager et de se familiariser avec la culture occidentale. Cela alimente son désir de documenter la culture saoudienne et de transmettre l'âme d'un peuple.

En 1968, Binzagr a le courage d'organiser une exposition dans un pays dénué de galeries d'art. Elle montre à cette occasion le travail de Mounirah Mosly en même temps que le sien. L'événement rencontre un franc succès, et est même acclamé par le Prince Faysal bin Fahd Al Saud. Ses scènes du quotidien sont particulièrement appréciées.

Art en plein air

Le magistral parc de sculptures de Djedda illustre la passion de l'ancien maire Mohamed Said Farsi pour l'urbanisme. Entre 1972 et 1986, durant son mandat, Farsi réunit une collection de 400 œuvres à faire pâlir d'envie les plus grands musées. Alexander Calder, Henry Moore, Victor Vasarely, Joan Miró, Jean Arp embellissent désormais la sublime **Corniche de Djedda** (p.187), et différents quartiers de la ville. Dans le quartier d'Obhur, l'étonnant mur de voitures encastrées de Julio Lafuente s'intitule Accident ! (Crazy Speed). A Ruwais, le Fisherman's net (filet de pêche) de Mustafa Senbel s'enroule vers le ciel.

Toujours plus époustouflant, un espace culturel a été établi dans le désert, à AlUla. Conçu par une agence italienne, le cube **Maraya** (p.218) (miroir en arabe) reflète l'étendue de sable. À la fois œuvre d'art et salle de spectacles, le cube assorti d'une baie vitrée amovible réverbère les incisions ancestrales gravées dans les roches.

Le graffiti a trouvé son spot à Diriyah Warehouses à Riyad. Une balade au cœur de fresques truffées de références culturelles locales, entre les entrepôts et les cafés sympas. Street-artiste renommée, la Saoudienne Noura Bin fait appel à sa palette colorée pour immortaliser les multiples aspects de son pays. Sa fresque peinte en façade du Ministère de la Culture, à Oud Square, s'inspire largement de la calligraphie arabe.

Scène actuelle

Les femmes gagnent en force sur la scène culturelle. Hommes et femmes intègrent les innovations occidentales aux références arabes. Grâce à des subventions colossales, des espaces dédiés voient le jour dans tout le pays.

Le photographe Ibrahim Sarhan est ingénieur la semaine. Le week-end, il part en randonnée pour dévoiler au monde la splendeur de la nature saoudienne. Sarhan photographie aussi les vestiges comme des inscriptions pariétales à Jabal Shaqra, ou des peintures ancestrales à l'ocre rouge. Il documente également le quotidien des fermiers, et leurs pratiques séculaires.

Né dans les années 1990, Al Kheriji réinterprète les influences européennes et déconstruit ses modèles à la manière de Pablo Picasso. Faisal Al Kheriji s'inspire du cubisme et du surréalisme du XXe siècle pour réinventer les coutumes arabes. Citons ses toiles *The Men of Saudi Arabia*, qui détourne les *Femmes d'Alger* de Picasso, et *Reema Lisa*, librement inspiré de Mona Lisa.

Plusieurs galeries d'art se concentrent sur les artistes régionaux. L'incontournable galerie Naila à Riyad a notamment présenté les toiles et les sculptures de Ghada AlHassan, qui mêlent collages, aquarelles et peinture pour aborder la mémoire collective.

La galerie Mono, à Riyad, valorise les talents saoudiens dans ses trois espaces d'exposition. On a pu découvrir les peintures abstraites de Yousef Ahmed Jaha.

Et demain ?

Les étoiles montantes se donnent rendez-vous à l'**Ahlam Gellery** (p.101) ou à l'Athr Gallery. C'est dans cette dernière qu'expose notamment Ahmed Mater, né en 1979 à Tabouk, plasticien à l'initiative du collectif Edge of Arabia. Sa démarche se veut une critique sociale, exprimée par la vidéo, la photo et l'installation. Il a exposé au Louvre, au British Museum et à la Biennale de Sharjah.

Réputée plus ouverte sur l'Occident, la ville de Jeddah organise un festival d'art contemporain Jeddah Arts 21.39, doublé d'une Photo Fair. Autre lieu, l'Adham Art Center réunit plusieurs espaces culturels sous son toit. Dès l'entrée, les deux œuvres en filet noir de la Saoudienne Filwa Nazer accueillent le visiteur. En Arabie Saoudite, les femmes artistes savent se faire un nom sur la scène culturelle !

Cube, sculpture d'Arnaldo Pomodoro au Parc des sculptures sur la corniche de Djedda.

MUSIQUES ET SCÈNES

Longtemps l'Arabie Saoudite fut considérée comme un pays de peu de musique. Bien que les caravanes commerciales la traversassent et propagèrent ici les pratiques musicales et la poésie de la région, les lois religieuses strictes qui, obéissant à certains hadith, interdisent la musique ont freiné sa pleine évolution. Écouter de la musique dans des lieux publics était également prohibé. Avec le temps, cette répression a perdu en vigueur et toutes sortes de musiques ont pu petit à petit s'y installer. C'est ainsi que des traditions de chants et de danse comme l'ardah, l'alardah alnajdiyah ou l'almezmar sont désormais des piliers de l'identité saoudienne. Aussi, fait moins connu, certaines sources racontent que La Mecque ou Médine ont abrité pendant des siècles une vie musicale qui rivalisait avec celle des villes arabes voisines comme Bagdad et Le Caire. Plus timorée aujourd'hui, la vie musicale est pourtant présente et indissociable du quotidien des Saoudiens.

Les musiques et danses traditionnelles

Au fil des siècles, poètes et musiciens ont traversé la péninsule arabique et le Moyen-Orient emmenant et diffusant avec eux les poèmes et esthétiques des différentes régions. C'est ainsi que les traditions d'ici sont toujours un peu celles d'ailleurs, les caravanes, les pèlerinages et les communautés nomades transportant, semant, les traditions sur de grandes distances, mélangeant les cultures et répandant les influences sur leur passage. Le Yémen au sud, l'Irak et le Levant, la Turquie au nord, les pays du Golfe à l'est et l'Égypte ou le Soudan à l'ouest… Toutes ces régions ont été influencées par leurs voisines pendant des siècles.

Rien d'étonnant donc à ce que l'une des pratiques emblématiques du pays, l'ardah, soit partagée avec le Qatar et proche cousine de l'ayyala des Émirats arabes unis. Mêlant poésie lyrique très dramatique, chants, percussions et mouvements lents et majestueux, cette pratique autrefois militaire est devenue par la suite une danse de paix et de célébration, et aujourd'hui une entité emblématique de la culture traditionnelle saoudienne.

L'Alardah Alnajdiyah est la forme la plus courante d'ardah en Arabie Saoudite. C'est également la danse folklorique masculine la plus pratiquée et la plus visible dans tout le pays, apparaissant en début ou fin des célébrations comme les mariages, les naissances ou les cérémonies de remise de diplômes. Les interprètes de l'Alardah, exclusivement masculins, portent des épées légères et se répartissent en deux rangées qui se font face, laissant entre eux suffisamment d'espace pour les joueurs de tambours. Tandis qu'ils dansent épaule contre épaule, se balançant d'avant en arrière tout en levant et abaissant leurs épées, un poète déclame des vers repris par les danseurs. Des hommes de tous âges, origines sociales et professions peuvent y prendre part, les femmes quant à elles doivent se contenter de la confection des costumes.

Une pratique qui a été inscrite sur la liste du Patrimoine culturel immatériel de l'humanité, au même titre que l'Almezmar, danse traditionnelle pratiquée par les membres de la communauté hedjazie. Exécutée lors de célébrations nationales ou religieuses elle voit de larges groupes de danseurs (entre 15 et 100) vêtus de longues robes blanches se disposer en deux rangs se faisant face. Au rythme des tambours, chaque chef de rang frappe dans ses mains en interprétant des chants, tout son rang répétant la chanson après lui au rythme des battements de mains, suivi par le deuxième rang en écho. À l'issue de ces chants, des duos de danseurs exécutent au centre du cercle des gestes rapides faisant tourner leurs bâtons.

Autrement, on trouve ici aussi, comme au Qatar, des chants de pêcheurs de perles nommés fjiri, importés de Bahreïn. Datant de la fin du XIXe siècle, ces chansons racontent la vie en mer accompagnées de percussions. Aujourd'hui, la pratique a largement dépassé les simples cercles de pêcheurs de perles pour toucher un public plus vaste, notamment lors de festivals.

Populaire dans la région du Najd, le samri est à la fois une musique et une danse traditionnelles. Courante dans les pays du Golfe persique, cette pratique consiste à chanter des poèmes tout en jouant du tambour, pendant que deux rangées d'hommes, assis sur les genoux, se balancent et claquent des mains.

Également présent dans tous les pays du Golfe, le Sawt est une forme complexe de musique urbaine, interprétée au oud (emblématique luth à manche court présent dans tout le monde arabe et en Arménie) et au tambour.

DÉCOUVRIR

Le passé bédouin du pays et son mode de vie nomade décourageant les bagages superflus - y compris les instruments de musique - explique pourquoi on a dû longtemps ici s'en tenir à des rythmes simples, dont les temps sont marqués en tapant dans les mains. Cela étant dit, on croise des objets courants dans la région comme le ney à double anche (une flûte) ou le rababa (instrument à cordes pincées). Et puis il y a bien sûr le oud, dont le pays a porté quelques grands interprètes comme Tariq Abdul-Hakim, monument national de la musique saoudienne. Né en 1920 à Taif, le musicien s'est illustré par l'excellence de ses interprétations des célèbres danses et musiques folkloriques locales ainsi que dans sa maîtrise de l'instrument. Sa fascination pour le folklore saoudien a démarré très tôt, au temps où il aidait son père à cultiver leurs terres, en chantant des airs folkloriques avec d'autres agriculteurs. Après avoir rejoint l'armée saoudienne, il a été envoyé en Égypte en 1952 où il a apprend à lire et à écrire la musique. Après avoir pris sa retraite de l'armée, des années plus tard, le regretté compositeur a travaillé avec certains des plus grands noms du monde arabe et attire l'attention du monde entier sur le patrimoine folklorique national. Au travers de ses 500 pièces musicales - interprétées par plus de 100 chanteurs du monde arabe - 10 symphonies et 36 chants patriotiques, Abdul-Hakim a composé quelques-uns des airs les plus aimés et joués du pays. Reconnu au niveau local et international, il a été décoré en 1981 du Prix international de la musique de l'Unesco, devenant ainsi le premier Arabe à le recevoir et le 6e musicien au monde à se voir décerner cet honneur. Un musée-hommage, situé à Beit Al-Manoufi dans le quartier historique de Djedda, sera inauguré fin 2022. Il comprendra un centre de recherche musicale abritant des archives sur la musique saoudienne et arabe.

De la même génération, le pays a été bercé par les mélodies de grands oudistes comme Abadi al Johar ou Rabeh Saqer.

La musique populaire

Demandez à n'importe qui sur place : un des noms les plus populaires de la musique saoudienne est Mohammed Abdu. D'ailleurs, surnommé « l'artiste des Arabes », le chanteur est même un des plus célèbres de l'arabophonie. Abdu commence sa carrière dans les années 1960 lorsqu'un présentateur l'invite à chanter dans son émission de radio. Deux chansons frappent immédiatement le public - Al-Rasayel et Ab'ad - à tel point qu'elles font toutes deux encore partie de son répertoire et que la seconde a connu un succès mondial et des traductions dans différents pays (l'Iran ou l'Inde notamment). Avec sa voix puissante et son jeu de oud à part - qui rappelle le fabuleux Syro-Egyptien Farid Al-Atrash - le compositeur égyptien fait le tour du monde. Après une carrière de soixante ans, Mohammed Abdu s'est imposé comme un pilier de la musique nationale et une inépuisable source d'inspiration pour beaucoup.

De la même génération, Talal Maddah est un autre patron de la musique saoudienne, connu comme « La Voix de la Terre » ou « la gorge d'or ». Célèbre dès le début de sa carrière dans les années 1960, des compositeurs égyptiens de renoms comme Mohammed Abdel Wahab, Mohammed Al Mogy et Baligh Hamdi commencent à écrire pour lui. Dans les années

Musiciens saoudiens.

Joueur de Oud.

1970, son succès grandit dans le monde arabe et ne décroîtra jamais tout au long de ses cinquante années de carrière. Il a par ailleurs été le premier artiste saoudien à recevoir des honneurs en dehors de l'Arabie Saoudite, notamment des mains de présidents comme Habib Bourguiba, Mouammar Kadhafi et Hosni Moubarak. Il décède en 2000 sur scène à 60 ans tandis qu'il se produit à Al Meftaha.

Mohammed Abdu aussi bien que Talal Maddah sont tous deux considérés comme les pionniers de la musique khaliji. À la radio, à la télé et, à vrai dire, un peu partout dans la péninsule arabique, c'est elle la musique phare. Signifiant littéralement « musique du Golfe » le khaliji est la pop du golfe persique, mélange de productions modernes et musiques traditionnelles comme le liwa (du voisin émirati) ou le sawt, tout en utilisant intensivement de l'oud pour un résultat envoutant et entêtant.

Si le Koweït a été le pionnier du genre - jusqu'à même en devenir son centre névralgique au cours de la seconde moitié du XXe siècle - l'Arabie Saoudite possède la scène la plus dynamique. Parmi les noms les plus respectés du domaine, on trouve en tête Abdul-Majeed Abdullah qui, à 60 ans, est toujours systématiquement en tête des ventes à chaque nouvelle sortie, ou plus récemment Rabeh Sager et Abass Ibrahim.

Moins présentes, les voix féminines ne sont pas complètement invisibles, le genre étant également représenté par Etab, Saoudienne dont la majeure partie de la carrière se déroula en Égypte ou encore Aseel Omran, signée sur le grand label Rotana. Fondé par le prince Libano-Saoudien Al Walid Ben Talal en 1987, ce dernier est la structure musicale reine du Moyen-Orient, une vraie machine produisant des centaines d'artistes ainsi que des films mais étant également investis dans les médias (un magazine, six chaînes musicales, etc.).

Les musiques actuelles

Avec peu d'infrastructures et d'accompagnement, la jeune scène est sans surprise assez timide mais loin d'être complètement muette. Il y a même quelques surprises dans le jeune paysage musical, comme The AccoLade, groupe de rock 100 % féminin, quelque chose qu'on ne s'attendrait pas à trouver dans un pays aussi conservateur que l'Arabie Saoudite. On ne s'attend pas forcément non plus à trouver ici des groupes comme Al-Namrood, entité *black metal* qui brave les risques de condamnation à mort pour ses positions anti-islam.

Moins transgressif, le groupe de rock le plus connu du pays s'appelle Sound of Ruby. Aussi bien influencé par Michael Jackson époque *Beat it* ou l'incroyable guitariste égyptien Omar Khorshid, Sound of Ruby pratique un rock furieux rappelant un peu Nirvana mais avec ce je-ne-sais-quoi d'hypnotique et psychédélique en plus.

Côté hip-hop, Jara est l'une des plus jeunes artistes saoudiennes en activité, habituée à faire des vagues à chaque sortie, tandis que Qusai continue de s'imposer comme le patron du rap local.

Enfin, dans le domaine de l'électronique, Omar Basaad est le premier producteur saoudien d'EDM (ou « Electronic Dance Music ») à représenter l'Arabie Saoudite au niveau international.

LITTÉRATURE

Entrer en littérature saoudienne nécessite de faire abstraction des médias qui offrent du pays une vision sans aucun doute juste, mais également parcellaire. En effet, ces terres qui furent le berceau de l'islam et où persiste le fameux tabou sexe-religion-politique, voient néanmoins émerger depuis plusieurs décennies des écrivains qui osent contourner les interdits, quitte pour cela à publier à l'étranger, à user des moyens numériques ou à risquer une condamnation pour apostasie. Plus précisément, c'est depuis le début des années 1990 que le genre romanesque, anecdotique jusqu'alors, a commencé à se répandre, offrant – sous couvert de fiction – une plus grande liberté d'expression. Une autre idée préconçue voudrait que les Saoudiens ne lisent pas ou peu, il est plus probable qu'ils se procurent leurs lectures en dehors des circuits officiels. Quoi qu'il en soit, le lectorat français bénéficie quant à lui d'un nombre croissant de traductions.

Entre héritage traditionnel...

Si nous nous en tenons stricto sensu à l'Arabie Saoudite telle que nous la connaissons aujourd'hui, il nous faudra retenir la date du 22 septembre 1932 qui assista à sa création officielle. Cela ne fera évidemment en rien oublier la longue histoire de l'Hedjaz, cette région qui abrite les lieux saints que sont La Mecque et Médine, ni l'ancienne tradition littéraire de la péninsule arabique qui vit, depuis au moins le XVIe siècle, s'épanouir la poésie Nabati. Celle-ci succomba la première à la modernité puisqu'il est habituel de faire coïncider le début d'une nouvelle ère avec l'entrée dans le XXe siècle. Faisant suite au conservatisme du XVIIe siècle, où les thèmes abordés étaient essentiellement de nature religieuse, et au Classicisme du XIXe siècle, cette nouvelle période – dite de la créativité – se laissa volontiers porter par les courants occidentaux que sont le Romantisme, le Symbolisme et le Réalisme. Le terrain s'avéra donc fertile comme le confirme le parcours de Mohammed Surour Sabban qui créa la première maison d'édition indépendante de la région et publia le poète moderniste Mohammed Hassan Awwad dès 1925.

Pourtant, déjà se posait la délicate question de l'équilibre entre tradition et modernité, respect des racines et influences étrangères, une problématique au cœur de ce qui est considéré comme le premier roman saoudien, et plus largement de la péninsule arabique, *Les Jumeaux* (1930) de Abd al-Quddus al-Ansari, né en 1907 à Médine. Comme le laisse entendre le titre, celui-ci campait le destin de deux frères : Rasheed qui connaîtra tous les succès après avoir suivi l'école nationale, Fareed qui sera voué à la déchéance et l'exil à l'issue de ses études dans une école occidentale. Cette dichotomie affichée sera néanmoins plutôt le symbole d'une méfiance que d'un manque d'ouverture d'esprit puisque, au contraire, en fondant l'un des plus anciens et réputés magazines culturels arabes en 1936, *Al-Manhal*, Abd al-Quddus al-Ansari ouvrira ses colonnes à nombre d'écrivains amenés à faire une belle carrière littéraire même si leur vie ne fut pas exempte de drames, à l'instar de l'Algérien Ahmad Rida Huhou ou du Saoudien Hamza Chehata, considéré comme l'un des pionniers de la poésie moderne. La découverte du pétrole en 1936 et l'alliance qui s'en suivit avec les États-Unis ont dans une certaine mesure apaisé les tensions, mais n'ont certainement pas résolu l'ambiguïté d'un pays qui, s'il créa des liens économiques avec le reste du monde, décida de vivre replié sur lui-même, comme le prouve l'interdiction qui frappa la pentalogie qu'Abdul Rahman Mounif (1933-2004) consacra à cette époque, et qu'il nous est possible de lire pour partie en français aux éditions Sindbad (Actes Sud) avec *Villes de sel : l'errance.*

...et aspiration à la modernité

Nonobstant la censure, la littérature se fit pourtant progressiste, d'une part grâce à l'influence des femmes – il faudrait ainsi citer Samira Khashoggi (1935-1986) qu'on pourrait à tort cantonner à son rôle de mère de Dodi Al-Fayed (décédé avec Lady Di dans un accident de voiture en 1997) mais qui fut surtout la tête de proue de l'édition féminine en publiant *Wadda't Amali* au Liban en 1959, puis en devenant la rédactrice en chef du magazine Al-Sharkiah en 1972 –, d'autre part grâce aux Saoudiens qui partirent à l'étranger poursuivre leurs études ou travailler, à l'exemple du diplomate Ghazi Al-Gosaibi (1940-2010), proclamé chantre de la modernité, dont une infime partie de l'œuvre se découvre chez L'Harmattan (*Il et elle : dialogue*, *Revenir en touriste : d'Arabie à la Californie*, *Soheym : l'esclave-poète amoureux*). Les frontières se firent de plus en plus poreuses et le secret, qui caractérisait l'Arabie Saoudite, ne résista pas à certains ouvrages, à forte connotation ethnologique, qui passionnèrent les foules, tels *Sultana, princesse saoudienne* de l'Américaine Jean P. Sasson qui vécut sur place de 1978 à 1990, ou *La Ceinture* qu'Ahmed Abodehman écrivit en français et publia chez Gallimard en 2000, pour raconter sa jeunesse dans les années 50 au sein de la tribu des Kahtanis.

Bientôt, les écrivains n'hésitèrent plus à s'emparer de l'actualité récente, quitte à risquer une fatwa mais en affirmant leur volonté de faire évoluer les mentalités, comme le revendiquera Turki al-Hamad, né en 1953, qui offusquera avec sa trilogie *Atyaf al-Aziqah al-Mahjurah* consacrée à l'adolescence d'un jeune Saoudien, mais qui en vendra 20 000 exemplaires, rien qu'en langue arabe. Sa contemporaine, Fawziyya Abou Khalid, née en 1955, dépoussiérera quant à elle la poésie, la mâtinant de thèmes féministes dès son premier recueil en prose (littéralement « *Jusqu'à quand vous enlèveront-ils lors de votre nuit de noces ?* ») paru alors qu'elle avait tout juste 18 ans. Autre signe d'ouverture : en 2010, Abdul Khal fut couronné par le International Prize for Arabic Fiction pour *Tarmï bi-sharar* (*Les Basses œuvres*, chez Books éditions) qui ne faisait pas fi de la violence de la communauté saoudienne contemporaine, une voie qu'explorera également Yousef al-Mohaimeed dans *Loin de cet enfer* (éditions Sindbad) et une évolution sociétale sur laquelle s'attardera Omaima al-Khamis dans *Femmes de la mer* (L'Harmattan).

Pour diffuser leur message, les auteurs usent de tous les moyens, c'est ainsi que Hissa Hilal accède à la notoriété en 2010 en participant à l'émission Million's poet, très populaire dans les Emirats, tandis que Raja Alem s'adonne au roman policier (*Le Collier de la colombe*, Points). Pour sa part, Mohammed Alrotayyan représente l'Arabie Saoudite dans le festival littéraire du Golfe et obtient le titre de meilleur écrivain sur un vote du public, alors que Yahya Amqassim use des codes du roman historique dans *La Patte du corbeau* (Sindbad) où il mêle souffle épique, dialecte et arabe littéraire. Son cadet d'une année, Abdullah Thabit, né en 1973, délaisse quant à lui la poésie pour s'attaquer au sujet brûlant des attentats du 11-septembre dans *Le Terroriste N°20* traduit en français par Actes Sud, un sujet tout aussi politique que l'exil qu'évoque Mohammed Hasan Alwan dans *Le Castor* (Seuil). La génération née à partir des années 80 mêle encore plus volontiers les arts – comme le fera l'artiste Ashraf Fayad dont la peine de mort fut commuée en peine de prison et dont la poésie a été reprise par Le Temps des cerises (*Instructions, à l'intérieur*) – et s'empare du monde numérique, à l'instar de Rajaa Alsanea qui dans *Les Filles de Riyad* abordait la question de la sexualité féminine. D'abord vendu sous le manteau à des tarifs exorbitants, son livre fut repris par Pocket en français. Ensaf Haidar, femme du blogueur Raif Badawi qui fut emprisonné pour apostasie, a choisi de s'exiler au Québec, d'où elle continue de publier aussi bien son témoignage (*Mon mari, ma douleur, mon espoir*, chez Archipoche) que des romans (*La Geôle des innocents*, Archipel), un choix douloureux auquel s'est également résolue Rana Ahmad, l'autrice de *Ici, les femmes ne rêvent pas* (Globe). Pour conclure, citons enfin Aziz Mohammed dont la belle réception faite à son premier roman *Le Cas critique du dénommé K* (Actes Sud) laisse présager que la littérature saoudienne n'a pas dit son dernier mot.

TOP 10

LECTURE

Si l'Arabie Saoudite fait couler beaucoup d'encre dans les journaux, elle inspire également de nombreux livres qui ont souvent vocation à la décrire ou à en percer les mystères. Très engagée dans le réel, cette littérature s'accorde néanmoins des échappées plus fantaisistes, qu'il soit question de contes traditionnels ou de recettes ancestrales.

LE CASTOR

Il lui aura fallu choisir l'exil jusqu'en Oregon pour tenter de trouver sa place, mais le Saoudien Ghâleb n'en a pourtant pas fini avec son passé.
Mohammed Hasan Alwan, *éditions Seuil.*

ARABIE SAOUDITE DES ORIGINES AU XXIE SIÈCLE

© ÉDITIONS MAISONNEUVE ET LAROSE

Un ensemble d'analyses historiques, politiques, religieuses et sociologiques, pour comprendre comment le pays s'inscrit sur la scène mondiale.
Jacques Bourgeois, Jocelyn Béjuis, Édouard Paul, *éditions Maisonneuve et Larose.*

ICI, LES FEMMES NE RÊVENT PAS

© ÉDITIONS POCKET

Le sous-titre, « récit d'une évasion », ne laisse planer aucun doute sur le parcours d'une autrice inquiétée car engagée dans la lutte pour les droits de l'homme, et de la femme.
Rana Ahmad, *éditions Pocket.*

CONDUITE INTERDITE

Après cinq ans passés à Londres, le retour en Arabie Saoudite s'avère compliqué pour Nour qui voit sa liberté diminuer. Elle va alors décider de militer pour l'égalité des sexes.
Chloé Wary, *éditions Steinkis.*

LA GEÔLE DES INNOCENTS

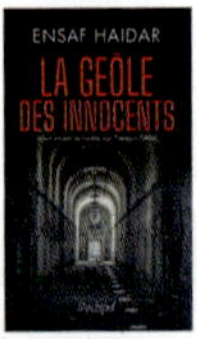

© ÉDITIONS ARCHIPEL

Partis chercher fortune, Rachwan et Ram vont se retrouver emprisonnés dans une prison saoudienne. Un premier roman inspiré d'une histoire vraie.
Ensaf Haidar, *éditions Archipel.*

FEMMES DE LA MER

© ÉDITIONS L'HARMATTAN

Trois femmes, trois histoires, et un pays qui connaît de 1955 à 1990 de nombreuses transformations engendrées par le boom pétrolier.
Omaima al-Khaimis, *éditions L'Harmattan.*

DANS LES GALOPS DU SABLE

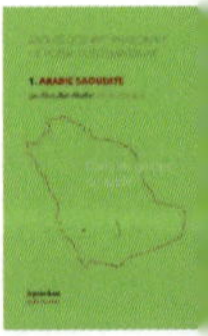

Une anthologie de la poésie saoudienne contemporaine pour en découvrir les voix les plus représentatives.
Collectif, *éditions Les Presses du réel.*

WADJA ET LE VÉLO VERT

À 11 ans, Wadja rêve du beau vélo aperçu dans une vitrine, mais ici les filles n'ont pas le droit d'en faire. Alors, il va falloir ruser. Dès 11 ans.
Haifaa al-Mansour, *éditions Folio Junior.*

LE RENARD ET LA HYÈNE

Un renard qui essaye en vain de se faire passer pour une hyène, ou un conte traditionnel de la région de Najd, en version bilingue.
Saad Bouri et Émilie Camatte, *éditions du Jasmin.*

SAVEURS D'AL-'ULA

Des chefs français se sont inspirés des recettes et de l'histoire de la célèbre oasis pour réaliser cet ouvrage qui associe gastronomie et patrimoine.
École Grégoire-Ferrandi, *éditions Rizzoli International Publications.*

A L'ÉCRAN

En passant les portes des plus belles salles de Riyad, Djedda ou Taïf, difficile de s'imaginer que le cinéma n'est autorisé en Arabie Saoudite que depuis quelques années. Et pourtant, entre 1983 et la fin des années 2000, le pays a vécu sans complexes cinématographiques ou presque. La faute à une interprétation et une application autoritaires de la charia, dans laquelle se rendre au cinéma n'avait pas sa place. La production nationale est donc le triste reflet de cette censure de près de trente ans, et le nombre de films saoudiens se comptent encore aujourd'hui sur les doigts de la main. Pour autant, des œuvres comme *Wadjda* ou *The Perfect Candidate* de Haifaa al-Mansour valent le détour, et le renouveau du cinéma saoudien est définitivement en route. N'hésitez donc pas à profiter de la splendeur et du luxe des salles de cinéma flambant neuves du pays, à la pointe de la technologie et proposant du cinéma comme nulle part ailleurs.

Un cinéma depuis peu libéré de la censure

Dès les années 1900, les premiers opérateurs Lumière et Pathé voyagent librement dans ce qui va devenir le royaume d'Arabie Saoudite, capturant des prises de vue des pèlerins se rendant à La Mecque. Mais hormis ces quelques images, et une poignée de documentaires dans la première moitié du XXe siècle, force est de constater que l'Arabie Saoudite est assez pauvre en productions cinématographiques. La faute à un manque d'investissement, puis à une politique d'interdiction complète du septième art, au milieu des années 1980. Une censure qui va causer la faillite et la fermeture forcée des nombreuses salles du pays, jusqu'à conduire à un total désert cinématographique pendant près de trente ans. À cette période, les cinéphiles devront se rabattre sur la télévision satellite, ou sur les quelques restaurants qui bravent l'interdit pour montrer des films à leurs clients avides de découvertes. Il faut attendre fin 2008 pour que des séances de cinéma s'organisent de nouveau, pour le plus grand plaisir des spectateurs qui sont des centaines dès les premières projections. Ce sera pour eux l'occasion de découvrir sur grand écran le premier long-métrage saoudien, sorti deux ans plus tôt uniquement à la télévision : *Keif al-Hal ?* (Comment ça va ?) de Izidore Musallam (2006), avec l'actrice saoudienne Hind Mohammed. La même année sort *Cinema 500 km*, une comédie tranchante signée Abdullah Al-Eyaf mettant en avant l'absurdité de la situation cinématographique du pays. Un état de faits qui entraînera le protagoniste à voyager jusqu'au Bahreïn pour découvrir son amour sur grand écran. Parmi les films notoires, citons *Wadjda* de Haifaa al-Mansour (2012). Premier tournage entièrement réalisé sur le territoire saoudien, c'est également le premier long métrage de cette cinéaste aussi critiquée que félicitée dans son pays natal. L'œuvre sera d'ailleurs sélectionnée au Festival de Venise, et sa réalisatrice connaît depuis une carrière internationale.

Foisonnement de salles et course au luxe

En Arabie Saoudite, la réouverture des cinémas est définitivement confirmée fin 2017. Depuis, de nouveaux groupes se sont implantés sur le territoire, quadrillant les grandes villes pour accueillir toujours plus de spectateurs. Les blockbusters américains, indiens et du Moyen-Orient sont les films qui remplissent les salles, mais le cinéma saoudien est de plus en plus présent. Pour convaincre le public, les exploitants rivalisent d'inventivité et proposent des complexes toujours plus luxueux. Le groupe Muvi Cinemas par exemple, fondé en 2019 à Riyad, est passé maître dans l'art des boutiques-cinémas. Une véritable expérience, surtout lorsque vous vous retrouverez à Jeddah face à l'écran Onyx LED de ce cinéma dernier cri. Une technologie assez rare pour être soulignée, qui représente peut-être le futur du cinéma. Si c'est le cas, une chose est sûre, l'Arabie Saoudite ne sera plus en reste.

POPULATION

Avec ses 34,2 millions d'habitants, l'Arabie Saoudite est le plus grand pays de la péninsule et le 4e plus grand pays du monde arabe. 90 % de la population saoudienne est d'origine ethnique arabe et les 10 % restants constituent une minorité hétéroclite d'origine essentiellement Afro-asiatique. L'Arabie Saoudite compte un taux élevé d'immigrés qui représente 38 % de la population. Depuis 2017, le gouvernement saoudien tente par tous les moyens de limiter cette immigration et de faire rentrer chez eux les travailleurs illégaux. Il a institué un système de taxes élevées, un taux de rémunération bien inférieur à celui des Saoudiens, qui rend la vie difficile aux immigrés dans la péninsule. Le contingent le plus important de travailleurs étrangers vient du sous-continent indien. L'Arabie Saoudite prône un accès à la citoyenneté drastique. Les conditions d'obtention de la nationalité sont soumises à l'approbation du Premier ministre.

Démographie, chiffres-clés

L'Arabie Saoudite est le 4e plus grand pays du monde arabe avec une population estimée à 34,2 millions d'habitants. Avec un changement complet de mode de vie amorcé dans les années 50, le pays a ouvert ses portes en grand à l'immigration pour assurer son développement économique. Il y aurait 13 millions d'immigrés vivant en Arabie Saoudite, soit 38 % de la population. Alors que dans les années 1960 la grande majorité des Saoudiens était nomade ou semi-nomade, aujourd'hui 95 % de la population est sédentarisée et 80 % vit en ville. La population saoudienne est jeune avec plus de 70 % âgée entre 15 et 64 ans et un âge médian de 32,4 ans. L'espérance de vie est de 75 ans, avec un écart faible entre les hommes et les femmes. Les premiers ont une espérance de vie de 74,2 ans quand les femmes peuvent espérer atteindre 77,3 ans. Le taux de mortalité est l'un des plus bas au monde, avec 3,3 décès pour 1 000 habitants par an. Le taux de natalité est lui relativement élevé avec 15,5 naissances pour 1 000 habitants par an, soit plus de 1 500 naissances par jour. Même si le taux de natalité ne cesse de décliner, l'Arabie Saoudite enregistre un accroissement annuel de population de 1,2 %. Par conséquent, le pays connaît une explosion démographique de nature à peser sur l'économie du pays. La population active est de près de 16 millions de personnes. Le taux de chômage atteignait 11,3 % au premier trimestre 2021, le taux le plus bas enregistré depuis 2010. Les femmes représentent 20 % de la population active, un chiffre qui ne cesse d'augmenter. Elles n'étaient que 14,8 % en 2017, avant que Mohammed Ben Salman n'autorise les femmes à créer leur entreprise sans l'accord de leur tuteur. L'Arabie Saoudite connaît un déficit de femmes qui ne représentent que 42,24 % de la population.

Un peuple arabe

L'Arabie Saoudite ne connaît guère la diversité ethnique puisque sa population est arabe à 90 %. Les 10 % restants constituent une minorité hétéroclite aux origines très diverses : Afrique sub-saharienne et Egypte, pays du Levant, sud de la péninsule arabique, Albanie et Bosnie-Herzégovine, Ouzbékistan et Turquie, Maghreb, Pakistan et Inde. Ces Saoudiens peuplent surtout l'ancienne région du Hedjaz, dans les environs de La Mecque, de Médine et de Djedda. On peut supposer que leurs ancêtres étaient d'anciens pèlerins qui sont restés à La Mecque ou des marchands des anciennes routes entre l'Afrique et l'Orient qui ne sont jamais repartis. Pour certaines familles, leur lignée remonte à plus de 1 500 ans, avant l'avènement de l'islam. Une petite partie de la population d'origine saoudienne est bédouine. Si les Bédouins sont Arabes, tous les Arabes ne sont pas Bédouins. Les Bédouins étaient des éleveurs nomades aux traditions culturelles bien spécifiques. Le mot bedou signifie littéralement « homme du désert ». Les Bédouins sédentarisés occupent souvent des fonctions dans le système judiciaire saoudien ou dans la Garde nationale.

Une forte immigration

Plus du tiers de la population est d'origine étrangère. La découverte de pétrole à la fin des années 30 change en profondeur la dynamique du pays. Les besoins en main d'œuvre sont énormes pour amorcer la sédentarisation de tribus éclatées à travers la péninsule et faire sortir des villes du sable. Celle-ci va venir de tous les pays où existent une importante population musulmane. Les liens politiques et diplomatiques étroits entre l'Arabie Saoudite et l'Egypte procurent une population de travailleurs qui débarque dans la péninsule dès les années 50. C'est dans ce pays que la diaspora égyptienne

© JOHNNYGREIG - ISTOCKPHOTO.COM

est la plus importante avec plus d'un million de personnes. En 2022, la plus importante population d'immigrés arrive du sous-continent indien. Il y aurait 2,55 millions d'Indiens, 2,45 millions de Pakistanais et 1,3 millions de Bangladais. La guerre en Syrie a également amené une diaspora importante avec 2,5 millions de travailleurs. L'Asie du Sud-Est est aussi bonne pourvoyeuse de main d'œuvre avec 1,6 millions de Philippins et 800 000 Indonésiens. Historiquement, les Yéménites ont été nombreux à traverser la frontière poreuse entre les deux pays. Le pays comptait plus d'1,8 millions d'immigrés yéménites en 2020. Mais la guerre civile au Yémen à laquelle prend part l'Arabie Saoudite pour soutenir le régime présidentiel a entraîné de nombreuses brimades et des reconduites à la frontière des immigrés clandestins. Les associations de défense des droits humains recensent des détentions arbitraires, des fins de contrats de travail injustifiées, des contraintes arbitraires à l'embauche. Dans son programme de développement « Vision 2030 » mis en place depuis 2017, Mohammed Ben Salman s'attaque au travail clandestin et durcit les conditions d'embauche dans son pays. Désormais, les travailleurs immigrés doivent payer une taxe de près de 1 200 € pour tout membre de la famille accompagnant. En complément, les travailleurs sont taxés et doivent verser une taxe mensuelle de 200 € par mois au gouvernement et une soulte à leur sponsor. Cette pression financière dans un pays où le niveau de vie est élevé, ajoutée à la crise de Covid-19 qui a considérablement entravé l'accès au travail, ont conduit de nombreux Yéménites à rentrer chez eux. Ils ne seraient plus qu'un million dans la péninsule à l'heure actuelle. Si ces mesures affectent l'intégralité des travailleurs immigrés, elles sont appliquées avec plus d'autorité sur la population réfugiée en provenance du Yémen.

La citoyenneté

Les mesures d'accès au travail pour les populations étrangères visent à réduire le taux de chômage relativement élevé en Arabie Saoudite et participent à une vision nationaliste du pays censée redonner de la fierté d'appartenance aux Saoudiens. Les conditions d'accès à la nationalité saoudienne ont toujours été compliquées. Toutes les personnes résidant dans le pays avant 1914 ont obtenu la nationalité automatiquement. La naturalisation ne peut être obtenue qu'après 10 années passées dans le pays sans interruption, qu'avec une bonne aisance en arabe à l'écrit et à l'oral, qu'après une étude de moralité et en l'absence de casier criminel. Elle est accordée de façon arbitraire par le Premier ministre, sur recommandation du ministre de l'Intérieur.

SOCIÉTÉ

La vie quotidienne des Saoudiens est régie par le carcan d'un islam strict, qui définit autant le rapport entre les hommes et les femmes que la façon de s'habiller. Traditionnellement, les femmes sont soumises à l'autorité tutélaire d'un homme, qui peut-être leur père, leur mari, leur oncle, leur frère… Depuis 2011, le gouvernement saoudien accorde plus de droits aux femmes, avec notamment l'instauration du droit de vote. L'émancipation des femmes semble s'accélérer depuis 2017 avec une série de lois prises par Mohammed Ben Salman : droit de conduire, droit de travailler, droit de vivre seule, droit d'obtenir un passeport, sans l'accord du tuteur. Le domaine public reste cependant largement occupé par les hommes dans des villes où les loisirs sont bien peu nombreux. La pauvreté y est de plus en plus visible, bien loin du cliché qui ferait de tout Saoudien un homme riche. Des phénomènes auxquels veut s'attaquer le plan « Vision 2030 ».

De l'influence de l'islam

La religion définit le mode de vie saoudien, elle est présente dans tous les actes de la vie courante et régit les rapports entre les hommes et les femmes. Si les 5 prières quotidiennes ne sont pas obligatoires, le pays s'arrête de tourner le temps de celles-ci. Les boutiques ferment, les administrations s'arrêtent et les hommes s'installent à même la rue ou filent à la mosquée. Un code vestimentaire strict est imposé. Les hommes revêtent traditionnellement le *thobe*, une longue robe blanche sous laquelle ils portent un pantalon court. Ils se coiffent d'un *shemagh* à carreaux rouge et blanc, maintenu à l'aide d'un *agal*. Les femmes sont tenues de se couvrir d'une *abaya* noire et de porter le hijab, le voile islamique. En revanche, le niqab, le voile qui couvre le visage, n'est pas obligatoire. Le code de couleurs puise sa source dans l'histoire du pays, à l'époque où Omeyyades et Abbassides s'affrontaient. Les premiers étaient reconnaissables à leur drapeau blanc, tandis que les seconds se ralliaient sous un drapeau noir. La consommation d'alcool, de viande de porc ou la détention d'articles pornographiques sont strictement prohibés. En fait, toute la société est régie par une règle simple, mais qui ouvre la porte à toutes les interprétations : la modestie. Une police de la promotion de la vertu et de la prévention du vice, la *muttawa*, veille au grain et s'assure que les règles soient bien respectées par les habitants dans l'espace public.

La place de la femme

Le wahhabisme défend un ensemble de règles juridiques et sociales, le *sadd al-dhara'i*, ou « blocage des moyens » qui pourraient mener au diable. Ce concept s'applique aux femmes qui ne bénéficient que de peu de libertés individuelles ou collectives. Dès sa naissance, la femme est placée sous la tutelle d'un homme qui a toute autorité sur elle. Il peut s'agir de son père, de son mari, d'un oncle, de son frère, voire de son fils, selon les circonstances. L'univers de la femme se cantonne traditionnellement à sa maison, aux tâches domestiques et à l'éducation des enfants. Elle ne peut rien entreprendre dans la sphère extérieure sans l'autorisation de son *mahram*, son « gardien ». Les oulémas les plus rigoristes estiment qu'ne femme « de bonnes mœurs » ne saurait sortir de la maison sans l'autorisation de son tuteur. En conséquence, les femmes ne peuvent suivre des études, se marier, voyager, faire des courses, se faire soigner, faire du sport, rencontrer des amies en liberté. Cependant, une brise d'émancipation semble souffler sur le royaume. En 2011, le roi Abdallah accorde le droit de vote aux femmes. Le prince héritier Mohammed Ben Salman au pouvoir depuis 2017 multiplie les gestes en faveur du droit des femmes. Elles disposent désormais du droit de conduire, peuvent travailler et même choisir de vivre seule sans autorisation tutorale. Depuis quelques années, il y a des femmes d'affaires, des dirigeantes de banque, des serveuses ou encore des policières. Si la féminisation du monde du travail est encore timide, elle existe bel et bien et on estime que 20 % des femmes vivant en Arabie Saoudite travaillent. Cette libéralisation s'accompagne d'un militantisme féministe modéré, mené par Louain al-Hatloul. Cette Saoudienne d'une trentaine d'années s'est engagée en 2013 pour obtenir le droit pour les femmes de conduire, les libérer de la tutelle masculine et leur garantir une meilleure protection en cas d'abus. Cet engagement l'a conduite à être détenue de façon arbitraire et condamnée pour terrorisme en décembre 2020. D'autres femmes comme Mashael al-Jaloud ont décidé d'enlever l'abaya et le foulard dans l'espace public. Elle a pris au pied de la lettre la

20 % des femmes qui vivent dans le pays travaillent.

déclaration du prince Ben Salman prononcée en 2018 selon laquelle « les femmes doivent porter des vêtements décents et respectueux, mais pas nécessairement une *abaya* ».

De l'influence de l'urbanisation

L'Arabie Saoudite a entamé sa révolution dans les années 50. Le royaume s'enrichit considérablement avec la vente de son pétrole et se modernise. Les oasis se transforment en villes et la population traditionnellement semi-nomade se sédentarise. Aujourd'hui, près de 85 % de la population saoudienne vit en ville. Cette transformation rapide a considérablement modifié les rapports sociaux. La voiture a remplacé le dromadaire, les tentes ou maisons en pisé ont laissé la place à des immeubles en béton, la télévision intègre les foyers. Les hommes occupent l'essentiel de l'espace public, tenant les commerces, travaillant dans les bureaux, construisant l'avenir du pays. Les enfants grandissent devant le petit écran, entre dessins animés arabes et films américains édulcorés. Les rares loisirs autorisés sont les cafés (sans alcool), les centres commerciaux, les aires de jeux pour les enfants, et quelques rencontres sportives réservées aux hommes. Le prince héritier Ben Salman, dans son projet d'ouverture et de modernisation du pays « Vision 2030 », s'attèle à accorder plus de loisirs aux jeunes Saoudiens. Il a autorisé l'ouverture de salles de cinéma et rendu la mixité possible dans les concerts. Il pousse au développement d'un tourisme domestique et envisage même de développer une station de ski dans les montagnes du Hedjaz.

Une société fractionnée

Jusque dans les années 2000, la pauvreté n'était censée que toucher les personnes issues de l'immigration et le sujet était tabou. Une visite du roi Abdallah dans les quartiers défavorisés de Riyad en 2002 change la donne. Il se montre choqué par le nombre de Saoudiens croisés dormant dans la rue. Il ordonne l'élaboration d'une stratégie de lutte contre la pauvreté en augmentant le budget de la sécurité sociale et le nombre de logements sociaux. Mais sans réels effets. Les deux-tiers des travailleurs du secteur privé touchent moins que le minimum nécessaire aux besoins d'une famille avec 4 enfants. La situation tendue dans le monde arabe a conduit le gouvernement à réorienter son effort budgétaire vers l'armement dans les années 2010. L'absence de chiffres permet difficilement d'évaluer la situation, mais le taux d'endettement élevé - 75 % des Saoudiens ont contracté un prêt à la consommation de longue durée, associé à un taux de chômage supérieur à 10 %, permettent d'affirmer que tous les Saoudiens ne roulent pas sur l'or.

RELIGIONS

En Arabie Saoudite, 95 % de la population et 100 % des citoyens sont musulmans. La sunna, la « tradition du Prophète » est largement majoritaire. Il ne saurait en être autrement sur la terre de Mahomet, celle où il est né et celle où il a fondé l'islam. L'Arabie Saoudite applique un islam rigoriste. Si le roi est le gardien des lieux saints, l'application des préceptes religieux, dont la charia, revient à un Comité de la Promotion de la Vertu et de la Prévention du Vice, doté d'une police spéciale. 70 % se revendiquent du courant wahhabite fondé au XVIIIe siècle. Celui-ci prône un retour aux pratiques musulmanes au temps de Mahomet. L'essor de ce courant est né d'un pacte entre Mohammed ben Abdelwahhad, le fondateur, et le clan Saoud qui est parvenu à unifier les tribus arabes après près de deux siècles de batailles. Le wahhabisme a connu un essor important à travers le monde après avoir fusionné avec le salafisme dans les années 1960.

Application de l'islam

Sur la terre de naissance du prophète Mahomet, l'islam sunnite est religion d'Etat. Tous les citoyens saoudiens sont musulmans et s'il existe une minorité chiite, elle est officiellement discriminée. Les chiites ne bénéficient pas des mêmes droits d'accès aux postes de fonctionnaires. Les étudiants chiites sont eux sanctionnés dans l'accès aux études supérieures, avec l'application d'un quota officieux. Leurs témoignages ne sont pas tenus d'être enregistrés par les juges dans le cadre de l'application de la charia. Pour autant, le gouvernement saoudien a affirmé à plusieurs reprises qu'il protégeait le droit des individus à pratiquer une autre religion en privé. Il y aurait 450 000 hindous et près d'un million de chrétiens en Arabie Saoudite. Le prosélytisme non-musulman est interdit. Les membres des clergés se revendiquant d'une autre foi que l'islam n'ont pas le droit de cité en Arabie Saoudite. La religion est souvent décrite comme un mode de vie dans le pays et elle est appliquée de façon très stricte. Un Comité de la Promotion de la Vertu et de la Prévention du Vice (CPVPV) est chargé de veiller à l'application des préceptes de l'islam et de la charia. Son président a le statut de ministre et il a sous ses ordres une police spéciale, la muttawa, forte de 3 500 agents.Celle-ci a notamment le pouvoir d'arrêter sans sommation toute personne se livrant à la prostitution ou adoptant un comportement homosexuel ; de faire appliquer le code vestimentaire islamique ; de veiller à l'application de la fermeture des commerces pendant les heures de prière ; de s'assurer que les codes alimentaires sont respectés ; de saisir les produits de consommation et de média non-islamique. Le CPVPV est le garant du respect de la Constitution qui n'est autre que le Coran. Les oulémas, les docteurs chargés de l'interprétation des textes religieux, possèdent un pouvoir politique conséquent.

Mosquée à Djedda.

De son côté, l'Etat supervise et finance la construction des mosquées et verse un salaire aux imams. Le roi est le gardien des villes saintes de La Mecque et de Médine. L'Arabie Saoudite a repris la main sur l'attribution des visas dans le cadre du pèlerinage à La Mecque. Désormais, les pèlerins doivent s'inscrire sur une plateforme numérique et le résultat est soumis à une loterie. L'Etat entend ainsi récupérer la manne financière énorme que suscite ce pèlerinage. Si le visa pour le hajj ou la omra (petit pèlerinage) est gratuit, les séjours sont facturés entre 6 200 € et 9 900 € pour 3 semaines sur place environ.

Le wahhabisme

Le wahhabisme est un courant du sunnisme fidèle à la « Tradition du Prophète », son ensei-

© ZURIJETA - ISTOCKPHOTO.COM

Pèlerinage à La Mecque.

gnement religieux, ses faits, ses gestes et ses dires. Fondé par Mohammed ben Abdelwahhad au XVIIIe siècle, le courant prône « un retour aux pratiques en vigueur dans la communauté musulmane du prophète Mahomet et ses premiers successeurs ou califes ». Cela implique un monothéisme strict, où le culte des saints est interdit, et une application rigoureuse de la charia. Le wahhabisme réfute toute autre forme d'interprétation des textes que la sienne. Après avoir étudié à Bassorah (Irak) et voyagé jusqu'à Ispahan (Iran), Mohammed ben Abdelwahhad retourne dans son village du Najd. Il professe une application stricte de l'islam et se fait chasser de son village pour avoir voulu faire lapider une femme adultère. Il se réfugie dans l'oasis de Dariya où il rencontre Mohammed ibn Saoud, le père de la nation saoudienne. Ce chef de clan tente alors de soumettre et unifier les tribus arabes. En 1744, il conclut un pacte avec le prédicateur et lui donne une de ses filles en mariage. Ibn Saoud s'engage à propager la doctrine wahhabite tandis que Abdelwahhad soutient l'émir dans son combat en lui accordant « gloire et puissance ». Cette alliance politico-religieuse va forger le destin de l'Arabie Saoudite. Les Saoud continueront leur combat politique jusqu'à la création de l'Etat en 1932, sans jamais renier leur appartenance au wahhabisme. Aujourd'hui encore, le wahhabisme impose aux femmes de se vêtir en noir et aux hommes d'arborer du blanc. Ce code vestimentaire trouve son origine dans les affrontements entre les Omeyyades (sous drapeau blanc) et les Abassides (sous drapeau noir). Il prône la ségrégation entre les hommes et les femmes et la plupart des maisons possèdent deux entrées séparées. Dans les années 1960, wahhabisme et salafisme, deux courants rigoristes de l'islam, ont fusionné, et les deux termes sont souvent compris comme synonymes. Les doctrines s'épanouissent sur le front de la guerre en Afghanistan contre la Russie, où de nombreux hommes venus d'Arabie Saoudite rejoignent le front, dont Oussama Ben Laden. L'agression russe contre les frères afghans est perçue et interprétée comme une guerre de religion. Le djihad « défensif » est encouragé dans une fatwa prononcée par le Grand Mufti d'Arabie Saoudite, le plus haut dignitaire religieux du pays. Progressivement, le djihad offensif se met en place, avec la création d'Al Qaïda. La cellule terroriste commet son premier attentat à l'hôtel Mövenpick d'Aden en 1992. L'année suivante, une bombe explose dans les sous-sols du World Trade Center. Les Etats-Unis deviennent alors la cible privilégiée des attaques fondamentalistes islamistes. Après plusieurs attentats visant des cibles militaires et diplomatiques américaines, Al Qaïda devient la figure absolue du terrorisme international avec les attentats du 11 septembre 2001. L'Arabie Saoudite se retrouve prise en étau entre la doctrine religieuse déformée par Oussama Ben Laden, qui devient un véritable héros du djihad dans son pays, et le pacte politique conclu avec les Etats-Unis en 1945. Abdelaziz ibn Saoud avait alors garanti son pétrole contre la protection militaire américaine. Vingt ans après les attentats et alors que l'Etat Islamique a supplanté Al Qaïda, l'Arabie Saoudite semble vouloir prendre quelque peu ses distances avec la doctrine wahhabite. Le jeune prince héritier Mohammad Ben Salman a notamment autorisé les femmes saoudiennes à conduire, faisant fi des recommandations des docteurs wahhabites qui arguaient que cela allait les exposer au diable ou pourrait affecter leurs ovaires. De la même manière, les femmes peuvent désormais fonder une entreprise sans l'accord express de leur tuteur.

QUE RAPPORTER ?

Si l'artisanat saoudien tend à disparaître du fait d'une importante transition du mode de vie, vous trouverez tout de même quelques souvenirs originaux à glisser dans votre valise. Deuxième producteur de dattes dans le monde derrière l'Egypte, le pays est la destination idéale pour se procurer le fruit séché. Il en existe près de 300 variétés. Les gastronomes compléteront leurs achats avec des chocolats au lait de dromadaire ou des épices. Parmi les produits de luxe, l'or s'échange à bon prix, car il n'existe pas de TVA en Arabie Saoudite. L'oud, cette résine parfumée de bois d'agar ou d'aquilaria, vaut une fortune lorsqu'elle est pure. Elle entre dans la composition de nombreux parfums et encens. Le tapis est le produit artisanal le plus répandu et les Saoudiens continuent de l'utiliser dans leurs maisons modernisées. Tout comme le dallah, la cafetière servant à l'infusion du café arabe.

Les dattes

L'Arabie Saoudite est le deuxième plus gros producteur de dattes au monde avec 1,5 millions de tonnes. Près de 300 variétés sont cultivées dans le pays. La plus célèbre est la medjool, à la couleur brun-rouge et à la chair légèrement fibreuse. Mais la plus appréciée des Saoudiens est la datte ajwa, produite exclusivement dans la région de Médine. Sa couleur presque noire et son léger goût de prune en font une douceur qui a son prix. Ce sont les dattes les plus chères, qui peuvent atteindre 25 € le kilo. Dans les souks, vous trouverez aussi les dattes sukari, les safawi, les saghai... Si on peut trouver des dattes partout dans le pays, car elles sont fort appréciées des Saoudiens, notamment en période de ramadan pour rompre le jeûne, il existe un marché spécialisé à Riyadh, à la sortie 14 d'Eastern Ring Road. Bien connu, il faut s'y rendre à la pleine saison, entre août et novembre.

© XAVIERARNAU - ISTOCKPHOTO.COM

Épices sur un marché à Riyad.

L'eau de Zamzam

Cette eau aux vertus miraculeuses est le souvenir incontournable ramené par les pèlerins à La Mecque. Elle provient du puits de Zamzam dont la source aurait été révélée par Ismaël. La légende raconte qu'Abraham aurait envoyé son épouse Hagar et leur fils Ismaël dans le désert à la demande d'Allah. Ils n'avaient avec eux qu'un peu d'eau et des dattes. Ayant soif, Ismaël frappa le sol et fit jaillir la source de Zamzam sur le site actuel de La Mecque. L'eau ne présenterait aucune bactérie et serait propre à la consommation. Les pèlerins du hadj et de l'omra s'abreuvent directement à la source et n'hésitent pas à en ramener dans leurs bagages. Boire l'eau de Zamzam permettrait de voir ses vœux se réaliser, de renforcer ses os et son métabolisme. Les non-musulmans n'auront aucune peine à trouver cette eau un peu partout dans le pays.

L'oud

A l'origine, l'oud est une résine sécrétée par le bois d'agar ou d'aquilaria. La résine n'est produite que si l'arbre est contaminé par certains champignons. Le seul moyen de le savoir est d'abattre l'arbre, et seul un sur cent serait parasité. Par conséquent, l'oud coûte excessivement cher, parfois plus que l'or. Ses effluves naturellement boisées et animales s'adressent avant tout aux initiés. L'oud entre dans la composition de parfums complexes et capiteux qui symbolisent à eux-seuls le Moyen-Orient. Les copeaux d'oud sont parfois utilisés comme de l'encens et brûlés avec du charbon de bois. Sa fumée serait propice à la méditation et renforcerait le corps et l'esprit. Chaque ville saoudienne compte son souk aux parfums, le plus célèbre étant celui d'Al Zal à Riyadh, d'où il émane cette note de cuir si particulière dans ses venelles étroites. Aujourd'hui, beaucoup de parfumeurs utilisent un oud de synthèse combinant le patchouli, le vétiver, l'encens et le cypriol qui est ensuite marié à des notes plus florales, dont la rose. Les

Dattes.

parfumeurs d'oud saoudiens les plus réputés sont Rasasi, Hind al oudh, Swiss Arabian ou Al Amaken.

Le dallah

Cette cafetière disponible dans toutes les tailles, vous la croiserez partout en Arabie Saoudite. Son long bec, son anse très incurvée, son corps évasé et son chapeau en alliage seraient le secret du qahwa parfait. Les Saoudiens raffolent de ce café épicé préparé à même la cafetière. Les grains de café sont torréfiés puis moulus. Le moût est mis à bouillir dans la cafetière avec du safran, du cou de girofle, de la cannelle, de la cardamome. L'utilisation des épices et leur dosage varie suivant les régions. Servi sans sucre et en toutes petites quantités, il s'accompagne de dattes et de mets sucrés. Le qahwa est la boisson phare de l'hospitalité arabe et il est offert à la moindre occasion.

Le tapis saoudien

Les tapis de laine de chèvre ou de mouton font partie de l'héritage artisanal saoudien. Le tapis véritable est tissé sur un métier manuel et présente des motifs traditionnels graphiques ou des dromadaires. Ce sont les femmes qui tissent les tapis, cette charge leur revenant dans la tradition de tenir la maison et donc de la décorer. Les tapis étaient utilisés dans le désert, pour se protéger du sol brûlant la journée et froid la nuit. Les tapis sont toujours très appréciés dans les maisons et les petites boutiques. A Riyadh, on peut les dénicher dans le souk Al Zal ou dans celui de Dirah.

Les épices

Traversée par les caravanes venues de l'Asie du Sud et du Sud-Est avant l'ère moderne, l'Arabie Saoudite a intégré l'utilisation des épices à sa cuisine. Les viandes sont marinées, le café est parfumé, le riz est amélioré, les salades sont relevées avec des épices qui viennent toujours, pour la plupart d'Asie. Mais les mélanges et les dosages sont propres aux Arabes et les saveurs qui s'en dégagent créent une cuisine singulière et typique. Vous pourrez trouver les mélanges pour reproduire le poulet al faham ou kabsa dans les souks. C'est là que l'on trouve les épices de meilleure qualité. Les plus communes sont le poivre noir, le clou de girofle, la noix de muscade, le safran, le laurier, la cardamome ou le citron noir.

Le lait de dromadaire

Les Saoudiens vouent un véritable culte au dromadaire. Le lait est toujours très apprécié, malgré une forte urbanisation. Des fermes de camélidés se sont développées à travers le pays, afin d'approvisionner en lait une population qui n'a jamais perdu son intérêt pour cette source protéinée très riche. Le lait est souvent transformé et entre notamment dans la recette de fabrication de chocolats, leur donnant un goût distinct légèrement salé. Le lait entre également dans la composition de savons et renvoie à l'opulence des pharaons égyptiens qui se baignaient dans du lait de dromadaire.

L'or

En l'absence de TVA et de taxes sur l'or, l'Arabie Saoudite est une bonne destination pour se procurer des bijoux façonnés dans le métal précieux. Les échoppes sont nombreuses : haute-joaillerie dans les malls climatisés ou bijoux traditionnels dans les bazars. Les meilleures affaires se font dans les souks et mieux vaut acheter le samedi ou le dimanche, lorsque les bourses sont fermées et que le prix de l'or est stable.. Riyadh compte deux marchés célèbres : Batha Gold Market et Balad Gold Market. La ville portuaire de Damman sur la côte est est aussi une destination réputée. De nombreux joailliers bordent les rues du quartier de Share al-Hob.

SPORTS ET LOISIRS

A voir le nombre de salles de sport qui bordent les rues de Riyad, il semble que la gym est le loisir préféré des Saoudiens. Tous les hôtels, même les plus petits, possèdent une salle de fitness. Mais attention, même si c'est autorisé, femmes et hommes ne se mélangent pas. Il en va de même pour les piscines. Sinon, les Saoudiens se passionnent pour les sports traditionnels comme les courses hippiques, les courses de chameaux ou la fauconnerie, mais aussi pour le football, l'équipe nationale et les grandes affiches européennes. Le Royaume investit aussi beaucoup pour organiser de grands évènements internationaux, comme le Grand Prix de Formule 1 ou le Dakar. Côté activités, on profite des incroyables spots de plongée de la mer Rouge et des dunes et des montagnes pour faire du quad, du buggy, du VTT, de la randonnée ou même de la via ferrata ou de l'hélicoptère.

Des sports traditionnels très populaires

Courses hippiques. Les courses hippiques sont très populaires depuis des siècles en Arabie Saoudite et, aujourd'hui, l'Audi Cup attire des milliers de spectateurs à l'hippodrome du roi Abdulaziz à Riyad.

Courses de dromadaires. Ces courses sont aussi extrêmement populaires et de nombreux festivals proposant des centaines de courses (festival de dromadaire du prince héritier, du Roi Abdulaziz) sont organisés dans le pays.

Fauconnerie. L'art de la fauconnerie est une tradition profondément enracinée dans la culture locale depuis des millénaires et pour les classes aisées posséder un faucon est une vraie fierté.

Des grands rendez-vous sportifs

Formule 1. A l'image du voisin qatari, l'Arabie Saoudite s'est lancée dans l'organisation de grands évènements sportifs. Depuis 2021, le circuit automobile urbain de Djedda organise l'une des étapes du championnat du monde de Formule 1. Le Grand Prix d'Arabie Saoudite se déroule en nocturne sur la corniche et a vu Lewis Hamilton s'imposer en 2021 et Max Verstappen en 2022. A l'horizon 2023, ce circuit devrait être remplacé par un circuit plus classique situé dans la ville nouvelle de Qiddiya.

Dakar. Toujours dans le sport automobile, le Royaume accueille depuis 2020 le mythique rallye Dakar. Après trois éditions qui s'élançaient de Djedda, le rallye-raid démarrera en 2023 à partir des bords de la mer Rouge, traver-

Sortie buggy dans les alentours d'AlUla.

sera le pays d'ouest en est, avant de couper la ligne d'arrivée à Dammam.

Tennis. En tennis, l'Arabie Saoudite a lancé la Diriyah Tennis Cup en 2019, avant une deuxième édition de ce tournoi exhibition en décembre 2022 qui a réuni de nombreuses stars de la petite balle jaune, comme Alexander Zverev, Daniil Medvedev, Stefanos Tsitsipas, Stanislas Wawrinka ou Nick Kyrgios. Un tournoi qui a servi de préparation de la saison 2023 à de nombreux joueurs, qui ont également pu gonfler sensiblement leurs comptes en banque respectifs.

Golf. En golf, l'Arabie Saoudite a lancé à l'été 2022 la LIV Golf Invitational Series, une ligue dissidente du PGA Tour qui a séduit la légende du jeu Phil Mickelson.

Cyclisme. Depuis 2020, le pays est également le théâtre d'une course en catégorie 2.1 au calendrier de l'UCI Asia Tour.

Les Jeux asiatiques d'hiver. A noter également, l'Arabie Saoudite organisera les Jeux asiatiques d'hiver de 2029 à Neom dans le désert montagneux du nord-ouest du pays. A 50 km de la côte du golfe d'Aqaba, Trojena, qui doit être achevée en 2026, comprendra notamment des pistes de ski ouvertes toute l'année avec des altitudes allant de 1 500 à 2 600 m.

Football. Enfin, s'il ne s'agit pas d'évènement sportif à proprement parler, le Royaume s'est récemment implanté dans le football européen. Via un consortium, il s'est offert en 2021 le légendaire club anglais de Newcastle United. Bien décidé à mettre les moyens financiers nécessaires pour redorer le blason d'un club qui végète alors en bas de classement de la Premier League. Quant au football local, l'équipe nationale saoudienne s'est qualifiée 6 fois pour la Coupe du Monde entre 1998 et 2022. Si elle n'a jamais passé les poules, elle a fait parler d'elle lors de l'édition 2022 au Qatar en battant le futur vainqueur de l'épreuve, l'Argentine, lors de son premier match. Un exploit historique qui a poussé le roi à déclarer férié le lendemain du match. Et nouveau coup de tonnerre le 30 décembre 2022, lorsque la superstar Cristiano Ronaldo annonce son arrivée dans le club saoudien d'Al-Nassr. Le quintuple Ballon d'or a donc choisi Riyad pour relever le dernier défi de son immense carrière.

Un paradis de la plongée sous-marine

Ouverture sur la mer Rouge oblige (et avec près de 2 000 km de côtes tout de même !), l'Arabie Saoudite offre de beaux spots aux amateurs de plongée sous-marine et de snorkeling. Notamment à Yanbu ★ (p.207), qui regorge de trésors subaquatiques et de récifs coralliens toujours intacts. La barrière de corail de Seven Sisters accueille de nombreux requins marteaux et quelques épaves. Autour de Djedda, vous pourrez tenter d'observer des marlins noirs ou les menacés poissons-napoléon, parmi les 1 200 espèces (dont 20 % sont endémiques) qui peuplent les eaux de la mer Rouge. On pourra aller promener ses palmes en compagnie de tortues à Sharm Obhur et s'offrir le grand frisson puisqu'il est possible de plonger avec des requins à l'abri d'une cage. Vers l'île d'Abu Tair, on pourra descendre explorer la célèbre épave du câble avec des raies et des requins pointes blanches, alors que les plongeurs expérimentés pour s'aventurer dans l'Ann, une épave à la verticale qui repose à 32 mètres vers Abu Faramish. Pour tenter d'apercevoir le mythique requin-baleine, direction les eaux cristallines de l'île de Jabal Al-Lith. On pourra enfin aussi se faire plaisir autour de la Farasan Island et ses îles, un petit archipel corallien situé à environ 40 kilomètres des côtes saoudiennes qui offre de nombreuses possibilités. Mais la liste n'est pas exhaustive et des centaines de spots restent encore à découvrir sur ces côtes…

Entre désert et montagnes, un immense terrain de jeu

Quad - Buggy. Les amateurs de sensations fortes et de grosses cylindrées trouveront de quoi se faire plaisir dans le désert saoudien. Notamment aux alentours de l'oasis d'Al-Ula pour partir à l'assaut des montagnes de grès et slalomer entre les dunes. Il est également possible de faire vrombir son moteur dans les alentours de Riyad, comme dans le Thumamah National Park ou autour de la ville de Al-Muzahmiya par exemple dans les dunes de sable rouge.

VTT. Pour des balades moins bruyantes mais tout aussi sportives, on trouve également à Al-Ula un sentier de 14 km et un bike park adapté à tous les niveaux. On trouve aussi de belles possibilités autour de Riyad, de Djedda, de La Mecque ou de Dammam.

Randonnée. Encore une fois, les canyons et les montagnes d'Al-Ula proposent un superbe écrin pour les marcheurs (ou les cavaliers d'ailleurs), qu'ils soient débutants ou expérimentés. Il ne faudra surtout pas manquer le sentier de randonnée d'Al Madakhil qui serpente entre des paysages accidentés, formés de roches volcaniques variées et d'anciennes coulées basaltiques. Près de Riyad, le Camel Trail propose de randonner le long d'une falaise et offre un panorama splendide, digne de Monument Valley aux Etats-Unis.

Vu du ciel. Enfin, quoi de mieux pour découvrir Al-Ula, ses montagnes, ses sites archéologiques et son oasis, que de s'offrir un survol en hélicoptère. A couper le souffle et inoubliable ! Si vous n'avez pas les moyens, vous trouverez une via ferrata qui permettra de profiter en hauteur de ces splendides paysages et une tyrolienne pour une pointe à 120 km/h dans le massif de Harrat.

GASTRONOMIE

Située au cœur de la péninsule Arabique dont elle constitue la plus grande partie, l'Arabie Saoudite offre une cuisine qui ne manque pas de saveurs, puisant généreusement dans les influences de ses voisins plus ou moins proches. Grâce aux immenses richesses issues de l'industrie pétrolière, le pays a vu un afflux conséquent de travailleurs du monde entier et notamment d'Asie du Sud et du Sud-Est, du Moyen-Orient et d'Afrique. Plus d'un tiers de la population saoudienne est étrangère, ce qui se ressent dans une cuisine où l'on accommode volontiers diverses recettes venues du Yémen, du Liban ou d'Egypte. Riz, blé, viande – notamment agneau et poulet –, légumes secs et produits laitiers sont cuisinés avec une foule d'épices. Les pâtisseries sont typiquement orientales, à base de miel, dattes et fruits secs, à consommer avec un bon café arabe bien sûr. Le pays, très conservateur, interdit la consommation et l'importation de porc et d'alcool.

Produits caractéristiques

Si l'Arabie Saoudite nous apparaît comme totalement aride – ce qui est vrai pour une grande partie de son territoire –, le sud-ouest du pays, à la frontière avec le Yémen, perçoit quelques pluies saisonnières, offrant des terres cultivables. Dans le reste du pays, on compte également des oasis et des terres cultivées artificiellement par irrigation grâce à de l'eau désalinisée venant de la mer ainsi qu'au pompage des nappes phréatiques en profondeur.

Traditionnellement, l'absence d'irrigation forçait les Bédouins à adopter un mode de vie nomade pour profiter du fourrage disponible. Ce n'est qu'en été, la période la plus sèche de l'année, qu'ils gardaient leurs animaux autour des oasis. Les nomades s'occupaient de faire paître les animaux, notamment les dromadaires, des agriculteurs et des commerçants sédentaires, en échange d'une partie des produits de ces derniers. Les Bédouins étaient engagés pour assurer la protection des zones agricoles et marchandes qu'ils fréquentaient en échange de provisions telles que des dattes ou des textiles.

A partir des années 1970-1980, et de manière progressive, les tribus se sont sédentarisées et le pays – alors en plein boom économique – développa une agriculture plus moderne pour atteindre l'autosuffisance en irriguant massivement et en créant de vastes élevages notamment de volaille, augmentant la consommation de poulet, qui était traditionnellement assez modeste. Aujourd'hui, le pays est autosuffisant à environ 50 % pour l'ensemble des denrées alimentaires, dont moins de 10 % pour les céréales, l'Arabie Saoudite important encore une large partie de sa nourriture.

Le dattier est de loin la plante la plus adaptée au climat brûlant de la région. On ne dénombre d'ailleurs pas moins de 120 variétés de dattes. Avec 1,54 million de tonnes de dattes, l'Arabie Saoudite est le deuxième producteur mondial, juste après l'Egypte. S'y ajoutent concombre, aubergine, tomate, poivron, courge, oignon, citron, grenade, melon et quelques variétés de céréales résistant à la chaleur intense, comme le blé et l'orge, et dans une moindre mesure le millet, l'avoine ou le sorgho. Le riz, importé, est très important dans la cuisine saoudienne. Les légumineuses comme les fèves, les lentilles ou les pois chiches sont largement consommées. Modérément pimentée, la cuisine locale fait cependant un usage généreux d'épices : ail, poivre noir, clou de girofle, cardamome, safran, cannelle, laurier, noix de muscade, curcuma, coriandre, etc. Le limoo amani, ou citron vert séché, est un condiment typique du Moyen-Orient, utilisé entier ou broyé, pour aromatiser les plats en sauce.

La chèvre, le mouton, la volaille (autrefois les oiseaux sauvages, aujourd'hui le poulet) étaient initialement les sources de protéines les plus communes. On ne touche pas ou peu au dromadaire, qui offre le lait, les poils à tisser, les déjections combustibles et surtout un moyen de transport. On peut toutefois retrouver, bien que cela soit rare, du dromadaire entier rôti, en méchoui. Les races Majahim et Waddah sont originaires d'Arabie Saoudite. Bien que le pays soit à la fois ouvert sur le golfe Persique et la mer Rouge, la consommation de poisson et de fruits de mer reste assez modeste. A l'inverse, les produits laitiers sont abondamment consommés. Côté fromage, on notera le jibneh arabieh et le baladi : traditionnellement confectionnés avec du lait de chèvre ou de brebis, parfois de vache, ces deux fromages frais possèdent une texture souple mais friable, à mi-chemin entre de la feta et de la mozzarella.

Spécialités du pays.

Même si les tables de salle à manger ont remplacé les nattes en palmier tressé, les Saoudiens aiment renouer avec la tradition et partager avec leurs invités, dès qu'ils le peuvent, un plat traditionnel, assis par terre sur des tapis et des coussins. On mange avec sa main droite, même si pour le poisson on conçoit parfaitement que les deux mains soient utilisées. On commence le repas en disant les mots « Bism Illah » (« Je commence par le nom de Dieu ») et on le conclut avec les paroles « Al Hamdu Lillah » (« Louange est à Allah »).

L'islam tient en effet une place centrale dans le quotidien des Saoudiens. Le Coran est très strict en ce qui concerne l'alimentation autorisée pour les musulmans. De nombreuses denrées sont ainsi considérées comme « haram », c'est-à-dire impropres à la consommation. On pense notamment au porc et à l'alcool. Par ailleurs, toutes les viandes consommées par les locaux doivent être « halal », c'est-à-dire autorisées par l'islam et préparées d'une façon bien précise, l'animal étant notamment tourné vers La Mecque lorsqu'on le saigne.

Le ramadan, ou jeûne, est le quatrième pilier de l'islam. Fixé au neuvième mois du calendrier lunaire islamique, il dépend des cycles de la lune, ainsi sa date change chaque année. Durant le mois de ramadan, tout musulman en bonne santé est supposé jeûner du lever au coucher du soleil. Il doit également s'abstenir de boire, d'inhaler des substances (parfums), d'absorber des médicaments ou nutriments oraux non essentiels et d'avoir des relations sexuelles. Seuls les femmes enceintes, les malades ainsi que les personnes âgées ne sont pas tenus d'observer le jeûne. On rompt le jeûne avec des dattes, de l'eau et du café : la caféine ainsi que le sucre et le fer contenus dans les dattes offrent beaucoup d'énergie au jeûneur. Le ramadan se termine par l'Aïd el-Fitr qui se matérialise généralement par de copieux banquets.

L'Arabie Saoudite est connue pour sa pratique très rigoriste de l'islam, et si le royaume concède à un peu de souplesse dans son désir d'attirer les touristes, elle reste l'un des pays les plus conservateurs du monde musulman. Pendant le ramadan, la plupart des restaurants sont fermés pendant la journée et il est interdit de manger ou boire en public pendant cette période. Toutefois, les établissements destinés aux touristes dans les hôtels internationaux proposent en général de la nourriture.

Les classiques de la cuisine saoudienne

La *kabsa*, parfois connue sous le nom de *machbūs*, est considérée comme le plat national d'Arabie Saoudite et c'est plus largement une spécialité populaire dans le reste du golfe Persique. Cette recette se compose d'une base de riz (généralement basmati) garnie avec de la viande : poulet, agneau ou chèvre, plus rarement du bœuf ou du dromadaire, et parfois des fruits de mer ou du poisson. Le tout est généreusement assaisonné d'oignon, de poivre noir, de clous de girofle, de cardamome, de safran, de cannelle, de laurier et de noix de muscade. Avant de servir, on l'agrémente d'amandes, de pignons, de raisins secs et parfois de piment. Le ruz bukhari est très semblable mais contient également de la carotte. A l'inverse, le *saleeg* – plat signature de la ville de Taif, dans la région d'Hedjaz – se compose d'un porridge de riz crémeux cuit dans un bouillon que l'on garnit de viande, d'oignons et de fruits secs.

La cuisine yéménite est très populaire dans le golfe Persique et on retrouvera en Arabie

Saoudite l'*haneeth*, composé également de riz basmati garni d'agneau richement épicé, qui cuit à l'étouffée dans un four en argile appelé « taboon ». Très proche, le mandi, également originaire du Yémen, peut contenir de l'agneau ou du poulet, mais la viande est pré-cuite dans un bouillon épicé. Le jalamah est une spécialité du sud-ouest du pays, qui se présente sous forme d'un ragoût d'agneau avec des légumes. Originaire d'Asie centrale et de Turquie, les *manti* ou *mantu* sont des ravioles garnies de viande hachée – généralement de l'agneau ou du bœuf – cuites à la vapeur et parfois nappées de yaourt et d'une sauce pimentée au cumin.

La pénétration de la cuisine du Levant (Liban, Palestine, Syrie, Jordanie et Egypte) est très forte dans le golfe Persique et on retrouve houmous, taboulé, *baba ganousch* (caviar d'aubergine), etc. Les falafels sont des croquettes de pois chiche richement parfumées de persil et d'oignon, alors que le *labné* est un yaourt très épais arrosé d'un filet d'huile d'olive. Toutes ces spécialités sont des mezzés, équivalents arabes des tapas espagnoles ou des antipasti italiens. Le shawarma est un en-cas (proche du döner kebab turc) composé de viande (bœuf, agneau ou poulet) marinée et émincée en fines lamelles. Le tout est roulé dans un pain pita ou une galette, avec tomate, laitue et oignon. D'origine égyptienne, le *ful medames* est un plat à base de fèves mijotées.

La présence de nombreux travailleurs venant d'Asie du Sud, ainsi que les échanges commerciaux anciens entre les marchands indiens et arabes, ont introduit dans le pays de nombreuses spécialités d'Asie du Sud comme les samoussas, appelés *sambusak* en Arabie Saoudite, qui sont des chaussons triangulaires à base de farine de blé, farcis de légumes ou de viande et d'épices. Autre exemple, le *mutabbaq* est une galette fourrée dont le nom signifie « plié » et que l'on farcit d'un mélange de viande hachée de mouton, d'oignon, d'ail et d'épices. Originaire de Delhi, ce plat s'est diffusé aussi bien dans la péninsule Arabique qu'en Asie du Sud-Est (Malaisie, Indonésie et Singapour). On notera plusieurs types de pains plats, comme le *markook*.

Desserts et boissons

L'hininy est emblématique de la région de Najd et se compose d'un mélange de dattes hachées, de pain brun, de *ghee* (beurre clarifié), de cardamome et de safran, moulé en forme de boule ou d'anneau. *L'umm ali* est un pudding à base de pain, garni de fruits secs (raisins, noix, amandes, noix de coco, pistaches), venant d'Egypte, tout comme le *basboussa*, un gâteau moelleux à la semoule parfumé à la noix de coco ou aux amandes. Largement présent au Proche-Orient, le *kanafeh* est un gâteau composé de cheveux d'ange ou de semoule, fourré de fromage frais que l'on imbibe de sirop. Commun en Turquie et au Liban, le *muhallebi* est un flan au lait parfumé d'eau de rose ou de fleur d'oranger. Venant du Maghreb, *l'assida* est une pâte de farine de blé cuite dans l'eau, façon polenta, que l'on sert avec du sirop de datte, notamment pour rompre le jeûne du ramadan. Enfin, le *kâak* est un terme qui peut désigner plusieurs types de biscuits en anneaux, généralement parsemés de graines de sésame.

Le café arabe ou *qahwa* est LA boisson nationale. Toujours aromatisée d'un soupçon d'épices (cardamome ou safran en général), le *qahwa* est servi noir et sans sucre, accompagné de quelques dattes pour en réduire l'amertume. C'est la boisson que les Saoudiens proposent systématiquement à leurs hôtes, en signe de respect et de bienvenue, et cette offre s'accompagne toujours d'un rituel qu'il convient de respecter. En général, la politesse locale veut que l'on boive trois – petites – tasses de café. On secoue légèrement sa tasse quand on n'en veut plus. Le caféier pousse naturellement dans l'extrême sud-ouest de la péninsule Arabique, notamment au Yémen.

On retrouvera également diverses boissons fraîches, dont une abondance de sodas (l'Arabie Saoudite est le 14e pays comptant le plus d'obèses au monde). Le yaourt est souvent transformé en une boisson appelée *laban*. Si l'alcool est formellement interdit dans le pays, on consomme la *sobia*, une boisson généralement produite dans le *Hijaz*, fabriquée à partir d'un mélange légèrement fermenté d'orge ou de pain brun, de sève de palmier dattier, d'herbes et d'épices.

Umm Ali.

DÉCOUVRIR

AGENDA

Les festivités saoudiennes se sont longtemps concentrées autour du calendrier religieux avec les fêtes de l'Aïd, l'anniversaire de la naissance de Mahomet, le ramadan ou encore le grand pèlerinage du Hadj à La Mecque. Depuis l'accession au pouvoir du prince héritier Mohammed Ben Salman en 2017, le calendrier s'est considérablement enrichi de festivals destinés à promouvoir la culture arabe ou de festivals culturels de dimension internationale. On peut notamment citer le magnifique Festival d'Arts d'Al Ula dédié à l'art contemporain ou le Festival du film de la mer Rouge à Djedda. En outre, les Saoudiens ont pour habitude de célébrer leur culture et leur diversité au Festival national de Janadriyah, aux portes de Riad, ou à l'occasion de la Fête nationale al-Yaum al-Watani qui se déroule dans tout le pays le 23 septembre. Si les fêtes religieuses sont mouvantes, la plupart des festivals se déroulent en hiver.

FESTIVAL NATIONAL DE JANADRIYAH

RIYAD

En février et mars.

Aux portes de la ville de Riyad se tient tous les hivers un festival qui célèbre l'Arabie Saoudite dans sa diversité et son folklore. Chaque province participe en construisant un pavillon éphémère qui met en avant les richesses culturelles de sa région. Le programme, aussi varié que touffu, entremêle courses de dromadaires, concours de poésie, danses folkloriques... Dans les allées, vous pourrez vous ravitailler en plats typiques, en produits artisanaux et en souvenirs en tout genre.

ALULA ARTS FESTIVAL

AL-ULA

De mi-février à fin mars.

Le festival d'Al-'Ula présente des performances en plein désert. Cinéma, expositions, « Chemin des poètes », festival d'expression corporelle : les happenings se multiplient autour du site touristique le plus emblématique d'Arabie Saoudite : Al-'Ula. Le temps fort de ce festival est sans conteste le « Desert X Festival » où des œuvres monumentales d'artistes contemporains sont exposées entre les splendides montagnes de la région. Si vous envisagez de visiter Hegra, tentez de venir à cette période afin de profiter d'une rencontre artistique majeure.

RAMADAN

RIYAD

Du 22 mars au 21 avril 2023 et du 10 mars au 9 avril 2024.

Le ramadan correspond au mois de jeûne imposé à tous les musulmans en âge de le faire, en général à partir de la puberté. Les femmes enceintes, les personnes malades, ou celles voyageant ne sont pas tenues de le faire. Parmi les multiples significations du ramadan, on peut citer la volonté des fidèles de se soumettre à la volonté d'Allah et de se conformer à la tradition de l'islam. Pendant ce mois, il est interdit de manger, boire, fumer et d'avoir des rapports sexuels tant que le soleil est levé. Chaque soir, le jeûne est rompu avec un verre d'eau et des dattes.

AÏD EL-FITR

RIYAD

21 avril 2023 et 9 avril 2024.

L'Aïd el-Fitr marque la fin du ramadan et la dernière rupture de jeûne. Les musulmans ayant observé le mois de jeûne sont pardonnés pour les péchés commis lors de l'année écoulée. L'année peut commencer sur une base aussi vertueuse que possible et sous de bons auspices. C'est une des fêtes les plus vibrantes du calendrier musulman. L'Aïd el-Fitr est vécue comme un moment de charité et de partage : on se rend dans la famille pour festoyer et manger le mugalgal, les enfants reçoivent des cadeaux et il est de coutume de faire des dons aux plus nécessiteux.

HAJJ

RIYAD

Du 26 juin au 1er juillet 2023 et du 14 au 19 juin 2024.

Le pèlerinage à La Mecque, le hajj, fait partie des 5 piliers de l'islam. Il est obligatoire pour tout musulman en bonne santé physique et financière, au moins une fois dans sa vie. Des millions de personnes se rassemblent à La Mecque au début du dernier mois du calendrier musulman. Les pèlerins tournent 7 fois dans le sens contraire des aiguilles d'une montre autour de la Kaaba, un immense cube recouvert d'un dais noir brodé de versets coraniques au fil d'or. Le pèlerinage a été initié par Mahomet en témoignage de soumission à Allah.

FÊTE NATIONALE

RIYAD

23 septembre.

Connue sous le nom de al-Yaum al-Watani, la fête nationale saoudienne est célébrée en grande pompe tous les 23 septembre pour commémorer l'unification du pays actée en 1932. Si le 23 septembre tombe un vendredi ou un samedi, le jour férié est alors donné le jeudi qui précède ou le dimanche qui suit. A l'occasion de cette fête instaurée en 2005, les Saoudiens sortent les drapeaux. Des festivals folkloriques accompagnés de danses et musiques traditionnelles ont lieu, des feux d'artifice sont tirés et les Faucons saoudiens se livrent à une parade aérienne.

AÏD AL-ADHA

RIYAD

Du 28 juin au 2 juillet et du 16 au 20 juin 2024.

Aïd al-Adha signifie « la grande fête ». Elle commémore le sacrifice d'Ibrahim (Abraham chez les chrétiens et les juifs) à son Dieu. Celui-ci avait accepté de sacrifier son fils à la demande d'Allah, qui envoya l'archange Djibril (Gabriel) pour substituer un mouton à la place de l'enfant au dernier moment. Les musulmans sacrifient un mouton de 6 mois, une chèvre ou une vache de 2 ans. Les plus aisés sacrifient même un dromadaire qui doit être âgé de 5 ans. La fête tombe le 10 du dernier mois de l'année, qui est aussi celui du hajj, le grand pèlerinage à La Mecque.

FESTIVAL DE DROMADAIRE DU ROI ABDULAZIZ

RIYAD

Du 1er décembre au 9 janvier.

Ce festival ambitionne de devenir le plus important du genre au monde. Pendant 40 jours, les éleveurs viennent présenter leurs bêtes à des concours de beauté ou participer à des courses. Certains dromadaires sont acheminés de Russie ou de France pour l'occasion, même si la plupart des participants sont originaires des pays du golfe. Animé, haut en couleurs, ce festival est l'occasion de s'imprégner de la culture arabe et de sa passion pour le camélidé.

FESTIVAL DU DROMADAIRE DU PRINCE HÉRITIER

TAIF

De la dernière semaine de juillet à la troisième semaine d'août.

Dans sa volonté d'élargir l'offre culturelle en Arabie Saoudite, le prince héritier a lancé son propre festival du dromadaire en 2017. Durant un mois, les meilleurs dromadaires de course se retrouvent à Taïf pour participer à l'une des 532 courses organisées. Doté de 14 millions US$ de prix, le festival est destiné à promouvoir la tradition de la course de camélidés dans le monde arabe. Ce sont plus de 10 000 bêtes qui participent annuellement dans différentes catégories.

FESTIVAL INTERNATIONAL DU FILM DE LA MER ROUGE

DJEDDA

Dix jours début décembre.

Ce jeune festival destiné à promouvoir les talents d'Afrique et d'Asie a été lancé à Djedda en 2020. Premier festival du genre en Arabie Saoudite, sa programmation a dû être interrompue à cause du Covid. Le festival a réinvesti les salles obscures en 2022. Une sélection dédiée aux courts-métrages s'intéresse exclusivement à la production de films arabes. Ce projet participe à la volonté du prince héritier Ben Salman d'enrichir l'offre culturelle à destination de son peuple. C'est aussi l'occasion de découvrir un cinéma méconnu en Europe.

PASSPORT

RÉGION DE RIYAD

La région de Riyad se confond peu ou prou avec le Najd, la grande province du centre et de l'est de la péninsule Arabique. Elle occupe le vaste plateau qui borde les montagnes du Hejaz et est parcourue par la longue chaîne de montagnes des Tuwaïq qui tombent par endroit de façon abrupte dans la plaine. La capitale est un point de passage presque obligé en Arabie Saoudite. Ce vieux centre historique compte quelques vestiges racontant son passé tumultueux et les ambitions de conquête du clan Saoud, originaires de Diriyah, un village à l'ouest de Riyad. Le nord et l'ouest de la capitale comptent de nombreux villages renfermant les vestiges d'une architecture révolue de maisons et de palais de pisé, dont le plus visité est Ushaiqer. Au sud, plus hostile, les dunes de sable rouge de Al-Muzahmiya méritent une escapade. A l'est, le désert de Dahna forme une frontière naturelle, privée d'oasis et de vie humaine.

ZULFI ★
Shawyah
AL GHAT ★★
Al Majma`ah
AT TUWAIM
Hawtat Sudayr
Rumah
THUMAMAH NATIONAL PARK
SHAQRA ★★
Thadig
Sajir
USHAIQER ★★★
HURAYMILA ★★★
Saad
MRAT ★
SADUS
Dariya
RIYAD ★★★
AL-MUZAHMIYA ★
AL-DUWADMI
AL KHARJ
Al-Sih
Al Quway`iyah
Ar Ruwaydah
RÉSERVE D'AL BURAYK
Ar Rayn
Hotat Bani Tamim
Région de Riyad
LAYLA
Al Badi`
Al Hadhab
Al Ajliyah
WADI AD-DAWASIR
As Sulayyil
100 KM

PAGES

91 ●● RIYAD

124 ●● AU NORD DE RIYAD

Les falaises des Tuwaïq qui courent sur plus d'un millier de kilomètres font partie des sites incontournables à visiter lors d'un passage à Riyad, tout comme les petits villages du Najd qui ont conservé quelques très belles maisons d'époque.

124 THUMAMAH NATIONAL PARK

124 HURAYMILA ★★★

Le Parc national d'Huraymila accueille le programme de réintroduction de la gazelle d'Arabie. Ce long et large wadi vient buter au pied des falaises du « Edge of the World », une longue ligne montagneuse de 1 000 km qui surplombe le plateau du Najd.

125 MRAT ★

128 SHAQRA ★★

128 USHAIQER ★★★

Vieux de 1 500 ans, le village d'Ushaiqer s'est développé autour d'une oasis et est vite devenu une halte de choix pour les pèlerins de La Mecque venus du nord. Son vieux village en ruines, absolument charmant, mérite une visite, à la journée depuis Riyad ou en route vers Buraydah.

128 AL GHAT ★★

129 ZULFI ★

130 ●● AU SUD DE RIYAD

Bordé par le désert de Dahna et du Rub' al-Khali, le sud de Riyad compte quelques oasis disparates. Al-Muzahmiya est la plus fréquentée d'entre elles, surtout le week-end lorsque les habitants de la capitale débarquent pour faire du quad et du 4x4 dans ses dunes de sable d'un rouge incandescent.

130 AL-MUZAHMIYA ★

130 AL-KHARJ

130 LAYLA

130 WADI AD-DAWASIR

Riyad.

RIYAD

Berceau des clans Saoud et Rasheed, Riyad est vite devenue l'oasis à conquérir pour devenir maître du Najd. Ce sont finalement les Saoud qui ont emporté la partie, après plusieurs siècles de luttes acharnées. Il reste de cette période antérieure à l'unification de l'Arabie Saoudite quelques vestiges d'importance dont l'ancienne cité de Turaïf, inscrite au Patrimoine mondial de l'Unesco ou le quartier de Murabba, la vieille ville de Riyad. La capitale du pays s'est largement développée depuis les années 30. Elle accueille désormais 7,6 millions d'habitants. Ville moderne assez impersonnelle, ses longues artères sont bordées de centre commerciaux, de restaurants et de boutiques, le shopping étant le passe-temps préféré des Saoudiens. Quelques tours émergent au milieu de villas somptueuses et de petits immeubles de 3 ou 4 étages, comme le Kingdom Centre qui culmine à 300 mètres de haut ou la tour Faysaliyah.

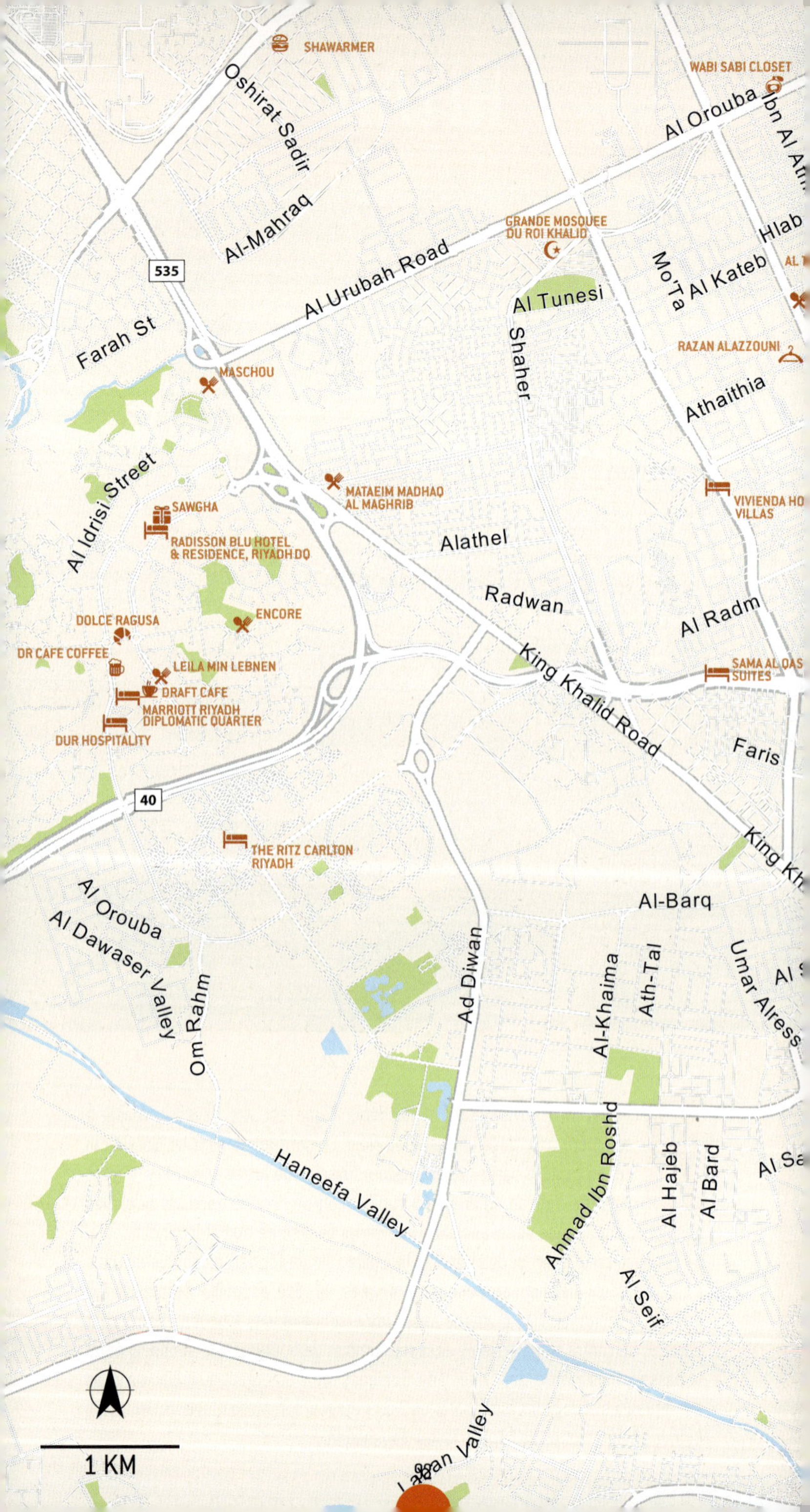
SHAWARMER
WABI SABI CLOSET
Oshirat Sadir
Al Orouba
Ibn Al Ath
Al-Mahraq
GRANDE MOSQUEE DU ROI KHALID
Hlab
535
Al Urubah Road
Mo'Ta
Al Kateb
Al Tunesi
Farah St
Shaher
RAZAN ALAZZOUNI
MASCHOU
Athaithia
Al Idrisi Street
MATAEIM MADHAQ AL MAGHRIB
VIVIENDA HO VILLAS
SAWGHA
RADISSON BLU HOTEL & RESIDENCE, RIYADH DQ
Alathel
Radwan
DOLCE RAGUSA
ENCORE
Al Radm
DR CAFE COFFEE
LEILA MIN LEBNEN
SAMA AL QAS SUITES
DRAFT CAFE
MARRIOTT RIYADH DIPLOMATIC QUARTER
King Khalid Road
DUR HOSPITALITY
Faris
40
THE RITZ CARLTON RIYADH
King Kh
Al-Barq
Al Orouba
Al Dawaser Valley
Om Rahm
Ad Diwan
Al-Khaima
Ath-Tal
Umar Alress
Haneefa Valley
Ahmad Ibn Roshd
Al Hajeb
Al Bard
Al Seif
1 KM

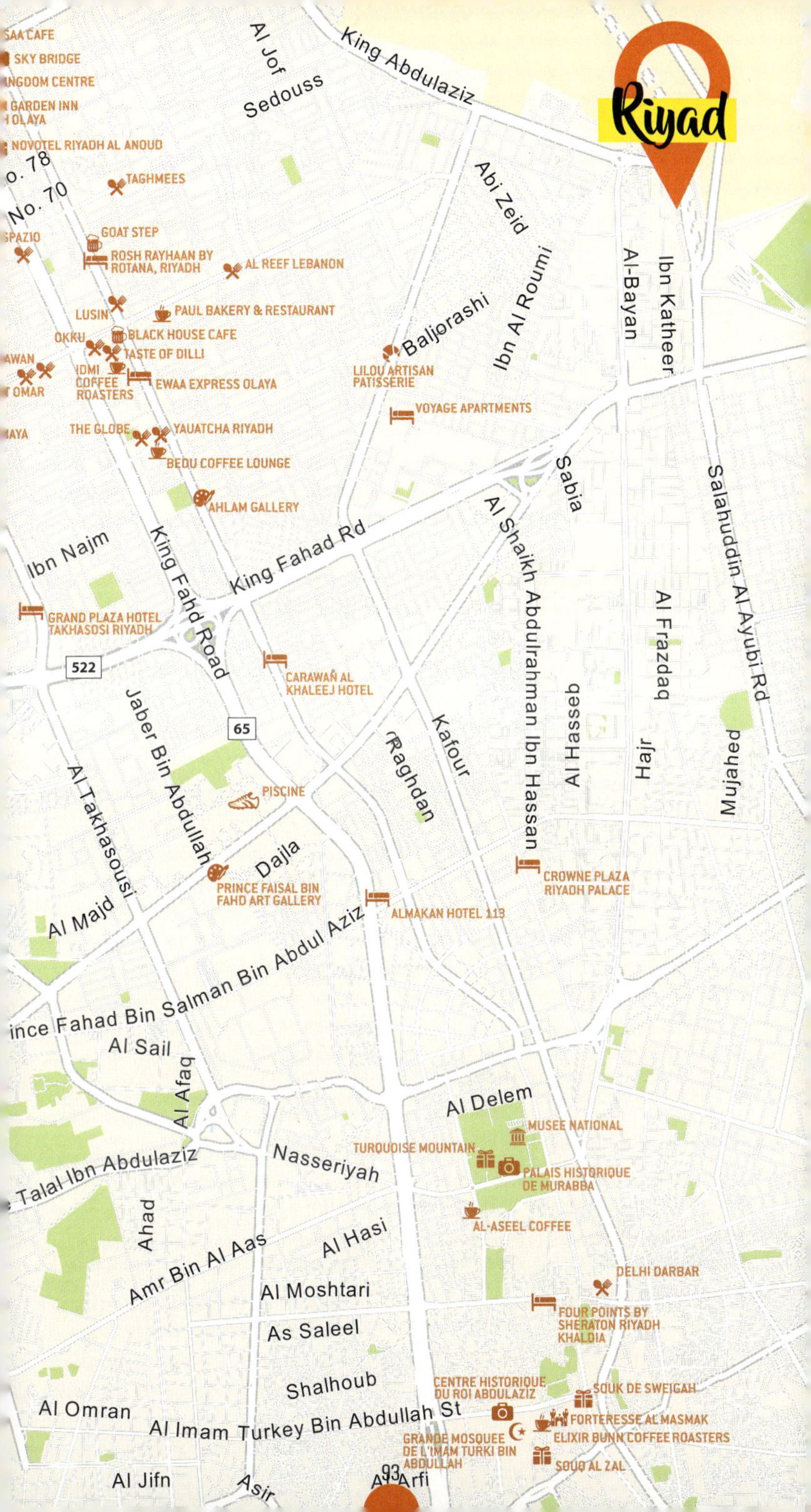
Riyad
SAA CAFE
SKY BRIDGE
INGDOM CENTRE
GARDEN INN
OLAYA
NOVOTEL RIYADH AL ANOUD
TAGHMEES
GOAT STEP
ROSH RAYHAAN BY ROTANA, RIYADH
AL REEF LEBANON
PAZIO
LUSIN
PAUL BAKERY & RESTAURANT
OKKU
BLACK HOUSE CAFE
TASTE OF DILLI
AWAN
IDMI COFFEE ROASTERS
EWAA EXPRESS OLAYA
OMAR
LILOU ARTISAN PATISSERIE
VOYAGE APARTMENTS
AYA
THE GLOBE
YAUATCHA RIYADH
BEDU COFFEE LOUNGE
AHLAM GALLERY
GRAND PLAZA HOTEL TAKHASOSI RIYADH
CARAWAN AL KHALEEJ HOTEL
PISCINE
PRINCE FAISAL BIN FAHD ART GALLERY
ALMAKAN HOTEL 113
CROWNE PLAZA RIYADH PALACE
MUSEE NATIONAL
TURQUOISE MOUNTAIN
PALAIS HISTORIQUE DE MURABBA
AL-ASEEL COFFEE
DELHI DARBAR
FOUR POINTS BY SHERATON RIYADH KHALDIA
CENTRE HISTORIQUE DU ROI ABDULAZIZ
SOUK DE SWEIGAH
FORTERESSE AL MASMAK
ELIXIR BUNN COFFEE ROASTERS
GRANDE MOSQUEE DE L'IMAM TURKI BIN ABDULLAH
SOUQ AL ZAL
King Abdulaziz
Al Jof
Sedouss
No. 78
No. 70
Abi Zeid
Ibn Al Roumi
Baljorashi
Al-Bayan
Ibn Katheer
Sabia
Salahuddin Al Ayubi Rd
Al Shaikh Abdulrahman Ibn Hassan
King Fahad Rd
King Fahd Road
Ibn Najm
522
65
Al Frazdaq
Al Hasseb
Hajr
Mujahed
Kafour
Raghdan
Jaber Bin Abdullah
Al Takhasousi
Dajla
Al Majd
Prince Fahad Bin Salman Bin Abdul Aziz
Al Sail
Al Afaq
Al Delem
Talal Ibn Abdulaziz
Nasseriyah
Ahad
Amr Bin Al Aas
Al Hasi
Al Moshtari
As Saleel
Shalhoub
Al Omran
Al Imam Turkey Bin Abdullah St
Al Jifn
Asir
Al Arfi

SE REPÉRER SE DÉPLACER

Riyad possède la particularité d'être très étendue. Son développement s'est effectué en longueur plus qu'en hauteur, suivant un plan à damier. La ville est parcourue de larges artères et quelques voies rapides et encerclée par un périphérique, appelé « ring ». La circulation dans la capitale saoudienne est très dense, le développement des transports en commun étant un phénomène en cours de développement. L'inauguration des 6 lignes de métro est sans cesse repoussée et prévue pour 2023. La ville est dotée d'un réseau de bus urbains, avec 6 lignes également. Toutes partent du sud de la ville et le quartier d'Al Baida. La voiture demeure le mode principal de déplacement. Soit vous louerez votre véhicule et vous lancerez dans le trafic, le cœur bien accroché. Soit vous ferez appel au service d'un chauffeur de taxi, qui présente l'avantage de maîtriser les codes de la conduite saoudienne, assez sportive.

RIYAD

AEROPORT INTERNATIONAL KING KHALID

L'aéroport international du roi Khalid est plus souvent appelé par son acronyme anglo-saxon KKIA. Il est situé à 30 kilomètres au nord du centre-ville. Comptez une demi-heure en voiture pour vous y rendre, lorsque la circulation est fluide ; le double aux heures de pointe. L'aéroport est immense, à l'image du pays, et compte pas moins de 5 terminaux. Pensez à vérifier de quel terminal part votre avion avant de vous y rendre, pour éviter d'avoir à faire le tour.

FLYNAS

✆ +966 11 434 9000

Flynas est la première compagnie low-cost à être venue concurrencer Saudia Airlines. La compagnie saoudienne existe depuis 2006 et propose des liaisons aériennes intérieures à prix réduits. Sa flotte est exclusivement composée d'appareils Airbus. Pour l'instant, elle dispose de 39 appareils, mais en a commandé 75 supplémentaires au constructeur européen. La compagnie se développe également à l'international et assure des liaisons avec les pays du Moyen-Orient, d'Asie du Nord et du Sud, les pays du Maghreb et quelques pays européens comme l'Autriche ou l'Espagne.

FLYADEAL

✆ +966 12 634 6100

Flyadeal est l'autre compagnie low-cost opérant en Arabie Saoudite. Elle appartient à la compagnie Saudia et opère depuis 2017. Elle a débuté ses activités en privilégiant des liaisons domestiques, mais elle assure depuis peu des liaisons à l'international. Les destinations desservies sont essentiellement des villes du Moyen-Orient (Amman, Dubaï, Koweït City...). Elle vise en priorité une clientèle touristique et de pèlerinage. La flotte de Flyadeal est constituée d'Airbus A320 et A320 Neo. Elle en possède 26 et doit se faire livrer 16 autres avions prochainement.

SAUDIA

✆ +966 0820 20 05 05

www.saudia.com

La compagnie aérienne nationale existe depuis 1945 et possède son siège à Djedda. Elle dessert plus de 100 destinations à l'international et, avec l'ouverture du pays au tourisme, n'a de cesse de se développer. La compagnie a notamment ouvert une liaison directe entre Paris CDG et AlUla. La compagnie est également maîtresse sur le marché des liaisons domestiques, proposant toutes les liaisons possibles, là où les autres compagnies sont absentes. Vous apprécierez le grand confort à bord. Saudi est membre de l'alliance Skyteam.

© AVIS

© AVIS

© AVIS

AVIS RENT A CAR

Aéroport Riyadh
© +966 11 488 4887
https://www.avis.com
Ouvert tous les jours.

Avis propose une gamme de véhicules très complète partout en Arabie Saoudite. La compagnie peut notamment mettre un véhicule à votre disposition dans tous les aéroports du pays. Vous profitez d'une location de voiture avec des conditions particulièrement flexibles, comme l'option de carburant (retour à plein ou non), l'assurance collision et les assurances complémentaires. La compagnie se plie en quatre pour vous servir et se propose de déposer et récupérer le véhicule là où cela vous arrange (hôtel, domicile, etc.). Aucuns frais d'annulation ne sont appliqués.

© AVIS

© AVIS

SAPTCO - AL AZIZIYA

www.saptco.com.sa

La gare routière de Riyad se trouve au sud de la ville, à proximité de Southern Ring Road. Très bien conçue, vous pourrez y acheter votre billet pour l'une des 12 destinations desservies directement depuis la capitale. Vous pourrez relier n'importe quelle grande ville du pays, mais ayez bien en tête que les distances sont énormes et les trajets sont longs. Les billets sont échangeables et remboursables. Vous trouverez dans le terminal un buffet de restauration, une vaste salle d'attente climatisée ainsi que des salles de prière pour les hommes et pour les femmes.

SAPTCO - RIYADH

https://www.saptco.com.sa/

SmartCard rechargeable : 10 SAR. 1 trajet : 3 SAR.

La Saudi Arabia Public Transportation Company (SAPTCO) gère le réseau des bus urbains de Riyad. Les bus circulent entre 5h30 et 23h30 tous les jours. Il existe 6 lignes différentes qui sillonnent la ville du nord au sud et d'est en ouest. Toutes partent d'Al-Baida, une artère centrale de Riyad, à hauteur du Musée National. Les bus circulent tous les jours avec un temps de 10 minutes environ entre chaque bus et une fréquence légèrement plus élevée les vendredis. La ligne 9 passe par Olaya St et la ligne 7 vous rapprochera de Ad-Diriyah.

RIYADH METRO TRANSPORT

Le métro n'était pas encore opérationnel lors de notre enquête.

Le métro de Riyad, c'est un peu comme l'Arlésienne. Cela fait plusieurs années maintenant que les habitants de la capitale attendent sa mise en circulation. Les travaux ont démarré en 2014, prévoyant l'ouverture simultanée de 6 lignes pour désengorger le trafic dans la ville. Mais des problèmes de corruption ont porté un coup d'arrêt au développement à plusieurs reprises et l'inauguration du réseau métropolitain est sans cesse reporté. Elle était prévue initialement en 2020 et ne devrait pas avoir lieu avant 2023. Des tests étaient effectués lors de notre passage.

TAXIS DE RIYAD

Les taxis verts sillonnent la ville, mais sont étrangement absents à l'arrivée des vols internationaux de l'aéroport de King Khalid. Le ministère des Transports a entrepris une grande campagne en 2020 pour moderniser la flotte et la rendre plus compétitive par rapport aux VTC. Les véhicules sont désormais équipés de compteurs électroniques et de technologie à bord comme le wifi gratuit. Il n'y a pas de stations de taxis à Riyad, vous devrez donc héler un taxi depuis la rue ou c'est lui qui vous klaxonnera en passant à votre hauteur.

UBER

www.uber.com

Uber sera sans nul doute votre meilleur compagnon pour vous déplacer à Riyad si vous ne louez pas de voiture. Le système est identique à celui partout ailleurs dans le monde. Pensez bien à télécharger l'application sur votre téléphone portable avant votre départ, car vous ferez certainement appel à l'un de ses chauffeurs dès votre sortie de l'avion. Vous aurez donc pris soin d'acheter une carte SIM dans le hall d'arrivée du terminal 2 afin de pouvoir commander tout de suite votre véhicule qui vous emmènera dans le centre de Riyad.

À VOIR / À FAIRE

Riyad a toujours été un centre de pouvoir important et la ville est le siège de la maison des Saoud, les fondateurs de l'Arabie Saoudite moderne. Au-delà d'une ville moderne en pleine expansion au plan à damier un peu monotone, Riyad a su conserver quelques vestiges de son passé. Le quartier de Turaïf à l'ouest de la ville était la capitale du Premier Etat saoudien au XVIIIe siècle. La ville de pisé dont les bâtiments semblent avoir partiellement fondu sous l'effet de la pluie est classée au Patrimoine mondial de l'Unesco. La vieille ville de Riyad, la forteresse Masmak, le palais de Murabba sont des vestiges qui racontent l'histoire de l'Arabie Saoudite en plein cœur de la capitale. Pour embrasser toute la ville d'un seul regard, il vous suffit de grimper au sommet du Kingdom Centre. Le Sky Bridge culmine à 303 mètres de hauteur et rien ne vaut d'aller voir le soleil se coucher sur la ville dorée depuis là-haut.

GHAZI TOURISM SERVICES

Sahaba Street
✆ +966 53 074 5553

Que vous souhaitiez simplement vous rendre au Edge of The World au coucher du soleil, visiter les environs de Riyad avec le village d'Ushaiqer ou d'Alghat, explorer les merveilles de Yanbu, Al Ahsa ou de l'Aseer, ou encore vous familiariser avec le mode de vie des Bédouins et vous familiariser avec le désert saoudien, l'agence de Ghazi est celle qu'il vous faut. Elle existe depuis 2010 et a déjà organisé plus de 1 200 safaris et 1 000 circuits à travers le pays. Autant dire que l'équipe internationale de guides qui l'animent a de l'expérience.

HAYA TOURS

8479 Airabee Avenue / Thumamah Road ✆ +966 11 229 0091
https://hayatour.com/

Lorsque Salwa a créé son agence, elle a longtemps réfléchi à un nom qui sonne juste. En arabe, *haya* signifie « on y va » ou « faisons connaissance ». Elle vous fait de nombreuses excursions, d'une journée à Riyad et ses environs, à plusieurs jours dans le pays. A Riyad, Salwa se propose de vous faire découvrir de nombreux sites naturels uniques et l'incontournable « Edge of the World » ou le marché aux dattes. N'hésitez pas à faire appel à Salwa pour enrichir votre découverte culturelle du pays. Ses tarifs sont ultraraisonnables et vous trouverez des idées tops.

ISLAND NIGHTS FOR TOURIST TRIPS

✆ +966 55 490 3999

© SHARIFA AWAGY <SHARIFAAWAGY@GMAIL.COM>

Cette agence originaire de Djedda possède des antennes un peu partout dans le pays : Riyad bien sûr, mais aussi Tabouk, Jezan, Hail, Al Baha ou encore Taïf. Avec Island Nights Tourist Trips, vous avez la certitude d'avoir affaire à des interlocuteurs qui connaissent bien le terrain et sauront vous concocter des circuits ou excursions sur-mesure au plus près de vos envies. L'agence est agréée par le Ministère du Tourisme depuis 2016, une garantie de sérieux complémentaire.

PALMS LAND TOURS

Prince Mohammed ibn Salman ibn Abdulaziz Road
✆ +966 50 050 3998
www.palmsland.sa

Palms Land est une agence qui se propose de vous faire découvrir les trésors de l'Arabie Saoudite. Au menu des réjouissances, vous retrouverez les incontournables comme AlUla et ses vestiges archéologiques, Djedda et sa vieille ville, Riyad et ses palais, Taïf et ses roseraies, Tabouk et ses paysages sculpturaux, l'Aseer et ses montagnes brumeuses. Mais l'agence propose également des sorties à la journée, comme une découverte de la culture des villages du Najd ou la civilisation d'Al Magar dans l'Asir. En prime, elle fait toujours appel à des guides locaux.

AMAZING TOURS

✆ +966 55 593 0139
amazingtours.com.sa

Meteb tient cette excellente agence qui propose une vision haute en couleur de l'Arabie Saoudite. Installée à Riyad, l'agence peut organiser votre visite de la ville et propose régulièrement des tours organisés les jours de semaine. Mais Amazing Tours est surtout l'agence spécialiste du Rub al-Khali, le grand désert du quart sud-est du pays, l'un des plus hostiles au monde. Les départs se font à date fixe et plusieurs circuits sont proposés : une découverte sur trois jours, sept jours d'aventure dans le désert ou un trek de 300 km pendant quatorze jours.

SHAMAL SAUDI ARABIA

✆ +966 50 079 7002
www.shamal-sa.com

Shamal est une agence spécialisée dans les expériences et les séjours d'aventure. Et l'Arabie Saoudite est un terrain de jeu idéal pour explorer, conquérir, grimper, sortir de sa zone de confort. Via ferrata à Al-'Ula, grottes volcaniques dans des paysages lunaires, camping sur une des îles désertes de Farasan, randonnée dans les wadis de Tabouk… L'agence propose également des séjours plus relax comme un week-end bien-être à Al-'Ula, qui allie yoga, méditation, observation des étoiles et visites culturelles avec l'incontournable Hegra.

RIYADH HIKING

✆ +966 55 450 8867
www.riyadhhiking.com

Riyadh Hiking est une petite agence locale fondée par Faisal Almshari, natif de la capitale. La compagnie est spécialisée dans la découverte des alentours de la capitale en mode randonnée. Les randos à « Edge of the World » font entre 2 et 4 km et prévoient les transferts, la balade, le coucher du soleil et un dîner sous les étoiles. L'agence propose également une sortie dans les dunes incandescentes de Muzahmiya, avec possibilité de bivouac sous les étoiles. La petite équipe qui entoure Faisal est ultra-sympathique et dynamique et vous fera passer un bon moment.

SIXTH GULF

✆ +966 50 370 2185
https://sixthgulf.com/

Depuis sa création, Sixth Gulf cherche à atteindre le leadership et l'excellence dans les services de voyage et de tourisme. L'ambition de cette petite compagnie est de fournir les meilleurs services liés à l'industrie du voyage et du tourisme à des prix compétitifs. Pour ce faire, elle exploite toutes les capacités techniques et les cadres humains professionnels afin de proposer les séjours les plus appropriés en fonction des aspirations de ses clients. La satisfaction de la clientèle est au cœur des services proposés par Sixth Gulf.

SAUDI ADVENTURER

✆ +966 55 527 7369
www.adventurer.com.sa

Si vous avez envie d'expériences hors du commun, de vous défier physiquement ou plus simplement de vous connecter avec les fabuleux paysages d'Arabie Saoudite, Saudi Adventurer est l'agence qu'il vous faut. Abdulslam a parcouru son pays de fond en comble et testé toutes les randonnées qu'il propose. Que vous souhaitiez vous initier à la descente en rappel dans les environs de Riyad, partir pour une courte ou longue randonnée, expérimenter la dureté du désert du Rub' al-Khali ou survoler le désert en deltaplane, tout est possible. Pour les passionnés d'aventure.

88 DESTINATIONS

✆ +966 55 112 2786
www.88destinations.com

88 Destinations est l'un des principaux tour-opérateurs de l'Arabie Saoudite fondé en 2017. Les fondateurs, d'intrépides voyageurs, connaissent non seulement la destination, mais comprennent également les besoins des touristes amenés à visiter le pays. Voyage individuel ou de groupe, l'agence crée des itinéraires qui se concentrent sur les aspects culturels et humains. Avec 88 Destinations, vous partirez à la rencontre d'un peuple à l'hospitalité légendaire composé d'une mosaïque de coutumes et traditions qui diffèrent selon les régions.

AGENCE SIXTH GULF

AUX ORIGINES DE L'ARABIE

Les destinations phares de l'Arabie Saoudite se dessinent avec l'ouverture du pays au tourisme. Les passionnés de civilisations anciennes se rassemblent à AlUla, les explorateurs s'émerveillent des paysages spectaculaires de Tabouk ou de l'Asir, les aventuriers se perdent dans les dunes du Rub' Al Khali, les amateurs de culture arpentent Riyad, Djedda ou l'oasis d'Al Ahsa, les plongeurs recensent les coraux colorés de Jezan ou de Yanbu, les fervents se recueillent à la source de l'islam à La Mecque et Médine. Les somptueux trésors saoudiens révèlent toutes les couleurs de l'âme. Entre ces pépites, des joyaux méconnus surgissent. La jeune agence Sixth Gulf est l'une des rares à proposer la découverte de Khaybar et de Tayma, deux oasis occupées depuis plus de 4 000 ans. Khaybar, située entre Médine et AlUla, intègre la grande histoire du pays avec une bataille légendaire menée en 628 entre musulmans et Juifs. Il demeure de cette période un village en ruines et les fortins construits sur les flancs des volcans de la région.

Des tombes mystérieuses en forme de trou de serrure attirent les archéologues. 15 000 tombeaux occupent un plateau basaltique, formant une immense nécropole de l'Âge du Bronze. Tayma, quant à elle, est positionnée sur un chemin de traverse entre AlUla et Tabouk. L'histoire ancienne ressurgit dans les ruines de châteaux remontant au VIe siècle av. J.-C., dont celui d'Al Hamra bâti par le roi babylonien Nabonidus. Des pétroglyphes dans toutes les langues anciennes de l'Arabie témoignent de l'importance stratégique de l'oasis : araméen, lihyanite, sabéen, nabatéen, hiéroglyphes… Le plus stupéfiant demeure la phalange humaine vieille de 90 000 ans trouvée dans les sables feu du Nafud, aux portes de l'oasis, faisant de Tayma la plus ancienne colonie humaine de la péninsule arabe.

SIXTH GULF

✆ +966 50 370 2185 /
+966 90 003 3962
WhatsApp : +966 53 585 1808
https://sixthgulf.com/
info@sixthgulf.com.

AHLAM GALLERY ★★

Olaya Street
✆ +966 55 914 4488
Ouvert de 17h à 22h. Fermé le vendredi.

La galerie d'art Ahlam est l'une des plus réputées à Riyad pour la découverte des jeunes artistes de la scène saoudienne. L'équipe s'intéresse aux jeunes talents saoudiens émergents, qui sont de plus en plus nombreux avec la libéralisation du pays. Elle a le talent de dénicher et exposer les artistes en devenir, qui gagnent rapidement en notoriété après avoir été exposés ici, dont beaucoup sont des femmes. La galerie est au cœur de la scène artistique de la capitale, entourée d'autres galeries, juste en face de la Bibliothèque nationale du roi Fahd.

CENTRE HISTORIQUE DU ROI ABDULAZIZ ★★

Ad Dirah
Accès libre.

La Commission du développement de Riyad a entrepris de restaurer certains édifices du quartier historique de la capitale à partir de 1995. Le palais Murabba et la forteresse de Masmak en font partie. Entre ces édifices s'étale le quartier ancien, à peine visible entre les immeubles récents des grandes artères. Cela vaut la peine de marcher entre les deux zones en empruntant les venelles poussiéreuses. Là, se cachent encore des maisons en briques crues ou des ruines d'anciens palais.

GRANDE MOSQUEE DE L'IMAM TURKI BIN ABDULLAH ★★

Ne se visite pas.

En remontant l'esplanade qui part de la forteresse Al-Masmak, vous débouchez sur la place Al Safa. Des grilles et des militaires laissent deviner que vous vous trouvez au bout de la colonnade de la mosquée de l'Imam Turki Bin Abdullah. La vaste cour peut être traversée pour gagner le souk qui se trouve de l'autre côté, mais par les fidèles uniquement. Il s'agit de la Grande Mosquée de Riyad qui peut accueillir 17 000 personnes. C'est l'une des plus grandes mosquées du pays.

FORTERESSE AL MASMAK ★★★

6937 Al-Thumairi St
✆ +966 11 411 0091
Ouvert de 8h à 21h, de 16h à 20h le vendredi et de 9h à 20h le samedi. Entrée gratuite.

La forteresse de Masmak est un haut lieu historique de la capitale. C'est ici qu'a eue lieu la bataille de Riyad le 13 janvier 1902. L'austère demeure entourée de 4 tours massives domine une grande place bordée d'arcades au centre de laquelle flotte un immense drapeau saoudien. La forteresse de Masmak abrite aujourd'hui un musée d'inspiration militaire avec de vieilles armes et de vieux costumes.

Abdullah bin Faisal, l'émir de Najd, démarra la construction du palais en 1865. Il n'eut guère le temps d'en peaufiner les détails, pris par les luttes fratricides avec ses demi-frères Saoud et Mohammed et avec le clan ennemi Rashid. En 1891, il est envoyé en exil. C'est l'émir de Riyad, inféodé au clan des Rashid, qui inaugure le palais en 1895. Abdulaziz ibn Saoud revient d'exil en 1902 et poursuit la volonté d'unification de l'Arabie Saoudite menée par son oncle et son père. Il livre bataille contre la maison des Rashid à la forteresse de Masmak et prend le contrôle de Riyad. Il transforme le fort en entrepôt de munitions. Le palais a été intégralement restauré en 1995 afin de l'intégrer au Centre historique du roi Abdulaziz.

La façade de la forteresse n'est percée que de quelques petites ouvertures, notamment dans les tours de guet, ne laissant planer aucun doute sur la vocation militaire de l'édifice. L'entrée du fort est située sur la place principale où sont également exposés de grands tapis anciens qui finissent de se décolorer sous le soleil ardant de Riyad. La porte principale n'est pas centrée par rapport à la façade et semble bien modeste au regard des dimensions de l'édifice. Elle n'en mesure pas moins 3,60 mètres de haut. Épaisse de 10 centimètres, elle est taillée dans du bois de palme. Une porte plus petite permettait de laisser passer les visiteurs un par un, sans avoir à ouvrir la grande porte et ainsi sans avoir à prendre de risques inutiles. Une fois la porte franchie, vous remarquez la mosquée sur votre gauche. La pièce est soutenue par plusieurs colonnes et des niches ont été aménagées dans le mur orienté vers La Mecque. Les petits trous dans le mur servent à l'aération. Juste en face de l'entrée se trouve le *majlis*, le salon où se rassemblait la cour de l'émir ou du roi. Des trous ont également été percés dans deux des murs, permettant des courants d'air et laissant passer la lumière. Derrière le *majlis* se trouve la cour centrale, entourée de pièces qui communiquent entre elles. Les quartiers privés étaient divisés en trois parties : la résidence de l'émir, les salles du Trésor, et les appartements pour les invités.

Forteresse Al Masmak.

GRANDE MOSQUEE DU ROI KHALID ★★

Umm al Hamam Street
✆ +966 11 488 9700
Ouverte 24h/24. Ne se visite pas.

Cette grande mosquée d'un blanc immaculé fait partie des emblèmes religieux de la capitale. C'est l'une des plus fréquentées de la ville et, malgré sa taille imposante, elle ne suffit pas à contenir tous les fidèles durant le ramadan. Des pergolas et tapis de prière sont alors installés dans la cour. Avec sa grande coupole, ses arches en ogive, elle mélange les styles byzantins et omeyyades. Son mihrab en bois sculpté de motifs géométriques est de toute beauté.

PRINCE FAISAL BIN FAHD ART GALLERY

9346 King Saud Road
www.miskartinstitute.org
Ouvert du samedi au jeudi de 16h à 22h. Fermé le vendredi.

La galerie d'art du prince Faisal est l'un des acteurs majeurs de l'art contemporain saoudien. Elle héberge notamment le Misk Art Institute, destinée à aider les artistes locaux. Ils bénéficient d'une dynamique reposant sur une expertise artistique, d'un soutien financier et d'un enseignement. Mais la galerie est aussi un lieu d'exposition qui permet d'embrasser la vitalité de l'art en Arabie Saoudite, tant visuel que sonore. Une librairie s'intéresse aux artistes contemporains arabes.

SKY BRIDGE ★★★

Ouvert de midi à 23h, à partir de 16h le vendredi. Entrée : 63 SAR. Pas de CB.

Si le Kingdom Centre n'est que la sixième plus haute tour d'Arabie Saoudite, il n'en reste pas moins l'immeuble iconique de la capitale. S'élevant à 300 mètres au-dessus du sol, il est possible d'accéder au Sky Bridge, la passerelle couverte occupant le 99e étage de la tour. D'en haut, la ville semble s'étirer à l'infini et par temps clair on aperçoit encore le désert à ses portes. L'accès au Sky Bridge se fait par l'entresol du centre commercial. Le guichet de vente des billets est installé entre les boutiques Mont Blanc et Carolina Herrera.

MUSEE DE L'AVIATION SAQER-ALJAZIRAH

Eastern Ring Road / Ath Thahab
✆ +966 11 492 2303
Ouvert de 9h à 12h et de 16h à 21h ; de 16h à 21h vendredi et samedi ; de 9h à 12h le mardi. Entrée : 10 SAR.

Les passionnés d'aviation civile et militaire ne manqueront pas d'effectuer un détour par ce musée qui compte une vingtaine d'appareils. Le visiteur est accueilli par un Lockheed L-1011 Tristar de la Saudia Airlines visible depuis le périphérique. Le hall d'accueil présente une exposition permanente retraçant l'histoire de la Royal Air Force saoudienne depuis les années 1920.

- **BAC Lightning T 55.** Seul avion de conception et construction 100 % britannique capable d'atteindre Mach2, le BAC Lightning était un avion d'interception utilisé entre les années 1960 et 1980. Il est équipé de réacteurs Rolls Royace Avon Turbojet intégré au fuselage.
- **BAC Strikemaster Mk80.** Ce petit appareil léger pouvait être équipé de deux bombes de 500 tonnes chacune. Le Mk80 a été spécialement développé pour l'armée saoudienne qui comptait 25 appareils. L'avion date des années 1950 et a été largement remanié dans les années 1960, notamment en l'équipant de systèmes de navigation et de communication de pointe, et de sièges éjectables améliorés.
- **McDonnell Douglas F-15 Eagle.** Avion de chasse tactique bimoteur, dont le design remonte au début des années 1970. Exporté au Japon, en Israël et en Arabie Saoudite, cet avion n'a jamais perdu un combat aérien.
- **Douglas A-26 Invader.** Ce bombardier léger bimoteur remonte à la Seconde Guerre mondiale. Il a commencé à sortir d'usine en 1943 et s'est rapidement imposé dans le ciel militaire. La France s'en est notamment fait prêter durant la guerre d'Indochine.
- **Douglas DC-4.** Cet avion de transport quadrimoteur à hélice a fait ses armes pendant la Seconde Guerre mondiale et s'est notamment fait connaître avec le pont aérien permettant de ravitailler Berlin ouest après la guerre.
- **Lockheed C-130 Hercule.** Transporteur militaire quadrimoteur à turbo-propulsion qui a été conçu pour atterrir et décoller de pistes non nivelées. Développé au milieu des années 1950, il a ensuite été modifié pour être équipé de mitrailleuses. L'avion est toujours produit et utilisé, ce qui en fait l'un des plus anciens en activité de façon ininterrompue.
- **Lockheed T-33.** Variante du P-80/F-80, le T-33, surnommé « The Bird », est un jet d'entraînement et un avion de chasse.
- **Panavia Tornado.** Cet avion de chasse de défense (interception, reconnaissance) a été développé conjointement par la Grande-Bretagne et l'Allemagne de l'Ouest dans les années 1970.

MUSEE NATIONAL ★★★

2722 King Saud Road

Ouvert de 9h à 19h, de 9h à 22h le jeudi, de 14h à 22h le vendredi. Fermé dimanche. Entrée : 10 SAR.

Le Musée national d'Arabie Saoudite est un bâtiment moderne et discret construit juste à côté du Palais du Murabba. L'architecte canadien Raymond Moriyama s'est inspiré des dunes de sable rouge de Thumamah pour en ébaucher l'esquisse. Le musée fait partie du Centre Historique du roi Abdulaziz qui comprend en outre le palais de Murabba, une bibliothèque et un parc. Il retrace l'histoire du pays de la période néolithique à nos jours, à travers des reconstitutions et des installations interactives exposées dans 8 galeries.

- **Le hall de l'Homme et de l'Univers.** Cette section est consacrée à la formation géologique du pays et aux premières traces de vie sur la Terre. On y voit un fragment de météorite provenant des cratères de Wabar dans le désert du Rub' al Khali, des squelettes de platybelodon, l'ancêtre de l'éléphant, et d'ichtyosaure, un reptile à corps de poisson.

- **Le hall des Royaumes arabes.** Quatorze civilisations préislamiques, du Ve siècle av. J.-C. à l'Hégire (622) sont étudiées ici, dont les Obaïdes, une civilisation mésopotamienne, les Edomites, un royaume installé au sud de la mer Morte, les Lihyanites, un puissant royaume du nord-ouest de l'Arabie Saoudite ou encore les Nabatéens, qui ont légué Hegra. Y sont exposées des reproductions de pétroglyphes en thamudique, araméen ou arabe ancien, des bijoux et poteries ou des fresques murales d'un palais assyrien.

- **Le hall de l'ère préislamique.** Cette section explique comment les Arabes vivaient au moment de l'avènement de l'islam.

- **Le hall de la mission du Prophète.** La galerie retrace la vie du prophète Mahomet de sa naissance à La Mecque jusqu'à son exil à Médine. De belles œuvres islamiques sont exposées, comme cette grande céramique murale ou un Coran vieux de 500 ans.

- **Le hall de l'Islam et de la péninsule arabe.** Des débuts de l'islam en 622 à la Première Guerre mondiale et la chute de l'Empire ottoman.

- **Le hall du Premier et du Deuxième État saoudien.** Il fallut plusieurs tentatives pour unifier la péninsule arabe. Celle de 1744 et celle de 1824 sont expliquées ici et des reconstitutions montrent comment on vivait dans le pays.

- **Le hall de l'unification du Royaume.** Ce hall retrace la prise de Riyad par le roi Abdulaziz et la fondation de l'Arabie Saoudite en 1932.

- **Le hall du Hadj et des deux Mosquées sacrées.** Impossible de se pencher sur l'histoire de l'Arabie Saoudite sans s'intéresser aux villes de La Mecque et de Médine, les mosquées de Al-Haram et d'Al-Nawabi qui voient défiler des millions de pèlerins tous les ans.

PALAIS HISTORIQUE DE MURABBA ★★

King Saud Road ✆ +966 11 401 1999

Ouvert de 9h à 12h et de 17h à 20h ; de 17h à 20h le vendredi et samedi ; de 9h à 12h le dimanche.

Le palais de Murabba est l'ancienne résidence du roi Abdulaziz, le fondateur de l'Arabie Saoudite moderne. C'est le premier monument à avoir été érigé hors des murs de la vieille ville. Il tire son nom de sa forme carrée, de 400 mètres par 400 mètres. La construction du palais de Murabba débute en 1936, quatre ans après l'unification des royaumes du Hejaz et de Najd qui jetèrent les bases du pays. Le roi Abdulaziz souhaite une résidence plus moderne que le vieux palais de Masmak pour héberger sa famille et recevoir sa cour. Il s'investit personnellement dans le projet et s'assure que toutes les commodités modernes seront ajoutées, telles que l'électricité ou des toilettes reliées au tout-à-l'égout. Une route goudronnée est également construite pour relier le palais à la ville, la première en Arabie Saoudite. La résidence est la première du pays à accueillir un ascenseur, installé à la fin des années 40, car le roi souffre d'arthrose. Il faudra neuf ans pour achever les travaux et la famille royale Saoud emménage au Murabba en 1945. Le palais servira de résidence royale jusqu'au décès du roi Abdulaziz en 1953. Par la suite, son successeur, le roi Saoud, utilise le palais pour des réceptions officielles ou pour tenir son Conseil des ministres. Le premier Conseil des ministres de l'histoire saoudienne s'y tient le 7 mars 1954.

Le palais est converti en musée en 1999 après d'importants travaux de rénovation. Certains dignitaires étrangers continuent d'être reçus au Murabba pour des cérémonies officielles ou des dîners de gala. C'est ici que le Prince héritier Mohammed Ben Salmane a reçu le président américain Donald Trump et son épouse Melania en 2017.

Le palais de 32 pièces est construit sur deux étages et reprend les codes traditionnels de l'architecture de la région de Najd. Cela inclut des constructions massives, peu d'ouvertures, des passages couverts et des cours autour desquelles sont agencées les pièces. Les pièces de réception, le diwan, étaient aménagées autour d'une large cour centrale plantée de palmiers. Le rez-de-chaussée était réservé aux bureaux et à la sécurité, tandis que les salons de réception se situaient à l'étage. Les quartiers privés forment une succession de bâtiments de forme cubique, eux aussi agencés autour de cours et courettes.

La plupart des pièces sont fermées à la visite, mais il est possible de déambuler dans les cours et les passages et d'imaginer quelle était la vie à la cour royale saoudienne au début du XXe siècle.

CITADELLE DE TURAIF ★★★★

www.dgda.gov.sa

Le site était fermé lors de notre visite.

Fondée au XVe siècle, la cité de Turaif fut la première capitale de la dynastie des Saoud. La citadelle est un ensemble de palais, de maisons, de ruelles typiques de l'architecture du Najd, tout en pisé. La ville participe à la diffusion d'un sentiment nationaliste et de la doctrine salafiyya au sein de l'islam. Son pouvoir décline au XIXe siècle, après sa mise à sac par Ibrahim Pasha en 1818. La cité de Turaif est inscrite au patrimoine mondial de l'Unesco depuis 2010.

L'accès à At-Turaïf se fait par le Centre des Visiteurs, un ensemble de bâtiments comprenant une mosquée. C'est là que s'achète le billet d'entrée. Il fait face au Palais Salwa, qui marque l'entrée de la citadelle.

▸ **Palais Salwa.** Le palais est au pied de la ville. C'était le siège du pouvoir du Premier État saoudien. La hauteur de ses murs laisse entrevoir la démonstration de puissance à l'époque. Il fut voulu par Abdulaziz bin Mohammad Al Saoud, mieux connu sous le nom d'Abdulaziz Ier, et émir de Diriyah. Il fait tomber Riyad en 1773, après 25 ans de batailles assidues. Le palais est un ensemble de bâtisses étalées sur 1 hectare, qui ont été érigées à différentes époques, chaque émir apportant sa contribution à l'édifice.

▸ **Musée de Diriyah.** Installé dans le palais Salwa, ce musée retrace l'histoire des Premiers et Deuxième États saoudiens. Des structures de verre et d'acier ont été intégrées aux ruines du palais pour créer les salles.

▸ **Bait Al Mal.** C'est dans cette maison située sur la gauche du palais Salwa qu'était conservé le Trésor du Premier État saoudien. Bait Al Mal était stratégiquement installé à l'entrée de la ville, afin de permettre aux dromadaires déversant leurs cargaisons d'argent d'y accéder facilement. Les pièces de monnaie de l'"époque y sont exposées, ainsi que des bijoux, des ornements et des appareils de mesure.

▸ **Sibalat Modhi.** Cette maison servait de lieu d'accueil aux commerçants en visite à Diriyah, aux étudiants et aux nécessiteux. Le sibalah désignait un don fait à la communauté et Modhi était la mère d'Abdulaziz Ier. Ce dernier fut à l'origine de ce don et en assurait le financement. La maison comprenait des pièces servant à l'enseignement de la religion et des sciences, d'autres de dortoirs et de salles à manger, d'autres de stockage ou encore d'étables pour les animaux des marchands.

▸ **Mosquée d'At-Turaïf.** Construite en pierre et argile, c'était la grande mosquée de l'État. Elle est accolée au palais et le roi en était l'imam. Il y délivrait le prêche lors de la prière du vendredi. Saud bin Abdulaziz fit construire un pont reliant les étages du palais à la mosquée, afin de faciliter ses allées et venues. Une madrasa (école coranique) était installée dans la mosquée.

▸ **Palais du prince Fahd bin Saud.** Ce palais de deux étages de construction massive est érigé juste derrière le palais Salwa. L'intérieur ne se visite pas.

▸ **Palais du prince Ibrahim bin Saud.** Ce palais ressemble fortement à celui de son frère Fahd. Il est au cœur de la ville, juste derrière la mosquée.

▸ **Palais de l'imam Abdullah bin Saud.** Ce vaste palais construit derrière les palais des princes était la demeure du dernier imam et émir de l'État saoudien. Les murs très épais laissent penser que le palais faisait deux ou trois étages. Le palais fut mis à sac par l'armée d'Ibrahim Pasha, le général égyptien qui mit fin au Premier État saoudien en 1818.

▸ **Musée du cheval arabe.** Ce musée occupe une partie du palais de l'imam Abdullah et de ses bâtiments adjacents. Le cheval occupait une place centrale dans les armées saoudiennes, permettant de se déplacer et de livrer bataille. La maison des Saoud avait une véritable vénération pour ces animaux et les élevait. C'était aussi un symbole de richesse et Saoud bin Abdulaziz et son fils Abdullah en possédaient des milliers. Le musée raconte l'histoire du cheval arabe, ses différents élevages et les instruments nécessaires avec force maquettes.

▸ **Palais du prince Turki bin Saoud.** Ce palais construit pour le fils du roi Saoud le Grand se caractérise par son amplitude et son aspect massif. C'est le palais le plus à l'est de la ville.

▸ **Palais du prince Thunayan bin Saoud.** Au bout de la ville, au sud-ouest, ce palais du fils du roi Saoud le Grand domine le wadi Hubaiker. Contrairement aux autres palais, celui-ci est principalement construit en pierre, car il repose sur les berges de la rivière. Si le lit était le plus souvent asséché, il pouvait se transformer en torrent furieux à la saison des pluies.

▸ **Musée militaire.** Le musée est réparti dans deux palais, celui de l'imam Abdullah et celui du prince Thunayan. On y retrouve les armes utilisées par les Saoud et leurs troupes pour mener leurs guerres : fusils, dagues, sabres...

▸ **Palais du prince Meshari.** Meshari était le frère de l'imam Muhammad bin Saoud. Il fit construire son palais sur deux étages en bordure du wadi Hubaiker.

▸ **Musée de l'architecture traditionnelle.** Portes anciennes, maquettes, descriptifs des techniques utilisées pour l'édification des maisons de Diriyah et de la Péninsule arabe en général.

▸ **Palais du prince Omar bin Saoud.** C'est le plus imposant et le plus beaux de tous les palais d'At-Turaïf, le mieux conservé aussi. Il servait de poste défensif au nord-ouest de la ville.

▸ **Musée de la vie sociale.** Objets du XVIIIe siècle et vieilles photos permettent de faire revivre les vieux palais que vous venez de visiter.

▸ **Palais du prince Saad bin Saoud.** A l'ouest de la ville, ce palais est un peu à l'écart. Son plan tout en simplicité est rehaussé par l'ornementation travaillée de sa façade.

Citadelle de Turaif.

SE LOGER

Ce ne sont pas les chambres d'hôtel qui manquent à Riyad. Leur grande majorité se concentre autour d'Olaya Street, le quartier central de la capitale. Il faut compter au moins 50 € pour débusquer une chambre correcte, propre et dans un endroit pas trop excentré. Les chambres les moins chères sont souvent dans des appart' hôtels, proposant une gamme de service restreinte. La limite supérieure semble inexistante avec des prix pouvant dépasser 1 000 € la nuit dans les hôtels 5*. Rares sont les établissements à inclure le petit-déjeuner avec le prix de la chambre. Vérifiez bien son montant avant de réserver une chambre, car ils peuvent être facturés à un prix élevé, qui fera singulièrement grimper le prix de la chambre. Les tarifs fluctuent de manière significative selon la saison et en fonction des évènements prévus dans la capitale. Ainsi, elles sont nettement plus chères durant le Riyadh Festival qui lance la saison hivernale.

ALMAKAN HOTEL 113 €

7331 King Fahd Road
✆ +966 50 517 4697
A partir de 200 SAR pour une chambre double.

Almakan est une chaîne d'appart'hôtels présente un peu partout dans le pays. Cet établissement a le mérite d'être situé à proximité du centre historique de Riyad, du Musée National et de la forteresse al Masmak. Autre atout, vous ne trouverez guère meilleur rapport qualité-prix dans la capitale. Les chambres sont immenses, dotées d'une literie correcte et équipées d'un mini-frigo et d'un petit four à micro-ondes. Les salles de douche sont immaculées et récentes. Pour le reste, l'établissement manque cruellement de charme et le personnel se montre un peu indolent.

CARAWAN AL KHALEEJ HOTEL €

Olaya Street ✆ +966 53 846 4666
www.carawan-alkhaleej.com
A partir de 300 SAR pour une chambre double, petit déjeuner inclus.

Dans le sud de la rue Olaya et sa pléthore d'hôtels, le Carawan Khaleej fait office d'aubaine. Ici, les prix sont aussi bien tenus que l'établissement. Les plus petites chambres font déjà 25 m² et sont parfaitement équipées : salle de douche avec bidet, frigo et micro-onde, télé à écran plat, climatisation individuelle, sèche-cheveux, nécessaire à thé et café, etc. En revanche, la décoration, très chargée, pique un peu les yeux. Si vous n'êtes pas trop sensible aux moquettes bariolées et aux tentures drapées, l'établissement devrait vous plaire.

CROWNE PLAZA RIYADH PALACE €€

Prince Abdul Rahman Bin Abdul Aziz Street
✆ +966 11 405 4444
https://www.ihg.com/crowneplaza
A partir de 485 SAR pour une chambre double.

© CROWNE PLAZA RIYADH PALACE HOTEL

Le Crown Plaza Riyadh Palace est situé au centre de la ville, dans l'un des quartiers les plus populaires de la capitale, proches des monuments historiques. Les 304 chambres offrent une sensation de confort intemporel, la plupart des chambres possèdent une merveilleuse vue sur la ville. Pour vos séances de sport et de relaxation, un centre de fitness tout équipé est mis à votre disposition avec son sauna et son jacuzzi, durant toute la durée de votre séjour.

EWAA EXPRESS OLAYA €

Olaya Street
✆ +966 11 463 4629
www.ewaahotels.com
A partir de 265 SAR pour une chambre double deluxe, petit-déjeuner inclus.

Conçu comme un boutique-hôtel, la réception lumineuse et colorée est bien agréable. Ici, vous recevrez un accueil sympathique par l'une des réceptionnistes et le bagagiste très serviable. L'adresse attire une clientèle d'affaires – vous êtes à Riyad –, en quête d'une chambre bon marché profitant d'une position centrale. Le petit-déjeuner, très correct, est servi dans la salle à manger au rez-de-chaussée. Les chambres sont spacieuses et les salles de bain bien conçues. Un regret tout de même, que la connexion Internet soit aussi instable.

ROSH RAYHAAN BY ROTANA, RIYADH €€

Olaya Street
✆ +966 11 447 9888
www.rotana.com
A partir de 1 274 SAR pour une chambre double.

Pour un voyage d'affaires ou un séjour d'agrément, le Rosh Rayhaan vous séduira d'abord par sa localisation hyper centrale. Vous êtes au cœur du quartier d'Olaya, à proximité de la tour Faisaliyah, un des repères emblématiques de la ville de Riyad. Le personnel absolument adorable est aux petits soins pour répondre à tous vos besoins. Le service de conciergerie peut notamment réserver une excursion, un restaurant, un taxi. Piscine extérieure, spa, gym à disposition.

SAMA AL QASR HOTEL SUITES €

Makkah - Al Mukarramah Branch Road
A partir de 300 SAR pour une chambre double, petit déjeuner inclus.

Cet appart'hôtel fait partie des bonnes options de Riyad pour ses tarifs raisonnables et le petit-déjeuner inclus. Il se réserve uniquement en ligne via la plateforme Booking. L'hôtel est judicieusement situé pour gagner Ad-Diriyah rapidement, en bordure du premier ring sud, c'est donc un peu bruyant malgré le double vitrage. Les chambres sont impeccables et la décoration sobre et claire est plutôt agréable. Les salles de bains sont un peu exiguës mais très fonctionnelles.

FOUR POINTS BY SHERATON RIYADH KHALDIA €€

Imam Faisal bin Turki Street
✆ +966 11 268 2222
www.marriott.com/four_points
A partir de 600 SAR pour une chambre double.

Si vous venez à Riyad pour visiter la ville, cet hôtel est peut-être le mieux situé, car il se trouve à mi-distance entre la forteresse Al Masmak et le Musée national. Ses deux tours pointent au-dessus d'un quartier de petits immeubles de trois étages et des ruelles du vieux Riyad. Les chambres, très bien insonorisées, offrent le confort que l'on attend de ce type d'établissement : literie épaisse et moelleuse, propreté impeccable, salle de bains optimisée...

DUR HOSPITALITY €€

Abdullah bin Huthafa Al Sahmi Street
✆ +96611 481 6666
www.dur.sa

Dur Hospitality est une société spécialisée dans l'hôtellerie et l'hospitalité. Elle possède 33 propriétés hôtelières réparties entre hôtels, appart'hôtels et résidences locatives pour un total de près de 4 000 chambres. Dur gère plusieurs enseignes comme les chaînes locales Makarem et Shada ou des chaînes internationales réputées comme les hôtels Marriott, Intercontinental, Crowne Plaza ou Holiday Inn. La société a établi un partenariat avec le groupe Accor pour ouvrir un vaste resort en bordure de mer Rouge à proximité de Djedda, sous l'emblème Rixos.

GRAND PLAZA HOTEL TAKHASOSI RIYADH €€

Al Thakasosi Street
✆ +966 11 880 1919
www.ewaahotels.com
A partir de 400 SAR pour une chambre double, petit déjeuner inclus.

Une décoration contemporaine, quelques touches arabisantes, un personnel sympathique vous accueillent dans cet hôtel situé entre la Grande mosquée Khalid et le Musée National. Les chambres sont spacieuses et font entre 28 et 50 m² selon la catégorie. Toutes sont pourvues d'une belle salle de bains, dont certaines avec baignoire. La déco un poil chargée inclut de belles photos d'Hegra, le trésor nabatéen de l'Arabie Saoudite. N'oubliez pas votre maillot pour profiter de la piscine.

FOCUS

ROSH RAYHAAN BY ROTANA

A LA TABLE DU CAPITAINE

Après une chaude journée à arpenter les ruelles fantomatiques de Turaïf, à déployer des trésors d'arguments au souk de Sweigah, à s'émerveiller devant l'architecture du Najd déployée à la forteresse de Masmak ou au palais de Murabba, il est temps de se requinquer. Mais, il n'est pas facile de quitter le confort des chambres cossues du Rosh Rayhaan by Rotana, leurs boiseries chaleureuses, l'épaisse literie parée de draps d'un blanc immaculé. Alors qu'a retenti le dernier appel à la prière de la journée, que les tours du quartier d'Olaya scintillent de mille feux, la faim nous pousse hors de la chambre. Comme tous les mercredis soirs, un raz-de-marée de poissons, crustacés et fruits de mer débarque au restaurant "Flavours", installé sur la mezzanine du lobby. En contrebas, dans le hall d'accueil, une violoniste virtuose laisse échapper des grappes de notes teintées de douceur et de mélancolie. C'est une autre partition qui se joue au poste de cuisson du restaurant. Le chef, pas moins virtuose, fait griller sous nos yeux poissons colorés, langoustes et crevettes fraîches. Le temps que le plat de résistance se prépare, nous piochons sur le buffet quelques coquillages assaisonnés, du poisson en terrine ou en verrine, de la paella, du *clam chowder* fumant… Toutes les grandes recettes marines du répertoire gastronomique occidental sont rassemblées ici. Le résultat dans l'assiette est enthousiasmant. Les cuissons sont ajustées, les textures étudiées, les saveurs révélées, les couleurs rehaussées. C'est beau, c'est bon, c'est bluffant. La sélection d'entrées à peine avalée, le chef nous amène à la table nos langoustes et poissons grillés, dans un grand sourire. Une fois encore, le résultat est parfait et nous jouons de la fourchette, comme la violoniste de son archet : avec dextérité. Vivement mardi prochain pour succomber aux saveurs de l'Italie.

ROSH RAYHAAN BY ROTANA, RIYADH

Olaya Street
✆ +966 11 447 9888
www.rotana.com

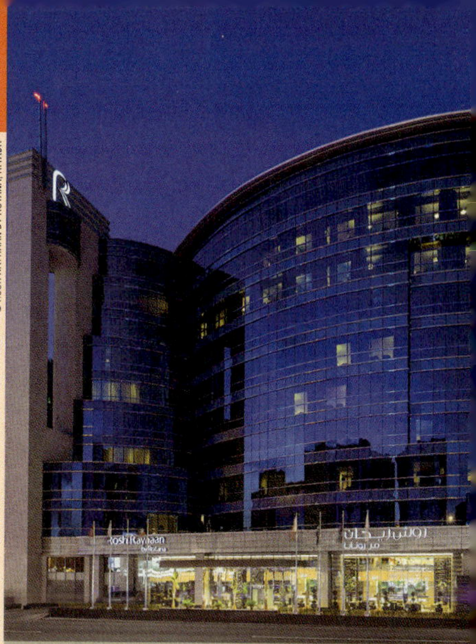

© ROSH RAYHAAN BY ROTANA, RIYADH

© ROSH RAYHAAN BY ROTANA, RIYADH

© ROSH RAYHAAN BY ROTANA, RIYADH

HILTON GARDEN INN RIYADH OLAYA €€

8474 King Fahd Rd
✆ +966 50 444 1725
https://www.hilton.com
A partir de 501 SAR pour une chambre double.

Le Hilton Garden Inn Olaya est légèrement en demi-teinte comparé aux standards habituels de la chaîne de luxe américaine. L'habillage des chambres et des parties communes est un peu vieillot. Néanmoins, les critères de service élevés de Hilton vous garantissent un séjour très confortable. Les chambres sont grandes, tout comme les parties communes. L'hôtel comprend un restaurant, le Garden Grill, où sont servis les petits-déjeuners et dîners, et une salle de sport climatisée.

PARK HOUSE HOTEL SUITE €€

Al Mohandis Masaid Al Angari Street
✆ +966 11 273 3331
http://parkhouseksa.com/
A partir de 516 SAR pour un appartement.

En plein cœur du quartier chic et animé d'Olaya Street, cet appart'hôtel vous garantit le calme en étant placé dans une rue parallèle, un peu à l'écart. Ici, les suites sont immenses puisqu'elles mesurent entre 70 et 90 m² selon la catégorie. Il s'agit donc de véritables appartements, avec chambre et salon, salle à manger et cuisine séparés. La décoration est sobre et contemporaine assortie de touches de gris et de prune. Les junior suites sont équipées d'une baignoire balnéo, tandis que les autres suites ont une douche. Quelques suites avec des lits jumeaux.

RIYAD

NOFA RIYADH, A RADISSON COLLECTION RESORT €€€

Riyadh Makkah Highway Road
✆ +96611 521 2300
A partir de 2 100 SAR pour une chambre double, petit déjeuner inclus.

Véritable oasis de verdure et de luxe en plein milieu du désert, le Nofa Riyadh est une escapade idéale le temps d'un week-end. L'hôtel est situé à une centaine de kilomètres de la capitale, sur la route de La Mecque. Ici point de chambres, mais des villas privatives au style s'inspirant des bungalows africains avec toits de chaume et poutres de bois apparentes. Les restaurants, piscines, l'accès au golf ou la possibilité de parcourir les dunes à cheval assurent un séjour d'exception.

VOYAGE APARTMENTS €€

Prince Fahd ibn Saad ibn Abdul Rahman Street
✆ +966 11 488 8339
A partir de 460 SAR pour un appartement pour 2 personnes.

Cette adresse légèrement excentrée à l'est d'Olaya Street nous a convaincus pour sa décoration simple et sobre. Les appartements sont habillés en camaïeu de gris, que ce soit pour les canapés du salon, les meubles de la kitchenette ou encore les têtes de lit. Les salles de douche très récentes sont équipées d'un grand miroir rétro-éclairé. Le tout est resplendissant de propreté. S'agissant d'un appart'hôtel, il n'y a pas de service de restauration, mais vous trouverez l'incontournable salle de gym, bien équipée. Le personnel est prévenant et parle anglais.

NOVOTEL RIYADH AL ANOUD €€

9033 King Fahd Road
✆ +966 11 288 2323
www.novotel.com
A partir de 400 SAR pour une chambre double.

Super emplacement pour cet hôtel, à proximité immédiate du Kingdom Centre et des boutiques chic d'Olaya Street. Les chambres sont conçues comme des cocons de douceur et d'élégance à la française. La blondeur des boiseries est rehaussée par des coussins rouge grenat. L'hôtel est géré d'une main de maître par Hessa Almazroa. Elle veille à ce que le personnel soit toujours souriant et affable, prêt à vous rendre service et à répondre à vos besoins. L'hôtel comprend une piscine intérieure et un splendide Jacuzzi, ainsi qu'une bonne table.

FAIRMONT RAMLA RIYADH €€€

7713 King Fahd Road
✆ +966 55 100 1078
all.accor.com
Ouverture prévue au 1er trimestre 2023.

La chaîne Fairmont, appartenant au groupe français Accor, travaille à l'ouverture d'un second hôtel à Riyad. Il est idéalement situé pour un séjour d'affaires, au nord de la ville, proche de l'aéroport et du Riyad Business District. Les décorateurs s'activaient grandement lors de notre passage pour apporter la dernière touche et s'assurer que l'ouverture aura lieu au premier trimestre 2023. Il comprendra 134 chambres et 3 penthouses hyper luxueux au dernier étage. Quatre restaurants sont également prévus à l'intérieur, ainsi que trois autres dans les jardins.

RADISSON BLU HOTEL & RESIDENCE, RIYADH DQ €€€

7826 Umro Adhamry Street
✆ +966 11 297 9400

A partir de 1 400 SAR pour une chambre double, petit déjeuner inclus.

De belles et grandes chambres, une déco laiteuse rehaussée de couleurs pimpantes, du parquet et des parements en bois pour le côté chaleureux : le Radisson Blu apporte sa touche de contemporanéité élégante dans les faubourgs chics du Diplomatic Quarter à Riyad. Toutes possèdent un petit balcon abrité du soleil par des claustras boisés. Côté services, l'hôtel possède les infrastructures que l'on attend d'un établissement de luxe : piscine couverte, spa, salle de sport, restaurant...

MARRIOTT RIYADH AIRPORT HOTEL €€

Airport Road
✆ +966 11 220 4500
http://marriottriyadhairport.com/
A partir de 450 SAR pour une chambre double.

© MARRIOTT RIYADH AIRPORT HOTEL

L'hôtel Marriott Riyadh Airport est idéalement situé, à seulement 5 minutes en voiture de l'aéroport international du roi Khaled Bin Abd Al Aziz et du centre commercial le Riyadh Front. Parfait pour un voyage d'affaires, son emplacement saura faciliter votre séjour, des salles de réunions sont à votre disposition pour tous vos évènements. Vous pourrez également profiter du Spa avec jacuzzi, d'une piscine extérieure ainsi que d'un espace fitness ouvert 24/24.

MARRIOTT RIYADH DIPLOMATIC QUARTER €€€

6781 Abdullah Alsahmi Street
✆ +966 11 835 3000
www.marriott.com
A partir de 2 500 SAR pour une chambre double.

L'un des deux hôtels de l'enclave diplomatique à l'ouest de Riyad, le Marriott Diplomatic Quarter vise une clientèle internationale habituée des palaces feutrés. On y retrouve les codes de la chaîne américaine avec des tons neutres, un peu de boiseries pour apporter de la chaleur et un luxe fonctionnel. Ce qui vous séduira ici, ce sont les lignes de la bâtisse, tout en courbes, qui dessinent une géométrie douce et les jardins intérieurs et extérieurs, une rareté à Riyad.

THE RITZ CARLTON RIYADH €€€

Makkah Al Mukarramah Road
✆ +966 11 802 8020
www.ritzcarlton.com
A partir de 3 600 SAR pour une chambre double.

Dans le secteur du luxe, le Ritz Carlton se distingue avec des chambres palatiales d'au moins 43 m², un vaste jardin planté d'oliviers plusieurs fois centenaires, une entrée majestueuse encadrée de plates-bandes fleuries, une splendide piscine couverte abritée sous une coupole grandiose... entre autres. La décoration des chambres nous semble malgré tout un peu terne pour un établissement de ce standing. L'effort semble avoir été placé dans les parties communes avec une débauche de mosaïques et de marbre, des luminaires géants pour éclairer des espaces immenses.

MANSARD RIYADH A RADISSON COLLECTION €€€

4304 Prince Mohammed Bin Salman Road
✆ +966 11 829 0900
A partir de 4 000 SAR pour une chambre double, petit déjeuner inclus.

Le Mansard est une petite folie immobilière s'inspirant des immeubles haussmanniens à Paris et ouvert en juin 2022. Pierre de taille, toit couleur ardoise, fenêtres mansardées, on se croirait place Vendôme, si ce n'est le métro aérien qui passe devant l'hôtel. Le décorateur n'a lésiné ni sur l'emploi du marbre ni sur celui des parquets à chevrons. Toutes les commodités et tous les services sont disponibles à portée de main : restaurant, piscine, salle de sport, conciergerie...

VIVIENDA HOTEL VILLAS €€€

Prince Turki Ibn Abdulaziz Al Awwal Street
✆ +966 11 400 2200
www.vivienda.com.sa
A partir de 4 520 SAR pour une villa de 3 chambres.

Vivienda fait partie des concepts les plus luxueux de la capitale. Ici, vous bénéficiez de tous les services d'un hôtel en logeant dans une villa privative d'au moins 188 m². Les villas occupent un lotissement sécurisé de 10 hectares au cœur de la capitale. Chacune bénéficie de 3 chambres indépendantes permettant de séjourner en famille. Les versions les plus luxueuses comprennent même une chambre pour la nounou. Conçues comme des maisons, vous profiterez d'un salon, d'une cuisine, d'une salle à manger. Mais vous pouvez profiter du restaurant La Mesa.

SE RÉGALER

Toutes les tables du monde s'invitent dans la capitale saoudienne. Du bouiboui indien ou bangladais destiné à revigorer une main d'œuvre immigrée à l'élégant restaurant préparant une cuisine fusion pour les bourses bien renflées, la scène culinaire de Riyad est très variée. Bon nombre de restaurants sont installés dans le quartier d'Al Olaya, à mi-chemin entre la Kingdom Tower et Faisaliyah Tower, les deux tours emblématiques de la ville. Chacune d'entre elles possède d'ailleurs son restaurant panoramique et gastronomique. Chaque quartier de Riyad possède également son lot de fast-food et de restauration à emporter, même le très chich Diplomatic Quarter. N'oubliez pas votre téléphone portable avant d'aller dîner en ville, car depuis la pandémie de Covid-19 les menus sont désormais accessibles uniquement via un code QR. Tous sont traduits en anglais et si tel n'est pas le cas, les menus s'accompagnent de photos.

AL REEF LEBANON €€

Prince Muhammad ibn Abdulaziz St / Tahlia St
✆ +966 11 416 2006
Ouvert de 5h à 2h, jusqu'à 3h jeudi et vendredi. Compter 150 SAR pour un repas.

Le nom de ce restaurant signifie littéralement « le jardin libanais ». Et c'est précisément ce qui nous a plu ici. Dès que le temps le permet, venez profiter de sa cour aménagée comme un jardin anglais. C'est un peu kitsch, certes, avec le faux gazon, les meubles en fer forgé, la gloriette... mais c'est aussi complètement dépaysant. Vous voilà projeté à des milliers de kilomètres de Riyad et du désert dans ce jardin orné d'arbustes et d'orchidées. La carte reprend les bons petits plats de la cuisine libanaise avec une touche d'originalité parfois.

BEIT OMAR €€

8049 Prince Muhamad Ibn Abdulaziz St
✆ +966 11 279 0030
Ouvert tous les jours de 13h à minuit. Compter 80 SAR pour un repas.

Ce restaurant se repère avec sa façade de briques orangées et surtout ses huisseries de fenêtres et portes peintes d'un bleu céruléen. Une petite terrasse avec tables en marbre surplombe la rue passante. À l'intérieur, le style oriental de la Méditerranée est à l'honneur. Une rivière parcourt la salle, créant un clapotis agréable. Au menu, on retrouve les saveurs franches et fraîches de la cuisine libanaise : houmous, mutable, chich taouk, taboulé. Quelques spécialités saoudiennes viennent compléter le menu avec brio. C'est beau, bon et raisonnable.

DELHI DARBAR €

Ibad ibn Bashr Street
Ouvert de 9h à 0h30. Compter 15 SAR pour un repas.

Si vous avez un creux et que vous vous trouvez dans le quartier du Musée national, vous constaterez rapidement qu'il n'y a que peu de restaurants. Delhi Darbar est une cantine populaire, cachée dans une ruelle du vieux Riyad, qui sert une cuisine à bas prix pour la main-d'œuvre indienne immigrée. Vous pourrez y manger un biryani de poulet, un butter chicken ou un poulet tandoori à un tarif défiant toute concurrence. Pour ce prix, le cadre est inexistant. L'ambiance est très masculine et très indienne. Préparez-vous à être dévisagé(e).

FAROUJ AL CARAWAN €

Prince Muhammad ibn Abdulaziz St / Tahlia St
✆ +966 11 465 8856
faroujalcarawan.com
Ouvert tous les jours de midi à 2h. Compter 50 SAR pour un repas.

Cette grande cantine impersonnelle est bien connue des habitants et employés du quartier. On y mange bien, rapidement et pour un prix modeste une cuisine d'inspiration levantine. On retrouve à la carte – immense – les incontournables : caviar d'aubergine (mouttabal), houmous, chich tawouk (brochettes de poulet grillé), kebabs, etc. Mais on peut aussi déguster une salade, des plats mijotés dans des casseroles en terre cuite ou du poisson frit. Le service est absolument adorable, demandez Abdullah qui parle un peu anglais. Très belle terrasse à l'ombre en saison.

LUSIN €€

Prince Muhammad ibn Abdulaziz St / Tahlia St
✆ +966 92 000 2690
www.lusinrestaurant.com
Ouvert tous les jours de midi à 0h30. Compter 200 SAR pour un repas.

Lusin sert une authentique cuisine arménienne, très soignée, dans un cadre contemporain assez chic et plaisant. Vous pourrez notamment goûter aux *manti*, une spécialité de raviolis de bœuf, cuits et présentés en rosace, à tremper dans du yaourt battu et de la sauce tomate. Vous pouvez aussi succomber au ***soborak***, les lasagnes végétariennes arméniennes au poivron et fromage. En dessert, le *maamoul* au fromage et noix est un incontournable. Le biscuit est préparé dans tous les pays du Levant, notamment à Pâques ou pendant le Ramadan.

NAJD VILLAGE €

Al Thakassousi St
✆ +966 92 003 3511
Ouvert tous les jours de 11h à minuit, à partir de 11h le vendredi. Compter 50 SAR pour un repas.

Voilà une adresse géniale pour s'immerger dans la culture gastronomique de la province du Najd. Une maison traditionnelle de pisé est reconstituée ici, avec son salon à l'entrée donnant sur une cour. On peut s'asseoir à l'ombre des galeries, occuper un petit salon privatif séparé par des tentures pour l'intimité ou carrément réserver un petit salon privé dans l'arrière de la maison. L'ambiance est familiale et détendue. On mange à même le sol, assis sur des matelas bien rembourrés. Il existe une salle à manger plus occidentale avec table et chaises à l'entrée.

OKKU €€€

Tahlia Street
✆ +966 11 442 2929
www.okkuriyadh.sa
Ouvert tous les jours de 13h à 1h. Compter entre 250 SAR et 1 000 SAR pour un repas.

Okku est sans doute la meilleure table nippone de la capitale saoudienne. Une armée de samouraïs vous accueille et vous mène jusqu'à la salle. Le noir et le rouge y dominent, créant une atmosphère élégante et feutrée. La haute baie vitrée est cachée des regards inquisiteurs de la rue par des panneaux de bois gravés de kanjis, hiraganas et katakanas. La carte très complète met à l'honneur les grands classiques de la cuisine japonaise, du bœuf wagyu aux nigiris confectionnés par le chef derrière son bar réfrigéré. L'adresse est réputée pour ses cocktails originaux.

SPAZIO €€€

Al Urubah Road
✆ +966 11 211 1888
www.spazio77.com
Ouvert tous les jours de 9h à 23h30. Compter 400 SAR pour un repas.

Spazio, c'est la table gastronomique de la Kingdom Tower installée au 77e étage. La capitale s'étale à vos pieds pendant que vous vous régalez de plats de la Botte. Carpaccio de bœuf angus, burrata caprese, penne au pesto sarde, lasagnes, risotto au homard, tiramisu... : tous les grands classiques de la cuisine italienne figurent à la carte. Nombreuses sont les personnalités à avoir dîné ici, du prince héritier Mohammed bin Salmane à Nicolas Sarkozy, en passant par Tony Blair ou Bill Clinton. Le mardi soir, c'est dîner aux chandelles, sur réservation uniquement.

TAGHMEES €

Musa Ibn Nusair Street
✆ +966 11 419 0600
www.taghmees.me
Ouvert tous les jours de 6h à 16h. Compter 20 SAR pour un repas.

Une fois n'est pas coutume, Taghmees combine les prix modiques du fast-food à un cadre agréable et chaleureux. Vous pourrez vous initier aux subtilités du foul (sorte de soupe de fèves), préparé ici de plusieurs manières, tout comme le houmous (purée de pois chiche). Au petit-déjeuner, les Arabes raffolent également de foie d'agneau, de falafels ou de sojouk (bœuf haché). A l'heure du déjeuner, vous pourrez partir sur un des sandwiches, qui ici sont des pains pita farcis de viande ou de légumes mijotés. On aime le décor tout de bois et la grande fresque colorée.

TASTE OF DILLI €€

52 Street
✆ +966 11 415 8877
Ouvert de 12h30 à 23h30, jusqu'à 0h30 le jeudi et vendredi. Compter 70 SAR pour un repas.

Dilli est le nom donné à Delhi, la capitale indienne, par ses habitants. Cette adresse est donc entièrement tournée vers la cuisine d'Inde du Nord et constitue une option végétarienne intéressante pour ceux qui suivent ce régime. Le cadre est somme toute assez sommaire. Les meubles en placage de palmier et les banquettes orangées tentent d'apporter une touche d'élégance. Les spécialités proposées sont, elles, assez convaincantes. Vous trouverez un grand choix de viandes marinées et grillées ou préparées en curry comme les « seek kebab » ou le « butter chicken ».

THE GLOBE €€€

King Fahd Road
✆ +966 11 273 2005
www.mandarinoriental.com
Ouvert de 19h à 23h30. A partir de 350 SAR pour un repas.

Cette table gérée par le Mandarin Oriental est installée dans la coupole dorée de la tour Faisaliyah. L'excellence de la chaîne hôtelière de luxe ne se dément pas. Vous profitez d'un cadre exceptionnel, avec une vue à l'infini sur Riyad « by night ». La carte d'inspiration franco-italienne concentre quelques grands classiques tels que la salade niçoise et le steak tartare ou encore la bouillabaisse ou les raviolis ricotta-épinard. Le ticket minimum est assez élevé, mais vous avez la garantie d'un moment d'exception. Vous pourrez même déguster du vin sans alcool...

YAUATCHA RIYADH €€€

Prince Sultan Bin Abdulaziz Road
✆ +966 92 000 6555
www.yauatcha.com
Ouvert de midi à minuit. Compter 300 SAR pour un repas.

Les centres commerciaux saoudiens regorgent d'adresses originales pour se régaler. Yauatcha a pris possession de l'étage du centre Mode, au pied de la Faisaliyah Tower. Le restaurant est spécialisé dans les dim sum et baozi. Les recettes sont contemporaines et inspirées. Pas de ha kao, mais des raviolis farcis au homard et caviar, ou à l'edamame, le pois japonais. L'adresse plaira aux végétariens et végans, car les spécialités sont signalées à la carte avec un pictogramme. En dessert, ne manquez pas les pâtisseries délicates, plutôt d'inspiration française.

DIM LIGHT €

Imam Abdulaziz bin Muhammad bin Saud Street
✆ +966 50 276 0001
Ouvert de 7h à 2h. Compter 50 SAR pour un repas.

Si la carte de ce restaurant n'est pas d'une grande originalité avec sa salve de mezzés, de salades et de viandes grillées, on appréciera le cadre. Installé au bord d'une rue plantée de palmiers, non loin d'Ad-Diriyah, le restaurant possède une terrasse sur le devant et un beau jardin gazonné sur l'arrière. La salle, elle, est enduite de pisé, les plafonds laissent entrevoir les claies d'ajonc et les poutres en bois. Les chaises en bois massif sont équipées d'épais coussins aux motifs traditionnels. C'est charmant. A noter quelques plats saoudiens également.

ENCORE €€€

Abu Bakr al Kharki Street
✆ +966 50 801 9750
www.corelife.fit
Ouvert de 12h30 à 23h30. Compter 500 SAR pour un repas.

Ce restaurant très tendance est accolé au centre de remise en forme Core. Le cadre est moderne et tendance, tamisé et intime, pour des dîners feutrés entre amis ou en couple. Le menu est concocté par le chef Shan, un habitué des ouvertures de restos branchés au Moyen-Orient. Il a notamment collaboré neuf ans durant avec le chef japonais star Izu et cela se ressent sur la carte. Le poisson cru occupe une large place, préparé en carpaccio, en sushi, en ceviche ou en tartare. En version cuit, on l'apprécie en croûte de sel, grillé au charbon de bois ou en papillote.

LEILA MIN LEBNEN €€

Amr Aldamri Street
✆ +966 920 002 9039
Ouvert de 7h à 23h30. Compter 200 SAR pour un repas.

Entre bonbonnière et jardin anglais, Leila du Liban vous accueille dans un cadre soigné aux chaises fleuries, aux murs ornés de moulures et de roses en stuc. En hiver, les places en terrasse sont vite prises d'assaut et l'on profite de la chaleur du brasero en soirée. La cuisine libanaise est particulièrement raffinée et bien présentée dans une jolie vaisselle aux tons pastel. Les kebbeh sont renflés et dorés, les grillades moelleuses, le fatteh est croustillant, le houmous crémeux. Le personnel des ambassades voisines ne s'y trompe pas et vient ici en habitué.

LE MASCHOU €€€

Tayma Street
✆ +966 11 484 7500
www.lemaschou.sa
Ouvert de 16h30 à 23h30, à partir de 15h30 vendredi et samedi. Compter 600 SAR pour un repas.

La table française historique de Riyad occupe une vieille maison de pierre qui sied bien au caractère rustique de l'établissement. Il s'agit d'une franchise de la célèbre table cannoise spécialisée dans la cuisine traditionnelle au feu de bois. Musique d'ambiance et feu de cheminée craquant, vieilles pierres et tables nappées assurent l'ambiance. Côté carte, la salade de figues ou la bagna cauda font partie des spécialités de la maison, tout comme l'entrecôte ou la côte de bœuf. Les viandes sont maturées et de race angus ou wagyu, de bêtes élevées en Australie.

MATAEIM MADHAQ AL MAGHRIB €

Prince Nawab ibn Abdulaziz
✆ +966 55 958 0532
www.tasteofmorocco-sa.com
Ouvert de 13h à 1h. Compter 35 SAR pour un couscous.

Voilà un restaurant typique, donc qui n'en est pas vraiment un. Beaucoup d'établissements sont en réalité des enseignes qui vendent à emporter et qui par conséquent sont équipés de quelques tables dans une salle sans aucun charme. Celui-ci possède en outre une petite terrasse sur le devant de la vitrine. Vous pourrez déguster ici des spécialités marocaines dont la harira, la pastilla, le couscous ou le tajine, rassemblés sous le nom de « casseroles ».

SHAWARMER €

King Abdullah Road
✆ +966 92 000 8080
www.shawarmer.com
Ouvert de 6h à 3h, jusqu'à 4h le jeudi et vendredi. Compter 9 SAR pour un shawarma.

Shawarmer est une enseigne populaire spécialisée dans le shawarma, que vous trouverez un peu partout dans Riyad et plus largement dans le pays. Les débits sont importants et vous avez la garantie d'une viande fraîche et d'un service rapide. Ce restaurant se trouve juste en face de l'université du Roi Saoud, la plus grande de Riyad. Le cadre est particulièrement étudié pour répondre à la tendance qui plaît aux jeunes. Banquettes et chaises rouge vif, tables en bois, jeu de lumière, le cadre est chaleureux et élégant pour un fast-food.

FAIRE UNE PAUSE

On pourrait dire que le café est la drogue légale des Saoudiens. Ils en boivent à longueur de journée, qu'il soit traditionnel ou non. De fait, les enseignes fleurissent à tous les coins de rue, proposant une gamme longue comme le bras de moccha, latte, expresso etc... Vous n'aurez aucun mal à trouver votre « booster » pour bien commencer la journée ou vous redonner de l'énergie en cours de route. Il existe deux sortes de café. Celui ouvert tôt le matin et jusque tard le soir, que les Saoudiens fréquentent le plus souvent pour un café « à emporter ». Et il y a le café du soir, celui qui propose hookah (chicha) et vins sans alcool où l'on se retrouve entre amis pour discuter ou regarder un match de foot. Les Saoudiens sont également de fins gourmets qui apprécient les pâtisseries, qu'elles soient orientales ou occidentales. A Riyad, les pâtisseries sont nombreuses et il est impossible de ne pas craquer en passant devant la vitrine.

70'S CAFE

Olaya Street
✆ +966 59 334 9498
Ouvert de 7h à 1h, à partir de 16h le vendredi.

Ce café situé juste en face de la bibliothèque King Fahd propose un cadre éclectique. Il semblerait que la mode saoudienne dans les années 1970 ait été bien différente de la nôtre. Exit le « flower power » ou les papiers peints navigant entre marron et orange. Ici, on est plutôt sur un mix & match de fauteuils et chaises en velours dévoré, avec de vieux meubles chinés et remis au goût du jour, des toiles et des affiches pop. Le café regorge de petits recoins, chacun avec son ambiance et ses objets décalés comme cette calandre de voiture américaine.

AL-ASEEL COFFEE

King Saud Road
✆ +966 50 240 1958
www.alaseel-cafe.com
Ouvert tous les jours de 8h à 3h.

En face du complexe du Musée national et du palais de Murabba, à proximité du rond-point, ce grand café est l'un des rares endroits accueillants du quartier pour s'octroyer une pause. Et celle-ci peut s'avérer la bienvenue après avoir affronté la chaleur étouffante de Riyad et arpenté les collections du musée. Vous trouverez ici une atmosphère très arabisante avec les frises florales en bois ajouré collées aux plafonds ou la fontaine en marbre incrusté. En plus de votre café ou de votre jus de fruit frais, vous pourrez succomber à la douceur d'une chicha parfumée.

AL MASAA CAFE

Al Urubah Road
✆ +966 50 684 0235
Ouvert de midi à 2h, jusqu'à 3h vendredi et samedi.

Installé à l'entrée du centre commercial Olaya View, le café Al Masaa fait face au Kingdom Centre. Depuis la terrasse, vous êtes aux premières loges pour admirer la plus haute tour de Riyad qui culmine à 300 mètres de haut. La salle est vaste avec ses 1 050 places. Elle manque un peu de chaleur malgré les bibliothèques le long des murs. La grande terrasse à l'étage est, elle, tout à fait agréable dès que les fortes chaleurs s'éloignent de la ville. En plus des cafés, vous aurez le choix parmi une large sélection de jus de fruits frais et de limonades parfumées.

AMBER SPECIALTY COFFEE

62 Street
✆ +966 50 415 4125
Ouvert de 6h à minuit, à partir de 12h30 vendredi et samedi.

Le cadre de ce café est bien agréable avec son mobilier années 1950, ses chaises cannées, son parquet à chevrons, ses couleurs douces comme une fin de journée de printemps, tout juste rehaussées d'un bleu canard. La porte d'entrée donne le ton, en bois exotique plein et à incrustation graphique dorée. Vous trouverez un grand choix de cafés, du classique expresso au café américain en passant par le cappuccino ou le latte. Malheureusement, le menu est en arabe uniquement. La maison sert quelques biscuits et pâtisseries pour accompagner son « kah'wa ».

BEDU COFFEE LOUNGE

Prince Sultan Bin Abdulaziz Road
✆ +966 50 806 6679
www.gacia-me.com
Ouvert de 7h à minuit, jusqu'à 2h jeudi et vendredi.

Un éclairage étudié, de gros fauteuils et canapés en cuir, une atmosphère « indus » digne d'une taverne de Meatpackers District à New York et un billard, voilà pour l'ambiance. Elle est résolument jeune et branchée, presque pop, avec ce grand portrait d'homme portant le ghutra et l'igal traditionnels. On est bien loin de l'atmosphère sombre et simple d'un troquet bédouin, mais rassurez-vous, vous trouverez tout de même le café arabe au menu. Une terrasse devant l'établissement permet de se poser en extérieur dès que la température redescend.

BLACK HOUSE CAFE

7826 52 Street
✆ +966 50 888 5501
Ouvert de 16h à 2h, à partir de 17h vendredi et samedi.

Si l'alcool est interdit (pour le moment) en Arabie Saoudite, cela n'empêche pas les Saoudiens de sortir le soir et de se retrouver au bar. Celuici vous fera réviser les différences entre les cafés, entre le « half & half », le « cortado », le « latte », le « flat white » ou le « frappuccino ». Il y a pas moins de 20 spécialités différentes, chaudes ou froides, au menu. Le public, plutôt jeune, se rassemble pour papoter ou regarder un match de foot. Les grands championnats européens sont diffusés sur les écrans installés en terrasse ou dans la salle.

CAOUA

3236 Ibn Ad Dubagh
Ouvert de 7h à minuit, à partir de 13h le vendredi.

Les habitants de Riyad n'hésitent pas à parcourir des kilomètres pour leur café. Et vous allez devoir en faire autant, si vous voulez essayer cet établissement, l'un des plus prisés de la capitale. Il est situé en bordure du Ring Nord, en direction de l'aéroport depuis le KAFD. Mais on n'y vient pas seulement pour boire un café, la liste des propositions est longue. A l'heure où le soleil se couche, l'établissement se remplit et il devient difficile de trouver une place à la terrasse du 2e étage. Les Virgin Mojitos en été sont particulièrement appréciés.

DOLCE RAGUSA

Heraa Street
✆ +966 55 501 5046
Ouvert tous les jours de 7h à minuit.

Ne manquez pas l'entrée de cette pâtisserie discrète abritée dans un immeuble s'inspirant des anciens palais de pisé. Vous êtes dans le très chic Diplomatic Quarter et cela s'en ressent. La boutique-salon de thé transpire l'épure avec ses quelques fauteuils crème, ses tables basses en bois massif, ses murs et sols en pierre beige. Les pâtisseries sont à l'avenant, délicates, aériennes et modérément caloriques. Elles sont vendues en portions individuelles pour certaines, comme ces choux à la crème ou ces petits beignets à la ricotta et au Nutella.

DR CAFE COFFEE

Abdullah Alsahmi Street
✆ +966 59 411 7552
Ouvert tous les jours de 6h30 à 22h30.

Ne vous étonnez pas si vous devez affronter une longue file de voitures pour atteindre votre but. Ce que vous propose Dr Cafe Coffee est une expérience typiquement saoudienne. Dans les faits, il s'agit d'une petite échoppe, un guichet, qui prépare des cafés pour les automobilistes. Le système est identique à celui des « drive-in » des fast-foods américains. Vous commandez depuis votre voiture, payez et attendez d'être servi. Vous pouvez ensuite affronter les embouteillages légendaires de Riyad votre café brûlant à la main. Vous aurez l'embarras du choix.

DRAFT CAFE

Amr Aldamri Street
✆ +966 11 230 8189
Ouvert de 7h à 23h30, à partir de 13h le vendredi.

Plus qu'un essai, Draft est une réussite et traduit une fois encore le (bon) goût des Saoudiens pour les salons de thé avec une âme. Situé entre le ministère de l'Intérieur et la Haute-Commission aux réfugiés des Nations unies, ce café diffuse une ambiance moderne et lumineuse. Les gaines d'aération en inox sont apparentes, les murs sont lissés de béton gris, les tables sont de simples caisses de bois posées sur un socle en métal. En plus d'un bon café ou d'un thé, vous pourrez grignoter une salade fraîcheur ou une pâtisserie pour agrémenter votre pause.

ELIXIR BUNN COFFEE ROASTERS

7000 Al Imam Turki Ibn Abdullah ibn Mohammed

Ouvert de 7h à 22h30, à partir de 13h vendredi et samedi.

Ce café installé sur l'esplanade qui sépare la forteresse d'Al Masmak de la Grande mosquée Imam Turki permet de s'octroyer une pause au calme. Vous pourrez profiter du spectacle des enfants faisant de la trottinette, des femmes se rendant au souk, des hommes palabrant ou des rares touristes prenant quelques selfies. Derrière les grands volets de bois des boutiques à l'ancienne se cache une toute petite salle ou alors vous choisirez l'une des rares tables en terrasse.

LILOU ARTISAN PATISSERIE

Dabab Street

✆ +966 92 000 074

Ouvert de 8h30 à 23h, à partir de 13h le vendredi.

Cette pâtisserie fera fondre les amateurs de sucré. Son interminable vitrine, tout en longueur, est remplie de gâteaux crémeux, décorés de massepain ou de fruits frais. Si le compteur de calories donne le vertige et des suées froides, les tarifs, eux, demeurent très abordables. Vous ne pourrez que craquer pour le fraisier, le gâteau marbré ou le kunafa à la mangue. Un petit coin de dégustation est installé dans la boutique, avec canapé et fauteuils en velours. Très élégante, elle n'est d'ailleurs pas sans rappeler une enseigne parisienne bien connue.

GOAT STEP

Olaya Street

✆ +966 50 444 7572

www.6lb.menu

Ouvert de 8h à 3h, à partir de 13h le vendredi.

Si le ce bar est ouvert toute la journée, c'est surtout à la nuit tombée qu'il s'anime. La jeunesse saoudienne se retrouve ici pour fumer la chicha, en terrasse ou dans la salle. L'atmosphère est aussi sombre que celle d'un pub anglais et l'on y retrouve les mêmes codes. Un grand portrait de Winston Churchill trône au-dessus de la cheminée et de son faux feu de bois. Les canapés Chesterfield invitent à se poser quelques heures pour siroter du vin ou du champagne sans alcool ou un mocktail qui accompagnera un gros cigare. La terrasse sur rue est appréciée.

PAUL BAKERY & RESTAURANT

Tahliah Street

✆ +966 11 416 9125

Ouvert de 8h à 23h30 ; coupure entre 11h et 12h30 le vendredi.

La France vous manque ? Vous ne trouvez pas vos repères dans la capitale saoudienne ? Pas de panique... La célèbre enseigne Paul est présente en Arabie Saoudite et elle cartonne. Si vous ne trouverez pas le célèbre « jambon-beurre », vous pourrez tout de même vous rabattre sur des en-cas à grignoter, comme le croissant au fromage, le vol-au-vent au poulet, un club sandwich. Vous pourrez également succomber aux délices d'une viennoiserie, d'une baguette croustillante, d'une mousse au chocolat, d'une crêpe ou d'une dame blanche. Le tout dans un cadre familier.

IDMI COFFEE ROASTERS

48 Street

✆ +966 55 543 1422

www.idmicoffee.com

Ouvert de 6h30 à minuit.

L'art du café n'a pas de limites en Arabie Saoudite et ce n'est pas pour rien que vous en trouvez à chaque coin de rue ou presque. IDMI se singularise avec des dessins imprimés dans la mousse dignes d'œuvres d'art. Votre cappuccino ou votre latte sera décoré d'une biche, d'un lion, d'un ange, d'un motif floral, qui à eux seuls justifient d'éviter le café noir. Le cadre lumineux, cosy et urbain à la fois invite à se poser pour un moment, ou pour envoyer ses mails, travailler ou discuter en ligne avec la famille ou les copains.

URTH CAFFE

Al Aqiq

www.urthcaffe.sa

Ouvert tous les jours de 7h à 0h30.

Aussi chic qu'une brasserie parisienne 1900, ce café est au cœur du King Abdulaziz Financial District, le quartier d'affaires de Riyad en plein développement. Il fait face au Wadi KAFD, la coulée verte qui traverse les hautes tours de bureaux. L'endroit est parfait pour une pause déjeuner sur le pouce entre deux réunions d'affaires ou si vous avez décidé de venir vous perdre dans le coin. La maison propose une belle sélection de thés et de cafés bio, ainsi qu'un large assortiment de pâtisseries, de sandwiches et de salades qui font le bonheur des expats.

(SE) FAIRE PLAISIR

Le shopping est l'une des activités préférée des Saoudiens. Les centres commerciaux sont légion dans la capitale et légendaires. Vous trouverez sous le même toit, dans des espaces immenses, supermarché, boutiques en tout genre, salles de cinéma, restaurants, cafés, espaces de jeux pour les enfants et même musées... Si vous préférez éviter la foule, allez-y tôt le matin, dès l'ouverture et fuyez les jours de week-ends. Au contraire, si vous souhaitez comprendre un pan du mode de vie saoudien, vous mêler aux autres, vous irez en soirée. Riyad étant la capitale, c'est là que vous trouverez également des boutiques de créateurs ou quelques galeries d'art. En revanche, il reste bien peu de souks traditionnels et en raison de la forte chaleur qui règne ici, il n'y a que peu de marchés extérieurs, colorés et animés. Le mode de vie est résolument urbain et moderne à Riyad. Enfin, vous pourrez y faire vos emplettes si vous prévoyez de camper.

AL NAKHEEL MALL

Al Imam Saud ibn Abdulaziz Branch Road
✆ +966 92 000 0262
Ouvert de 9h30 à 23h, à partir de 14h le vendredi.

Avec ses 200 boutiques, Al Nakheel Mall s'adresse à tous les membres de la famille et rhabille Madame, Monsieur et leurs enfants. Vous y trouverez les grandes enseignes internationales telles que Séphora, Nike, Fred Perry, Tommy Hilfiger, Virgin Megastore ou encore Marks & Spencer. Le centre commercial est le rendez-vous des expatriés et de la classe moyenne saoudienne. Il compte également une aire de jeux pour les enfants, Sparky's. Juste en face, l'extension abrite de nombreux restaurants et des salles de cinéma. De quoi y passer plusieurs heures...

RIYADH PARK

Northern Ring Branch Road / Prince Turki ibn Abdulaziz Al Awwal Road
✆ +966 92 000 9467
Ouvert de 9h à 1h, à partir de 13h le vendredi.

Entre le Financial District et Ad-Diriyah, au nord de la capitale, le Riyadh Park est un peu plus qu'un centre commercial traditionnel. On y trouve l'enseigne Carrefour pour le ravitaillement, un grand nombre de boutiques pour vider le portefeuille et emplir les sacs, mais aussi de quoi s'amuser. Le centre a été conçu comme un espace de loisirs et c'est la raison pour laquelle ses horaires sont plus tardifs que dans d'autres shopping malls. Au programme, cinéma Imax, bowling et le Musée des Illusions. L'un des plus grands centres commerciaux de Riyad.

KINGDOM CENTRE

King Fahd Road
✆ +966 11 211 2222
Ouvert de 9h30 à 22h30, à partir de 15h35 le vendredi.

Ouvert à la fin des années 1990, le Kingdom Centre est l'immeuble iconique de Riyad. En plus d'un hôtel de luxe, le Four Seasons, de bureaux, de logements, d'un cinéma et du Sky Bridge au sommet de la tour, le Kingdom Centre abrite un centre commercial tourné vers les enseignes de luxe. Maisons de mode françaises et italiennes, joaillerie et montres d'exception, parfumeurs, maroquinerie... C'est le rendez-vous des femmes fortunées d'Arabie Saoudite lorsqu'elles ne peuvent pas se rendre à Paris pour y faire leur shopping directement.

SOUK DE SWEIGAH

Al Imam Turki Ibn Abdullah ibn Mohammed
Ouvert de 9h à 23h30, à partir de 16h le vendredi.

Cette galerie marchande située juste derrière la forteresse d'Al Masmak est peut-être ce qui se fait de plus traditionnel en matière de souk à Riyad. On y trouve surtout des magasins de vêtements à petits prix, des abayas et hijabs pour les femmes, des thobe, des bisht et des ghutra pour les hommes. Les boutiques sont installées en enfilade dans un bâtiment bien sombre. Les marchands postés sur leur pas-de-porte n'hésiteront pas à vous héler pour tenter de vous vendre quelque chose. Si vous vous laissez tenter, sachez que la négociation est de rigueur.

PERSONAGE

Prince Muhammad ibn Salman Road
✆ +966 53 332 3345
Ouvert de 15h à 23h, jusqu'à minuit jeudi et vendredi.

Béton brut et acier, noir et gris, les codes de cette boutique ultra tendance s'inspirent d'un style industriel urbain dégradé. Installée sur trois étages, la collection rassemble les marques pointues du streetwear et de la bijouterie fantaisie mais pas toc du moment. La princesse Deemah, fille du roi Saud et de la reine Mansour, se cache derrière cette enseigne. Collections pop-up, installations pop-art créent régulièrement l'évènement au sein de la communauté à la pointe de la tendance à Riyad. Le café Ooze, au deuxième étage, permet de s'offrir une pause.

MOHAMMED KHOJA, L'ENFANT CHÉRI DE LA MODE SAOUDIENNE

En 2016, le jeune autodidacte Mohammed Khoja lance sa marque de prêt-à-porter Hindamme et fait souffler un vent de nouveauté sur la mode saoudienne. Originaire de l'est du pays et ayant grandi dans des pays occidentaux, Mohammed Khoja est apprécié pour son mélange unique des genres, pour faire se rencontrer les influences occidentales et moyen-orientales. Il crée des lignes sobres et tendance, s'adressant à une jeunesse urbaine. Et il n'oublie jamais de faire un clin d'œil à sa culture, comme pour sa première collection où il intégra les motifs du qatt, la peinture traditionnelle des maisons de l'Aseer.

SAWGHA

7826 Umro Adhamry Street
✆ +966 11 297 9400
Ouvert tous les jours de 9h à 22h.

Sawgha est la première boutique spécialisée dans l'artisanat saoudien à ouvrir dans le pays. Elle est le fruit de la volonté du Programme National de l'Artisanat soutenu par le ministère du Tourisme et du Patrimoine national. 59 artisans de 6 régions différentes ont été sélectionnés et un millier d'articles choisis pour figurer dans cette boutique, véritable vitrine d'un savoir-faire en danger. Il reste moins de 5 000 artisans dans le pays. Objets tissés, bijoux, poteries et céramiques, travail du bois et marqueterie figurent parmi la sélection.

AL TAROF DATES

Omar Al Gaza Path
✆ +966 92 002 9250
Ouvert de 9h à 14h et de 15h30 à minuit, à partir de 12h45 le vendredi.

Si vous recherchez une adresse où vous procurer des dattes dans le centre de la capitale, Al Tarof fera l'affaire. Cette petite boutique poussiéreuse est spécialisée dans le fruit charnu. Les dattes sont vendues pré-emballées, dans les cartons traditionnels de 3 kilos ou dans des contenants plus petits. Vous trouverez les variétés les plus classiques, de la majool à la la sukhari. La boutique fait aussi épicerie fine, toujours spécialisée dans la datte et ses produits dérivés. Vous pourrez notamment acheter du café non torréfié, qui se déguste... avec une datte.

SOUQ AL ZAL

Ouvert tous les jours de 10h à 23h.

Le souk Al Zal est l'un des plus vieux marchés traditionnels de Riyad. Il est situé dans les petites rues du vieux quartier de Diriyah, à proximité de la cité de Turaïf. Il tient son nom des tapis à motifs géométriques saoudiens. Les étroites allées regorgent de souvenirs et antiquités. On y déambule dans une délicieuse atmosphère parfumée. Tous les jours à 18h, une vente aux enchères se tient où les commerçants vendent de vieilles cafetières, des épées et de menus objets du temps passé. Le vendredi, les enchères se déroulent sur la place principale.

RIYADH SEASONAL DATES MARKET

7402 Ibn Abi Al Makarin Street
✆ +966 11 411 2222
Ouvert tous les jours de 7h à 23h.

Si ce marché dédié au fruit national est ouvert toute l'année, c'est durant la saison des dattes fraîches qu'il bat son plein, soit entre fin août et fin novembre. Les dattes arrivent de tout le pays, sachant que selon la variété, la période de maturité diffère. Vous y trouverez les sukhari et les khlaas, les deux variétés les plus répandues. Mais les plus recherchées et les plus chères sont les dattes « ajwa » qui proviennent de la région de Médine.

AL RIMAYA

7767 Al Takhasoussi
✆ +966 11 293 2611
Ouvert de 9h à 23h15, à partir 14h le vendredi.

Al Rimaya est une enseigne spécialisée dans les articles de camping et de loisirs de grand air. Il existe plusieurs adresses à Riyad et ailleurs dans le pays. Vous ne manquerez pas de vous y arrêter si vous envisagez de camper dans le désert saoudien. Vous trouverez tout le nécessaire pour camper à la saoudienne, de façon confortable : réchauds à gaz, nécessaires de cuisine, barbecues portatifs, fauteuils colorés, etc. La boutique vend également du matériel de randonnée, des chaussures aux vêtements, tentes et tapis de sol, spécialement étudiés pour le désert.

WABI SABI CLOSET

4112 Al Urubah Branch Road
✆ +966 59 907 7755
Ouvert de 8h à 23h. Fermé le vendredi.

Nous avons longtemps hésité à faire figurer Wabi Sabi dans la catégorie « Se faire plaisir », car c'est avant tout un restaurant. L'une des rares adresses véganes de Riyad, qui n'empêche pas de se faire plaisir par ailleurs. Mais ce qui nous a aussi plu dans ce lieu aéré et branché, c'est le petit espace de vente au deuxième étage. Vous y trouverez tout un tas de produits de beauté difficilement trouvables ailleurs en ville : huiles essentielles et de massage, bougies parfumées, cosmétiques bio, mais aussi pierres et cristaux de lithothérapie.

NUMBER NINE CONCEPT STORE

6571 Prince Turki Ibn Abdulaziz Al Awwal Road
✆ +966 55 520 5673
Ouvert de 10h à 23h45, à partir de 16h le vendredi.

La vitrine, ornée d'un portrait du roi Abdulaziz hilare, donne le ton : vous êtes devant une boutique hype, fashion, tendance. Sa localisation, en face de l'université du roi Saoud, laisse entrevoir la clientèle qui traîne ici : la jeunesse. Son nom est tiré d'un nombre fétiche du propriétaire qui définit ce concept-store comme un laboratoire de belles choses. Vous trouverez ici une sélection de marques saoudiennes pointues incluant fringues et produits de beauté.

ATHARNA

Prince Mohammed ibn Salman ibn Abdulaziz Road
✆ +966 11 455 5531
Ouvert du dimanche au jeudi de 10h à 17h.

En route pour Ad-Diriyah et le vieux quartier de Turaïf, ne manquez pas de vous arrêter dans ce showroom. Atharna participe à la sauvegarde de l'artisanat saoudien. L'équipe sillonne le pays à la rencontre de ses artisans et artistes. En leur offrant un espace de vente et de promotion, Atharna permet à ces artisans de vivre de leur talent. Outre de très beaux objets, la petite entreprise s'attache à raconter l'histoire de chacun des artisans. Broderies, tissage, poterie, peinture folklorique, vannerie, travail du métal ou du bois... : tout y est.

RIYAD

RAZAN ALAZZOUNI

3495 Prince Khalid ibn Muhammad ibn Abd Al Rahman
✆ +966 50 015 3652
www.razanalazzouni.com
Ouvert du dimanche au jeudi de 16h à 20h.

Cette Saoudienne pur jus a toujours été attirée par les arts au point de faire ses études supérieures à l'école du Musée des Beaux-Arts de la TUFTS University de Boston. Là, elle y étudie la sculpture et le papier. Cette éducation artistique se ressent dans ses créations luxueuses, très structurées, belles comme des sculptures. Elle allie des lignes graphiques défiant la gravité à des broderies délicates, faites à la main, s'inspirant de motifs floraux. Ses vêtements subliment la féminité et font la part belle aux étoffes luxueuses comme la soie.

TURQUOISE MOUNTAIN

8594 Al Amir Abdullah ibn Jalawi ibn Turki
Sur rendez-vous uniquement.

Turquoise Mountain est un projet initié par le roi Charles III destiné à soutenir l'artisanat dans des pays où celui-ci est en voie de disparition. Il intervient notamment en Afghanistan, au Myanmar, en Jordanie et en Arabie Saoudite. L'association soutient les artisans d'art à travers la rénovation de bâtiments anciens, permettant de maintenir un savoir-faire et une culture. Elle tisse des partenariats avec des maisons de mode, des musées, des hôtels... Vous trouverez ici des bijoux et des articles pour la maison, notamment des textiles et de la poterie.

BOUGER & BULLER

A voir le nombre de salles de sport qui bordent les rues de Riyad, il semble que la gym soit le loisir préféré des Saoudiens. Tous les hôtels, même les plus petits, possèdent en général une salle de fitness. Mais attention, même si c'est désormais autorisé, femmes et hommes ne se mélangent pas. Dans certains hôtels, cela ne posera pas de problème. En revanche, dans les salles de la ville, certaines sont réservées aux femmes et d'autres aux hommes. Ou alors la séparation se fait en fonction des horaires. Il en va de même pour les piscines, qui ont généralement des horaires spécifiques pour les femmes. Les piscines extérieures sont généralement réservées aux hommes et aux enfants. Si tel n'est pas le cas, le port du burkini est vivement recommandé, surtout si vous êtes avec des locaux. La plupart des hôtels avec piscine ouvrent aux visiteurs extérieurs moyennant un droit d'entrée à l'heure ou à la journée.

ARCHERY RANGE

Al Imam Abdulaziz ibn Mohammad ibn Saoud
✆ +966 55 880 8617
www.archeryrange.sa
Ouvert tous les jours de 18h à minuit.

Tout proche du vieux quartier de Turaïf, le club de tir à l'arc de Riyad est installé dans un enclos extérieur, fermé aux regards et aux risques d'accident. Les cibles sont installées à 10 mètres du pas de tir. Vous pouvez suivre des cours particuliers ou en groupe, tirer en payant par volées de flèches ou vous livrer à des exercices de précision. Pour cette dernière activité, votre instructeur vous fera tirer sur des assiettes en carton, ou, plus compliqué, sur des balles de tennis. Tous les instructeurs de ce club sont certifiés.

RIYADH GOLF COURSES

Al Aarid
✆ +966 55 739 9900
www.riyadhgolfcourses.com
Ouvert tous les jours de 5h30 à 21h.

Le golf de Riyad est situé au nord de la capitale, à hauteur de l'aéroport King Khalid. Véritable oasis aux portes du désert, les fairways et greens impeccables comptent 9 trous pour un par de 72 (aller-retour). Le golf est ouvert aux non-membres, qui peuvent également bénéficier de cours particuliers. En complément, le complexe comprend un centre sportif incluant une piscine réservée aux adultes, une pour les enfants, des terrains de football, de volley-ball, de tennis et un mini-golf pour partager de bons moments en famille.

PISCINE

King Saud Road
✆ +966 11 465 5000
www.ihg.com
Ouvert tous les jours de 10h à 21h. Compter 180 SAR pour la journée.

Beaucoup des grands hôtels de Riyad ouvrent leur piscine aux visiteurs extérieurs, moyennant un forfait à l'heure ou à la journée. C'est le cas de l'hôtel InterContinental, situé en plein cœur de la ville, non loin d'Al Olaya et du Musée national. L'hôtel compte deux piscines : une en extérieur réservée aux hommes et aux enfants, et une autre en intérieur pour les femmes. En semaine, la clientèle d'affaires délaisse la piscine et vous pourrez en profiter à votre aise. Mais les week-ends, les familles investissent le solarium et le niveau sonore augmente.

JO SPA

Northern Ring Branch Road
✆ +966 92 001 2924
www.jospa-sa.com
Ouvert de 10h à 22h, à partir de 14h le dimanche et lundi.

Installé dans le centre commercial MEFIC, non loin du King Saud Financial District, Jo Spa est hautement apprécié de sa clientèle, exclusivement féminine. Vous recevrez ici des soins de haute qualité délivrés par des mains expertes dans un cadre élégant et relaxant. Pour une pédicure ou une manucure, vous serez installée dans un gros fauteuil faisant face à une large baie vitrée laissant passer la lumière naturelle. Pour une épilation, un massage, un soin du corps ou du visage, les cabines sont comme des cocons, les fenêtres obturées par des voilages.

THUMAMAH NATIONAL PARK

Le Parc national de Thumamah est la zone protégée la plus proche de la capitale. Il s'agit d'une dune de sable rouge qui s'étire sur une trentaine de kilomètres au nord de Riyad. Malheureusement, le parc est largement exploité et de nombreux campements sont installés pour accueillir les riverains en quête de nature les week-ends d'hiver. Par conséquent, difficile de s'y sentir seul au monde et de ramener une photo-souvenir qui laisserait croire que vous vous êtes perdu dans l'immensité du désert. Les dunes sont jonchées de détritus, bétonnées d'allées, parcourues de lampadaires. Le marché aux dromadaires qui se trouve juste à côté mérite une visite.

MARCHE AUX DROMADAIRES ★★

Ouvert tous les jours de 10h à 20h.

Visiter un marché aux dromadaires est un impératif lors de tout séjour en Arabie Saoudite. Cela permet d'aborder la dimension culturelle que cet animal occupe dans l'imaginaire et la réalité des habitants. Ce marché est situé juste derrière les dunes de Thumamah. Il est aménagé d'enclos où sont exposés les camélidés. On peut y acheter des animaux de course, des bêtes pour les concours de beauté, des dromadaires de trait, ou de jeunes chameaux de 5 ans destinés à être mangés. On trouve également tout ce qui a trait à l'animal : selles, mors, lait...

PARC NATIONAL DE THUMAMAH ★

Al Jenadriyah Road

Accès libre.

Le Parc national de Thumamah débute à la sortie de Riyad, juste au nord de l'aéroport international King Khalid. Il s'agit d'une longue bande de sable rouge, assez étroite, qui s'étire pendant des kilomètres, sur un axe nord-sud. Avec ses nombreux campements sur-éclairés la nuit, il donne à voir l'idée que les Saoudiens se font d'un week-end de détente : BBQ, chicha et 4x4 à fond dans les dunes. Une notion assez éloignée des critères occidentaux, il faut bien se l'avouer.

OASIS ZONE

✆ +966 92 0007460

Ouvert le week-end de novembre à février.

Oasis Zone, c'est un concept de divertissement assez difficilement descriptible. En plein désert, dans les dunes de Thumamah, le lieu rassemble des restaurants où l'on s'attable en plein air, sur des banquettes posées à même le sol ou dans des canapés confortables. C'est aussi un espace culturel avec la production de concerts en plein air, le plus souvent de la musique traditionnelle. Quelques œuvres d'art contemporain sont installées ici et là, comme cette cavalcade de chevaux arabes le long de l'allée principale ou ces portraits de femme en à-plats colorés.

HURAYMILA ★★★

Huraymila est un petit village situé à 100 kilomètres au nord-ouest de Riyad. Si le village ne présente aucun intérêt touristique, il compte tout de même quelques « chalets » investis par les habitants de la capitale le week-end. Huraymila est surtout le point le plus proche de « The Edge of The World », cette longue ligne de falaises qui surplombe le plateau de Najd. Elle court sur près d'un millier de kilomètres et est un lieu de randonnée et de sortie très apprécié. La vue depuis le plateau surélevé est magnifique, surtout au coucher du soleil. Huraymila, c'est aussi un Parc national qui accueille le programme de réintroduction de la gazelle d'Arabie.

LA GROTTE CACHEE

« The Hidden Cave » est une grotte naturelle cachée dans l'un des replis de « The Edge of the World ». On y accède par le wadi qui traverse le Parc national d'Huraymila. Il s'agit d'un trou dans le sol qui donne accès à une galerie souterraine où viennent loger les chauves-souris. Une échelle a été déposée afin d'y accéder. La petite grotte et le boyau ne sont guère impressionnants. N'oubliez pas votre lampe torche afin d'éclairer la galerie et pour éviter de vous cogner au plafond parcouru d'excroissances rocheuses et pas toujours très haut.

RIYAD

LAC SADUS

Les points d'eau naturels sont aussi précieux dans ce désert de pierre et de rocaille qu'une mine de diamants. Le petit lac Sadus se forme dès le retour de la saison des pluies avant de disparaître avec les fortes chaleurs de l'été. On y passe en se rendant à la route d'accès à « The Edge of the World » (actuellement fermé). Quelques arbustes ont trouvé de quoi s'épanouir au pied de ce point d'eau qui est aussi un abreuvoir pour les rares oiseaux de la région. Ne faites pas le détour pour ce site, mais vous pouvez toujours vous y arrêter si vous passez dans le coin.

PARC NATIONAL D'HURAYMILA ★

Accès libre. 4x4 obligatoire.

Le Parc national d'Huraymila est l'endroit choisi pour la réintroduction de la gazelle d'Arabie. Cette petite gazelle des sables au pelage parfaitement fondu dans son environnement est en voie de disparition. Il n'en resterait que 3 000 à l'état sauvage au Moyen-Orient. Un programme de sauvegarde et de réintroduction a donc été entrepris. Vous en croiserez peut-être en sillonnant les wadis asséchés de ce parc qui s'étire au sud d'Huraymila en direction de Edge of the World.

THE EDGE OF THE WORLD ★★★

Accès libre. 4x4 obligatoire.

Si l'accès au « Rebord du Monde » est gratuit, il vous faut impérativement un véhicule tout-terrain pour y accéder. Il ne s'agit pas d'un site précis, mais d'une longue chaîne de montagne formée par le contre-plissement de la faille qui court dans la mer Rouge. Le plateau rocheux s'interrompt brusquement et forme une longue ligne de falaise sur le plateau du Najd. Il s'agit de l'une des sorties les plus prisées depuis Riyad et toutes les agences de voyage locales proposent l'excursion en fin de journée. Certains endroits sont très fréquentés le week-end et assez sales, car beaucoup de visiteurs laissent leurs détritus derrière eux. L'idéal est donc de venir en semaine. Le site est majestueux, vu du bas ou vu d'en haut. Les falaises s'élèvent à une centaine de mètres de hauteur et courent sur des kilomètres. Des pitons rocheux dessinent des formes originales des plus photogéniques. L'accès le plus aisé se fait par le wadi en venant de Sadus, qui est accessible aux berlines et citadines. Un chemin permet ensuite de monter au sommet de la falaise. La dernière portion nécessite de grimper dans les rochers et n'est donc pas indiquée pour tous. Il y a eu des accidents par le passé et l'accès est désormais limité. Si vous passez par une agence, vous arriverez par le haut du plateau, marcherez un peu, puis pique-niquerez à la dernière lueur du jour, avant de regagner Riyad en soirée. De plus en plus de personnes vous diront que le site était « mieux avant », qu'il y a désormais trop de monde... Mais il en vaut la peine !

MRAT ★

Mrat (qui se prononce Marath) est un minuscule village bordé de dunes orangées, placé sur l'ancienne route de Riyad à Buraydah. Il a conservé son vieux village, partiellement abandonné. Seules quelques maisons reconstruites au milieu des ruines abritent encore quelques habitants. Le village plaira aux amateurs de découvertes en-dehors des sentiers battus, car rares sont les touristes à s'arrêter ici. Les ruines s'étalent derrière un petit lac de retenue d'eau creusé à la main. Trouverez-vous l'ancien puits et son portique de pierre ? Pour un point de vue intéressant, une route conduit au sommet de la montagne qui se trouve en face du village.

The Edge of the World.

SHAQRA ★★

Cette ville à 190 km au nord-ouest de Riyad est située sur l'ancienne route qui relie la capitale à Buraydah. Elle connaît un boom dans son développement grâce à l'ouverture récente d'une université pour filles. Shaqra (qui se prononce Shagra) a conservé sa vieille ville, dont beaucoup de maisons sont en ruines. Certains palais et mosquées, ainsi que les ruelles ont été rénovés et il est agréable d'y flâner. Shaqra ne se trouve qu'à quelques kilomètres d'Ushaiqer qui reçoit beaucoup de touristes pour sa vieille ville. Ici, l'atmosphère est plus authentique et tranquille. Le palais de Subaie, le vieux souk et le petit musée de Shaqra méritent un arrêt.

USHAIQER ★★★

Nichée au coeur du Najd, à 200 kilomètres au nord-ouest de Riyad, l'oasis d'Ushaiqer est devenue village il y a près de 1 500 ans. Les Bédouins se sont sédentarisés ici, profitant de conditions favorables pour élever leur bétail et cultiver la terre. Le village est vite devenu une halte pour les pèlerins en chemin ou de retour de La Mecque. Le village de pisé a été abandonné il y a une cinquantaine d'années, ses habitants recherchant plus de confort. Il est devenu une attraction touristique, certaines de ses maisons ayant été restaurées, d'autres offrant un visage fantomatique. Il faut absolument flâner dans ses ruines en quête d'un beau point de vue.

AL GHAT ★★

Al-Ghat est une petite ville de 16 500 habitants située à 240 km au nord-ouest de Riyad, sur l'axe autoroutier Riyad-Buraydah. La ville est abritée dans un repli de la chaîne montagneuse Tuwaïq. Contrairement à « The Edge of the World », ici, point de falaises abruptes et spectaculaires, mais de de petits collines guidant les eaux de pluies vers le wadi Al-Ghat. Des fouilles archéologiques menées en 2013 ont confirmé l'habitation très ancienne de cette oasis. Des outils remontant au Paléolithique ainsi que des pétroglyphes ont été retrouvés dans ses environs. Le vieux village d'Al-Ghat est l'un des plus anciens et des plus vastes d'Arabie Saoudite.

VIEUX VILLAGE DE SHAQRA ★★

Shaqra a conservé sa vieille ville, au nord de la ville moderne. Si beaucoup de ses maisons sont en ruine, certains palais ont été restaurés. La ville était ceinte par un mur défensif et comprenait un marché, quatre mosquées et une palmeraie (hors les murs). Il est agréable de se promener dans ses ruelles pour se saisir d'une atmosphère qui prévalait en Arabie Saoudite au début du XXe siècle.

▸ **Palais al-Subaie.** Le monument emblématique de Shaqra était construit au pied du mur d'enceinte, à l'ouest de la ville. Si le mur n'existe plus sur cette portion, le palais a lui été rénové et transformé en musée par le Département des Antiquités. Le palais date de 1939 et respecte le style classique du Najd, un mélange entre les styles andalous et islamiques. On retrouve les créneaux en triangles chaulés de blanc au sommet des bâtiments, les frises décoratives sur les enduits extérieurs. Les nombreuses fenêtres et leur largeur indiquent que le palais est plutôt récent. Ce palais renfermait le Trésor de Shaqra et fut commandité par le trésorier de Riyad, Abdul Rahman Abdullah. Le roi Abdulaziz avait pour habitude de s'y arrêter lorsqu'il se rendait au Hejaz. Le palais de pisé est construit sur deux étages, l'étage supérieur étant légèrement plus petit que l'étage inférieur. Certaines portes sont particulièrement ouvragées, comme celle qui gardait le trésor. Les peintures utilisées étaient obtenues avec du pigment naturel.

▸ **La maison du Sheikh Abdulaziz ibn Abdullah al-Abdulkrim.** Une plaque marque l'entrée de cette maison qui a été parfaitement restaurée. Elle présente les caractéristiques des maisons saoudiennes anciennes : austères, massives, sans ouvertures autres que la porte d'entrée. Le sheikh est l'autorité morale du village, celui qui tranche les petits litiges, prend des décisions pour la communauté. Le titre de sheikh se transmet de père en fils.

▸ **Maison al Eissa.** Cette grande maison, au nord-est de la vieille ville, est reconnaissable à son puits qui lui fait face et à sa colonnade aux arches triangulaires sur le devant.

▸ **La mosquée du marché.** La grande mosquée de Shaqra occupe le centre d'une large place dégagée. Elle est aisément reconnaissable à son haut minaret de pisé crénelé, sa salle d'ablutions à colonnes, ses frises triangulaires. Un marché se tenait sur l'arrière de l'édifice et on peut toujours voir l'alignement de boutiques.

▸ **Musée de Shaqra.** Créé et maintenu par le Comité national de développement de l'artisanat, ce petit musée rassemble une collection bric-à-brac d'objets anciens de la vie courante, d'armes, etc.

VIEUX VILLAGE D'USHAIQER ★★★

Accès libre. Musée : 10 SAR.

Le vieux village d'Ushaiqer est un arrêt classique sur la route de Buraydah. Il a été fondé il y a 1 500 ans par des Bédouins en quête de sédentarisation et tirant leurs revenus des caravanes et pèlerins de passage. Les habitants qui vivent désormais aux abords de la vieille ville continuent de se mobiliser pour sa préservation. Se promener dans son labyrinthe de ruelles, parcourir ses ruines, c'est remonter le temps, celui d'une époque où la vue d'un village était la garantie de trouver de l'eau et de pouvoir se reposer quelque temps.

École. Juste avant l'entrée du vieux village, à gauche sur la route principale, vous apercevrez un premier bâtiment carré, en ruine. Il s'agit de la première école construite à Ushaiqer.

Musée Al Salem. Ce petit musée créé à l'initiative des habitants d'Ushaiqer est installé à l'entrée du village, au bout de l'allée principale à droite. Il rassemble une collection récupérée dans les greniers et les caves de vêtements brodés, de poteries, de bijoux traditionnels anciens. Le musée est tenu par les habitants eux-mêmes qui se font un plaisir de raconter histoires et anecdotes sur la vie du village.

Ancienne mosquée d'Ushaiqer. Sur la place à l'entrée du village, qui servait de lieu de rassemblement pour les palabres et les fêtes, se trouve l'ancienne mosquée. Son minaret à la base carrée et au sommet rond est tout à fait singulier.

Montagne d'Ushaiqer. Juste derrière le village se trouve une petite montagne qui offre un point de vue somptueux sur la vieille ville.

© VOLODYMYR DVORNYK - SHUTTERSTOCK.COM

VIEUX VILLAGE D'AL GHAT ★★

Accès libre.

Le vieux village d'Al-Ghat est l'un des plus grands d'Arabie Saoudite et l'un des plus pittoresques. Il s'étire sur 1,5 km, coincé entre une colline et le wadi al-Ghat. Il présente un bel exemple de l'architecture traditionnelle du Najd. Contrairement à de nombreux villages des sables, les maisons ici étaient construites en pierre et enduites d'un mélange de terre argileuse et de paille. Cette caractéristique explique en partie son bon état général de conservation. N'hésitez pas à grimper dans les ruelles et sur le flanc de la colline afin de profiter de points de vue photogéniques sur le village. Les anciens puits et barrages montrent l'importance de l'accès à l'eau dans cette région.

Musée d'Al-Ghat. Le musée occupe l'ancien et vaste palais Emara, ancienne demeure du prince Nasser bin Saad Al-Sudairy. Celui-ci était le gouverneur d'Al-Ghat et nommé par le roi. Aujourd'hui, le palais abrite un petit musée derrière ses volets verts. Il expose des objets de la vie courante, des vêtements, mais aussi des outils remontant au Paléolithique ou d'anciens pétroglyphes trouvés dans les environs. Ils attestent de l'occupation très ancienne de cette oasis. Le palais comprend aussi un « jussah », une pièce réservée à la conservation des dattes.

Le souk d'Al-Ghat. Situé à l'extrémité est du village, le vieux marché est aisément reconnaissable à ses arches triangulaires.

Mosquée al-Oshaza. Cette ancienne mosquée fait face au souk. La salle de prière est une pièce semi-ouverte reposant sur un jeu de colonnes à chapiteaux triangulaires.

ZULFI ★

Aux confins des provinces de Riyad et d'Al-Qassim, Zulfi est un petit village situé à 270 km au nord-ouest de Riyad et 70 km de Buraydah. On en trouve les premières mentions dans des chroniques remontant au IIIe siècle. L'oasis aurait été fondée par la tribu des Banu Hanifa. Le village ne présente que peu d'intérêt sur le plan touristique ; à peine compte-t-il quelques maisons traditionnelles et un ancien palais. En revanche, le village est entouré de dunes de sable tirant de l'orange au rouge ocre. Ces dunes sont connues sous le nom de al-Thoyr. Vous croiserez peut-être un bunopus, un lézard-gecko endémique de la région et répertorié en 1991.

AL-MUZAHMIYA ★

A 60 km au sud-ouest de Riyad, le village fut fondé au XVIe siècle avec le rassemblement de quelques fermiers. C'est aujourd'hui une petite ville de 25 000 habitants qui perpétue la tradition de l'agriculture et notamment celle des dattes. Le village compte également plusieurs éleveurs de chevaux, les célèbres pur-sang arabes. Al-Muzahmiya est surtout une destination de week-end en raison de sa proximité avec la capitale. En hiver, les citadins viennent ici nombreux pour s'offrir une escapade dans les dunes de sable d'un rouge vif qui s'étendent au sud de la ville ou randonner dans les montagnes de la chaîne Tuwaïq qui domine le village au nord.

DUNES DE SABLE ROUGE ★★

Accès libre. 4x4 obligatoire.

Le sud et l'ouest de la ville de Muzahmiya sont parcourus de dunes de sable d'un rouge profond qui deviennent un fabuleux terrain de jeu pour les sports motorisés. Pour y accéder, prenez l'autoroute de la Mecque depuis Riyad, puis prenez la route 505 au changeur juste avant la ville de Muzahmiya. Prenez ensuite la première sortie et roulez vers le sud pendant une douzaine de kilomètres. La multiplication de loueurs de quads vous signalera que vous êtes arrivé à bon port. Les dunes s'étalent de part et d'autre la route avec les montagnes de Tuwaïq en toile de fond.

GOLF DE DIRAB

✆ +966 55 578 9190

https://dirabgolf.com/

Ouvert tous les jours de 5h30 à 19h. Green fee : 265 SAR en semaine et 435 SAR le week-end pour les non-membres.

Ce golf 18-trous a été conçu pour tester la patience et les qualités des golfeurs chevronnés. Plutôt que de tourner à droite vers les dunes rouges, continuez pendant 10 km sur la route 505. Vous atteindrez un havre de verdure, bordé d'arbres et de bunkers sablonneux. Ce golf a été le premier à accueillir le championnat national amateur d'Arabie Saoudite. Cours particuliers ou collectifs permettent d'améliorer ses techniques et de développer son talent. Le golf compte également un centre équestre qui propose des randonnées dans les environs.

AL-KHARJ

Al-Kharj est l'une des villes importantes du Najd. A 100 km au sud-est de Riyad, la ville compte 380 000 habitants. Il s'agit de l'une des plus anciennes villes de la péninsule arabe, mentionnée dans des poèmes de l'ère préislamique. Ce fut aussi un champ de bataille convoité lors de l'unification de l'Arabie Saoudite où les Saoud et les Rasheed se sont longtemps affrontés. Al-Kharj est un point de passage important entre les Etats de l'est de la péninsule et La Mecque. En arabe ancien, son nom signifie « la vallée inaccessible », cernée qu'elle est par le grand désert de Dahna. C'est aujourd'hui une ville moderne de peu d'intérêt touristique.

LAYLA

A 300 km au sud de Riyad, Layla est une petite ville de 76 000 âmes, aux confins du désert de Dahna. L'essentiel de sa population est constituée de Bédouins sédentarisés de la tribu des Dawasir. C'est la ville la plus importante de l'oasis d'Al-Aflaj et on y aperçoit quelques ronds de culture, signes d'une agriculture irriguée. La ville tiendrait son nom de la célèbre œuvre romantique « Layla et le Fou » du poète persan Nizami. De ses 2000 ans d'existence, il reste une vieille ville assez importante, aux artères de terre battue. Au sud-est de la ville, des cratères creusent la platitude de ce désert de rocaille, qui sont les traces de lacs asséchés.

WADI AD-DAWASIR

A 620 km au sud-ouest de Riyad, la probabilité de vous arrêter à Wadi ad-Dawasir est faible, sauf si vous projetez de rallier la province de l'Aseer à Riyad par la route. Aux portes du grand désert du Rub' Al-Khali, cette vallée est étonnamment verdoyante. Sa position au pied des montagnes de l'Aseer est essentielle et stratégique. Le village est naturellement irrigué par l'eau de pluie qui descend des montagnes de l'Aseer par le versant est. La vallée de Wadi ad-Dawasir est constellée de ronds agricoles. Il ne reste de cet ancien émirat qu'un vieux palais de pisé fraîchement rénové. Celui-ci est transformé en petit musée aux horaires incertains.

EST ET SUD

L'est de la Péninsule est un vaste désert plutôt plat qui débouche sur le golfe Persique. C'est là qu'a été découvert le premier gisement de pétrole, transformant le village de pêcheurs de Dammam en cité prospère. Juste en face se trouve Bahreïn, une destination prisée par les Saoudiens le week-end. C'est aussi l'oasis d'Al-Ahsa, la plus grande au monde, ou l'immense et splendide désert du Rub al-Khali. Entre désert et montagnes, les maisons de pisé de style yéménite se dressent au-dessus de Najran, au sud du pays. La route qui gagne la côte sillonne les montagnes du Sarawat à travers des paysages spectaculaires. Jizan permet de gagner l'île de Farasan et son splendide archipel quasi désert. Une invitation à jouer les Robinson Crusoé.

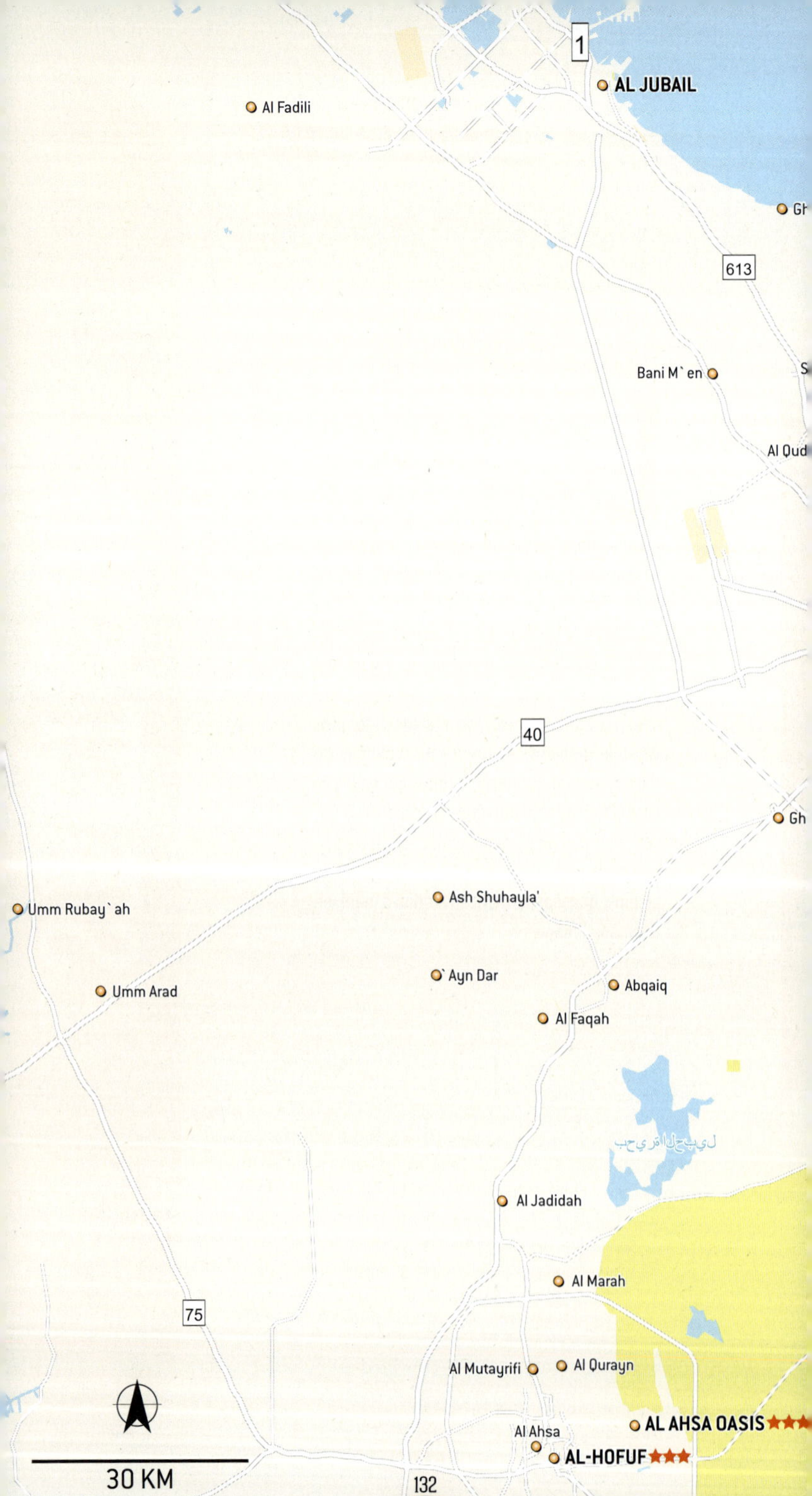
1
AL JUBAIL
Al Fadili
Gh
613
Bani M`en
S
Al Qud
40
Gh
Ash Shuhayla'
Umm Rubay`ah
`Ayn Dar
Abqaiq
Umm Arad
Al Faqah
Al Jadidah
Al Marah
75
Al Mutayrifi
Al Qurayn
AL AHSA OASIS ★★★
Al Ahsa
AL-HOFUF ★★★
30 KM

L'est
Ra's Tannurah
TAROUT
ayhat
DAMMAM
Az Zahran
Ath Thuqbah
AL MUHARRAQ
MANAMA
A'ALI
Hamad Town
Riffa
Zallaq
Dar Kulayb
AL AREEN WILDLIFE PARK
BARHEÏN
Al Numan
Bu Sidra
Al Jemailiya
95
AL UQAÏR
Dukhan

Sud
Muhayil
Turaib
Thajir
Empty Quarter
Abha
Sarat Ubaida
Al Harafashia
Al Minkhali
Badr Al Janub
Al Haridah
Hijrat al Hadba
Tamani
Ad Darb
Zahran
Ar Rayth
NAJRAN
Khubash
Baysh
Alddayer
Al Buq'
MONT FAYFA
Sabya
JIZAN
Jazan
FARASAN ISLAND
YÉMEN
Al Jawfa'
Samitah
Ma`bal
Mushayniqah
Harad
Midi
M 55
Huth
Al Gharah
Hazm
`Abs
Khamir
Al Mahabishah

PAGES

137 ## L'EST

Dammam est la grande ville de l'est. Si elle comprend peu de sites d'intérêt sur le plan touristique, le Musée Ithra mérite à lui seul le détour, tant pour son architecture futuriste que pour la qualité de sa muséographie. Al-Hofuf est inscrite au Patrimoine mondial de l'Unesco pour sa palmeraie, sa préservation de l'artisanat, sa vieille ville, son lac au milieu des dunes et la montagne Al-Qarah.

DAMMAM ★★

137 Dammam est la grande ville de l'est de la Péninsule, un centre économique important. Son Musée Ithra mérite définitivement une visite, tant par son architecture que sa collection, notamment d'art islamique. Tout comme le petit État pétrolier de Bahreïn situé juste en face.

142 ### TAROUT ★

143 ### AL JUBAIL

AL HOFUF ★★★

143 Capitale de la province d'Al-Ahsa, Hofuf mérite définitivement votre visite, notamment pour son centre historique bien préservé, ses palais de pisé et ses marchés artisanaux. Aux portes du Rub' al Khali, la ville est aussi à la lisière de la plus grande oasis du monde.

OASIS D'AL AHSA ★★★★

149 L'oasis d'Al Hofuf vous surprendra avec ses interminables rangées de palmiers-dattiers qui en font la plus grande du monde, les entrailles de la montagne d'Al Qarah dans lesquelles on peut se promener et son lac Jaune, étendue de bleu au milieu des dunes de sable d'or.

152 ### AL UQAÏR ★

EMPTY QUARTER ★★★

153 Empty Quarter, c'est la destination d'aventure ultime. Considéré comme l'un des déserts les plus hostiles au monde, le Rub al Khali ne se découvre qu'en hiver quand le thermomètre affichent des températures plus clémentes. Son étendue immense, ses dunes dépassant 200 mètres de haut, ses couleurs changeantes en font une destination véritablement unique au monde.

154 ## LE SUD

Aux portes du Yémen, dans les montagnes du Sarawat, le climat est plus doux, les routes sont spectaculaires et les maisons traditionnelles de pisé, massives, ressemblent à des forteresses. Au bord de la mer Rouge, Jizan est la porte d'accès à l'île de Farasan et son archipel baigné d'eau turquoise.

NAJRAN ★★

154 Les maisons de style yéménite et le climat clément des montagnes de Najran attirent les visiteurs, particulièrement en été. Perdue dans les montagnes, à la frontière avec le Yémen, Najran offre une escale plaisante à inscrire dans un grand tour de l'Arabie Saoudite.

157 ### MONT FAYFA ★★

PAGES

JIZAN

158

Jizan est considérée comme la perle de la mer Rouge par les Saoudiens du sud, même si elle risque fort de faire détrôner par le projet pharaonique de NEOM. La ville ne présente qu'un intérêt limité, mais c'est le point de passage obligé pour les îles Farasan.

FARASAN ISLAND ★★★

159

L'île de Farasan est ses satellites de sable blond forment un petit archipel baigné d'eaux turquoises à 40 km à l'ouest de Jizan. La destination est très prisée des Saoudiens, surtout le week-end. L'absence relative de constructions, les longues plages désertes et la mangrove forment un paradis tropical encore préservé.

Farasan Island.

DAMMAM ★★

Dammam est la cinquième plus grande ville du pays et la capitale de la Province de l'Est. Elle compte 1 250 000 habitants et se développe à une vitesse fulgurante de 12 % par an. En 1923, ce n'était qu'un petit village de pêcheurs. Aujourd'hui, c'est une ville dynamique,qui si elle tire l'essentiel de ses ressources du pétrole, a su développer un véritable tissu industriel. La ville compte la plus grande communauté shiite du pays, avec 20 à 25 % de la population suivant ce courant de l'islam. Mais la communauté ne compte qu'une seule mosquée, la mosquée Imam Husayn, et elle n'a pas le droit de célébrer Ashura, l'une des plus grandes célébrations shiites. En effet, l'Arabie Saoudite sunnite, qui si elle tolère le courant chiite de l'islam, le voit d'un mauvais œil. Les musulmans chiites du pays font l'objet de discriminations récurrentes (pour plus d'informations, reportez-vous à la section « Religion » de ce guide). Dammam forme avec la ville d'Al-Khobar située au sud-est une vaste métropole aux petits immeubles bien alignés. Ouverte sur le golfe Persique, la ville est aussi le deuxième plus grand port du pays. Le projet Vision 2030 ambitionne de transformer la ville en une destination de loisirs. Pour l'heure, Dammam compte un très beau musée, certainement le plus beau du pays, le Musée Ithra, une construction futuriste érigée à l'emplacement du premier gisement pétrolier découvert dans le pays. Un pont relie le petit état insulaire de Bahreïn à Al-Khobar, ce qui peut être l'occasion d'une visite à la journée.

Histoire

La cité de Dammam est fondée en 1923 par la tribu des Al Dawasir venue de Bahreïn. Ils s'installent initialement à Al Khobar, situé juste en face de l'île, espérant pouvoir rentrer chez eux dans un futur proche. Au moment de l'unification de l'Arabie Saoudite en 1932, la côte à cet endroit compte quelques hameaux qui tirent leur subsistance de la pêche et de la culture des perles. Le visage de la région est profondément modifié avec la découverte d'un premier gisement pétrolifère en 1936, dans le désert, à une vingtaine de kilomètres de la côte. Le célèbre puits n°7, aussi appelé le « puits de la prospérité », va apporter sa richesse au pays. C'est désormais l'emplacement du musée Ithra et du Centre culturel Roi Abdulaziz. Ses environs sont toujours l'épicentre des activités d'Aramco, la compagnie pétrolière saoudienne. La découverte de pétrole à Dammam génère une croissance rapide de la ville. Les hydrocarbures contenus dans ses sous-sols comptent pour un quart des réserves mondiales. Des immeubles sont construits, une autoroute pour relier les puits du nord et du sud de la ville aussi, le port est profondément modifié pour devenir le plus important port du golfe Persique. L'industrie pétrolière attire d'autres industries annexes ou connexes. Une première zone industrielle est établie pour faciliter l'implantation d'entreprises aux activités non liées au pétrole. Les services de santé se développent et plusieurs hôpitaux de pointe sont construits. En 1950, la ville compte 22 000 habitants. En 1961, Dammam accueille le premier aéroport du pays à Dahran, au sud de la ville. La ville répond à un plan de développement urbanistique qui sépare clairement les zones résidentielles, des zones commerciales, des zones industrielles. Le déploiement exponentiel de la ville oblige à « poldériser » la côte pour gagner en espace. L'approvisionnement en eau est assuré par la désalinisation de l'eau de mer. En un siècle, la ville est passée du statut de petite colonie bédouine à une ville multiethnique de plus d'un million d'habitants.

Transports

Dammam est très bien reliée au reste du pays.

Avion. L'aéroport international Roi Fahd (KFIA) est situé à 35 km au nord-ouest de la ville. Il est relié à l'international aux pays du Moyen-Orient, aux principales villes indiennes, au Népal, au Bangladesh, au Pakistan, au Sri Lanka, aux Philippines, à la Turquie, à l'Azerbaïdjan, aux Pays-Bas, à l'Allemagne. A compter du printemps 2023, des liaisons directes seront assurées entre Dammam et la Hongrie, l'Italie, la Grèce, Chypre et l'Autriche. Les compagnies Saudia, Flynas et Flyadeal assurent des liaisons régulières vers tous les aéroports domestiques du pays.

Train. Dammam est le terminus de la ligne de l'est qui part de Riyad. 12 trains quotidiens assurent la liaison dans les deux sens. Il faut compter 4 heures de trajet et 85 SAR en 2nde classe.

Route. L'autoroute 40 relie Dammam à Riyad (410 km, 4 heures), La Mecque (1 275 km,12 heures 30), Djedda (1 350 km, 13 heures 30). L'autoroute 5 relie Dammam à la frontière du Koweït au nord (320 km, 315 km), Uqayr au sud (120 km, 1 heure 30). L'autoroute 615 relie Damma à Al Hofuf (150 km, 1 heure 30).

EST ET SUD

BAIE DE LA DEMI-LUNE [HALF MOON BAY]

Half Moon Bay est une baie naturelle à 40 km au sud de Dammam. C'est le lieu de prédilection des Saoudiens qui habitent la région pour venir se détendre en famille le week-end. Quelques plages aménagées bordent la baie, avec des cabanons vite pris d'assaut à l'heure du pique-nique, ainsi que quelques hôtels et un parc aquatique. La faible profondeur de l'eau permet de venir se baigner en toute sécurité avec de jeunes enfants. Mais attention, les femmes doivent rester couvertes.

LOOPAGOON WATERPARK

End of Half Moon Beach
✆ +966 13 829 3080
https://loopagoon.com/
Ouvert de 10h à 19h du lundi au samedi. Entrée adulte : 199 SAR ; -12 ans : 125 SAR ; gratuit pour les -3 ans.

Loopagoon est un vaste parc aquatique exclusivement réservé aux femmes, une première en Arabie Saoudite. Les garçons sont admis jusqu'à l'âge de 7 ans ou 1,20 m. Le parc compte plusieurs piscines, dont une piscine à vagues où l'on peut s'entraîner au surf, une rivière, un bassin pour les petits avec des toboggans et une dizaine de toboggans de toutes les formes pour les plus grands. Certains toboggans sont soumis à une taille minimum par mesure de sécurité. Le parc est assez fréquenté les week-ends et il faut parfois faire la queue aux attractions.

HERITAGE VILLAGE

Corniche Walkway
✆ +966 55 843 2232
www.heritage-village.com.sa
Ouvert de midi à minuit, jusqu'à 1h le jeudi et vendredi. Entrée : 10 SAR.

Musée et restaurant à la fois, le Heritage Village est conçu comme une destination de loisir pour les Saoudiens. Le palais, un peu kitsch, est une réplique d'une maison traditionnelle de l'est. Vous pouvez visiter l'Arabie Saoudite du passé à travers les 5 étages du bâtiment où bijoux, manuscrits, tissus sont entreposés. Une reconstitution de souk, où tout est à vendre (ou à acheter) rassemble les souvenirs traditionnels : encens, parfum, paniers et sets de table en palme tressée, dattes... Le restaurant traditionnel est surtout ce qui attire les locaux.

MUSEE ALFELWAH ET ALJOWHARA ★★

55 Ninth Street
✆ +966 55 188 6880
Ouvert le lundi de 18h à 22h, les autres jours sur rendez-vous. Entrée : 50 SAR.

Quand un millionnaire s'adonne à la folie collectionneuse, cela donne ce musée privé qui rassemble 500 000 objets exposés dans une somptueuse villa. Abdulwahab al-Ghunaim a mis des années à rassembler ce bric-à-brac qu'il a décidé d'exposer au public en 2018. Il faut reconnaître que la collection possède de très belles pièces comme ce Coran vieux de 500 ans ou un dais brocardé de fil d'or et d'argent qui sert à protéger la Kaaba. Et le tout est très bien exposé.

Musée Ithra.

EST ET SUD

MUSEE ITHRA ★★★★

8386 Ring Road ✆ +966 13 816 9799
www.ithra.com

Ouvert du samedi au mercredi de 9h à 0h, le jeudi de 9h à 1h, le vendredi de 16h à 1h. Fermé dimanche. Entrée : 35 SAR.

Ithra est ce qui se fait de mieux sur la scène muséale en Arabie Saoudite. Il a été érigé sur le lieu de la découverte du premier gisement pétrolier dans le pays en mars 1938. A 15 kilomètres au sud de Dammam, le bâtiment inspiré de la structure interne de la roche-mère où se forme le pétrole surgit au milieu d'un désert désolé. Œuvre de l'architecte norvégien Snohetta, la tour et ses deux galets surdimensionnés méritent à eux seuls le coup d'œil. Le musée Ithra rejoint les musées Guggenheim de New York et de Bilbao, le musée des Confluences à Lyon ou le musée Ordos en Chine au rang des chefs-d'œuvre architecturaux. Il a été pensé dans le respect des normes environnementales LEED et toutes les espèces plantées dans ses jardins ont été choisies en fonction de leur résilience au rude climat saoudien. En arabe, *ithra* signifie « enrichissement » et le nom a bien entendu été choisi pour signifier l'enrichissement culturel. Le musée fait partie d'un projet plus vaste, le Centre culturel Roi Abdulaziz pour la Culture du Monde, qui comprend un musée pour enfants, une bibliothèque et une salle de spectacle de 900 places. Le Centre culturel a été inauguré en décembre 2016 par le roi Salmane bin Abdulaziz et le musée a ouvert ses portes en 2018. Le site a été entièrement financé par Aramco, la compagnie pétrolière saoudienne.
Outre les collections, le musée se visite comme une œuvre en soi. Les volumes, les matériaux, les jeux de lumière, l'aménagement de l'espace sont commentés lors de visites programmées en anglais d'une heure. Le musée Ithra est divisé en cinq galeries thématiques.

- **Galerie Funoon (Galerie 1).** Elle présente une découverte de l'art contemporain au Moyen-Orient et en Arabie Saoudite au travers d'expositions temporaires qui mettent en valeur les artistes d'aujourd'hui.
- **Galerie Ajyaal (Galerie 2).** La deuxième galerie fait le lien entre l'Arabie Saoudite d'hier et celle d'aujourd'hui. Elle revisite le sentiment national au travers des différentes régions et cultures du pays. L'exposition « Être Saoudien » était en cours d'accrochage lors de notre visite.
- **Galerie Kunooz (Galerie 3).** Cette galerie rend hommage à l'héritage islamique du pays à travers une sélection d'objets religieux anciens, de maquettes et de présentations interactives.
- **Galerie Rehlaat (Galerie 4).** L'exposition interactive présente la formation géologique du pays, sa faune et sa flore.
- **Galerie Aramcorama (Galerie 5).** Photos et textes présentent l'histoire moderne de l'Arabie Saoudite, celle qui a profondément modifié le pays avec la découverte de pétrole.

MUSEE TAYBEEN ★

4807 Al Shira
✆ +966 50 800 7333

Ouvert du lundi au samedi de 16h à 22h. Entrée : 25 SAR ; -16 ans : 15 SAR.

Ce musée privé est à l'image de nombreux autres en Arabie Saoudite. Il comprend une collection hétéroclite et extensive d'objets des années 1950 à 1980 qui retrace l'âge d'or du développement du pays. Plus de 10 000 objets de la pop-culture sont rassemblés ici. Bouteilles de soda, sachets de bonbons, vieilles télévisions, bandes dessinées Marvel, peluches de la Rue Sésame... Ce que ce musée nous enseigne, c'est que nous partageons tous un peu de cette culture. Il semble que beaucoup de Saoudiens soient nostalgiques de cette époque.

SCITECH ★

Al Khaliji
https://scitech.sa

Entrée adulte : 46 SAR ; enfant : 34,50 SAR. Ouvert de 9h à midi et de 16h à 21h ; à partir de 16h le vendredi.

Ce musée, c'est un peu l'équivalent de la Cité des Sciences et de l'Industrie à Paris. Il est en premier lieu à destination des enfants afin de les éveiller aux sciences et aux innovations technologiques au travers d'expositions interactives. Le musée vous invite à une visite de l'intérieur du corps humain ou vous présente de drôles de créatures sous-marines. Le musée est organisé en 6 sections différentes : « La terre et l'espace », « Le monde du vivant », « Les mers », « Les merveilles de la science », « L'étonnante technologie » et « Une découverte des oasis ».

GARE FERROVAIRE DE DAMMAM

Abdullah Fuad-Fatima Al Zahra Street
www.sar.com.sa

Guichet ouvert 24h/24 et 7j/7.

Dammam est le terminus de la ligne ferroviaire qui relie Riyad à l'est du pays. La gare est située à l'est de la ville, au sud des quartiers de la Corniche et du port de fret. Très moderne, la gare comprend des salons d'attente, dont un salon réservé aux voyageurs qui empruntent la classe affaires. L'embarquement s'effectue quelques minutes avant le départ du train. Les billets sont contrôlés avant l'accès aux quais. A l'arrivée, vous trouverez les services de taxi à la sortie.

KING FAHD INTERNATIONAL AIRPORT

✆ +966 13 883 4445

L'aéroport international Roi Fahd est situé à 45 km au nord-ouest de Dammam. Prévoyez suffisamment de temps en journée pour vous y rendre. Il s'agit d'une ancienne base aérienne de l'armée américaine ouverte à l'aviation civile en 1999. C'est peut-être pour cela qu'il s'agit du plus grand aéroport du monde, pas en termes de liaisons ou de passagers, mais pour sa surface de... 776 km². Il comprend un terminal d'où s'effectuent les départs et les arrivées des vols.

DANA RAYHAAN BY ROTANA €€€

Al Ashriah Street ✆ +966 55 213 1200

www.rotana.com

A partir de 800 SAR pour une chambre double, petit déjeuner inclus.

Dana Rayhaan by Rotana occupe un immeuble de 9 étages, de verre et d'acier à une petite encablure de la Corniche de Dammam. Les chambres sont belles et légères comme les pages d'un magazine de décoration. Les tons sont doux : du sable, du beige, du blanc, à peine rehaussé de jaune moutarde pour le côté pimpant. Dans les parties communes, le choix d'un bleu céruléen et de béton gris a été fait pour rappeler que la mer n'est pas loin. Une immense salle de sport et une piscine permettent de s'adonner à une activité physique à l'abri de la chaleur.

BOUDL AL SHATEA €€

10th St

✆ +966 59 813 8888

www.boudl.com

Comptez 130 SAR pour une chambre double.

Boudl est une chaîne d'appart-hôtels très présente en Arabie Saoudite. Elle est synonyme de qualité, de bon emplacement dans les villes, et de confort. La résidence Al Shatea est située à l'entrée du quartier de la Corniche et comprend une piscine en extérieur. Pas de restaurant, mais un petit café. Les chambres sont plaisantes et sobres, avec quelques en-cas et un minibar. Elles sont surtout spacieuses. Demandez une chambre sur l'arrière de l'établissement, un peu plus calme. Le réceptionniste vous proposera probablement d'en voir plusieurs.

NORMINA HOTEL SUITES €€€

✆ +966 53 882 7888

A partir de 650 SAR pour une chambre double.

Cette résidence hôtelière offre un cadre élégant, contemporain et confortable pour un séjour dans le quartier de la Corniche à Dammam. Les chambres sont aussi bien équipées qu'à l'hôtel, avec produits de toilette, sèche-cheveux, nécessaire à repasser... Et comme vous êtes dans une résidence hôtelière, toutes sont de véritables appartements avec salon, cuisine (réfrigérateur, congélateur, lave-linge, micro-ondes...). On regrette l'absence de piscine et de restaurant pour que le séjour soit parfait. En revanche, un espace café permet de faire une pause.

SWAT AL OLAYA HOTEL APARTMENTS €€

111 Madan Ibn Aws Street

✆ +966 13 850 7000

A partir de 360 SAR pour une chambre double.

A mi-chemin entre Al Khobar et Dammam, cet appart-hôtel est parfaitement situé si vous avez besoin de vous rendre rapidement à l'Université du pétrole et des minéraux du Roi Fahd. La petite réception s'accompagne d'une cafétéria et de petits coins salon. Les chambres sont simples et modestes, mais bien équipées, avec un espace kitchenette et des salles de bain récentes. Le petit plus, la piscine extérieure au rez-de-chaussée de l'hôtel entourée d'un petit jardin.

RESIDENCE INN BY MARRIOTT DAMMAM €€€

Prince Muhammad bin Fahd Road

✆ +966 13 331 4000

www.marriott.com

A partir de 600 SAR pour une chambre double, petit déjeuner inclus.

Le Marriott Dammam est l'un des deux hôtels 5* étoiles de la ville. On y retrouve les codes internationaux de l'hôtellerie d'affaires avec des chambres fonctionnelles, plutôt jolies et sobres où le bois clair et le blanc dominent. Ce sont les services qui font la différence : conciergerie 24h/24, espace de jeux pour les enfants, piscine extérieure, salle de gym, le petit déjeuner inclus. Certaines chambres sont équipées pour de longs séjours, avec cuisine intégrée.

SHERATON DAMMAM HOTEL & CONVENTION CENTRE €€€

Al Ashriah Street
✆ +966 13 834 5555
www.marriott.com
A partir de 655 SAR pour une chambre double, petit déjeuner inclus.

L'autre hôtel 5 étoiles de Dammam est situé juste en face du centre commercial d'al-Shatea. C'est la destination d'affaires par excellence avec son centre de convention et ses salles de réunion intégrées. La déco classique de style américain est très classe, avec son mobilier acajou et ses gros fauteuils moelleux. La piscine extérieure est la plus grande et la plus belle de Dammam. Beaucoup de chambres sont équipées de baignoire, n'hésitez pas à en faire la demande.

BURGER SITE €

Mahar Street
✆ +966 50 062 1267
Ouvert de midi à 1h, à partir de 13h le vendredi. Compter entre 40 et 70 SAR pour un hamburger.

Dans un cadre très contemporain et avec une cuisine ouverte centrale, Burger Site est la version chic du fast-food américain. Ici les hamburgers sont préparés avec du bœuf angus ou wagyu. Les recettes sont originales et les sauces conçues spécialement pour la maison. Les petites faims se contenteront d'un burger classique, tandis que les carnivores patentés partiront sur le « Site », le burger signature et ses 200 g de viande. Le « Smoked Waguy » est servi sous cloche pour voir la fumée s'envoler au moment du service. Il y a aussi des burgers au poulet.

ENNABI GRILL €

Prince Mohammed bin Fahd Road
✆ +966 92 000 6396
Ouvert tous les jours de 11h à 2h. Compter 55 SAR pour un repas.

Ennabi Grill est une chaîne de restaurants présente à Dammam, Riyad et Djedda. Elle est spécialisée dans les viandes grillées, un mets de choix pour les Saoudiens. Le menu est limité et propose surtout des kebabs, ces brochettes de viandes hachées et marinées. Agneau et poulet sont préparés de différentes manières, épicées ou non. Il existe même une assiette d'aubergines grillées qui ravira les végétariens. Et si vous rêvez de légumes pour accompagner votre plat, la maison propose l'incontournable triptyque houmous, moutabbal et fatoush.

MIJANA €

Prince Mohammed Bin Fahd Road
✆ +966 92 000 6544
Ouvert tous les jours de 10h à 2h ; à partir de 12h le vendredi. Comptez 50 SAR pour un repas.

Mijana est un restaurant libanais qui propose une cuisine levantine typique : houmous, mutabal, labneh, baba ghanoush, etc. Il est également possible de s'y arrêter pour prendre un délicieux shawarma à emporter. Les sandwiches sont généreux, mais mieux vaut en prendre deux pour ceux qui ont un solide appétit. Vous apprécierez la viande moelleuse et la sauce à l'ail parfaitement dosée. Le service est adorable et très curieux des étrangers de passage. Attention, salle séparée pour les femmes et les enfants qui se trouve à l'étage. Il faut emprunter l'accès dédié.

ANKAWA IRAQI RESTAURANT €€

King Abdullah bin Abdulaziz Road
✆ +966 13 802 1736
Ouvert tous les jours de midi à 1h. Compter 60 SAR pour un repas.

Profitez de votre passage à Dammam pour voyager à la table du Moyen-Orient en s'essayant à ses différentes variations. Ankawa est un restaurant irakien au cadre plaisant. Une cour-jardin a été aménagée sur le côté du restaurant, avec des palmiers nains pour l'ombre bienfaitrice et des plantes en plastique pour créer un jardin vertical. Si le menu très varié propose les grands classiques de la cuisine levantine, optez plutôt pour les spécialités irakiennes, comme le *dolma*, des légumes farcis, ou le *quzi*, le plat national irakien à base de riz et d'agneau.

BAIT AL ROBYAN SEAFOOD RESTAURANT €€

Khaleej Road
Ouvert de midi à 0h45 ; fermé le vendredi. Compter 120 SAR pour un repas.

Ce restaurant spécialisé dans les fruits de mer offre une escale sympathique entre univers marin et taverne rustique de bord de mer. On retrouve les inévitables cordages et filets de pêche comme éléments décoratifs, mais aussi du bambou et du bois brut pour le mobilier. Vous pourrez choisir votre poisson au comptoir réfrigéré, à déguster grillé ou frit. La carte comporte quelques plats intéressants comme la soupe de poisson, les pâtes aux coquillages ou des tartines aux crevettes.

BALCONY €€

Al Ashriah Street

✆ +966 13 898 9994

Ouvert tous les jours de 7h30 à minuit. Compter 100 SAR pour un repas.

Ce restaurant situé dans le centre commercial d'Al Shatea bénéficie de son entrée directe depuis l'avenue principale et d'une grande terrasse extérieure. Si vous êtes en voiture, un grand parking couvert se trouve juste derrière Boudl Appartments, dans une petite rue. Le restaurant fleure bon l'Amérique, tant dans sa déco que sa carte. Un grand bar avec chaises hautes occupe un coin de la pièce. Y sont rangées des bouteilles de sirop et de vins sans alcool. Le menu propose des plats venus tout droit du Midwest : burgers, pâtes au fromage, poulet frit...

BEACH PARK RESTAURANT AND LOUNGE €€

Prince Mohammed bin Fahd Road

✆ +966 50 132 1166

Ouvert de midi à minuit, jusqu'à 1h du jeudi au samedi soir. Compter 150 SAR pour un repas.

Si vous demandez à un habitant de Dammam quelle est la meilleure table en ville, le Beach Park revient souvent dans les Top 3. Avec ses carrelages colorés, ses abat-jour en rotin, ses gros fauteuils en velours coloré, le cadre est à la fois chic et confortable. Les poissons et fruits de mer sont à l'honneur avec des recettes originales comme pour ces crevettes frites et guacamole ou les pattes de crabe façon cajun, avec une sauce relevée et du maïs.

STARBUCKS COFFEE

10th Street

✆ +966 13 667 8560

Ouvert tous les jours de 6h à minuit.

Est-il encore besoin de présenter la grande enseigne de cafés de Seattle ? Les inconditionnels des frappuccinos, muchas, cafés glacés et autres macchiattos ne seront pas déçus, ils retrouveront ici leurs habitudes et leur boisson caféinée favorite, comme à la maison. L'enseigne vend également des sandwiches, des gâteaux et des biscuits pour combler les petites faims. La salle est immense et on ne se bouscule pas, donc vous n'aurez aucune peine à trouver une place tout en profitant du wifi gratuit pour surfer sur le net ou passer quelques appels à la maison.

TAROUT ★

Tarout est une petite île située en face de Qatif, à une trentaine de kilomètres au nord de Dammam. Des fouilles archéologiques ont attesté de traces d'habitation remontant à 5 000 ans av. J.-C., ce qui en fait l'un des plus anciens sites d'occupation de la péninsule arabique. Au IIIe millénaire av. J.-C., Tarout est la capitale du royaume de Dilmoun. La cité occupera aussi une place importante dans les échanges commerciaux entre la Mésopotamie et les villes côtières de la Péninsule. L'île est désormais reliée à la ville de Al-Qatif par un pont. Elle héberge une population de 77 000 habitants. Son attrait touristique principal est sa forteresse.

TAROUT, TRÉSOR ARCHÉOLOGIQUE

Tarout attise la curiosité des archéologues avec de nombreuses découvertes, le plus souvent effectuées par hasard, au détour de la rénovation d'un bâtiment. Ainsi, en 1959, un homme nettoyant une rue découvre des inscriptions en sabéen sur un rocher. Cette langue protoarabique était parlée entre le IIe millénaire et le VIe siècle. Trois ans plus tard, la construction du pont entre Qatif et Tarout permet de trouver des poteries et une statue remontant à l'âge de pierre. Des fouilles sont entreprises en 1968 par une équipe danoise qui met au jour des éclats de poterie datant de 4 500 av. J.-C. Des tombes remontant à 2 000 av. J.-C. ont été mises au jour sur Tell Rafi'ah. Dans les années 1950, un homme labourant son champ découvre une statuette de 94 cm de haut, remontant à 2 500 ans av. J.-C. et probablement d'origine sumérienne. L'homme est présenté en posture d'humilité, les mains croisées sur la poitrine. La statuette a été retrouvée en deux morceaux, coupés de façon nette à hauteur de la tête. La statue intitulée *Le Serviteur en adoration* est désormais réparée et exposée au Musée national de Riyad. Mais la découverte la plus importante est une statuette en or massif représentant la déesse Ishtar, la déesse de l'amour, de la fertilité et de la guerre dans le panthéon mésopotamien. Ces découvertes successives, correspondant à diverses périodes, permettent de remonter l'histoire de Tarout et d'attester que l'île a été occupée par les empires de Dilmoun, d'Akkad, d'Assyrie et de Perse.

FORTERESSE DE TAROUT ★

Accès gratuit. Ouvert le vendredi de 16h à 21h.

Occupant le centre de l'île, la forteresse de Tarout en impose avec ses murs massifs et ses trois tours renflées. Des inscriptions et des reliques pouvant être rattachées à la Mésopotamie laissent à penser que cette place forte existe depuis 5 000 ans av. J.-C. Un millénaire plus tard, Tarout était la capitale des Dilmoun, une civilisation qui régissait les échanges entre la Mésopotamie et les côtes arabes. L'enceinte et les tours qui subsistent pourraient remonter aux Portugais qui occupèrent l'île brièvement au XVIe siècle face aux Ottomans.

AL JUBAIL

Al-Jubail est une ville industrielle de près de 700 000 habitants, située à 100 kilomètres au nord de Dammam. En 1975, la ville n'est encore qu'un petit village de pêcheurs, lorsque le gouvernement saoudien décide de le transformer en vaste zone industrielle, essentiellement tournée vers la pétrochimie. La ville est rentrée dans l'histoire saoudienne en accueillant en 1933 la première équipe de géologues venus sonder le sous-sol du pays. Tout comme Tarout, le site d'Al-Jubail avait aussi été élu par le royaume Dilmoun pour abriter une colonie et contrôler les échanges marchands entre la Mésopotamie et le sud-est de la Péninsule arabe.

HOLIDAY INN & SUITES AL JUBAIL €€

✆ +966 13 345 1555

www.ihg.com/holidayinn/hotel/en/jubail

A partir de 620 SAR pour une chambre double, petit déjeuner inclus.

Ville industrielle certes, mais destination loisirs également. Jubail attire les Saoudiens en quête d'eaux turquoise, de bancs de sable, de fonds marins. Le Holiday Inn Al Jubail est situé à seulement 5 min de la plage publique de Taibah (attention port du maillot de bain prohibé) et à proximité des compagnies pétrochimiques. Il affiche des lignes très graphiques. La bâtisse ressemble à un assemblage de gros cubes. Du mobilier et une déco à motifs géométriques filent la métaphore.

AL HOFUF ★★★

Al Hofuf est la capitale du governorat d'Al-Ahsa, l'un des plus vastes du pays, car il intègre une grande partie du désert du Rub' Al-Khali. La ville recèle en son centre un vieux quartier historique avec ses palais de pisé, ses venelles chargées d'histoire et de maisons vénérables, ses écoles coraniques anciennes, son souk refait à l'identique après avoir brulé en 2010 et son marché d'artisanat. Elle est entourée de quartiers modernes, sans charme aucun, et bordés de larges avenues abritant des rangées interminables de centres commerciaux et de « coffee shops ». Si la ville ne cesse de gagner sur le désert et absorbe petit à petit les villes et villages avoisinants, le centre révèle toujours l'atmosphère qui devait régner alors que l'Arabie Saoudite n'était qu'une nation balbutiante. Al Hofuf a reçu le label de l'Unesco de « cité créative », notamment pour sa préservation d'un artisanat et d'un folklore traditionnels. La ville regorge de petits marchés typiques, comme le marché bédouin ou le souk de Qaisariya. Les articles de vannerie sont réalisés par des femmes, travaillant depuis leur domicile.

Facile à rallier en train depuis Riyad ou Dammam, Hofuf mérite définitivement une escale de 2 jours, pour sa ville et pour les sites naturels à proximité, dont l'oasis d'Al-Ahsa, la plus grande du monde. L'oasis s'étire au nord et à l'est de la ville, à tel point que Al-Hofuf et Al-Ahsa ont tendance à se confondre. Mais la ville d'Al-Hofuf et la région d'Al-Ahsa sont bien deux entités distinctes.

Histoire

L'histoire de l'occupation d'Al-Hofuf est ancienne. La proximité de l'oasis avec le golfe persique, son abondance en eau douce ont incité les premières tribus sémitiques à s'installer ici. La cité est vite devenue une centre commercial d'importance. La ville était un point de rencontre pour les caravanes sillonnant entre les rivages du Yémen et la Méditerranée. Les caravanes chargées d'épices et d'encens venus d'Inde et débarqués transitaient également par Al Hofuf, après avoir traversé le désert du Rub' Al-Khali, qui à cette époque n'était pas aussi aride qu'aujourd'hui. Il comptait notamment quelques lacs qui permettaient de faire étape. Elle est ensuite devenue un point de passage des pèlerins pour La Mecque en provenance d'Asie Centrale. La ville est ouverte sur le monde depuis des milliers d'années ce dont les locaux sont particulièrement fiers. Ils considèrent leur ville comme la Djedda de l'est.

Al Hofuf, comme le reste de la Péninsule, a subi l'occupation ottomane. Lorsque de la Révolte arabe, le futur roi Abdulaziz se rend à Al Hofuf pour négocier avec le prince son ralliement et l'engager dans la lutte pour évincer les Ottomans. La maison d'Al-Ahsa et ses habitants demeureront fidèles aux Saoud dans leur volonté d'unification du pays.

Transports

- **Avion.** L'aéroport d'Al-Ahsa se trouve à 20 km à l'ouest de la ville. Il est desservi par les compagnies Flynas et Saudia.
- **Train.** La gare d'Al Hofuf est à 4,5 kilomètres du centre-ville. Elle relie les villes de Riyad à l'ouest, et Dammam au nord. Comptez 50 SAR pour Dammam et 80 SAR pour Riyad en 2nde classe.

MAISON DE L'ALLEGEANCE - MAISON AL-BIAH ★

Al Fath

✆ +966 13 562 3100

Ouvert du samedi au jeudi de 8h à 16h.

La Maison de l'Allégeance est un lieu historique d'importance à Al Hofuf. Située dans le vieux quartier de Koud, c'est dans cette maison que s'est rendu le roi Abdulaziz en 1913 à l'issue de la bataille d'Al-Ahsa. C'est donc ici que le Prince d'Al-Ahsa est venu lui prêter allégeance au nom de son peuple. Cette maison datant de 1789 était la résidence d'Abdul Latif bin Abdul Rahman al Mulla, le juge islamique de la région. Elle a aujourd'hui été transformée en petit musée.

AL FOKHARIA

King Fahd Road

✆ +966 53 394 0000

https://fokharia.sa

Abdullah bin Saleh est un des pionniers dans le tourisme à Al-Ahsa. Natif de la région, il se consacre à faire découvrir sa belle oasis et sa ville d'Al Hofuf. Son agence, Al Fokharia, propose de nombreux circuits à la durée variable, pour découvrir la soixantaine de sites d'intérêt que compte la région. Mais elle peut aussi concocter un circuit sur mesure en fonction du temps dont vous disposez et de vos centres d'intérêt. Soyez assurés qu'en faisant appel à Fokharia, vous serez entre de bonnes mains et que vous serez accompagné par les meilleurs guides locaux.

ECOLE AL AMIRIAH ★★

King Abdulaziz Road

✆ +966 13 580 2639

Ouvert du mardi au samedi de 16h à 21h et de 8h à 11h le mardi et mercredi.

L'école Al Amiriah était fermée lors de notre passage. Il s'agit de l'une des plus anciennes écoles publiques d'Arabie Saoudite et la première à Al Hofuf. Sa construction débute en 1937 et elle ouvre ses portes en février 1941, sous les auspices du Prince Saud bin Jalawi, le prince du gouvernorat d'Al-Ahsa. L'école est destinée à l'éducation des princes du royaume. Son architecture mêle les influences islamiques, particulièrement notables dans les arches de la cour qui alternent demi-cercle, motifs floraux à l'européenne ou fleur de lotus moghol.

PALAIS D'IBRAHIM ★★

King Khalid Road

✆ +966 13 562 3100

Le palais était en rénovation lors de notre passage.

Le palais d'Ibrahim est dissimulé derrière une haute muraille ponctuée de 7 tours percées de petites ouvertures défensives. Les travaux de construction démarrent en 1555 à l'initiative de Ali ibn Ahmed Ibn Lawand Al-Burayki, le gouverneur ottoman en place à Al Hofuf. Sa fonction première est de servir de baraquements aux soldats de l'armée ottomane. Une mosquée couverte d'un grand dôme blanc est construite simultanément. Au XVIIe siècle, le palais est agrandi et transformé en forteresse, puis il devient une prison. Retrouvant sa vocation militaire, des bains turcs sont aménagés devant la mosquée, une petite chambre elle aussi surmontée d'un dôme blanc. Il s'agissait des premiers bains de la Péninsule. Le palais subit une rénovation complète en 1801, financée par le gouverneur saoudien Ibrahim ibn 'Ufaysan. Les historiens pensent que c'est de ce personnage que le palais tire son nom. C'est à cette époque qu'il prend sa forme définitive. Le palais d'Ibrahim était en rénovation lors de notre passage. Les plafonds en troncs de palmier et roseaux, les enduits de plâtre blanc à l'intérieur, les enduits de pisé à l'extérieur ont été complètement refaits.

Le palais d'Ibrahim occupe un terrain de 1,6 hectare. Il mélange les styles islamiques et ottomans. Les arches brisées, les dômes et le mihrab traduisent le style islamique. Le minaret de la mosquée, bâti en pierre, et cachant un escalier en colimaçon, est de style turc, tout comme les bains ajoutés au XVIIe siècle. Les quartiers des militaires occupaient l'aile est du fort.

الفوخرية
al FOKHARIA
Tour Operators

QUARTIER DU VIEUX KOUD ★★

Koud est l'un des plus anciens quartiers d'Al Hofuf. Certaines de ses maisons remontent au XVIe siècle. Le quartier démarre au sud de l'hôtel Old Koot. En vous perdant dans ses ruelles vous tomberez sur la mosquée d'Abu Bakr et sa citerne donnant sur la rue et qui était alimentée à dos d'âne ou d'homme. Un peu plus loin, une porte protégée par un auvent en bois et une plaque (en arabe) signalent le ribat du Sheikh Abdullah bin Abu Bakr al-Mulla. Il s'agissait d'une auberge gratuite pour les voyageurs nécessiteux, accompagnée d'une école coranique.

SOUK DE QAISARIYA ★★★

King Abdulaziz Road

Ouvert de 8h à 11h30 et de 16h à 23h.

Le souk de Qaisariya, c'est le cœur vibrant de la vieille ville d'Al Hofuf. Il traduit l'importance historique d'Al Hofuf sur le plan commercial. Si la date d'établissement de ce marché n'est pas connue, certains voyageurs le mentionnent dans leurs écrits dès le début du XIXe siècle. Les marchandises débarquées dans le port d'Uqaïr prenaient la direction d'Al Hofuf avant d'aller ravitailler les marchés des principales villes de la péninsule. Le marché tel qu'on le connaît aujourd'hui date de 1918. Il a malheureusement brûlé en 2010, au grand dam des habitants. Les commerçants ont été relogés dans un marché flambant neuf construit aux portes de la ville. Puis la municipalité s'est attachée à reconstruire le vieux souk à l'identique. Si nombre de commerçants ont réinvesti les petites boutiques et les allées étroites de ce marché couvert, ce n'est pas le cas de tous, et pas mal d'échoppes gardent porte close. Le souk compte 400 boutiques réparties sur 7 000 m² d'espace de vente, en faisant l'un des plus grands marchés traditionnels d'Arabie Saoudite. C'est aussi l'un des plus anciens et des plus authentiques. La porte marquant l'entrée du souk a été conservée. Le long de l'artère principale, l'allée est percée d'arches et les commerçants laissent déborder leurs marchandises des boutiques. Il faut se perdre dans les allées couvertes, chaque secteur étant spécialisé dans certains biens : mode féminine ou masculine, fruits et légumes, encens et parfums, épicerie, etc. Venez plutôt en fin de journée, quand le marché s'anime.

ALFORATT TOURS

✆ +966 53 948 5738

© AL FORATT TOURS

Hussain et Abdulrahman sont 2 amis saoudiens qui ont lancé cette agence à taille humaine. Abdulrahman, également le guide, vous accompagnera en anglais sur toute la zone de l'Est du pays. Ils sont spécialisés dans l'oasis d'al-Hassa, patrimoine mondial de l'UNESCO, qui abrite de nombreux sites archéologiques qui témoignent de la présence d'êtres humains pendant la période Néolithique. Avec leur voiture, ils peuvent vous aider à organiser votre séjour de 2 jours en partant de Ryad en train. Avec l'agence Al Foratt tours, on sort réellement des sentiers battus.

AMAKEN RESIDENTIAL UNITS €

Off King Abdulaziz Road

✆ +966 59 764 4411

Comptez 200 SAR pour une chambre double, hors taxes.

Cet appart-hôtel très central présente l'avantage de pouvoir flâner à pied pour ceux qui le souhaitent. Vous n'êtes qu'à 10 minutes du souk de Qaisariya et 15 minutes de l'hôtel Al-Kout et du Palais d'Ibrahim. L'accueil peut être un peu chaotique, mais toujours sympathique, car tout le personnel n'est pas anglophone. Les chambres sont de dimensions agréables et la literie est toute neuve. Les draps et les salles de bain sont d'une propreté redoutable. Une aubaine à ce prix. Comme souvent pour ce type d'adresse, vous devrez réserver par Booking.

© SAUDI TOURISM AUTHORITY

Souk traditionnel de Qaisariya.

SOMEDAYS €

King Abdulaziz Rd
✆ +966 13 581 0191
Compter de 322 SAR à 650 SAR pour une chambre double. Pas de petit déjeuner.

Cet hôtel datant de 2020 est l'une des bonnes surprises d'Al Hofuf. On aime son lobby lumineux à la décoration moderne et aux lignes claires, sans excès. En revanche, on regrette que le personnel ne parle pas vraiment anglais et qu'il ne soit pas possible de communiquer par email. La réservation s'effectue sur Booking et vous pouvez utiliser WhatsApp pour communiquer en amont. Il n'y a que 36 chambres, le temps que les deux derniers étages soient achevés. L'un d'entre eux devrait accueillir le restaurant, qui permettra alors de prendre le petit déjeuner sur place.

TRIPLE TREE €

Aynnajm
✆ +966 54 471 5927
Comptez entre 200 SAR et 600 SAR pour une chambre double, petit déjeuner inclus.

Si vous avez une voiture, cet hôtel est une aubaine. Un peu excentré, situé en plein cœur du souk d'Al Mubarraz, celui-là même qui a accueilli les commerçants lorsque le marché d'Al Qairyah a brûlé. Ouvert en 2017, il était déjà en train de se refaire une beauté lors de notre passage. Il comprend tout le nécessaire pour un séjour confortable, dont le restaurant, le coffee shop, la salle de gym et même une salle de jeux pour les enfants. En bonus, des petits restaurants sur le marché, tenus par des femmes et assurant une cuisine authentique, comme à la maison.

ALAHSA GRAND €€

Prince Faisal Bin Fahad Bin Abdulaziz Street
✆ +966 13 589 0000
www.alahsagrandhotel.com
A partir de 562 SAR pour une chambre double, petit déjeuner inclus.

Il fut un temps où l'hôtel AlAhsa Grand était le meilleur de la ville, le plus luxueux. Le développement du parc hôtelier de la ville a changé la donne. Il affiche au regard de ses concurrents un air un peu vieillot. Le style général et le mobilier sont franchement passés de mode et doivent séduire quelques Saoudiens nostalgiques du roi Abdelaziz. Il n'en demeure pas moins que le confort est assuré avec de grandes chambres refaites à neuf récemment. L'hôtel propose également une large gamme de services, dont un billard, une piscine intérieure et une salle de gym.

CORAL AL AHSA HOTEL €€

Dhahran Road
✆ +966 13 531 1111
www.hmhhotelgroup.com
Compter entre 561 SAR et 1 300 SAR pour une chambre double avec petit déjeuner, selon le confort.

Cet hôtel appartient à la chaîne HMH, présente dans les pays du Golfe et au Moyen-Orient. Tout est fait pour fournir un séjour confortable, que la clientèle soit orientée business ou loisir. Vous trouverez les incontournables restaurant et café, la salle de gym et son bain bouillonnant, ainsi qu'une piscine couverte de taille correcte. On a surtout aimé la décoration sobre dans les chambres et la terrasse à côté du restaurant où l'on peut se poser le soir pour fumer une shisha ou tout simplement prendre l'air. En revanche, la réceptionniste ne parlait pas anglais.

GARDEN PLAZA HOTEL €€

Prince Talal Bin Abdulaziz St
✆ +966 13 585 5599
www.gardenplazasa.com
A partir de 400 SAR pour une chambre double. Petit déjeuner : 40 SAR.

Situé non loin de la gare, juste en face de l'Intercontinental, cet hôtel coche toutes les bonnes cases. Avec seulement 63 chambres, il offre néanmoins une belle gamme de service. L'hôtel compte un café, un restaurant, une salle de sport et une piscine, en intérieur, comme il se doit dans ce pays. Les tarifs sont plutôt doux. En revanche, la décoration pique un peu les yeux, notamment dans les chambres avec la moquette zébrée et les tours de lit juponnés. C'est passé de mode, certes, mais la literie est excellente. Le personnel est au diapason.

AL AHSA INTERCONTINENTAL €€€

Al Malik Khaled Street ✆ +966 13 533 5555
www.intercontinental.com
A partir de 664 SAR pour une chambre double.

L'Intercontinental Al Ahsa est pour l'heure l'option la plus luxueuse à Al Hofuf. L'hôtel mérite ses 5 étoiles pour ses belles chambres bien sûr, mais aussi pour ses services. Vous apprécierez ses deux restaurants, dont Al Bustan et son agréable terrasse installée sous les palmiers. L'hôtel dispose également de deux salles de gym, une pour les hommes, une autre pour les femmes, avec des équipements de pointe, un bain à remous, un sauna et une piscine. La décoration est opulente, sans être tape-à-l'œil et sans excès de dorures, ce qui est somme toute appréciable.

SOMEWHERE HOTEL AL AHSA €€

King Saud Road ✆ +966 13 53 55 555
https://ksa.somewhere-hotels.com
A partir de 700 SAR pour une chambre double. Petit déjeuner : 95 SAR.

Situé au nord de la ville, à la lisière de la palmeraie, Somewhere fait partie des nouveaux établissements de Al Hofuf. Rattaché au centre commercial voisin, vous accédez directement aux boutiques, restaurants et au supermarché Carrefour depuis la mezzanine. Les chambres sont plaisantes, avec une literie hyper douillette, une climatisation centralisée, un coin bureau et un grand écran de télé. Les tonalités sont chaudes avec du prune pour réveiller l'atmosphère. Un buffet bien garni vous attend pour le petit déjeuner, au rez-de-chaussée de l'établissement.

AL KOOT HERITAGE HOTEL €€€

4389 King Khalid Road
✆ +966 57 173 7078
A partir de 700 SAR pour une chambre double.

Cet hôtel est peut-être le seul établissement réellement historique d'Arabie Saoudite. Il occupe une ancienne maison du quartier d'Al Koud en face du palais d'Ibrahim. Les 7 chambres sont aménagées dans les pièces entourant le patio intérieur, au rez-de-chaussée et à l'étage. Chacune possède son style et son charme et toutes sont joliment décorées avec du mobilier ancien, même si certaines sont assez exiguës. Le restaurant, ouvert à tous, est installé dans le patio et propose une cuisine traditionnelle de la région d'Al-Ahsa, dont le célèbre riz rouge assawi.

Al Hofuf.

AL HAWI RESTAURANT €

Prince Faisal bin Fahd bin Abdulaziz Road
✆ +966 13 584 4453

Ouvert tous les jours de 5h à 11h30. Compter 25 SAR pour un petit déjeuner.

Al Hawi est l'adresse à tester si vous souhaitez partager le petit déjeuner traditionnel des Saoudiens. Cette adresse n'est ouverte que le matin et elle ne désemplit pas. Les tables sont alignées de part et d'autre de la salle tout en longueur. Le mobilier a l'apparence de l'ancien et peint de couleurs vives pour les rajeunir. Mais qu'est-ce qu'on mange de si bon matin ? Le plat préféré des lève-tôt est le *kebda*, un plat à base de foie de chèvre servi avec du riz ou du pain. Si vous n'êtes pas aussi aventureux, falafels et fèves aux œufs feront l'affaire.

JEPANG'S FILIPINO RESTAURANT €

7474 Al Janubiyyah Street
✆ +966 56 708 8217

Ouvert tous les jours de 9h à 23h30 ; coupure durant la prière du vendredi. Compter 40 SAR pour un repas.

Al Hofuf compte une importante communauté philippine et plusieurs restaurants pour la réconforter en cas de coup de blues. Jepang fait partie de ceux-là. Le cadre est simple et sympathique avec un réel effort pour casser le côté cafétéria. Côté carte, vous pourrez partir à la découverte de la cuisine philippine musulmane dont le tiyula itum, un plat mijoté à base de bœuf ou de chèvre. La couleur noire de la sauce vient de la chair de noix de coco brûlée avant d'être intégrée au plat.

NEW DOOR RESTAURANT €

4543 Ar Rafah As Shamaliyya
✆ +966 59 336 3230

Ouvert tous les jours de 6h à 2h. Compter 2 SAR pour un repas.

Pas facile à débusquer, ce restaurant indien se cache dans une ruelle parallèle à Abou Bakar As Siddiq Street. Il mérite de faire l'effort de le trouver, car on y mange bien pour un prix dérisoire. La cuisine et l'équipe viennent du sud de l'Inde et on retrouve à la carte de copieux biriyanis, des poissons grillés et quelques currys. Le cadre fonctionnel ne choquera pas les connaisseurs du pays de Gandhi. C'est sans charme aucun, mais efficace dans l'assiette. Attention d'utiliser l'accès à la « Family Room » si une femme est présente parmi vous.

DAR BASMA €€

King Faisal Road
✆ +966 56 360 6888
www.dar-basma.com

Ouvert tous les jours de 13h à 23h30. Compter 120 SAR pour un repas.

Dar Basma est considéré comme le meilleur restaurant d'Al Hofuf. Il occupe une très belle maison dont les éléments anciens ont été conservés, telles les mosaïques au sol. Les tables sont agencées autour du patio intérieur, entre les arches ouvragées, au rez-de-chaussée ou à l'étage. Si la carte est essentiellement tournée vers les spécialités levantines et sa farandole de mezzés et de grillades, la maison propose aussi des spécialités culinaires typiques de la région d'Al-Ahsa. Vous pourrez notamment goûter au *mahashi*, un plat végétarien de riz et légumes.

FATTE W SNOBAR €€

Prince Talal bin Abdulaziz Street
✆ +966 55 923 4723

Ouvert tous les jours de 6h30 à 11h30 et de 12h30 à 1h. Compter 100 SAR pour un repas.

La cuisine libanaise est indéniablement une des préférées en Arabie Saoudite et vous trouverez de bonnes adresses dans toutes les villes. Fatte w Snobar figure dans le haut de la liste des bonnes tables d'Al Hofuf. On peut y aller à toute heure de la journée ou presque en commençant par les falafels et le houmous matinal. Le midi, la maison propose un grand choix de fatte, ces salades ou plats intégrant du pain frit. Le soir, les grillades de rigueur s'imposeront. A noter également, quelques spécialités maison comme les kebbe servis avec des vermicelles de riz.

OASIS D'AL AHSA ★★★★

Avec plus de 3 millions de palmiers, l'oasis d'Al Ahsa est la plus grande oasis au monde. Dès la sortie d'Al Hofuf, vous serez cernés par des rangées interminables de palmiers-dattiers. La poussière qui recouvre les feuilles rappelle que le désert n'est pas loin. La meilleure saison pour s'y rendre est entre septembre et décembre qui correspond à la récolte des dattes. Les lopins s'animent alors d'équipes de travailleurs venus pour beaucoup du sud de l'Inde qui grimpent dans les arbres pour couper les grappes de dattes. Outre la palmeraie, la région compte quelques sites touristiques d'importance, comme la montagne d'Al Qarah, le lac Jaune ou la très ancienne mosquée de Juatha. L'oasis d'Al Ahsa figure sur la liste du Patrimoine mondial de l'Unesco.

Transports

Une voiture est absolument indispensable pour se déplacer dans l'oasis d'Al Ahsa. Les loueurs de voiture se trouvent sur King Fahd Road, au nord de la ville. Il y a également une agence Sixt à la gare d'Al Hofuf.

- **Al Jabr Rent a Car.** Ouvert de 8h à 22h du dimanche au mercredi, de 8h à 12h et de 16h à 22h le jeudi et samedi. Fermé le vendredi. Tél. + 966 92 000 6379
- **Budget.** Ouvert de 9h à 13h et de 14h à 21h, de 16h à 21h le vendredi. Tél. +966 12 692 7070.
- **Al Khawarja Car Rental.** Ouvert de 8h à minuit et de 16h à 22h le vendredi. Tél. +966 13 582 3669
- **Sixt.** ouvert de 9h à 13h et de 14h à 21h, de 16h à 21h le vendredi. Tél. +966 54 186 1127.

LAC JAUNE [ASAFAR LAKE] ★★★

Au nord-est de l'oasis, les dunes de sable jaune cachent une vaste zone marécageuse et un lac. Un 4x4 et une connaissance de la conduite sur sable sont indispensables pour s'y rendre. Après avoir roulé pendant 40 km, il faut quitter la route pour emprunter une piste poussiéreuse. Rapidement, on atteint une zone de marécage, avec de hautes herbes, des roseaux et des arbustes. La piste débouche au pied de dunes de sable. En grimpant à leur sommet, le lac, qui est bien bleu, surgit entre les dunes ondulantes. Le spectacle est magique au coucher du soleil.

MONTAGNE AL SHUABA

Le site était fermé lors de notre visite.

Alors que la montagne d'Al-Qarah attire toutes les faveurs, une seconde montagne plane au-dessus de la palmeraie, celle d'Al-Shuaba. Un immense drapeau saoudien flotte au-dessus du pic principal. Le site a été aménagé en parc de loisirs. Une aire de jeux pour enfants a été installée à côté du parking au pied de la montagne. Un téléphérique permet de gagner son sommet. Une passerelle de 100 mètres de long est suspendue entre deux des sommets du petit massif. Une route contourne la montagne et permet d'accéder au sommet pour profiter de la vue sur l'oasis d'Al-Ahsa.

MOSQUEE DE JUATHA ★

Ne se visite pas.

Au moment de la création du parc de loisirs de Juatha, les ingénieurs sont tombés sur les vestiges d'une mosquée très ancienne. Son existence était soupçonnée, car elle est évoquée dans des récits anciens. La nouvelle de l'installation du Prophète à Médine est parvenue aux oreilles des habitants d'Al Ahsa. Certains se sont rendus sur place et le Prophète leur aurait demandé d'édifier une mosquée à leur retour. Construite en l'an 5 de l'Hégire [627], ce serait la deuxième mosquée du monde islamique, la première étant celle de Médine.

MUSEE HERITAGE HOUSE ★★

9892 Zone agricole Hofuf et Mubarraz
✆ +966 54 426 3663
Ouvert de 16h30 à 21h30 et de 9h à 21h le vendredi et le samedi. Entrée : 10 SAR.

Ce musée privé agréé par le gouvernement a été élaboré de toutes pièces, de la bâtisse aux collections, par un amateur d'objets anciens. La collection très hétéroclite propose une plongée dans le temps avec du mobilier ancien, des objets de la vie courante au temps du nomadisme, des objets de la pop-culture, de vieilles télévisions, et même une Peugeot de 1946 ! Les ateliers des petits métiers ont été reconstitués comme celui du coiffeur-dentiste, du tailleur ou de l'épicier. Dans le jardin, un restaurant permet de découvrir la gastronomie d'Al Ahsa.

MONTAGNE AL QARAH ★★★★

✆ +966 13 598 2888

Ouvert tous les jours de 8h à 23h. Entrée : 50 SAR.

L'étonnante montagne d'Al Qarah surgit au milieu de la palmeraie de l'oasis d'Al Ahsa, façonnée par les éléments et les évènements géologiques en de multiples grottes, boyaux, canyons et fissures. 28 galeries naturelles parcourent l'intérieur de la montagne, la plus longue faisant 1,5 kilomètre. Elles permettent de découvrir les entrailles d'une montagne sans effort. Ici, pas besoin de casque, de corde de rappel ou de fil d'Ariane. Le site est absolument somptueux avec ses roches polies en autant de formes surprenantes. Il a été aménagé en 2016, en vue de l'inscription au Patrimoine mondial de l'Unesco de l'oasis d'Al Ahsa. Les sols de la galerie principale ont été nivelés, des éclairages ont été installés et un centre des visiteurs a été construit à l'entrée. L'accès à la montagne d'Al Qarah se fait par son côté est, depuis le village d'Al Qarah. Un grand parking accueille les visiteurs. Le billet d'entrée se prend à l'intérieur du Centre des Visiteurs qui comprend également quelques boutiques de souvenirs, une cafétéria et un musée. Le billet d'entrée donne droit à une photo et un tirage remis à la fin de la visite. Munissez-vous d'une lampe de poche pour explorer certaines galeries et prévoyez une paire de baskets pour le confort.

▸ **Arabian Hospitality Centre.** La visite démarre par un accueil effectué en anglais dans une salle du centre des visiteurs, au rez-de-chaussée ou à l'étage. Un jeune guide vous offrira un café et des dattes, tout en vous donnant quelques explications sur le site et son rôle à travers l'histoire. La partie orientale de la Péninsule arabique était habitée il y a 5 000 ans. Il est probable que les grottes d'Al Qarah servait d'habitat naturel aux premières tribus résidentes. Durant l'occupation ottomane, les grottes servaient à entreposer armes, bijoux, argent et nourriture. Au moment de l'unification de l'Arabie Saoudite, la plus grande des grottes servait de *majlis* au prince d'Al Ahsa. Il y tenait des réunions avec ses hommes et conseillers. Le discours d'introduction s'accompagne d'une visite commentée sur la calligraphie islamique. Des artistes ont peint des morceaux choisis du *Coran* en les interprétant dans le choix des couleurs ou la composition de l'écriture.

▸ **Le musée Land of Civilization.** Au premier étage du centre des visiteurs. Quatre petites salles livrent des informations sur la formation géologique de l'Arabie Saoudite et sur les premières civilisations à avoir occupé le pays. Des comparatifs d'écritures anciennes, des répliques d'artefacts archéologiques et un foulard saoudien qui trouverait son origine chez les Chaldéens. La visite terminée, vous sortez du bâtiment pour accéder à la montagne.

▸ **La montagne d'Al Qarah.** *Al qarah* signifie « le continent » en arabe. Il faut s'imaginer une époque où surgissait ce gros bloc monolithique après des centaines de kilomètres parcourus dans la platitude du désert environnant. Aujourd'hui, vous remontez un canyon qui se resserre progressivement jusqu'à avoir l'impression d'être avalé par la montagne. Ce qui frappe au premier abord, dès que l'on pénètre dans la montagne, c'est la fraîcheur. La température est maintenue naturellement entre 20 et 24 °C toute l'année. Le chemin est tracé par un éclairage qui met en valeur les formes polies de la pierre par l'eau de pluie. De part et d'autre de l'allée centrale, d'autres chemins mènent à des grottes de tailles variables. La plus grande d'entre elles a été surnommée la grotte de l'Aïd. C'est ici que se rassemblaient les villageois d'Al Qarah pour les prières de l'Aïd qui devaient se tenir en dehors de leur lieu de résidence. C'est aussi là que se tenaient certaines réunions nécessitant la discrétion. La grotte est naturellement éclairée par un rai de lumière qui perce à travers une faille dans la montagne. Aujourd'hui, on y célèbre encore des mariages. Les grottes plus petites servaient à l'enseignement des jeunes. Ils se rassemblaient à la fraîcheur de la montagne pour apprendre à lire et à écrire. A mi-chemin de l'allée principale, un photographe vous attend pour vous prendre en photo dans la partie la plus spectaculaire. Les parois de la faille sont écartées et la hauteur de la montagne apparaît dans toute sa splendeur. Au point le plus haut du massif, la montagne d'Al Qarah culmine à 210 mètres. Vous pourrez retirer le cliché imprimé à la sortie, dans la boutique du photographe, qui vous donnera le choix entre deux clichés. Le résultat donne lieu à un joli souvenir.

Il y a trois types différents de grotte dans la montagne d'Al Qarah. Le premier est dû à la dissolution et à l'abrasion naturelle du calcaire, soluble dans l'eau. Le deuxième type est dû à l'effondrement des couches supérieures de la montagne suite à un phénomène d'érosion. Le troisième type est le fruit de mouvements sismiques qui ont créé des failles verticales formant des corridors dans la montagne. Cette formation géologique vraiment unique et originale est la résultante d'une succession de roches et de sédiments de structures différentes qui se superposent comment un mille-feuille. Le socle enterré de la montagne est composé d'une fine couche de marnes surmontée de brèches de 17 mètres d'épaisseur. La base extérieure est composée d'un enchevêtrement de calcaire et de grès rose. Au-dessus repose une épaisse couche de grès gris, de 75 m d'épaisseur environ, avec un intercalage de marnes alluvionnaires qui rend la roche particulièrement fragile et friable. Le sommet de la montagne est formé d'une couche calcaire de deux mètres.

Montagne Al Qarah.

PALMERAIE D'AL AHSA ★★★

La palmeraie d'Al-Ahsa s'étire au nord-est d'Al Hofuf sur près de 4 000 hectares. Auto-déclarée plus grande oasis au monde, elle est inscrite au Patrimoine mondial de l'Unesco depuis 2018. Les palmiers-dattiers sont sagement rangés derrière des murets. Ils sont alimentés en eau par un réseau de canaux qui quadrillent la zone. Autrefois, l'oasis d'Al-Ahsa était alimentée par 160 sources naturelles. Les arbres sont espacés de 6 mètres pour permettre aux palmes de s'épanouir. Lorsqu'ils atteignent 10 à 12 mètres, ils sont arrachés, car les fruits sont de moindre qualité. On dénombrerait plus de 3 millions d'arbres qui produisent notamment les dattes khalas. De forme oblongue, de couleur marron, charnue, sa récolte a lieu entre la fin septembre et la mi-octobre. La palmeraie s'active alors et les cartons s'entassent dans les champs. Les dattes sont récoltées à la main par une main-d'œuvre experte. Tandis qu'un homme grimpe au sommet de l'arbre, ses collègues placent une grande bâche au pied du palmier. Le récolteur coupe les branches chargées de grappes de dattes. Chaque grappe peut porter une centaine de fruits. Les grappes sont ensuite égrenées manuellement et les fruits placés dans des boîtes en carton, qui à l'origine sont conçues pour transporter des bananes. Les agriculteurs utilisent ces cartons, car chacun, lorsqu'il est rempli, pèse exactement 20 kg. Les dattes sont ensuite transportées dans une usine de conditionnement et envoyées à travers le pays. Les dattes khalas ont la particularité d'être pressées.

AL AHSA TOURISM

Al Thlythia

✆ +966 50 849 3533

A partir de 450 SAR pour une excursion au lac Jaune.

Al Ahsa Tourism est l'organisme chargé de développer le tourisme dans la région et de faire figurer Al Hofuf et l'oasis d'Al Ahsa sur la carte du tourisme saoudien. Elle propose des visites des principaux sites de la région en s'appuyant sur les agences de voyage locales. Elle anime également un réseau de 100 chauffeurs expérimentés et équipés de 4x4, le Safari Jeeper Team, pour emmener les touristes au sommet des dunes du lac Jaune. N'hésitez pas à les contacter pour organiser votre sortie qui s'accompagne d'une pause café au coucher du soleil.

AL UQAÏR ★

A 100 km au sud de Dammam et 70 km au nord-est d'Al Hofuf, Uqair Beach est un site archéologique qui garde la mémoire du premier port du golfe Persique. Naturellement protégé par des bancs de sable formant une baie, le site a été choisi par les marchands sillonnant le golfe au moins deux siècles avant notre ère. Un fort et le vieux port attestent de cette occupation et témoignent d'une activité commerciale d'importance. C'est ici que les marchandises étaient débarquées avant de transiter par l'oasis d'Al Ahsa et gagner les routes caravanières vers le nord et la Méditerranée. Il n'existe aucun transport public pour gagner Uqair Beach. Vous devrez louer un véhicule ou faire appel à un guide.

POTERIE DOUGHA

✆ +966 55 497 7783

Accès gratuit.

Adossé à la montagne d'Al Qarah, l'atelier du potier est une visite incontournable lors d'un séjour à Al Hofuf. Le potier prépare son argile crue lui-même en la laissant tremper une semaine avant de la pétrir avec les pieds pour en sentir tous les défauts. L'argile est ensuite mise à sécher puis mélangée à du sable blanc, ce qui donne cette belle couleur grège à ses œuvres. Du grand four à enterrer à la gourde qui garde l'eau fraîche, le potier perpétue la tradition des objets de la vie quotidienne. Ils sont vendus à la boutique à des prix très raisonnables.

PLAGE D'UQAIR

Depuis Uqair, en remontant vers le nord, vous passerez devant une station-service. Juste en face, une route part sur la droite et mène à la plage d'Uqair. Celle-ci a été aménagée de façon grandiloquente par le gouvernement saoudien. Une immense structure semi-circulaire sur deux étages et percée d'arches régulières rappelle les amphithéâtres romains et plus particulièrement le Colisée de Rome. Son utilité, outre l'ombre qu'elle projette, demeure assez incertaine. Une promenade a été bétonnée et de nombreux lampadaires éclairent le site.

LE PORT D'UQAIR ★

Le site était fermé lors de notre visite.

Les monuments édifiés aux abords du port d'Uqair, et le port lui-même, remontent à la période ottomane. Pour autant, nombre d'historiens et d'archéologues pensent que la fondation du port est bien plus ancienne et pourrait remonter à l'antiquité. Certains associent le site d'Uqair et sa baie naturelle très protégée, à la cité perdue de Gerrha. Cette ville marchande à la richesse inouïe est mentionnée dans de nombreux écrits d'auteurs grecs et romains, comme Eratosthène ou Pline l'ancien. On y déchargeait les épices venues d'Inde et la tribu des Gerrahi les transportait jusqu'en Mésopotamie. L'ensemble portuaire comprend le port lui-même, un fort et une mosquée. Le port n'est pas accessible, car certains baraquements servent à accueillir un détachement des gardes-frontières.

Le port et l'entrepôt. Depuis le grillage qui empêche de s'aventurer plus loin, on peut tout de même admirer l'entrepôt qui servait à stocker les marchandises vendues au souk ou devant continuer le voyage pour une autre destination. Le bâtiment est un reflet exemplaire d'une architecture mêlant influences ottomane et arabe.

Le fort et le souk. Le fort d'Uqair accueillait des bureaux administratifs, des logements pour la population et le personnel administratif et une mosquée. Dans la grande cour, des rangées de colonnades le long des murs nord et est marquent l'emplacement du souk.

Tour de guet. Depuis la route d'Al-Hofuf, on aperçoit un tour en ruine sur la gauche, qui permettait de guetter les environs et qui servait peut-être aussi de phare.

EMPTY QUARTER ★★★

« Empty Quarter » est la traduction anglaise de Rub' Al-Khali, le nom donné au désert le plus hostile au monde. Il porte bien son nom puisqu'il n'y a rien d'autre que des dunes de sable à perte de vue. C'est l'un des derniers paradis pour aventuriers recherchant le surpassement de soi. Il est interdit de pénétrer dans ce désert par soi-même. En revanche, certaines agences spécialisées proposent des excursions de quelques jours à plusieurs semaines. Il s'agit de véritables expéditions qui nécessitent une préparation minutieuse, qu'elles s'entreprennent en 4x4 ou à pied. En été, les températures peuvent allégrement dépasser 55°C et en hiver les nuits sont si froides qu'il peut geler. Les dunes peuvent atteindre 250 mètres de haut, leurs lignes de crête mouvant au gré des vents. Les teintes changeantes en fonction de la lumière, les sables blonds, rouges ou orangés offrent un spectacle de toute beauté. Le Rub' al-Khali n'a pas toujours été aussi désertique. On y comptait des animaux, de la végétation et des lacs, dont le dernier s'est asséché il y a 800 ans. Des outils antiques ont été retrouvés aux abords de ces lacs, témoignant sinon d'une occupation permanente, au moins du passage de tribus nomades ou d'une semi-sédentarisation. Les abords du désert sont habités par quelques tribus bédouines qui pourront vous faire découvrir leur désert. Le Rub' al-Khali est aussi la plus importante réserve pétrolifère au monde, à laquelle le gouvernement saoudien s'est pour le moment interdit de toucher.

Tourisme

Si vous souhaitez entreprendre une incursion ou une expédition dans le désert du Rub' Al-Khali, ces agences pourront vous aider. La liste n'est pas exhaustive.

Horizons Tours - Saudi Desert Wanderers. Tél. +966 55 162 6319. Cette agence agréée par la Commission du Tourisme et du Patrimoine d'Arabie Saoudite fait partie des pionnières pour faire découvrir le Rub al' Khali.

Saudi Adventurer. https://adventurer.com.sa. Tél. +966 55 527 7369. Cette agence propose un circuit de 4 nuits dans le Rub' al Khali en hiver.

Amazing Tours. https://amazingtours.com.sa. Cette agence est considérée comme l'une des meilleures spécialistes du Rub' al-Khali. Elle propose des circuits de quelques jours à un trek de 2 semaines.

NAJRAN ★★

La ville de Najran est coincée entre le Rub' al-Khali à l'est, les hautes montagnes de l'Asir à l'ouest et au nord, et le Yémen au sud. Construite en bordure du wadi Najran, la ville et ses environs attirent les visiteurs pour leurs maisons de pisé de style yéménite. Anciens palais, villages bucoliques, mais aussi le site archéologique d'Al Ukhdud figurent parmi les incontournables de Najran. En arabe, *najran* signifie « montant de porte », mais aussi « assoiffé ». Nul ne sait si le nom a été retenu pour la situation de la cité, aux portes du désert, ou pour sa rivière qui permettait autant d'irriguer les champs que de désaltérer la population. La ville qui ne comptait que 47 000 habitants dans les années 70 en compte désormais plus de 500 000. L'occupation de la région est très ancienne et la ville était la plus septentrionale du royaume de Saba, au VIe siècle av. J.-C. C'est la première ville à avoir été prise par les Romains, dans leur conquête du Yémen. La ville était le siège des influences religieuses, la première du sud de l'Arabie à devenir chrétienne. C'était aussi un centre textile important et c'est là qu'était tissé et brodé le kiswah, le tissu qui recouvre la Kaaba à La Mecque. Cette tradition a été initiée par les Juifs yéménites bien avant l'avènement de l'islam. Najran était aussi une étape importante sur les routes caravanières de l'encens. Les caravanes s'arrêtaient dans l'oasis de Najran avant de gagner la route de la côte en direction du Hejaz et de la Méditerranée ou celle traversant le désert du Rub' al-Khali pour desservir les cités du golfe Persique. En raison de sa proximité avec le Yémen, le gouvernement saoudien émet cependant un avis de réserve quant à la sécurité sur place. Ces dernières années, plusieurs attaques menées avec des drones ont eu lieu le long de la frontière.

Transports

- **Avion.** L'aéroport régional de Najran est situé à 27 kilomètres à l'est de la ville. Il est relié par des vols directs pour Riyad et Dammam par les compagnies Flynas et Flyadeal.
- **Bus.** La gare routière de Najran est située à l'entrée ouest de la ville sur King Abdulaziz Road. Il y a 4 bus par jour pour Abha (5 à 6 heures. 72 SAR).
- **Voiture.** Najran est à 950 kilomètres au sud de Riyad et 10 heures de route et 260 kilomètres d'Abha et 3 heures 30 de route de montagne.

CHATEAU DE RA'OUM ★★

Ce château de pierre, ou ce qu'il en reste, remonte à la période de l'invasion yéménite en 1900. Après s'être emparés de Najran, les Yéménites construisent ce castelet défensif au sommet de la plus haute montagne pour surveiller les environs. Traversez le wadi Najran après avoir visité le palais Aan et grimpez pendant 30 minutes à flanc de montagne pour atteindre le château et ses 1 000 mètres d'altitude. Il domine les environs et offre un magnifique point de vue sur le wadi, l'oasis de Najran et ses vieilles maisons et palais de pisé.

MAISONS DE PISÉ DE QABIL ★★

En prenant le chemin qui remonte en face du site archéologique d'Al Ukhdud, vous atteindrez un groupe de maisons traditionnelles en pisé. La petite dizaine de maisons se dresse fièrement au-dessus des champs. Les tours sont tellement hautes, qu'elles toisent pour certaines les palmiers. Les bâtisses les plus basses servent de stockage pour le grain ou pour rentrer les animaux le soir. Les maisons d'habitation s'élancent haut vers le ciel et sont surmontées d'une frise crénelée chaulée de blanc, tous comme les tours des fenêtres.

PALAIS AL AAN ★★★

Aba Lasaud

Ouvert du jeudi au samedi de 16h à 20h.

Le palais Aan est l'un des plus beaux héritages de l'architecture typique de Najran, l'un des mieux préservés. Il est construit au sommet d'une petite colline, cerné d'un épais mur d'enceinte et gardé par des tours. Le palais construit en briques crues repose sur des fondations en pierre, conformément aux techniques locales. Les plafonds sont faits de bois et de troncs de palmiers. Haut de 3 étages, chaque famille occupait un étage. Le palais remonte à 1688 et a subi une rénovation complète en 2018. Vêtements, outils et poteries sont exposés dans les pièces.

QASR AL AMARAH ★★

Ouvert du dimanche au jeudi de 9h à 17h, de 15h30 à 18h le vendredi et de 10h à 18h le samedi.

Ce vaste palais est un autre chef-d'œuvre de l'architecture de Najran. Il trône au cœur du village d'Aba Lasaud, entre le palais Aan et le site archéologique d'Ukhdud. Le palais date de 1961 et a été construit pour accueillir le gouverneur de Najran, ses officiers administratifs et ses compagnons de route. Ensemble très travaillé avec de nombreux effets décoratifs au sommet des tourelles, des toits et des tours de fenêtres. Le palais comprend 65 pièces et a été construit autour d'un puits central qui remonte à l'ère préislamique. Le palais abrite un musée.

SITE ARCHEOLOGIQUE D'AL UKHDUD ★★

Ouvert de 9h à 17h, de 15h30 à 18h le vendredi, de 10h à 18h le samedi.

L'ancienne ville d'Al Ukhdud est située à 5 kilomètres au sud de la ville de Najran, de l'autre côté du wadi Najran. Au VIe siècle av. J.-C., elle était intégrée au royaume de Saba, un territoire qui englobait le Yémen, l'Erythrée et le nord de l'Ethiopie. Elle portait alors le nom de Ragmat. C'était une étape importante sur la route de l'encens, là où les caravanes se séparaient pour remonter vers le nord-est et les régions du golfe Persique ou le Hejaz puis la Méditerranée. La ville qui impose des taxes aux commerçants s'enrichit et se développe. Cela se reflète dans l'édification de ses maisons en pierre et de ses fortifications. En arabe, *ukhdud* signifie « fossé ». Vers 520, le chef de guerre juif Dhu Nuwas mène un raid contre Al-Ukhdud. Il intime à ses habitants chrétiens de se convertir au judaïsme sous peine de mort. Ceux-ci refusent. Ils sont alors brûlés vifs dans un fossé de la ville. Ils auraient été 20 000. Des traces de ce charnier sont toujours visibles. Cet épisode est mentionné dans le Coran, dans la sourate des Constellations, qui promet le brasier de feu à ceux qui tenteraient de faire abjurer leur foi aux Musulmans. Il ne reste pas grand-chose de la cité, sinon ses allées, les fondations des bâtiments et parfois des bas de murs. On découvre également la carrière où étaient taillés les blocs de pierre empilés en quinconce pour élever les murs. Le musée régional de Najran se trouve à l'entrée du site et c'est là que se prend le billet d'entrée.

VILLAGE D'ABA AS SU'UD ★★★

Le village d'Aba as Su'ud fait partie des raisons qui poussent les gens à venir jusqu'à Najran. Ses maisons de style yéménite bien conservées témoignent de la volonté des habitants de Najran de préserver leur culture et d'entretenir leur patrimoine. Entouré de montagnes, le village occupe un petit plateau planté de champs et de palmiers. Les maisons de pisé sont emblématiques du style local avec leurs créneaux ouvragés chaulés de blanc, leurs murs massifs d'argile et de paille, la base plus large que le sommet, les étages supérieurs percés de fenêtres.

CLOUDS AND STARS APARTHOTEL €

King Abdulaziz Road
✆ +966 11 293 2743
www.oyorooms.com
A partir de 160 SAR pour une chambre double.

L'appart'hôtel c'est le confort de l'hôtel, quelques services en moins. Et les Saoudiens en sont très friands. Clouds and Stars se classe dans cette catégorie. Vous bénéficiez d'une chambre d'au moins 20 m² équipée d'une kitchenette. En contrepartie, il n'y a pas de service de restauration. Les chambres sont impeccables et profitent d'un éclairage un peu surprenant. Vous pouvez opter pour l'ambiance « romantique » en actionnant les lumières violettes et le rétro-éclairage du sommier.

FLORIDA INN HOTEL €€

Near King Abdulaziz Road
A partir de 250 SAR pour une chambre double.

Le Florida Inn n'est pas facile à trouver, planqué qu'il est dans une ruelle perpendiculaire à la grande artère Roi Abdulaziz. Vous serez récompensé par de très grandes chambres et un beau choix de suites immenses également. Cet espace permet de caler un canapé face à l'écran géant de la télévision. Les salles de bains sont fonctionnelles et le carrelage beige immaculé. La décoration est ramenée à son minimum avec un choix de tons neutres et des moquettes bigarrées dans les couloirs et les chambres. Possibilité de petit déjeuner en supplément.

EST ET SUD

Site archéologique d'Al Ukhdud.

LOTUS HOTEL €€

Guava Street
✆ +966 17 540 0444
A partir de 335 SAR pour une chambre double.

Voici la meilleure option de Najran, en plein centre-ville, à quelques pas du parc et du stade d'athlétisme. L'accueil absolument adorable et personnalisé, les chambres immaculées et spacieuses – toutes ont un coin salon avec canapé –, la cafétéria dans le hall de réception font du Lotus Hotel une bonne adresse. Les personnes de grande taille n'auront pas les pieds qui dépassent, car les lits font plus de 2 mètres de long. Les chambres sont suréquipées avec peignoir, produits de toilette, nécessaire à repasser, etc. Possibilité de petit-déjeuner en supplément.

LE PARK CONCORD HOTEL NAJRAN €€€

King BAdulaziz Road
✆ +966 17 544 4488
www.leparkconcord.com
A partir de 445 SAR, petit déjeuner inclus.

Le Park Concord est une petite chaîne d'hôtels de luxe comprenant tous les services d'un 5-étoiles. Piscine, salle de sport, spa, restaurant, café panoramique au dernier étage avec vue sur la ville, aire de jeux pour enfants, barbier font partie des services proposés par l'établissement. Les chambres sont belles et très spacieuses et les salles de bains en marbre blanc. La déco est soignée et originale dans des tons de bleu turquoise et de jaune pastel, avec des boiseries chaleureuses.

MALIK AL-SAJ RESTAURANT €

King Abdullah Road
✆ +966 55 141 0984
Ouvert tous les jours de 16h à 3h30. Compter entre 7 et 15 SAR pour un repas.

Malik al-Saj c'est la rencontre de l'Orient et de l'Occident version fast-food. L'enseigne qui fait face au wadi Najran est bien connue et vous aurez souvent à faire la queue. On propose ici des pizzas à la mode saoudienne croulant sous le fromage fondu, des shawarmas bien renflés et juteux, des morceaux de poulet frits, des falafels et du houmous. L'échoppe déborde de fruits qui servent à proposer un grand choix de fruits frais. La cuisine est ouverte et propre, le personnel aimable et manifestement bien traité et le débit assure la fraîcheur.

YOUTH RESTAURANT €

King Abdulaziz Road
✆ +966 17 522 3774
Ouvert tous les jours de 7h à 2h. Compter 15 SAR pour un repas.

Pas très engageant vu de l'extérieur, ce petit fast-food est néanmoins considéré comme l'un des meilleurs pour les grillades à Najran. Quelle que soit l'heure de la journée, vous y croiserez toujours du monde. Les hommes passent commande à la caisse, règlent leur dû et patientent le temps que leur commande se prépare. Rares sont ceux qui s'installent aux quelques tables, dont les chaises sont toujours recouvertes de leur plastique d'origine. Le Yémen est tout proche et vous pourrez goûter ici au poulet mandi, la spécialité régionale.

FIRA BISTRO €€

✆ +966 50 777 1191

Ouvert tous les jours de 12h30 à minuit. Compter 70 SAR pour un repas.

Pour se changer un peu les papilles et varier des shawarmas et autres viandes grillées, le Fira Bistro est une adresse qui vaut la peine d'être visitée. Derrière sa porte bleue qui rappelle étrangement celle d'un immeuble parisien se cache une petite salle et des salons pour les familles décorés soigneusement. Le bleu domine et on se sent entre mer et campagne avec les claustras tapissés de fleurs et gazon en plastique. La carte plutôt éclectique propose du poisson, des pâtes, des salades, des gaufres... Côté boissons, un grand choix de limonades faites maison.

MAKAN €€

Near King Faisal Road

✆ +966 50 572 7776

Ouvert tous les jours de midi à minuit. Compter 80 SAR pour un repas.

L'entrée avec sa belle porte d'un bleu céruléen et les plantes qui grimpent sur la façade donnent tout de suite le ton : vous êtes dans un restaurant avec un cadre. Le bleu revient en force à l'intérieur et réveille un cadre mêlant faïences anciennes et béton brut. De petits éléments et l'incontournable photo du Taj Mahal rappellent que vous êtes dans un restau indien. La carte surfe sur les grands classiques de la cuisine indienne, mais avec des suggestions variées et parfois originales comme ce biryani cuit dans un pot en terre cuite. Le tout est délicieux.

RAJIV INDIAN RESTAURANT €€

Near King Badullah Road

✆ +966 17 546 8558

Ouvert tous les jours de 12h45 à minuit. Compter 60 SAR pour un repas.

Si le nom du restaurant est inscrit en caractères arabes sur la devanture, vous le reconnaîtrez aisément à son invitation à apprécier les meilleures saveurs indiennes. « Enjoy India's Best Falvours » précise l'enseigne en anglais. L'intérieur dénote une envie de bien faire et le goût du kitsch indien avec ses éclairages un peu trop vifs, son grès reluisant, et son étonnante photo des jardins du Taj-Mahal... au plafond ! Vous trouverez quelques spécialités originales à la carte comme le « poulet hariyali » à la menthe et à la coriandre ou le « poulet achari ».

MONT FAYFA ★★

Fayfa est un paradis pour les amateurs de paysages grandioses. Ce village du sud des montagnes de l'Asir va à l'encontre des clichés qui collent à la peau de l'Arabie Saoudite. Ici, point de désert, de sable, de chaleurs éreintantes, mais de hautes montagnes escarpées qui se perdent dans la brume, une végétation touffue, des températures fraîches, plus particulièrement en hiver. Les pentes abruptes ont été travaillées en petits lopins en espalier qui permettent de faire pousser fruits et légumes. Le climat clément et humide est idéal pour l'agriculture et les fermiers cultivent notamment maïs et caféiers. Les populations locales appartiennent à 20 tribus différentes, connues pour les costumes colorés qu'arborent les hommes. Ceux-ci sont souvent surnommées les hommes-fleurs en raison des couronnes d'œillets qu'ils portent sur la tête. La richesse culturelle et folklorique de ce coin de l'Asir est encore bien visible sur les petits marchés locaux des environs.

Se restaurer

Les options de restauration sont assez limitées dans les montagnes de Fayfa. Vous trouverez quelques fast-food et grills proposant shawarmas et viandes sur la route principale qui traverse Fayfa.

Transports

- **Voiture.** Fayfa est à 260 kilomètres de Najran et 5 heures de route, et 100 kilomètres de Jizan et 2 heures de route. La voiture est le seul moyen de gagner Fayfa.

FAIFA HOTEL €€

✆ +966 53 917 6134

A partir de 380 SAR pour une chambre double.

Le Faifa Hotel, c'est une certaine idée du romantisme à la saoudienne. La décoration est on ne peut plus chargée et l'aspect kitsch vous tapera dans l'œil à la vue du bâtiment crème et rose pastel. Les plus belles chambres ont la vue sur les montagnes et une baignoire balnéo au pied du lit. Les autres, de taille plus modeste, bénéficient du nécessaire pour un séjour confortable et un peu moins tape-à-l'œil. Dommage qu'il n'y ait pas de restaurant et qu'Internet soit aussi lent. Mais vous êtes dans la meilleure adresse des environs.

JIZAN

En bordure de mer Rouge, Jizan est la ville la plus méridionale d'Arabie Saoudite. Forte de ses 320 000 habitants, elle est la capitale de la province éponyme. Jizan se distingue par son climat chaud et humide, avec une moyenne de température mensuelle supérieure à 30 °C, ce qui en fait l'une des villes les plus chaudes au monde en moyenne. En arrivant des montagnes de l'Asir, le décalage entre la douceur d'Abha ou de Fayfa et la moiteur de Jizan est d'autant plus cinglant. La ville a toujours tiré profit de la mer. C'était un grand centre de pêche à la perle au début du XXe siècle, avant que le négoce ne se déplace à Hodeida au Yémen. Outre la pêche, la région tire ses ressources de la culture des fruits : mangues, figues et papayes. Le gouvernement a également investi dans l'industrie lourde en créant une raffinerie capable de produire 400 000 barils de gaz liquéfié par jour et un port permettant l'acheminement du pétrole transformé.

Transports

Avion. L'aéroport régional de Jazan est aux portes de la ville, à 5km à l'est de celle-ci. Il est relié aux villes de Dammam, Djedda, Riyad, Abha, Tabouk et Taïf.

Bus. La gare routière SAPTCO est située sur King Faisal Road, à l'entrée de la ville. Vous pouvez gagner Abha (4 heures et 72 SAR).

Voiture. Abha est la ville la plus proche, à 206 km au nord de Jizan et 3 heures de route. Jazan est aussi reliée au sud du pays et Najran par des routes secondaires.

© SAUDI TOURISM AUTHORITY

Mer Rouge à Jizan.

CHATEAU AL DOSSARIA ★

Le château d'Al Dossaria est un ouvrage militaire construit au début du XIXe siècle sur le plus haut point de la ville. Au sommet d'une petite colline à 250 mètres d'altitude, le château occupe une surface de 900 m². Ses hauts murs élevés sur deux étages et ses quatre tours massives permettaient de surveiller aussi bien la terre que la mer. Les petites ouvertures dans les tours et la muraille permettaient de passer le canon d'un fusil. L'accès au fort se fait par derrière et l'entrée était volontairement exiguë et aveugle pour ralentir l'ennemi.

MARCHE AUX POISSONS ★

Corniche Road

✆ +966 59 925 3848

Ouvert tous les jours de 5h30 à 17h.

Situé à quelques pas du port de plaisance, le marché aux poissons s'anime dès les premières lueurs du jour. Nombreux sont ceux qui viennent s'y approvisionner après la première prière de la journée, alors que les poissons sont fraîchement débarqués des bateaux de pêche. Le marché est installé dans une halle moderne, entièrement carrelée par mesure d'hygiène. Les marchands exposent les prises sur leurs étals : mérou, vivaneau, crevettes, langoustes, requin... C'est coloré et animé. Juste en face se trouve le marché aux légumes de la ville, lui aussi très animé.

SUMOUKH JAZAN SERVICED APARTMENTS €

Imam Ahmed bin Hanbal Street

Compter 180 SAR pour une chambre double.

Pour trouver une chambre à prix raisonnable à Jizan, il faut s'éloigner du centre-ville et remonter vers le nord, là où se trouvent les nouveaux quartiers résidentiels. Cet appart'hôtel récent propose des chambres très fonctionnelles et surtout très propres à un tarif raisonnable. Les services dans la résidence sont limités, à l'exception d'une réception 24h/24. En revanche, les chambres comprennent une kitchenette qui permet de se préparer un petit déjeuner.

VIOLA HOTEL €€

Makkah al Mukarramah Street

A partir de 270 SAR pour un studio.

Au nord de Jizan, dans un quartier encore en développement, cet hôtel récent vous séduira par son confort et son charme. Nous avons aimé sa décoration sobre et contemporaine, ses larges canapés pastel dans le hall de réception. Les chambres, très grandes, sont parfaitement insonorisées et là encore, une décoration discrète et douce opère son charme. Certaines chambres sont équipées d'une baignoire balnéo, quant aux suites elles comprennent une cuisine intégrée. Le personnel est aux petits soins et se démène pour que votre séjour soit parfait.

NOVOTEL JAZAN €€€

King Fahd bin Abdulaziz Road

✆ +966 17 315 0000

www.all.accor.com

A partir de 490 SAR pour une chambre double.

Si l'hôtel fait bien face à la mer, il est tout de même séparé de la digue par la route. C'est néanmoins une des rares options 5* étoiles à Jizan. Vous avez donc l'assurance d'un séjour parfait, dans un pays où « hospitalité » n'est pas un vain mot. Parmi les plus, de belles chambres et de grandes salles de bain, une climatisation centrale avec panneau de commande individuel, une piscine et une immense salle de fitness, et le petit déjeuner en supplément à prix raisonnable. Parmi les moins, le tarif de la chambre qui double pour profiter de la vue sur mer.

RADISSON BLU RESORT JIZAN €€€

Makkah Corniche Roundabout

✆ +966 17 323 9200

A partir de 540 SAR pour une chambre double.

Si vous comptez passer quelques jours à Jizan et profiter de son climat chaud et un peu poisseux, le Radisson Blu est certainement le meilleur endroit pour poser sa valise. L'hôtel est conçu comme une destination de loisirs et est particulièrement prisé des Saoudiens qui y viennent en famille le week-end. La piscine est alors prise d'assaut par une marmaille un peu bruyante. Les chambres sont impeccables et les plus belles ont vue sur mer. Possibilité de petit déjeuner en supplément.

HAPPY TIMES FISH RESTAURANT €€€

3795 King Fahd Road

✆ +966 55 776 7712

Ouvert tous les jours de 12h30 à minuit. Compter 200 SAR pour un repas.

Ce serait dommage de venir à Jizan sans manger du poisson et vous êtes là dans le meilleur restaurant de la ville selon les locaux. Situé à côté du Novotel et de la Corniche Sud, il propose un cadre raffiné et propre, ainsi qu'une belle terrasse ombragée face à la mer. Vous pourrez choisir votre poisson et son mode de cuisson : mérou de la mer Rouge, langouste, crevettes, saumon (d'importation), et des poissons locaux. Si vous le prenez grillé, il sera cuit dans un four à bois.

FARASAN ISLAND ★★★

Les îles Farasan forment un petit archipel corallien à environ 40 kilomètres des côtes de l'Arabie Saoudite et de Jizan. L'île principale de Farasan est traversée par une route et un pont la relie à l'île de Sajid au nord. Les plages de sable immaculé, les eaux parfois turquoises, les fonds corallien, la mangrove attirent de nombreux Saoudiens en quête d'exotisme le week-end. L'île compte quelques hôtels, mais il est surtout possible d'y camper et de jouer les Robinson Crusoé sur une plage éloignée ou un confetti d'îlot. En revanche, le climat n'est guère agréable avec de fortes chaleurs et un taux d'humidité très élevé d'avril à octobre. Les îles Farasan sont connues depuis l'Antiquité et une inscription romaine datée de 144 atteste de la présence d'une garnison romaine. Cela ferait du petit archipel l'avant-poste le plus reculé de la Rome antique, à près de 4 000 km de la ville aux 7 collines. Il est possible que les îles Farasan aient été englobée dans la province romaine de l'Arabie Heureuse. Au début du XXe siècle, les Allemands avaient négocié avec l'Empire ottoman de faire des îles Farasan un grand entrepôt de charbon, afin de pouvoir ravitailler leurs navires en mer Rouge.

Transports

Le ferry quitte Jizan tous les matins à 7h et part de Farasan à 15h30. La traversée est gratuite, mais il faut s'enregistrer auprès des autorités portuaires avant le départ. Il est possible de faire passer une voiture sur le ferry, à condition qu'il y ait de la place. Les personnes vivant sur l'île sont prioritaires.

EST ET SUD

PASSEPORT

OUEST

L'ouest de l'Arabie Saoudite est sans aucun doute la région la plus intéressante sur le plan touristique. Djedda, porte d'accès aux villes saintes de La Mecque et de Médine depuis toujours, est une ville ouverte sur le monde, cosmopolite. Elle a conservé son quartier historique, Al-Balad, avec ses maisons aux balcons de bois ajourés typiques. Au sud, les hautes montagnes de l'Asir dissimulent les roseraies de Taïf ou des maisons de pisé de style yéménite qui valent le coup d'œil. Les paysages vont à l'encontre de l'idée que l'on se fait de l'Arabie Saoudite. Mais la plus belle et la plus intéressante des destinations est sans conteste l'oasis d'AlUla. Au nord de la province de Médine, ses panoramas extraordinaires n'ont d'égal que les fabuleux sites archéologiques d'Hegra ou de Dadan. C'est aussi une destination culturelle phare proposant une offre diversifiée : street art, concerts, galeries... A ne manquer sous aucun prétexte.

AL-ULA ★★★★
Ar Raqiba
Al Hayit
An Nabhaniyah
KHAYBAR ★
Al Wadi
Zubair
Al Ais
Al Hanakiyah
Dariy
Bahra
WADI E JIN ★
MÉDINE ★★★
bitin aleariq
YANBU ★
Hazra
Afi
Badr Hunayn
Mahd adh Dhahab
Ouest
CRATÈRE D'AL-WHABAH ★★
Rabigh
MUWAYH
KING ABDULLAH ECONOMIC CITY
AL MUWAYH
Khulays
MOON MOUNTAIN
AL KHURMAH
JEDDAH ★★★
LA MECQUE ★★★★
Bahrah
AL HADĀ
JABAL DAKKA
Al Awlah
TAIF ★★
AlBalad
Turabah
mer Rouge
ALGEHAD
KHAYBAR
Al Lith
THEE AIN ★★★
AL AHTAWLAH
AL BAHAH ★★
ALMALAD
Bishah
Jabal Shada
BALJURASHI NATIONAL PARK
OKROM
Sabt Al Alaya
Al Qunfudhah
AL NAMAS ★
Qawz
AL WAHABAH ★
Muhayil
JEBEL SOUDAH ET RAIDAH SANCTUAR
RIJAL ALMA ★★★
ABHA
TAMNIYAH ★★
VERS AL JAHAMAH
100 KM
162

PAGES

166 ## ● ● L'ASEER

Cette province montagneuse aux hauts plateaux et pics culminant à 3 000 mètres est la destination préférée des Saoudiens en été. C'est aussi une région à la culture vivace notamment grâce à son art pictural du *qatt* et ses maisons fortes en pisé. Avec son climat doux et sa végétation touffue, l'Asir semble à mille lieues de l'idée que l'on se fait de l'Arabie Saoudite.

ABHA ★★

166 La capitale de l'Asir est un lieu de villégiature très prisé des Saoudiens. Installée sur un plateau à 2 700 mètres d'altitude, Abha bénéficie d'un climat doux qui ne dépasse que rarement les 35 °C. Quelques maisons traditionnelles en pisé, un musée dédié à l'art pictural du qatt font d'Abha un centre culturel important.

MONT SOUDAH ★★★

170 Jebel Soudah est-il le point culminant de l'Arabie Saoudite ? Si le débat entre spécialistes de la métrologie fait rage, il est certain que le sommet frise avec les 3 000 mètres. Le point de vue sur la chaîne des Sarawat et les vallées abruptes en contrebas est splendide.

RIJAL ALMA ★★★

171 Perdu au fond d'une vallée encaissée, Rijal Alma est l'un des villages traditionnels les plus connus d'Arabie Saoudite. Il se distingue des autres villages par ses maisons et palais de pierre. L'austérité des bâtisses est égayée par des portes et volets peints de couleurs vives.

172 **TAMNIAH ★★**

172 **AL JAHAMAH ★**

172 **AL NAMAS ★**

172 **OKROM**

173 ## ● ● PROVINCE D'AL-BAHAH

Plus petite province d'Arabie Saoudite, Al Baha vous surprendra par ses paysages de montagnes escarpées, ses routes à lacets, sa végétation, son air frais et surtout ses très beaux villages anciens aux maisons de pierres sèches. Située au sud des montagnes du Hejaz, à 2 000 mètres d'altitude, Al Baha est un véritable refuge en été.

AL BAHA ★★

173 Plus petite capitale de province du pays, Al Baha attire néanmoins beaucoup de touristes pour sa position privilégiée à plus de 2 000 mètres d'altitude. Des paysages de montagne spectaculaires et des vieux villages aux maisons de pierres sèches font partie des atouts les plus séduisants de la ville et ses environs.

THEE AIN ★★★

175 Véritable emblème de la province d'Al Baha, Thee Ain est un village du XVIe siècle érigé sur une colline rocheuse. Les 49 maisons d'habitation, la mosquée et le fort ont été remarquablement rénovés et constituent un témoignage précieux de l'architecture et de la culture d'Al Baha.

175 **JABAL SHADA RESERVE ★★**

PAGES

176 ## ● ● MEKKAH

De Djedda et son quartier historique d'Al-Balad, vous garderez le souffle chaud de la brise de la mer Rouge. Point d'accès à la ville sainte de La Mecque, la ville se targue de son cosmopolitisme et de son ouverture d'esprit. Pour l'air frais, vous pourrez grimper jusqu'à Taïf, capitale saoudienne de la rose de Damas et du parfum.

LA MECQUE ★★★★

176 La Mecque, la ville la plus sacrée de l'islam, accueille des millions de pèlerins venus des quatre coins du monde tous les ans. Elle est entièrement tournée vers la mosquée al-Haram et la Kaaba, le site élu pour la *qibla*, la direction vers laquelle se tourne tout musulman lors de la prière. Il y règne une ferveur incomparable, notamment pendant le hajj, le grand pèlerinage annuel, ou la umra, le petit pèlerinage qui bat son plein pendant le Ramadan.

DJEDDA ★★★

186 Chargée d'iode et d'humidité, il règne à Djedda une atmosphère presque indolente. Point d'entrée pour les villes saintes de La Mecque et de Médine, Djedda a toujours été ouverte sur le monde. Elle a conservé de sa longue histoire une superbe ville ancienne inscrite au Patrimoine mondial de l'humanité.

196 MOON MOUNTAIN ★★

TAIF ★★

196 Perchée à 1 870 mètres d'altitude, Taif est la porte d'accès aux hautes montagnes du sud du Hedjaz. La ville est le centre national de production d'eau de rose de Damas et en mars et avril, il y plane un doux parfum. Le reste de l'année, elle accueille les Saoudiens cherchant à échapper à la chaleur étouffante de la côte et des plaines.

200 JABAL DAKKA

CRATÈRE D'AL-WHABAH ★★

200 Loin de tout, entre les villes de Taïf et Médine, le cratère d'al-Wahbah ne reçoit que peu de visiteurs. Son cercle presque parfait et sa caldera est tapissée d'une épaisse plaque de phosphate de sodium blanc, qui tranche sur le noir du basalte.

OUEST

© MOHAMED REEDI - SHUTTERSTOCK.COM

La Mecque.

PAGES

Vue sur Médine et la mosquée du prophète.

201

● ● PROVINCE DE MÉDINE

Les non-musulmans pourront goûter à la ferveur religieuse des pèlerins à Médine, le berceau de l'islam. Musulmans du monde entier convergent vers la mosquée du Prophète aux heures de prière. En remontant vers le nord, vous parviendrez à la fantastique oasis d'AlUla, avec ses paysages inoubliables et ses vestiges archéologiques de grande ampleur.

MÉDINE ★★★

201

C'est à Médine que le Prophète Mahomet a fondé l'islam en y faisant construire la première mosquée. Il s'y est installé avec ses compagnons en 622, après avoir été chassé de La Mecque. C'est là qu'il est enterré. La valeur historique de Médine dans la religion en fait une ville de pèlerinage importante et c'est la deuxième ville sainte de l'islam.

207

WADI E JIN ★

KHAYBAR ★

207

Entre Médine et AlUla, Khaybar revêt une importance historique. Cette oasis séculaire était habitée par des tribus juives, que Mahomet conquit en 628 lors de la bataille de Khaybar. La palmeraie existe toujours au pied d'une forteresse en ruine et encerclée par trois anciens villages de pisé abandonnés.

YANBU ★

207

Cet ancien port de pêche est aujourd'hui le deuxième port commercial d'Arabie Saoudite, situé sur la mer Rouge. C'est aussi une destination prisée des amateurs de récifs coralliens et de bleu aigue-marine. Les fonds y sont splendides.

ALULA ★★★★

209

AlUla est l'ultime récompense de tout voyageur en Arabie Saoudite. Avec ses sites archéologiques exceptionnels, dont la nécropole nabatéenne d'Hegra, sa vieille ville, son oasis multimillénaire, ses panoramas absolument dingues, son offre culturelle, ses cafés et restaurants, son souq, AlUla est la destination phare du pays. A ne manquer sous aucun prétexte.

ABHA ★★

Capitale de l'Asir, Abha est une station climatique qui attire les Saoudiens en nombre en été, grâce à un climat clément. Cernée par les hautes montagnes du Sarawat, Abha occupe un cirque naturel. La ville très verte compte de nombreux parcs, un vieux quartier avec ses maisons à l'architecture typique et quelques forts en ruine. Vous pourrez vous y former aux rudiments du qatt al Asiri, la peinture ornementale des maisons de l'Asir. Cet art hautement symbolique figure désormais sur la liste du Patrimoine culturel de l'Unesco. Avec ses nombreux hôtels et restaurants, Abha est une base idéale pour visiter l'Asir.

Climat

Abha bénéficie d'un climat continental, avec une température dépassant rarement 35 °C. En juillet, le mois le plus chaud, la température nocturne moyenne est de 17,1 °C. Le record de température a été établi en août 1983 avec 40 °C. En hiver, les journées sont fraîches et les nuits froides. Les températures moyennes sont de 20 °C en journée et 7 °C la nuit. Abha connaît deux saisons de pluie. La plus abondante s'étale de février à avril. Une seconde période humide a lieu en juillet et août. La pluviométrie moyenne à Abha est de 278 mm.

Histoire

La famille princière ibn Ayed régnait sur Abha durant la période ottomane. Après la dissolution de l'Empire en 1918, le trône et la gestion de la région reviennent à Yahya bin Hasun al Ayed. En 1920, Abdulaziz Saoud envoie la milice militaire Ikhwan s'emparer d'Abha et de la province de l'Asir. La résistance est limitée et Abha tombe facilement dans le giron saoudien. En 2015, Abha est le théâtre d'une attaque terroriste menée par des fondamentalistes religieux qui pénètrent dans une mosquée. La guerre civile au Yémen et l'intervention de l'Arabie Saoudite dans le conflit ont aussi conduit à des attaques terroristes par des factions yéménites, notamment à l'aéroport.

Transports

▸ **Avion.** L'aéroport international d'Abha est situé à 20 km à l'est de la ville, à mi-chemin entre Abha et Khamis Mushait, la capitale économique. Abha est reliée à Taif, Al Baha, Djedda, Riyad, Dammam, Jizan, Médine et Tabouk par des vols directs.

Si vous vous rendez à Abha en avion, demandez une place à côté du hublot, car la descente sur le plateau d'Abha est absolument spectaculaire.

▸ **Bus.** La gare routière SAPTCO est située au nord de la ville à l'échangeur entre King Faisal Road et King Abdulaziz Road. Abha est reliée par des bus directs de la SAPTCO à Jizan (2 bus quotidiens, 3 heures 30, 72 SAR), Al Baha (3 bus quotidiens, 5 heures, 99 SAR), La Mecque (1 bus de nuit, 10 heures, 177 SAR), Djedda (8 bus quotidiens, 11 heures, 184 SAR).

▸ **Voiture.** Vous trouverez 2 loueurs de voiture à l'aéroport : Enterprise / Alamo (+966 92 000 0028) et Al Faris (+966 92 001 8050). Dans le centre-ville, Abu Diyab Rent A Car (www.travel-tur.net) est situé sur Umar Ibn Abdulaziz Road.

CHATEAU OTTOMAN DE SHAMSAN ★

Shamasan

Le château n'était pas ouvert à la visite lors de notre passage.

Le château de Shamsan remonte à la période ottomane. D'importants travaux de rénovation ont été entrepris en 2021 pour redonner aux murs de pierre de cette auguste forteresse une partie de sa splendeur. Posé au sommet d'une montagne qui domine la ville, le château est un point de vue très agréable, en particulier au coucher du soleil. L'esplanade qui entoure la muraille et ses trois tours a été dégagée et pavée. Elle est un lieu de choix pour les pique-niques à la fraîcheur du soir.

GOLDEN AL ANDALOS €

King Faisal Road

✆ +966 17 226 2654

Compter 112 SAR pour un studio.

Les studios du Golden Al Andalos vous rappelleront peut-être vos années étudiantes. C'est fou tout ce qu'on peut faire tenir dans 20 m² : lit double en 160 cm, kitchenette, armoire, nécessaire à café/thé, salle de bain, téléviseur, ventilateur.... En revanche, s'agissant d'une résidence services, le linge de toilette est facturé en supplément. Vous reconnaîtrez aisément l'établissement à la bâtisse rose conçue comme un motel américain. Vous pourrez vous garer devant votre chambre. La résidence a été intégralement refaite à neuf en 2021.

MUSEE DU PATRIMOINE DE FATIMAH ★★★

Near King Abdullah Road
✆ +966 50 574 9843
Ouvert tous les jours de 11h à 20h.
Fatimah est un trésor national. Elle perpétue l'art du qatt al asiri, la peinture traditionnelle qui décore les intérieurs des maisons de l'Asir. Elle a sauvé presque à elle seule cette tradition et est désormais soutenue par le gouvernement saoudien pour former les femmes à cet art ancien. Elle vous accueille dans sa maison aménagée en musée, lieu d'exposition et de formation. La partie muséale rassemble des vêtements anciens, des bijoux et bien sûr une collection de peintures murales. L'artiste a réuni dans des œuvres uniques les symboles utilisés dans le qatt. Les couleurs vives, les lignes géométriques forment des frises abstraites chargées de significations. Fatimah, son mari ou son fils vous expliqueront en détail le sens à donner à cet art qui se transmet traditionnellement entre femmes. Ainsi, le triangle symbolise la femme, tandis que le carré est le reflet de la récitation complète du *Coran*. L'égalité dans les relations humaines est matérialisée par des traits fins de même longueur. Autrefois, les femmes se rassemblaient pour peindre l'intérieur de leurs maisons et notamment des pièces de réception. Elles élaboraient elles-mêmes les pigments. Le rouge provient de la pierre, le vert d'un extrait d'herbes, le jaune du curcuma, le noir du charbon, le blanc de la chaux, etc. Les couleurs étaient mélangées à de la gomme arabique afin d'assurer leur stabilité dans le temps. Fatimah donne également des conférences et a porté les couleurs du qatt jusqu'à l'Unesco.

QUARTIER D'AL BASTA ★★

La chaussée était en réfection lors de notre passage, afin de rendre la promenade dans le vieux quartier d'Abha plus agréable. Au détour d'immeubles récents et dans des ruelles étroites se cache un des quartiers les plus anciens de la ville. Il ne reste qu'une poignée de maisons et granges traditionnelles, en pisé, mais elles restituent parfaitement les spécificités architecturales de la province d'Asir. Les fondations et les bases des maisons sont en pierre, de petits blocs taillés. Les couches d'un mélange de terre argileuse et de paille sont empilées comme un mille-feuille. Entre chaque couche, une poutre en bois est placée, ce qui permet à la structure de ne pas s'effondrer sur elle-même. Des plaques d'ardoise sont posées en aplomb de la façade. Elles font office de parapluie en évitant à l'eau de s'écouler le long des murs et de dissoudre la terre. Les toits sont plats et ceints d'une frise géométrique habituellement chaulée de blanc. La plupart des maisons encadrent une grande place qui servait de lieu de rassemblement et de palabre. C'est là aussi que les mariages et les fêtes étaient célébrés. Les boutiques de ce quartier étaient installées le long de la rivière. Un pont de la période ottomane enjambe le wadi et fait partie des plus vieux éléments architecturaux de la ville. Un petit restaurant à mi-chemin du musée accueille les visiteurs dans le quartier. Il possède notamment une très belle terrasse qui donne sur le wadi. Objets anciens et peintures al-qatt ornent les murs de cette vieille maison.

Abha.

LES HOMMES-FLEURS DE L'ASEER

Dans cette région au climat clément, les hommes des montagnes portent des couronnes de fleurs en guise d'ornement. Le choix des fleurs, de leurs couleurs, de leur parfum ou de leurs vertus médicinales est propre à chaque clan de la tribu Tihama. Les fleurs les plus couramment utilisées sont les œillets d'Inde, le basilic sauvage ou le fenugrec. Le jasmin, délicat et fragile, est choisi pour les jours de fête ou des cérémonies particulières. Les fleurs sont coupées chaque matin, à la fraîcheur de l'aube, et vendues sur les marchés de village. Les hommes choisissent les fleurs et les disposent en couronne sur du fil de fer. Ils pourront les garder 3 jours.

ABHA PALACE €€€

✆ +966 17 229 4444
www.abhapalace.com.sa

A partir de 800 SAR pour une chambre double, petit déjeuner inclus.

Abha Palace, c'est l'hôtel historique de la ville, le premier 5-étoiles qui continue de faire la fierté de ses habitants. Situé à l'ouest de la ville, au-dessus du barrage et du lac de retenue, il profite d'une belle vue sur les montagnes et la ville. Malgré une architecture moderne assez quelconque, l'hôtel s'efforce de promouvoir la culture de l'Asir. De belles peintures traditionnelles et une boutique vendant des objets d'artisanat vous accueillent dans le grand hall. Les chambres ont le goût du chic avec de belles boiseries anglaises et un coin salon.

BEAUTY ROSE HOTEL €€

Al-Hazim
✆ +966 17 234 4440

A partir de 200 SAR pour une chambre double.

L'hôtel Beauty Rose est très bien situé, sur le ring ouest d'Abha. Mais attention il existe deux hôtels du même nom, l'autre se trouvant à l'est de la ville, sur la voie expresse reliant Abha et Khamis Mushayt. Le personnel de l'accueil ne parle pas vraiment anglais, mais arrive à se débrouiller. Les chambres sont spacieuses et la literie confortable. Les salles de bains sont fonctionnelles et propres. En revanche, si l'hôtel a l'air très récent, certaines dégradations sont déjà visibles. Le judas de la porte de la chambre était cassé et la fenêtre ne fermait pas.

BLUE INN BOUTIQUE HOTEL €€€

King Saud Road ✆ +966 17 230 5000
www.blueinnabha.com

A partir de 700 SAR pour une chambre double, petit déjeuner inclus.

Abha ne compte que deux hôtels 5 étoiles et le Blue Inn est l'un d'entre eux. C'est aussi l'un des rares hôtels installés au centre de la ville. Il héberge les hommes politiques et hommes d'affaires qui se rendent au siège de la Province situé juste à côté. L'hôtel offre de belles chambres à la literie (très) épaisse, à la moquette (très) épaisse, à la surface (très) grande. La décoration est à la fois cossue et discrète, avec des couleurs claires et des draperies plissées. L'hôtel comprend une piscine intérieure, une salle de fitness et un bon restaurant.

SHAFA ABHA HOTEL €€

✆ +966 17 225 5555
www.shafaabha.com

A partir de 280 SAR pour une chambre double, petit déjeuner inclus.

Un peu excentré au sud de la ville, cet hôtel jouit d'une position dominante et offre une vue sur les montagnes de l'Asir absolument magnifique. C'est une étape de choix pour les personnes en quête de tranquillité à prix correct. Il possède de nombreux services qui en font aussi un hôtel d'un excellent rapport qualité-prix : piscine, salle de sport, sauna, restaurant. En montant en gamme, les chambres bénéficient d'un balcon avec vue sur les montagnes. Les chambres sont un peu petites et un peu ternes dans leur décoration, mais restent parfaitement confortables.

FALAFEL PIE €

King Abdulaziz Road
✆ +966 50 004 3109

Ouvert de 6h à midi et de 16h à minuit, de 16h à minuit le vendredi. Compter 7 SAR pour un falafel.

Au Moyen-Orient, le falafel se déguste de préférence au petit déjeuner. Il s'agit de boulettes de purée de pois chiche parfumées aux épices, frites dans l'huile. Elles sont servies en sandwich avec quelques légumes frais et vinaigrés et des frites. Autant dire que cela vous cale pour un moment. Ici, les falafels sont servis dans des pains pitas ronds et s'avèrent encore plus bourratifs. Mieux vaut venir tôt pour avoir la garantie de la fraîcheur. En journée, l'établissement sert également des pizzas, des tourtes et des salades.

HASHIM RESTAURANT €

Al Nahmsa Road
✆ +966 17 241 3334
Ouvert tous les jours de 5h à minuit. Compter 8 SAR pour un sandwich falafel.

L'enseigne Hashim, bien connue à travers tout le pays, est présente à Abha. C'est l'ami du petit déjeuner pour les Saoudiens, mais grâce à ses horaires élargis, vous pourrez vous régaler d'un falafel à toute heure. Les boulettes frites de farine de pois chiche et d'herbes parfumées sont préparées en continu, ce qui vous garantit leur fraîcheur. Vous pouvez les acheter en barquettes, telles quelles, ou en sandwich. Le pain est alors bourré de falafels écrasés, de frites, de tomate fraîche et de sauce au sésame. C'est bon, mais copieux !

SHATAER AL FALAFIL €

King Fahd Road
✆ +966 54 406 2567
Ouvert de 6h à 2h, coupure entre 10h et 17h le vendredi. Compter 6 SAR pour un falafel.

Shataer est l'ami du petit-déjeuner pour les habitants qui effectuent le trajet entre Khamis Mushait et Abha pour aller travailler. Ce petit fast-food sert de délicieux sandwichs aux falafels. Les boulettes de purée de pois chiches sont écrasées dans des pains pita, cuits dans un four traditionnel en argile. Le menu est en arabe, mais vous pouvez choisir sur photo le sandwich qui vous convient. On y prépare également les manaqish, ces galettes de pain non levé, parsemées de zaatar, une herbe proche du thym, et d'huile d'olive, ou les falafels tout simples.

SHAWARMA FACTORY €

Near Abu Huraira Road
✆ +966 50 047 3066
Ouvert tous les jours de 15h à 2h. Compter 12 SAR pour un shawarma.

Dans la multitude de restaurants proposant du shawarma, celui-ci tire son épingle du jeu. Les habitants d'Abha sont très fiers de posséder une enseigne de la franchise koweïtienne. Il faut dire que les shawarmas sont particulièrement délicieux et se déclinent en plusieurs viandes. Vous trouverez l'incontournable poulet, mais aussi l'agneau ou, mieux encore pour les curieux de la gastronomie, de la viande de dromadaire. Vous pouvez également choisir votre pain, classique ou complet, ou pita. Le fast-food possède quelques menus en anglais avec photos.

AL AREESH €

King Abdulaziz Road
✆ +966 55 579 8006
Ouvert tous les jours de 5h à 14h et de 17h à 1h. Compter 25 SAR pour un repas.

Si vous recherchez un cadre typique et traditionnel, vous êtes à la bonne adresse. L'architecture de ce restaurant reprend les codes des anciennes maisons d'Abha, avec murs en pisé et galets d'ardoise. Vous passez la commande à l'entrée (pas de menu en anglais) et après avoir remonté un long couloir, vous pénétrez dans une vaste cour carrée. Au rez-de-chaussée, pas de tables, mais de petits salons aménagés dans des stalles. Un grand escalier à double révolution mène à l'étage réservé aux familles. Au menu, le poulet al-fahm servi avec du riz.

AYA SOFYA €€

Al Rebat Street
✆ +966 53 226 0330
Ouvert de 5h30 à 10h30 et de 13h à 1h. Compter 80 SAR pour un repas.

Aya Sofya est un établissement réputé de la ville, pour son cadre soigné, son mobilier d'inspiration années 1950, sa cuisine variée et plaisante. Il attire aussi les foules pour son patron truculent, un John Wayne à l'orientale. La carte mélange spécialités turques, mexicaines, américaines à tous les repas. Si vous avez envie d'un muesli aux fruits frais, vous piocherez dans le « Kid's breakfast ». Les burgers sont généreux, les tacos craquants, les viandes grillées à la perfection. Et comme le patron est turc, vous pourrez craquer pour un baklava en dessert.

RUSTICANA €€

King Abdulaziz Road
✆ +966 55 452 8555
Ouvert tous les jours de midi à 2h30. Compter 80 SAR pour un repas.

Les Saoudiens aiment la viande, voire ils l'adorent. Alors que la frugalité constituait l'essentiel des repas dans des temps pas si anciens et que la viande était réservée aux jours de fête, désormais ils en mangent à tous les repas. Les restaurants de viande ont le vent en poupe, de préférence grillée au barbecue avec fumoir intégré. Rusticana s'est fait une spécialité de ce mode de cuisson. Vous y dégusterez de belles pièces de bœuf, mais aussi les incontournables kebabs (brochettes de viande hachée) ou encore des satay indonésiens.

MILOS GOURMET €€€

King Abdulaziz Road

Ouvert de 7h à minuit, à partir de 13h le vendredi. Compter 120 SAR pour un repas.

Nul doute que le patron s'est inspiré de la Grèce pour ce restaurant. Derrière les murs blancs, la porte et les volets d'un bleu céruléen, il souffle sur Abha un air marin. Mais l'inspiration hellène s'arrête là, car la carte, si elle remonte dans ses filets des spécialités de poissons, n'a pas grand-chose à voir avec la Grèce. Crevettes à la provençale, risotto aux truffes ou aux fruits de mer, saumon, pâtes au pesto ou spaghettis à la sauce tomate font partie des incontournables. Les saveurs sont justes, la présentation est très soignée dans une belle vaisselle.

HIGH CITY

6169 King Abdulaziz Road

Ouvert tous les jours de 8h à 2h. Parking payant.

High City est un ensemble de cafés chics avec vue sur les montagnes qui encerclent Abha. C'est aussi une vision de l'Arabie Saoudite moderne, qui tente de proposer des lieux de sortie nocturne à ses habitants. L'endroit qui se veut un peu select impose un droit d'entrée. Les cafés occupent une barre de verre et d'acier, sur plusieurs étages, et comptent surtout de belles terrasses ouvertes sur la ville. Elles sont vite prises d'assaut un peu avant le coucher du soleil. En grimpant au sommet de High City, vous aurez une vue époustouflante sur l'autre versant.

AL QASSIM OASIS DATES

2210 Alarin

✆ +966 17 227 7775

www.alqassemoasis.com

Ouvert de 9h à 22h, à partir de 12h45 le vendredi.

Al Qassim est une épicerie fine spécialisée dans la vente de dattes, mais on y trouve bien d'autres produits, comme le thé, les tisanes et infusions ou le café. Vous êtes à bonne enseigne pour ramener quelques souvenirs bien locaux, comme le café non torréfié ou des dattes. Elles sont vendues au kilo, contrairement aux marchés spécialisés où il faut souvent prendre de grandes quantités. Al Qassim Oasis Dates propose une dizaine de variétés différentes, dont les majool venues de Médine, de grosses dattes foncées moelleuses. C'est idéal pour combler un petit creux.

MONT SOUDAH ★★★

Le jebel Soudah est l'une des plus hautes montagnes d'Arabie Saoudite, appartenant à la chaîne des Sarawat, la portion sud du Hejaz qui court sur toute la façade ouest du pays. Le débat fait rage pour connaître avec exactitude la hauteur de cette montagne et savoir s'il s'agit du point le plus haut du pays. Longtemps considérée à 3 133 mètres d'altitude, la montagne a été mesurée à 2 999 mètres en 2018, soit 3 mètres de moins que le Jebel Ferwa. Toujours est-il que vous flirtez avec les 3 000 mètres et que les montagnes sont magnifiques. La route panoramique qui mène d'Abha au village de Rijal Alma passe par le sommet. Le point de vue est somptueux.

MUSEE ALJHALI ★★

Mazmeh Village Road

✆ +966 50 478 2790

Ouvert tous les jours de 8h à 22h. Entrée : 25 SAR.

Ce petit musée privé est agréé par le gouvernement saoudien. Il renferme une collection de vieux outils agricoles, de vêtements traditionnels anciens, de pièces de monnaie, d'armes, de bijoux, de tout ce qui entrait dans le quotidien des habitants de l'Asir jusque dans les années 1970. La collection est abritée dans une maison de style asiri, avec sa base en pierre et ses murs en pisé. Vous traverserez une enfilade de pièces pour déboucher dans la cour centrale et son puits. Une petite boutique à la sortie vous permettra de ramener un souvenir typique.

POINT DE VUE DU MONT SOUDAH

A 25 km à l'ouest d'Abha, sur la route principale, un grand parking permet d'admirer la vue sur le massif du mont Soudah et les vallées profondes qui s'étalent en contrebas. Vous dominez la Réserve naturelle de Raidah, un espace protégé depuis 1989, qui serait encore l'habitat du très rare léopard d'Arabie – appelé par les locaux *Arabian tiger* – mais aussi de l'ibex de Nubie, une sorte de mouflon ou du loup d'Arabie. Les babouins gambadent en nombre, mais ne vous en approchez pas.

RIJAL ALMA ★★★

Rijal Alma est un vieux village aux maisons et palais de pierre, abrité dans une vallée étroite, au pied du Jebel Soudah. Situé à 45 km d'Abha, il oblige à emprunter l'une des plus belles routes du pays. Depuis le plateau et le mont Soudah, la route en lacets plonge dans la vallée en suivant la ligne de crête. En chemin, plusieurs dégagements ont été aménagés afin de pouvoir faire quelques photos et profiter du spectacle. De nombreuses tours de guet en pierre ponctuent le parcours et témoignent d'un passé agité. Le village était un point de passage obligé pour les pèlerins en provenance du Yémen et des pays d'Asie du Sud. Il formait un bastion avancé dans la protection des routes pour La Mecque et Médine. Il faut imaginer les pèlerins à pied, empruntant cette vallée coupe-gorge et s'apprêtant à gravir la plus haute montagne du pays. Le village était aussi un carrefour commercial important, d'autant que les produits agricoles locaux jouissent d'une excellente réputation sur les marchés, notamment le miel et le beurre.

Histoire

Les habitants de Rijal Alma possédaient la réputation de fiers guerriers. Ils ont participé à de nombreuses batailles. Ils auraient participé à la bataille de Qadisiyah en 636 qui opposa le califat Rachidoune à l'Empire sassanide dans leur conquête de la Perse. Ils ont également mené une lutte intense contre l'Empire ottoman et ont longtemps résisté à sa domination. En 1822, ils réalisent un coup d'Etat en destituant le chérif de l'Asir et prennent le contrôle de la région. Ahmed Pasha lève alors une armée de 50 000 hommes et reprend Khamis Mushait, Abha et Al-Saqa. Mais il butte sur Rijal Alma et finit par signer l'indépendance de l'Asir le 28 août 1825, une première dans la Péninsule arabe. 10 ans plus tard, les habitants de Rijal Alma tiennent tête à Ibrahim Pasha dans sa tentative de reconquête de l'Asir, alors qu'il vient de faire tomber le premier Etat saoudien.

Les tribus de Rijal Alma ont aussi mené des conquêtes vers le sud, défaisant les tribus yéménites jusqu'à Sanaa dont ils se sont emparé brièvement. Charles Cornwallis, gouverneur des Indes britanniques, aurait écrit de ces hommes : « [...] bien que peu nombreux par le nombre comparé à d'autres tribus, les tribus [de Rijal Almaa] sont parmi les plus réputées pour leur courage et leur audace à la guerre et pour leur cohésion et orgueil dans leur indépendance ».

BEES TOWER HONEY REFINERY ★

✆ +966 50 888 5946

Ouvert de 7h à 20h30, à partir de 9h le lundi, jusqu'à 19h30 le dimanche. Entrée : 20 SAR.

Vous êtes accueilli à l'entrée de ce musée dédié au miel et aux abeilles, par un authentique moulin en bois. Le propriétaire l'a fait venir en pièces détachées et l'a remonté devant sa maison. Le dernier étage de la maison est lui transformé en musée vantant les bienfaits des produits apicoles. On peut observer des ruches d'abeilles installées dans des troncs d'arbres creux, les outils nécessaires à la récolte et goûter à des miels très différents. Ils sont tous en vente à la boutique.

MUSEE DE RIJAL ALMA'A ★★★

Ouvert tous les jours de 8h à minuit. Entrée : 20 SAR.

Rijal Alma'a compte une soixantaine de maisons et palais de pierre érigés contre le pied de la montagne, en fond de vallée. L'un des palais a été transformé en musée par les habitants du village désireux de sauvegarder leur patrimoine en déclin. Si la collection poussiéreuse d'armes et d'outils agricoles présente un intérêt limité, c'est l'occasion de pénétrer dans une de ces maisons austères emplies de mystère. Le grand amphithéâtre au pied du village accueille des spectacles folkloriques en été. C'est là que se rassemblaient les habitants pour les célébrations.

CAFE DE RIJAL ALMA'A

Ouvert tous les jours de 10h à 22h.

Au cœur du vieux village de Rijal Alma'a se cache un café vraiment typique. Si la grande salle ne présente aucun intérêt, la vaste terrasse dominant le forum et la mosquée est, elle, bien agréable. On peut s'arrêter ici un instant, le temps de déguster un café arabe ou turc, un thé à la menthe ou un jus de fruit. Les hauts murs de l'ancienne maison projettent une ombre bienfaitrice sur la terrasse et permettent de se mettre dehors, même en été. Rappelez-vous, vous êtes en Aseer et les températures s'avèrent toujours clémentes. Alors autant en profiter !

Rijal Alma.

TAMNIAH ★★

Tamniah est l'un des vieux villages les mieux préservés de la région de l'Asir et l'un des plus imposants également. Il compte en réalité deux villages, celui de Yanfa et celui de Tamniah qui se font face, autour d'une grande cuvette quadrillée en champs et lopins irréguliers. Chacun des villages est adossé à la montagne de granit rose. Le village de Yanfa compte plus de 400 maisons de pierre et de pisé, formant un enchevêtrement labyrinthique dont seuls les initiés arrivent à se sortir. Ces maisons ont toujours leurs propriétaires et certaines font l'objet de rénovation de fond en comble, tout comme la petite mosquée à l'entrée du village.

AL NAMAS ★

Al Namas se trouve presque à mi-chemin entre Abha et Al-Baha, en bordure d'un vaste cratère volcanique. Tous les touristes qui rallient les deux villes en voiture marquent l'arrêt dans ce village. Véritable fenêtre sur la culture de l'Asir et ses traditions, les vieilles maisons du hameau d'Al Naih, au sud, préfigurent les maisons-fortes de la région d'Abha. Construites en pierre, certaines sont enduites et chaulées de blanc, comme dans la région d'Al Baha. La ville compte également un musée et le surprenant village d'Al Meger, un complexe touristique mêlant les influences architecturales islamiques et le style local, pour un résultat des plus kitsch.

AL JAHAMAH ★

A 90 km à l'est d'Abha, les villages d'Al Jahamah et de Al-Khalaf présentent le même profil avec leurs maisons massives en ruines encadrées de champs verdoyants. Les deux villages sont distants de 12 km, Al Khalaf étant au sud, au bout du plateau rocheux. A Jahamah, les maisons sont en glaise rosée, presque imbriquées les unes dans les autres. Elles forment un ensemble compact en mauvais état. A Khalaf, les maisons traditionnelles sont moins nombreuses, mais certaines d'entre elles arborent encore les peintures originales de qatt al-asiri, tant en extérieur qu'à l'intérieur. N'hésitez pas à vous y arrêter si vous faites la route jusqu'à Najran.

OKROM

Okrom n'est qu'un lieu-dit sans intérêt placé sur la route 15 entre Al-Baha et Abha. En revanche, les deux villages d'Al-Orosh (à l'est) et d'Al-Olayyan (au sud), tous proches, méritent de s'arrêter si vous faites la route. Les maisons de pierre et de galets d'Al-Orosh ont été parfaitement restaurées et les ruelles impeccablement pavées. A la nuit tombante, les rues sont éclairées de guirlandes électriques et de vieilles lampes tempête. Les maisons d'Al-Olayyan ont elles-aussi profité d'une rénovation tout en préservant leur cadre authentique. La plus grande des maisons a été transformée en musée. Le village est entouré de champs en plateau.

AL BAHA ★★

A plus de 2 000 mètres d'altitude, Al Baha jouit d'un climat tempéré et de paysages de montagnes noires et de forêts qui vous feront réviser vos idées reçues sur l'Arabie Saoudite. La capitale de la province d'Al Baha ne compte que 100 000 habitants. C'est la plus petite capitale du pays. Les Saoudiens y débarquent en nombre, surtout en été, pour profiter d'une topologie qui leur est étrangère. Les hautes montagnes, les vallées profondes, la brume matinale, les forêts – il y en a 60 autour d'Al Baha –, les vieux villages aux maisons de pierres sèches, les hautes tours de guet en pierre, les qasbah, sont autant de curiosités pour les Saoudiens des plaines. Si la ville d'Al Baha elle-même ne compte que peu de sites d'intérêt, ses environs immédiats regorgent de points de vue à couper le souffle et de villages racontant les histoires des tribus des Ghamid et des Zahran. Certains vieux villages dissimulent encore des cimetières tribaux qui dans cette région étaient constitués de sépultures communes. A une époque où des épidémies décimaient les villageois, où la saison des pluies durait 6 mois rendant les déplacements difficiles, les villageois prirent l'habitude de creuser des caveaux à proximité de chez eux, pour y enterrer les membres d'une même famille ou d'une même tribu. Une voiture est indispensable pour sillonner ses environs. Et si vous êtes dans le coin un dimanche, ne manquez pas le marché hebdomadaire de Raghadan.

Climat

Situé au sud du Hejaz, là où l'altitude est plus élevée, Al Baha bénéficie d'un climat plus supportable qu'ailleurs dans le pays. Beaucoup de citadins de Djedda ou de Riyad viennent d'ailleurs y trouver refuge le temps d'un week-end, notamment en été. Les températures moyennes dépassent néanmoins les 30 °C de mai à septembre. En hiver, le thermomètre promet des journées fraîches, mais il ne gèle que de manière exceptionnelle. Avec des records de température enregistrés en février de 0 °C pour la plus basse et 32 °C pour la plus haute, difficile de prévoir le temps que vous aurez. Sachez tout de même que les mois d'avril et mai sont les plus pluvieux. Le meilleur moment pour se rendre à Al Baha est d'octobre à décembre pour profiter de belles journées sans (trop) de pluie.

Se loger

Al Bahah ne manque pas de chambres, mais la plupart sont des apparthotels ou des appartements mis en location par des particuliers. La ville ne compte que peu d'hôtels. La région attirant les touristes, notamment en hiver et aux intersaisons, vous trouverez également des « chalets » dans les montagnes. Un véhicule est impératif.

Se loger

Notre enquête ne nous a pas permis de visiter Al Baha. Les adresses de restaurants n'ayant pu être testées, elles sont mentionnées à titre indicatif.

La variété dans l'offre de restauration est assez limitée à Al Baha. Vous trouverez les incontournables fast-food de viandes grillées et de shawarma sur la route principale, King Abdulaziz Road. Si vous recherchez une vraie table où se poser un moment, Fifth Season sur King Saud Road ou Soul sur King Fahd Road devraient convenir.

Transports

- **Avion.** L'aéroport le plus proche est le King Saud bin Abdulaziz Airport d'Aqiq à 45 km au nord-est d'Al Baha. Des liaisons directes avec Riyad, Abha, Djedda et Dammam sont assurées par les principales compagnies saoudiennes.
- **Bus.** La gare de la SAPTCO est située sur King Abdulaziz Road à la sortie est de la ville. Les liaisons directes sont assurées vers Taïf (4 bus quotidiens, 3 heures, 67 SAR), Abha (3 bus quotidiens, 5 heures, 99 SAR), Riyad (1 bus quotidien, 14 heures, 231 SAR), Djedda (1 bus quotidien, 6 heures, 125 SAR).
- **Voiture.** Deux loueurs de voiture sont installés sur King Abdulaziz Road à la sortie est de la ville : Budget (+966 92 000 4124) et Theeb Car Rental (+966 92 000 0572).

OUEST

AL BAHA ZIPLINE

Ouvert tous les jours de midi à 20h. Entrée : 120 SAR.

La tyrolienne d'Al Baha part du sommet de la Forêt de Raghadan. Elle fait 957 mètres de long que vous parcourez en 42 secondes seulement ! Cela vous laissera à peine le temps de voir les quelques arbres qui ont réchappé à l'aménagement de cette forêt en destination de loisir. Les consignes de sécurité sont strictes : la tyrolienne est interdite aux personnes pesant moins de 40 kg ou plus de 120 kg, aux femmes enceintes, aux personnes souffrant d'une pathologie cardiaque, d'asthme, de douleurs dans le cou ou ayant subi une opération récemment.

PALAIS DE BIN RAQOUSH ★★

King Abdulaziz Road

Ouvert tous les jours de 9h à 21h.

A 13 km au nord d'Al Baha, le village de Bani SAR a conservé son vieux palais de pierre. Il s'agit d'un monument singulier et unique dans la région. Construit en 1825, le palais intégrait pour la première fois différents bâtiments ayant différentes fonctions : les quartiers privés, le majlis ou salle du conseil, une mosquée, la cuisine et le quartier des serviteurs. La maison Al Wasit fut ajoutée en 1939 pour recevoir des invités. Le palais a été rénové et transformé en musée. L'intérieur des maisons est soutenu par des colonnes de pierre ou de bois gravés.

PARC DE LA FORET DE RAGHADAN

La forêt de Raghadan fait partie des attractions qui attirent les Saoudiens à Al-Bahah, en plus du climat agréable. Les forêts sont rares en Arabie Saoudite. Il est d'ailleurs dommage de constater à quel point celle-ci a été sacrifiée pour y faire passer des routes, des parkings, des aires de pique-nique et de jeux. La forêt de Raghadan, ou ce qu'il en reste, accueille donc un café, un mini-zoo pour les enfants et une tyrolienne, sans doute le seul point d'intérêt des lieux.

VILLAGE HISTORIQUE D'AL-MALAD ★★★

A 3 km à l'est d'Al-Bahah, le petit village d'Al-Malad occupe le sommet d'une colline qui domine la route. Tout en pierre, il arbore l'architecture traditionnelle de la région. Vous ne pourrez pas manquer ses deux hautes tours de guet, qui veillent sur les alentours depuis 300 ans. Elles ont été érigées par deux frères qui souhaitaient sécuriser le village, point de passage obligé pour les marchands souhaitant rejoindre l'Asir. Les tours servaient aussi de silo pour stocker les récoltes. Juste à côté, un petit bâtiment servait de lieu de réunion pour conclure des accords commerciaux ou régler des différends entre tribus. Les maisons laissées à l'abandon, les petites boutiques branlantes, les ruelles étroites esquissent un passé pastoral, une vie de quiétude repliée autour d'une petite communauté. La mosquée est le seul bâtiment à avoir été restauré. Le bassin d'ablutions était en pierre, comme le reste du bâtiment. Plutôt petite, la salle de prière pouvait accueillir 34 fidèles. La mosquée revêtait une place importante dans la vie du village. C'est là que se rassemblaient les hommes pour régler des problèmes du quotidien ou réconcilier deux parties aux vues divergentes. La mosquée était aussi un lieu d'enseignement en l'absence d'école. A travers l'étude du *Coran*, les enfants, garçons et filles, y apprenaient à lire et écrire. Le village comprend également un petit musée très bien fait, qui expose de vieilles photos, des vêtements traditionnels ou des objets anciens.

Thee Ain.

VILLAGES D'ALGEHAD ET AL ATHAWLAH ★★

Sur la route d'Al Baha à Taif, les villages d'Algehad et d'Al Athawlah vous projettent dans un passé ancien et révolu depuis pas si longtemps. Avec leurs ruelles étroites, leurs imposantes maisons de pierres sèches, ils dégagent une atmosphère traduisant la rudesse des vies d'avant. Mais ils s'inscrivent également dans la beauté des paysages, dans une nature de montagnes domptées pour y aménager des champs. Certaines maisons arborent de belles frises en pierres blanches et noires.

SWISS SPIRIT HOTEL & SUITES AL BAHA €€€

King Abdulaziz Road
✆ +966 17 723 0330
www.swissinternationalhotels.com
A partir de 470 SAR pour une chambre double, petit déjeuner compris.

Le Swiss Spirit Hotel est situé sur la route principale au nord de la ville et c'est la meilleure option des environs. Le marbre poli, les dorures, les colonnes, les boiseries donnent le ton : l'établissement est classe. Les chambres sont agréables et pas trop chargées. Elles comprennent toutes un téléviseur à écran plat, l'accès au wifi, une salle de bains avec bidet, un bureau et un coffre-fort. Les suites familiales intègrent également une kitchenette.

JABAL SHADA RESERVE ★★

A 80 km au sud-ouest et 1 heure 30 de route d'Al Baha, la Réserve du Mont Shada est une destination qui ravira les amateurs de paysages d'exception et les conducteurs expérimentés. La petite route d'accès au sommet de la montagne est particulièrement étroite et compte un nombre incalculable de virages en épingle à cheveux. Les étranges formations rocheuses ont parfois été transformées en cabanes qui ressemblent à des champignons. Située à 2 222 mètres d'altitude et d'une surface de près de 70 km², elle abrite une flore importante avec plus de 500 espèces recensées. C'est aussi l'un des refuges du très rare léopard d'Arabie ou de la hyène rayée.

THEE AIN ★★★

Le village de Thee Ain est l'emblème de la région d'Al Baha. Ses hautes et massives maisons de pierres plies se fondent dans la montagne désertique en arrière-plan. Installé au sommet d'une petite colline, le village est entouré de bananiers, de palmiers, de citronniers. Parfaitement restauré, il offre un panorama bucolique somptueux. Le village comprend une quarantaine de maisons et de petits palais, de greniers à grain et d'étables pour animaux répartis sur les pentes de la colline. Celle-ci est couronnée par une imposante forteresse. La petite mosquée est située à l'entrée du village. Le réseau de ruelles escarpées et d'escaliers permet de flâner tranquillement dans le village. En l'absence de boutiques ou de cafés, prévoyez de l'eau en quantité suffisante, car cela grimpe. Préférez une visite très tôt le matin ou en fin de journée en dehors de la période hivernale, pour ne pas souffrir de la chaleur.

Le village de Thee Ain existe depuis le XVIe siècle. Il fut l'objet de nombreuses attaques et raids avant l'unification du pays. La plus connue fut celle menée par Mohammed Ali Pasha, fondateur de l'Egypte moderne et gouverneur ottoman au XIXe siècle. Il tentait de conquérir le sud de la Péninsule arabe pour le compte du sultan ottoman Mahmoud II. Son armée fut mise en déroute par les tribus locales des Ghamed et Zahran. Thee Ain tire son nom d'une source qui descendait de la montagne et approvisionnait des bassins de rétention. Il a compté jusqu'à 320 habitations. Il en reste 49 qui font entre un et quatre étages. Les murs font entre 70 et 90 cm d'épaisseur, faisant de ces maisons de petits fortins. Les pièces de réception étaient situées au rez-de-chaussée, tandis que les étages étaient réservés aux chambres, à la cuisine, à la salle de bain. Les grandes pièces principales sont soutenues par des piliers en cèdre, appelés « zafer ». Les plafonds sont du même bois.

Le site a bénéficié d'une importante rénovation menée par le Ministère du Tourisme et des Antiquités saoudien. Celui-ci a engagé plus de 16 millions de rials dans des travaux qui ont duré 5 ans. La volonté était de faire inscrire le village au Patrimoine mondial de l'Unesco en 2017. La tentative a échoué pour le moment, mais le site mérite clairement une visite. L'accès au village de Thee Ain est gratuit. Il est ouvert du dimanche au jeudi de 8h à 15h30.

LA MECQUE ★★★★

Makkah al Mukkarramah, « Makkah la noble », serait un lieu de pèlerinage bien antérieur à l'islam. Au Ier siècle, des pèlerins venus de toute l'Arabie s'y rendaient pour se prosterner devant la Kaaba. Cet édifice abrite une pierre noire à l'origine et à la composition inconnues, enchâssée dans son mur. Les tribus des civilisations anciennes voyaient dans certaines pierres du désert ou météoritiques des manifestations divines. La Mecque, c'est aussi la ville fondée par Ibrahim (Abraham), le patriarche biblique. Elle s'est développée au fond d'une vallée désertique encadrée de montagnes culminant entre 500 et 900 mètres d'altitude. Comme partout ailleurs en Arabie Saoudite, la sédentarisation de tribus dans cette vallée est liée à la présence d'une source d'eau potable. Ville de naissance du Prophète Mahomet, La Mecque est devenue le lieu le plus sacré de l'islam en 630, lorsque le Prophète a repris la ville aux tribus polythéistes et imposé de se tourner vers la Kaaba pour la prière. La mosquée al-Haram y fut construite devenant le cœur battant de l'islam et le poumon économique de la ville. La Mecque a été désignée comme le lieu où accomplir le grand pèlerinage du hajj au moins une fois dans sa vie. Durant 5 jours du dernier mois du calendrier lunaire, des millions de pèlerins débarquent pour respecter un des 5 piliers de l'islam. Mais la ville vibre au rythme de la ferveur religieuse toute l'année. La umra, ou le petit pèlerinage, peut se dérouler à n'importe quel moment. Dans les temps anciens, le pèlerinage imposait un voyage qui pouvait durer deux ans, obligeant les fidèles à traverser des mers houleuses et des contrées désertiques, parfois peuplées de tribus hostiles. Désormais, les pèlerins atterrissent à Djedda, distante de seulement 80 km, et affluent dans la ville à bord de trains modernes ou de bus. La ville compte 2 millions d'habitants, et tourne en grande partie grâce aux immigrés.

Histoire

Le mythe religieux de La Mecque. Selon la tradition islamique, qui rassemble le Coran et les hadith des premiers siècles de l'islam, la ville aurait été fondée par Ibrahim et son fils Ismaël. Dans la sourate 2 (La vache), Dieu convoque les hommes à « la Maison », soit le lieu de prière où se tint Ibrahim. Cette tradition coranique visait surtout à déposséder les Juifs de Médine de la figure patriarcale fondatrice. Le *Livre des Prophètes* raconte la fondation de La Mecque en s'inspirant d'un récit de la Genèse. Sarah, l'épouse d'Ibrahim, exige de lui qu'il exile sa concubine Agar et leur enfant Ismaël. Ibrahim s'exécute et après une longue marche abandonne Agar et Ismaël dans le désert. Perdue, celle-ci erre entre les collines de Safa et Marwah à la recherche d'eau et de nourriture. L'ange Djibril (Gabriel), envoyé par Dieu, intervient et frappe le sol de son talon, faisant jaillir la source de Zamzam. L'eau qui affleure attire de nombreux oiseaux qui tournoient dans le ciel, éveillant la curiosité d'une tribu voisine, les Jurhum. Des hommes se rendent sur les lieux et découvrent Agar et Ismaël. Agar leur donne alors l'accès à la source en échange de leur protection. L'eau coulant en abondance, les Jurhum installent un campement. Ils sont considérés comme les premiers habitants de La Mecque. Par la suite, Ismaël prend une femme de la tribu pour épouse. Son père Ibrahim vient lui rendre visite une fois par an. Et c'est là qu'il reçoit l'injonction de Dieu de construire la Kaaba, sa Maison. Les deux hommes se font aider par les Jurhum qui se convertissent alors au monothéisme du Patriarche.

La Mecque et l'ère préislamique. Il n'existe presque aucun élément permettant de retracer l'histoire de La Mecque avant l'avènement de l'islam. Tous les vestiges archéologiques ou récents ont été soigneusement détruits par les Saoud, empêchant toute mise en lumière de l'histoire ancienne de la ville. Il faut alors se référer presque exclusivement à la tradition musulmane, qui qualifie l'ère préislamique « d'Âge de l'Ignorance ». L'Arabie est présentée comme une région misérable, livrée à l'anarchie de tribus rivales et où sévit la famine. Six générations avant la naissance de Mahomet, Qusay, du clan des Hashim de la tribu Quraysh, prend possession de la ville. La ville connaît un important essor économique en devenant un point de passage privilégié des caravanes reliant le Yémen à la Mésopotamie au nord de la Péninsule. Les Qurayshites deviennent de féroces commerçants et La Mecque supplante les villes de Pétra et de Palmyre sur le plan économique. La tradition musulmane rapporte également que La Mecque était un lieu important du paganisme arabe et que s'y tenait une fois par an un grand pèlerinage. Ce pèlerinage était l'occasion d'une trêve entre les différentes tribus qui avaient pour habitude de s'affronter. Il s'accompagnait d'une grande foire commerciale et se déroulait au moment de l'équinoxe du printemps.

Sur le plan religieux, les Qurayshites pratiquent un culte polythéiste dominé par le dieu Hubal. S'y superposent des croyances qui unissent les tribus arabes occidentales, dont celle en Allah. Sa « Maison », la Kaaba, est érigée à La Mecque. Les tribus vénèrent également les trois filles d'Allah, Al-Lat, Manat et Al-Uzza. Au moment de la naissance de Mahomet, vers 570, le polythéisme s'essouffle

OUEST

et La Mecque accueille des populations juives et chrétiennes, une hypothèse soutenue par la familiarité dont font preuve les auditeurs de Mahomet avec les récits bibliques. Ces cultes monothéistes infusent la culture polythéiste locale et une transposition progressive s'opère portée par les réformateurs, dont Mahomet.

Sur le plan de la recherche historique, aucun texte ne mentionne La Mecque avant 741. Le rôle politique, religieux ou économique de l'Arabie est attesté par la littérature grecque ou byzantine au VIe siècle, et même avant, mais il n'est jamais fait mention de La Mecque ou de la tribu des Qurayshite dans ces écrits. Ainsi, certains chercheurs vont jusqu'à remettre en cause l'existence de La Mecque au moment de la naissance de Mahomet. La ville n'aurait été fondée qu'au milieu du VIIe siècle. Des fouilles entreprises au moment de la construction des tours d'Abraj al Bait ont révélé que les premières strates d'occupation remontent à la période abbasside.

La période mahométaine. Mahomet naît vers 570 à La Mecque. Il est le descendant de Hachim, prince des Qurayshite, gouverneur de la Mecque et intendant de la Kaaba. On ne sait quasiment rien de son enfance ou de sa jeunesse. Il épouse en premières noces Khadija, fille d'une famille de marchands chrétiens. Mahomet raconte avoir reçu des révélations divines dans la grotte de Hira de l'ange Djibril (Gabriel). Alors que les riches marchands se détournent de lui, il reçoit le soutien de son épouse, des pauvres et des esclaves de la ville. En 622, alors que son épouse vient de mourir, il est chassé de la ville. Mahomet s'exile à Médine avec quelques compagnons d'infortune. Cette date marque l'an 1 de l'Hégire, le calendrier musulman. Mahomet tente de revenir dans la ville en 628, mais échoue. En 630, il assiège la ville avec une armée de 10 000 hommes convertis à la nouvelle religion. Lors de pourparlers, Mahomet assure qu'aucun mal ne sera fait aux habitants s'ils se convertissent. La ville tombe sans résistance. Le Prophète déclare la ville sainte et fait détruire les idoles païennes conservées dans la Kaaba et en interdit l'accès aux fidèles du culte polythéiste. L'interdiction de la ville sainte aux non-Musulmans sera largement postérieure, sans que l'on sache vraiment quand celle-ci a été prononcée.

Expansion de l'islam et développement de La Mecque. L'expansion de l'islam démarre avec la mort du Prophète en 632. Les conquêtes territoriales génèrent les conversions. Le pèlerinage à La Mecque faisant partie des 5 piliers de l'islam, les fidèles commencent à affluer.

HAJJ ET OMRA, LES PÈLERINAGES DE L'ISLAM

La Mecque était déjà un lieu de pèlerinage avant l'avènement de l'islam. Les pèlerins se rendaient à la Kaaba, qui renfermait un bétyle, une pierre sacrée marquant l'expression divine. Le pèlerinage à La Mecque fait partie des 5 piliers de l'islam, tels que révélés par le prophète Mahomet. La sourate 3, verset 97, du *Coran* précise que c'est « un devoir envers Allah pour les gens qui en ont les moyens d'aller faire le pèlerinage de la Maison [la Kaaba] ». Néanmoins, la religion distingue deux formes de pèlerinages : le Hajj et la Omra. Le Hajj est le grand pèlerinage, celui pratiqué à dates fixes, entre le 8e jour et le 13e jour du dernier mois lunaire du calendrier de l'Hégire. La Omra peut être pratiquée n'importe quel mois de l'année, même s'il est recommandé de l'effectuer durant la période du ramadan. Le pèlerinage n'est imposé qu'aux personnes qui en ont les moyens physiques ou financiers. Si tel n'est pas le cas, ils doivent pratiquer un sacrifice (sourate 2, verset 196). La pratique du pèlerinage est très cadrée et le pèlerin doit se livrer à des actes bien précis.

Le talbiyah : il s'agit de la déclaration d'intention proférée par le pèlerin avant d'entreprendre son pèlerinage.

L'ihram : ce sont les ablutions pratiquées par le pèlerin avant de se rendre sur le lieu du pèlerinage. En plus du rituel de pureté corporelle, le pèlerin doit se parfumer et pratiquer deux raka'at, les itérations de mouvements et supplications prescrites pour la prière.

Le tawaf : il s'agit de la circonvolution autour de la Kaaba, pratiquée 7 fois dans le sens inverse des aiguilles d'une montre.

Le rasage du crâne : se raser la tête ou raccourcir ses cheveux marque la sortie du pèlerin de l'état de sacralisation. La Omra a été effectuée. Les hommes se rasent le crâne tandis que les femmes se coupent la pointe des cheveux. En revanche, si les hommes effectuent le Hajj, ils se contenteront de raccourcir leurs cheveux. Le Hajj comprend des obligations supplémentaires que sont l'arrêt au mont Arafat. C'est là que le Prophète a donné son dernier sermon aux musulmans qui l'avaient accompagné pour la Omra. C'est aussi sur cette montagne qu'Adam et Eve auraient été réunis après 200 ans de séparation pour avoir succombé à l'appel de Satan. Le troisième jour du pèlerinage, le pèlerin doit procéder à la lapidation de Satan. Il se rend à Mina muni de 7 pierres qui sont jetées contre un grand mur symbolisant le diable.

La ville grossit au même rythme que la mosquée s'étend et devient un centre cosmopolite de la foi musulmane. La ville devient le lieu de convoitise des différents courants de l'islam qui s'opposent et passe sous la férule de différentes tribus. En 1517, le chérif reconnaît la souveraineté du sultan ottoman Selim Ier et obtient en échange une certaine autonomie dans la gestion de la ville. En 1803, La Mecque passe sous contrôle wahhabite, un courant rigoriste de l'islam porté depuis la création du premier Etat saoudien en 1744. Dix ans plus tard, les Egyptiens s'emparent de la ville. La Première Guerre mondiale et la Révolte arabe déstabilisent l'Empire ottoman qui a la mainmise sur la Péninsule arabe. Le chérif de La Mecque Hussein bin Ali profite de la situation et proclame l'indépendance du Hejaz, faisant de La Mecque sa capitale. En 1924, Abdulaziz bin Saoud, le père de l'Arabie Saoudite moderne s'empare de La Mecque dans sa conquête d'unification du pays. Il supprime le titre de chérif de La Mecque et se proclame gardien des deux Saintes mosquées, celle de La Mecque et celle de Médine. Le wahhabisme revient en force dans la capitale de l'Islam. Les courants minoritaires de l'islam sont tout juste supportés et écartés de la gestion de la ville et de son administration.

La ville qui se confond avec sa Grande Mosquée est le théâtre de tensions politiques qui traversent le monde musulman. Le 20 novembre 1979, une attaque terroriste est menée par des opposants au clan des Saoud. Ils pénètrent dans la mosquée al-Haram armés jusqu'aux dents. Il faudra 2 semaines au gouvernement saoudien pour venir à bout des 200 terroristes. Le 31 juillet 1987, un groupe de pèlerins iraniens organisent une manifestation anti-américaine qui tourne à l'émeute. La police saoudienne tire sur la foule à balles réelles. L'émeute fera 402 morts et 649 blessés.

Le nombre croissant de pèlerins durant le hajj pose des problèmes logistiques majeurs. La mosquée est remaniée et agrandie maintes et maintes fois. La ville prend des airs de cité-dortoir où ne vivent que les travailleurs qui la font tourner, le centre étant une succession d'hôtels. Tunnels, autoroutes, métro, train à grande vitesse transforment la vallée pour permettre une circulation fluidifiée lorsque des millions de pèlerins débarquent pour les 5 jours que durent le hajj.

Se restaurer

Les seuls restaurants à proximité d'Al-Haram sont soit des fast-foods (américain, pakistanais, yéménite...) soit les restaurants d'hôtels. C'est dans les hôtels de luxe que vous trouverez les meilleures tables et pourrez profiter d'une alimentation un peu plus variée que le hamburger, le poulet servi avec du riz ou les viandes grillées.

Transports

Avion. L'aéroport le plus proche est à Djedda, à 80 km à l'ouest de la ville. Une aérogare a été spécialement construite pour accueillir les millions de pèlerins pendant le hajj. Durant cette période, des avions sont spécialement affrétés depuis tous les pays.

Train. La ligne LGV reliant La Mecque à Djedda et Médine a été inaugurée en 2018. Elle est pleinement opérationnelle depuis 2021. Compter 54 min pour Djedda et 35 SAR en classe éco, 2 heures 20 pour Médine et 120 SAR en classe éco. Consultez le site www.hhr.com pour les horaires et les réservations.

Bus. La compagnie nationale SAPTCO relie Makkah à de nombreuses villes en Arabie Saoudite, dont Médine (6 heures, 69 SAR), Djedda (1 heure, 20 SAR), Taïf (2 heures, 39 SAR), Riyad (entre 11 et 14 heures, 184 SAR).

Pour rappel, l'accès à l'enceinte sacrée de La Mecque est interdit aux non-musulmans. Vous ne pourrez pas aller au-delà du 2e ring. L'accès à la ville est également interdit aux femmes seules. A l'heure où nous écrivons, l'ouverture de la ville aux non-musulmans est sujette à débat.

GROTTE DE HIRA ★★

Accessible 24h/24.

La grotte de Hira est l'endroit où le Prophète a reçu la révélation de l'archange Djibril (Gabriel), avant d'être chassé de La Mecque. Elle est située sur le Jabal al Nour, la montagne de la Lumière, à 4 km au nord-est de la mosquée al-Haram. Durant le hajj, les pèlerins valides sont censés se rendre à pied à la grotte depuis la Grande Mosquée. C'est l'occasion de grands embouteillages humains, et parfois de drames. Des accidents créés par des mouvements de foule et faisant des centaines de morts ont eu lieu à plusieurs reprises.

LA KAABA ★★★★

L'accès à la Kaaba est strictement interdit aux non-musulmans.

La Kaaba est une construction abritant la pierre noire qui faisait l'objet d'un culte à l'ère préislamique. La Kaaba est recouverte d'un dais de soie noire brodé de fil d'or reprenant des sourates du *Coran*. A partir de 630, les musulmans se tournent vers la Kaaba à l'heure de la prière, où qu'ils soient dans le monde. Les pèlerins se rendant à La Mecque en font 7 fois le tour lors du rite du *tawaf*. En arabe, le terme *ka'ba* désigne un édifice de forme cubique. Le mot est mentionné dans la sourate 5 (*La Table*), verset 97 dans les termes suivants : « Dieu a institué la Kaaba, la Maison Sacrée, comme un lieu de rassemblement pour les gens. Il a institué le mois sacré, l'offrande et les guirlandes, afin que vous sachiez que vraiment Dieu sait tout ce qui est dans les cieux et sur la terre ; et que vraiment Dieu est omniscient ». Ce verset est important, car il révèle l'existence d'une « maison de Dieu » et parce qu'il reprend des actes sacrificiels pratiqués avant l'avènement de l'islam.

La pierre noire et l'ère préislamique. La Mecque était un lieu de pèlerinage avant l'avènement de l'islam et la Kaaba existait probablement déjà. Les Arabes vénéraient des bétyles, des pierres non sculptées de forme quadrangulaire. Elles provenaient souvent de météorites qui, pour les peuples anciens, étaient la manifestation d'une divinité. Maxime de Tyr, un philosophe du IIe siècle, rapporte dans ses *Dissertations* : « les Arabes adorent aussi, mais je ne sais quoi. Quant à l'objet sensible de leurs adorations, je l'ai vu, c'est une pierre quadrangulaire ». L'étude archéologique des tribus arabes a révélé l'adoration de pierres dans le désert, de météorites, mais aussi d'arbres ou de sources. Les objets de culte sont traditionnellement entourés d'un *haram*, une enceinte qui définit l'aire sacrée. Il en est ainsi de la Kaaba et sa pierre noire, qui faisaient l'objet du plus important pèlerinage en Arabie. De plus, la Kaaba était édifiée au fond d'une vallée, à proximité d'une source. Le *Coran* donne plus de précisions sur ce pèlerinage et sur les origines de la pierre noire. La sourate de *La Table* évoque les animaux amenés en offrande, portant des guirlandes autour du cou. La Kaaba aurait été construite par Abraham et son fils Ismaël. Dans d'autres traditions islamiques, elle serait l'œuvre d'Adam. La pierre serait descendue du Ciel pour montrer à Adam où construire le premier temple sur Terre. L'origine de la pierre noire est inconnue. Prélèvements et analyse sont proscrits. Certains pensent qu'il s'agit d'une pierre météoritique. Elle a éclaté sous l'effet de la chaleur lors de l'incendie de 684, a été volée en 930 par les Qarmates, un courant chiite de l'islam. Elle est désormais enchâssée dans le coin nord-est de la Kaaba et placée dans un cadre d'argent. La Kaaba abritait également des statues de divinités et des bétyles déposés par les pèlerins. On y aurait notamment vénéré les 3 filles de Dieu : Al-Lat, Manat et Al-Uzza.

La Kaaba dans l'islam. Lorsque le prophète Mahomet revient à La Mecque en 630, il débarrasse la Kaaba des statues et idoles qu'elle contenait. L'édifice est désormais une maison vide, la Maison de Dieu, qui Lui seul peut être adoré. La Kaaba a été détruite douze fois au cours de son histoire, dix fois avant l'avènement de l'islam et trois fois après. Elle est incendiée en 684 et en 692, lors des luttes pour obtenir la tête du califat par les Omeyyades. En 1630, les murs s'effondrent suite à des pluies diluviennes. Elle est reconstruite à chaque fois. Aujourd'hui, la Kaaba est une construction de granit, dont la pierre a été extraite dans les montagnes avoisinantes. Il s'agit d'un faux cube. Le mur le plus court fait 9,90 mètres et le plus long 12,01 mètres, pour une hauteur de 12,95 mètres. Une seule ouverture surélevée a été percée. La porte de bois à double-battants est plaquée de 280 kg d'or pur. Elle est ouverte trois fois par an pour nettoyer le sol avec de l'eau de la source Zamzam, supposément découverte par Agar, l'épouse d'Abraham. Les parois sont couvertes de plaques de marbre blanc jusqu'à trois mètres du sol et tapissées de tentures de soie verte sur lesquelles sont tissées la *shahada* (profession de foi) et certains des 99 noms d'Allah. Trois colonnes de teck sculpté soutiennent le faux-plafond. Un escalier permet d'accéder à la terrasse. La porte d'accès est nommée « la porte du repentir ». Elle est tendue d'une soierie brodée de fils d'or et d'argent. Cette porte est ouverte une fois par an afin de pouvoir changer la *kiswa*, le dais de soie noir qui recouvre l'édifice. Celui-ci est brocardé au fil d'or de versets coraniques. Depuis la fondation du royaume saoudien, les kiswas sont fabriquées dans un atelier qui se trouve juste à côté de la Grande Mosquée. Elle était autrefois fabriquée en Égypte, offerte par les sultans égyptiens. Mais la tradition de couverture de la Kaaba est bien plus ancienne. Elle remonterait au Ier siècle alors que des émirs venus des quatre coins de la Péninsule et du monde arabe offraient couvertures en laine et soieries colorées lorsqu'ils se rendaient en pèlerinage à La Mecque. Les kiswas étaient empilées les unes sur les autres, menaçant l'édifice de s'écrouler sous leur poids. En 775, le calife Al-Mahdi ordonne qu'on ne laisse qu'un seul dais. La tradition de la couleur noire est apparue au XIIIe siècle, même si par la suite, des kiswas de couleur pouvaient être offertes. Un très bel exemplaire de soie rouge est d'ailleurs exposé à la Maison des Arts islamiques à Djedda.

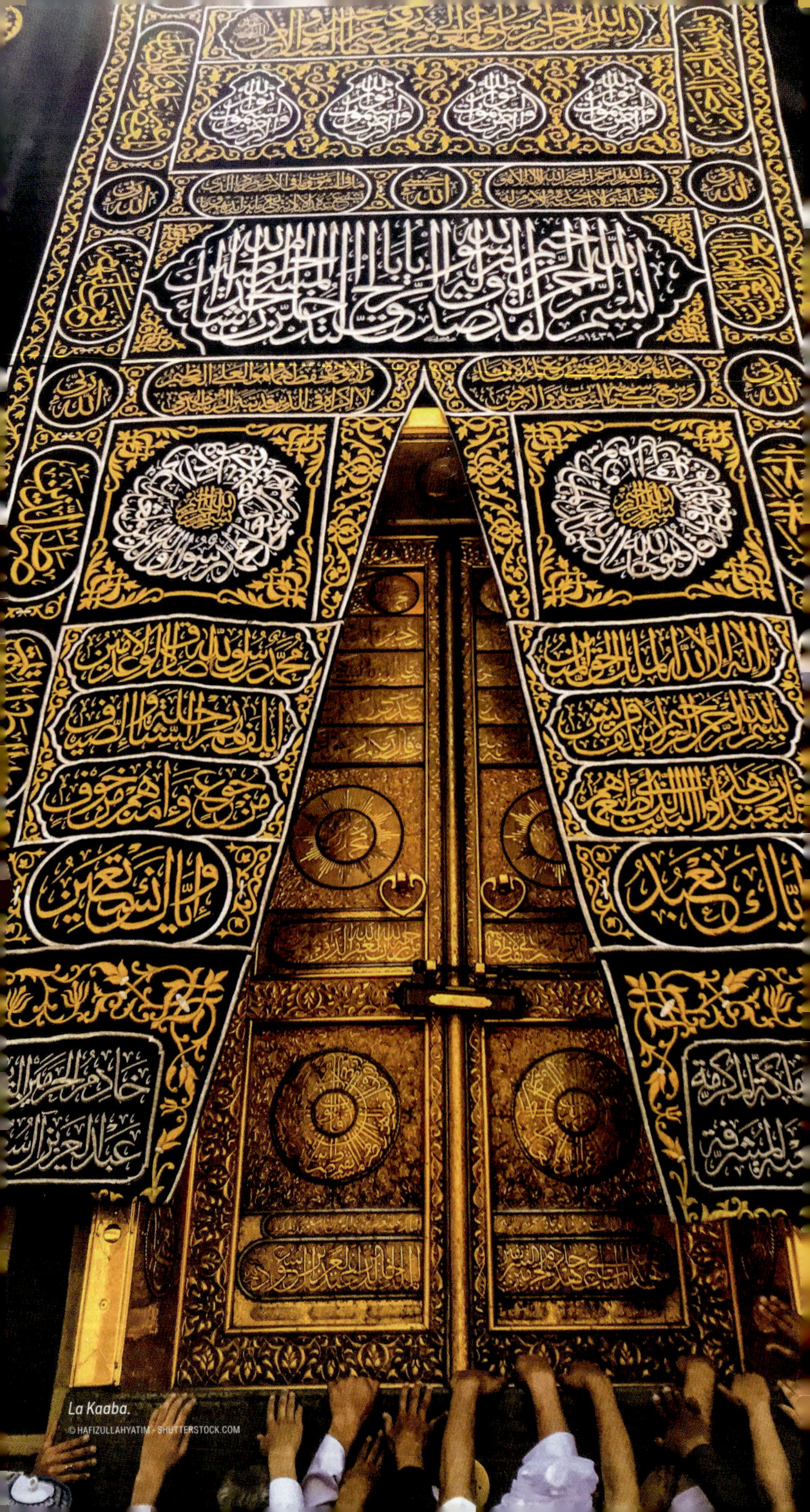

La Kaaba.

© HAFIZULLAHYATIM - SHUTTERSTOCK.COM

MOSQUEE AL-HARAM ☪ ★★★★

La mosquée de La Mecque est interdite aux non-musulmans.

Al-Masjid al-Haram, « la Mosquée sacrée », est la plus grande mosquée du monde. Ses 40 hectares peuvent accueillir 900 000 fidèles. Le pèlerinage à La Mecque figure parmi les 5 piliers de l'islam, au même titre que la *shahada* (profession de foi), le *zakat* (l'aumône), le jeûne (ramadan) et les 5 prières quotidiennes. Les pèlerins viennent à La Mecque toute l'année pour la *umra* et le *hajj* et se recueillir devant la Kaaba, le sanctuaire le plus sacré de l'islam, ce grand cube renfermant la pierre noire. Le nom de *masjid al-haram* est tiré du *Coran* et de la sourate al-Isra – Le voyage nocturne, qui débute ainsi : « Gloire et pureté à Celui qui a fait voyager Son serviteur de la Mosquée sacrée [*masjid al-haram*] à la Mosquée la plus lointaine [*masjid al-Aqsa*] dont nous avons béni les alentours, afin de lui faire voir certaines de nos merveilles. C'est Lui qui, en vérité, voit et entend tout ». Ainsi, le prophète Mahomet a désigné La Mecque comme lieu sacré, qui était déjà un lieu de pèlerinage à l'ère préislamique. La mosquée la plus lointaine serait celle de Jérusalem.

La construction de la Mosquée al-Haram. En 630, Mahomet revient à La Mecque, dont il avait été chassé huit ans plus tôt. Il se rend à la Kaaba et détruit les idoles qui l'entourent et les peintures qui la décorent. La Kaaba devient la *qibla*, la direction vers laquelle doivent se tourner tous les musulmans lors de la prière. Jusque-là, ils se tournaient vers Jérusalem. A partir de ce moment, les califes qui se succèdent vont apporter leur pierre à l'édifice. Le deuxième calife Omar ibn al-Khattab est à l'origine de la construction de la mosquée qui ceint la Kaaba. Il fait ériger un mur d'1,5 mètre de haut tout autour du sanctuaire pour le séparer de la ville et délimiter une zone de prière. Son successeur Othman ibn Affan ajoute un toit de bois au-dessus du mur soutenu par des colonnes et des arches. Le cinquième calife Abd al-Malik fait relever le mur, le toit est reconstruit en teck et les colonnes sont dorées. Le sixième calife Al-Walid ibn Abd al-Malik augmente la superficie de la mosquée et remplace les colonnes par des colonnes de marbre venu de Syrie et d'Egypte. Elles sont décorées de mosaïques. Cinquante ans plus tard le calife abbasside Abou Ja'afar Al Mansour adjoint une vaste superficie à la mosquée. Il fait construire un couloir circulaire, augmente la taille de la salle de prière et fait édifier le premier minaret au-dessus de Bab al-Umra à l'angle nord-ouest de l'édifice. En 776, le calife Al-Mahdi débute son règne en faisant annexer les maisons construites entre les rochers d'al-Safa et d'al-Marwah. Il les fait détruire. La mosquée couvre désormais une superficie de près de 3 hectares. Il fait également construire 3 autres minarets qui marquent l'emplacement des portes Bab al-Salam, Bab Ali et Bab al-Wadi. En raison d'un nombre croissant de pèlerins, la mosquée est à nouveau agrandie en 918, sous le règne du calife abbasside al Mouqtadir Billah.

Les travaux de rénovation. Les dynasties suivantes des Fatimides, des Ayyoubides, des Mamelouks, puis les Ottomans se contentèrent de travaux de rénovation, certains importants, mais sans modifier la surface de la mosquée al-Haram. En 1399 la mosquée prend feu et une centaine de colonnes et les plafonds sont endommagés. Le sultan mamelouk An-Nasir Faraj ben Barquq remplace les colonnes de marbre par des colonnes en pierre venues des montagnes du Hejaz. Le bois est sélectionné dans les forêts proches de Taïf. En 1571, le sultan ottoman Selim II ordonne une rénovation en profondeur de l'édifice.

OUEST

Mosquee Al-Haram.

Le toit est remplacé par des dômes dorés dont les intrados sont ornés de calligraphies reprenant des sourates du *Coran*. Des colonnes sont ajoutées afin de soutenir le nouveau toit. En 1611, des inondations endommagent à nouveau la mosquée. En 1629, le sultan Mourad IV ordonne de nouveaux travaux de rénovation d'importance dont la reconstruction de la Kaaba. Le nouveau bâtiment en pierre est fait d'arcades reposant sur de fines colonnes. Des médaillons sont apposés sur les arches. Les dalles de sol autour du sanctuaire sont remplacées par des dalles de marbre coloré et trois minarets sont ajoutés.

Les développements de la dynastie Saoud. Le fondateur de l'Arabie Saoudite n'imprime pas sa patte à la mosquée de La Mecque. Tout juste fait-il percer une porte qui porte son nom, Bab Abdulaziz. Son fils Saoud ibn Abdulaziz entame un chantier d'importance en 1955, qui s'achèvera en 1973. L'objectif est d'augmenter la capacité d'accueil des pèlerins qui sont toujours plus nombreux à effectuer le hajj. La superficie sera décuplée pour atteindre 20 ha. Cela implique d'importants travaux de démolition pour construire une arcade à deux étages autour de la Kaaba. Les galeries sont plaquées de marbre, tout comme les sols. Les plafonds sont décorés de caissons de plâtre moulés. Le Mas'a, le corridor qui relie les deux rochers de Safa et Marwah, est prolongé pour être intégré à la mosquée. Le tunnel forme désormais un sas entre la mosquée et la rue. Les portes Bab al-Salam et Bab al-Umra sont reprises pour être harmonisées avec la porte Bab Abdulaziz. Quatre minarets sont ajoutés et les trois plus anciens sont modifiés pour atteindre une hauteur de 89 mètres.

A peine dix ans après l'achèvement de ces travaux, le roi Fahd bin Abdulaziz entreprend lui aussi un chantier d'agrandissement. Les travaux s'étalent entre 1982 et 2005. Il porte la superficie de la mosquée à 32 ha. Une grande salle de prière climatisée est ajoutée au sud-ouest. Elle est surmontée de trois dômes reposant sur des tambours percés de 32 fenêtres. Ses murs sont plaqués de marbre dans lequel sont dissimulés haut-parleurs et câblages électriques. Le toit est aménagé en zone de prière en plein air. Une porte monumentale, Bab Fahd, est percée pour permettre l'accès à la nouvelle aile.

Une troisième phase de travaux est lancée en 2007 sous le règne du roi Abdallah. La superficie de la mosquée est portée à 40 ha. Elle est reconstruite sur deux étages. En 2015, une tempête fait tomber une grue à quelques jours du début du hajj. 100 personnes trouvent la mort et 200 personnes sont blessées, un drame qui a eu un grand retentissement. Les travaux d'agrandissement s'accompagnent de travaux logistiques permettant l'acheminement des pèlerins. Un nouveau terminal est construit à l'aéroport de Djedda, une ligne de train à grande vitesse relie l'aéroport à la ville sainte et de nouvelles routes sont également construites.

En 2019, 2,5 millions de personnes ont effectué le grand pèlerinage. La mosquée est constituée d'un ensemble d'édifices entourant la Kaaba. Le grand cube recouvert d'un dais noir occupe le point central. Il est entouré d'une vaste esplanade et ceint de galeries sur deux étages. Au nord, la salle de prière principale, dont il ne reste que peu d'éléments anciens à force de remaniement. Au sud-ouest, la grande salle ajoutée par le roi Fahd qui comprend aussi une bibliothèque. A l'est, le corridor du Mas'a. L'accès à la mosquée se fait par le nord-est où se trouvent les espaces d'ablution.

La prise de la Grande Mosquée de 1979. Le 20 novembre 1979, premier jour de l'an 1400 de l'hégire, un groupe de fondamentalistes islamistes tentent un coup de force contre la dynastie des Saoud. Ils sont environ 200 étudiants saoudiens et égyptiens de l'Université islamique de Médine à pénétrer dans la mosquée lourdement armés. A l'intérieur, 50 000 fidèles sont assemblés. Les terroristes libèrent la plupart des otages pour en garder 130 avec eux. Le gouvernement saoudien tarde à répondre à cette attaque, car il doit d'abord obtenir une fatwa des oulémas. En effet, la loi islamique interdit les effusions de sang à La Mecque et le port d'armes est strictement prohibé dans la mosquée. Le 24 novembre, la Garde nationale saoudienne lance un assaut inefficace et perd 127 hommes. Les Saoudiens demandent alors l'aide de la France et des États-Unis. Le 4 décembre, les Saoudiens aidés des Français parviennent à reprendre le contrôle de la mosquée, au terme d'une crise sanglante qui dura 15 jours et fit 244 morts et 600 blessés. Les 63 terroristes capturés seront décapités le 9 janvier 1980 après un procès expéditif.

PUITS DE ZAMZAM ★★

Le site de la Kaaba a probablement été choisi en raison de sa proximité avec une source d'eau, signe de vie, donc de divin, dans la rudesse du désert. Elle aurait surgi grâce à l'ange Djibril (Gabriel dans l'islam) pour sauver Agar et son fils Ismaël qui erraient dans le désert. Le puits de Zamzam a été creusé à la main à une vingtaine de mètres de la Kaaba. Il descend à 30 mètres de profondeur. Des salles souterraines ont été aménagées pour dégager le *tawaf* de la Kaaba. Des lavabos ont été installés pour permettre aux pèlerins de s'abreuver.

AL JAAD MAHABAS HOTEL €

3972 King Abdul Aziz Road

A partir de 240 SAR pour une chambre double.

Ce petit hôtel à prix raisonnable présente plein d'avantages. Situé à l'entrée du tunnel à l'est de la ville, il est juste à côté de l'arrêt de bus qui emmène les pèlerins gratuitement jusqu'à la Kaaba. En 3 minutes seulement, vous serez dans le saint des saints. Un grand parking public juste à côté vous permettra de garer votre véhicule gratuitement le temps de votre séjour. Les chambres sont simples et sans excès de fioritures et comprennent un coin salon. L'hôtel dispose de deux restaurants : une table libanaise et une continentale.

ELAF BAKKAH HOTEL €

Al Rahmah Street

✆ +966 12 529 8822

www.elafgroup.com

A partir de 180 SAR pour une chambre double.

Cet hôtel ouvert en 2013 a su se maintenir et ses chambres sont régulièrement remises au goût du jour. Des placages façon bois exotique, des cache-sommiers en velours gris souris, des têtes de lit brique et une moquette discrète assurent un cadre chaleureux et réconfortant. Toutes les chambres possèdent leur salle de bains privative équipée d'une douche et approvisionnée en produits de toilette. Encadré par les montagnes, l'hôtel n'est qu'à 3 minutes du centre en empruntant le service de bus gratuit mis en place par la ville. Une très bonne adresse.

MAKAREM AJYAD MAKKAH HOTEL €€

Ajyad Street

✆ +966 12 572 0500

https://www.makaremhotels.com

A partir de 540 SAR pour une chambre double, petit déjeuner inclus.

Cet hôtel se compose de cinq catégories de suites et de chambres parfaitement équipées. Grâce à son emplacement privilégié, vous pourrez rejoindre facilement la porte du Roi Abdul Aziz, à seulement 10 minutes à pied. Le buffet vous sera fraîchement préparé chaque jour, vous pourrez ainsi commencer votre journée par un petit déjeuner complet dans le restaurant Zamzam. Les services Jud vous proposent de bons plats cuisinés à emporter 24h/24. Une expérience mémorable.

© MAKAREM AJYAD MAKKAH HOTEL

© MAKAREM AJYAD MAKKAH HOTEL

OUEST

SAMAL AL DEAFAH HOTEL €

King Abdul Aziz Road

A partir de 130 SAR pour une chambre double.

La Mecque à petit prix, c'est possible. Le Sama al Deafah est situé à seulement 2 km du centre, au pied de l'entrée du tunnel à l'est de la ville. Un grand parking caché derrière l'établissement vous permettra de laisser votre véhicule le temps du séjour. Des navettes gratuites toute la journée permettent de gagner la Kaaba et la mosquée al-Haram. Les chambres sont modestes, mais bien équipées, et surtout très propres. Elles sont disponibles de 1 à 4 occupants. L'épaisse moquette rouge qui tapisse les couloirs et les chambres apportent une touche d'élégance.

M HOTEL AL DANA MAKKAH BY MILLENIUM €€

6724 Prince Majed ibn Abd Al Aziz Road

✆ +966 12 529 8187

www.millenniumhotels.com

A partir de 330 SAR pour une chambre double, petit déjeuner inclus.

En s'éloignant du périmètre sacré de La Mecque, les tarifs des hôtels chutent drastiquement. C'est le cas de cet hôtel, un 4-étoiles à un tarif très abordable. Il est situé bien au-delà du second ring et une voiture s'avère nécessaire. L'hôtel met d'ailleurs à disposition de ses clients un grand parking gratuit et une navette pour la mosquée al-Haram. Les chambres sont réparties autour d'un grand atrium couronné par une belle verrière colorée. Les chambres sont fonctionnelles.

MAKAREM AL BAIT HOTEL €€

✆ +966 12 535 6100

https://www.makaremhotels.com/

A partir de 150 SAR pour une chambre double.

Makarem possède de nombreux hôtels à La Mecque, chacun avec sa singularité. Celui-ci s'adresse à une clientèle individuelle, venue en pèlerinage « privé » dans la ville sainte. *Al bait* signifie « maison » en arabe, et c'est la volonté de l'établissement que de vous faire sentir comme chez vous. Les chambres sont petites et simples. Les 18 m² des chambres doubles contiennent deux lits, un bureau, un écran plat et une salle de douche avec produits de toilette. La déco minimaliste n'en demeure pas moins de bon goût. Une navette vous mène gratuitement au sanctuaire.

MAKAREM AL SHOROFAT €€

✆ +966 12 535 6100

www.makaremhotels.com

A partir de 160 SAR pour une chambre double, petit déjeuner inclus.

Makarem est synonyme d'excellent rapport qualité-prix et l'hôtel Al Shorofat n'échappe pas à la règle. L'établissement est le moins luxueux de la chaîne et les tarifs sont adaptés en conséquence. L'hôtel s'investit dans une démarche de développement durable et lutte activement pour réduire la consommation d'eau dans un pays désertique. Une affiche collée à la porte de la douche vous invite à replacer votre serviette après vos ablutions, afin de ne pas la laver tous les jours. Le mobilier est étudié pour l'espace des petites chambres et assure le confort.

MAKAREM MINA MAKKAH HOTEL €€

✆ +966 59 640 0388

https://www.makaremhotels.com/makarem

A partir de 200 SAR pour une chambre double.

Dans le quartier d'Alzizyah, proche du tunnel du Mina, le Makarem Mina est un peu éloigné de la mosquée. Pour parer à cet inconvénient, l'hôtel met une navette gratuite à disposition de ses clients. Autre avantage, vous bénéficiez de tarifs imbattables. Le rapport qualité-prix est excellent avec des chambres impeccables, une literie de luxe, une décoration sobre et soignée. Par conséquent, l'hôtel est souvent complet et il faut s'y prendre très en avance pour profiter de ce bon plan.

MAKAREM UMM AL QURA MAKKAH HOTEL €€

Street Ajyad General
✆ +966 12 535 6100
https://www.makaremhotels.com/
A partir de 250 SAR pour une chambre double, petit déjeuner inclus.

Entre le 2e et le 3e Ring Road, le Makarem Umma al Qura Makkah Hotel se trouve 3 kilomètres au sud de la mosquée Al-Haram. Des bus gratuits relient l'hôtel au sanctuaire. L'hôtel compte 336 chambres, qui affichent des couleurs vives, presque pop : du bleu azur, du rouge sang, du rose fuchsia... Vous profiterez de la légendaire hospitalité arabe de la part d'un personnel adorable qui fera tout pour faciliter votre pèlerinage à La Mecque. Possibilité de demi-pension.

NOVOTEL MAKKAH THAKHER CITY €€

✆ +966 12 561 9999
https://all.accor.com
A partir de 300 SAR pour une chambre double, petit déjeuner compris.

Très excentré, le Novotel Makkah se situe au nord de l'autoroute qui relie Riyad à La Mecque. Il est à près de 3 kilomètres de l'enceinte sacrée, mais des navettes régulières assurent la liaison entre l'hôtel et le centre religieux. Vous pouvez donc bénéficier en toute facilité du confort moderne de l'hôtel. Les chambres sont grandes et arborent une touche de contemporanéité agréable. Les petits-déjeuners servis sous forme de buffet sont particulièrement copieux.

DOUBLETREE BY HILTON MAKKAH JABAL OMAR €€€

✆ +966 12 556 0700
www.hilton.com
A partir de 1 050 SAR pour une chambre double, petit déjeuner compris.

Cet hôtel recueille tous les suffrages pour sa proximité avec Al-Haram qui n'est qu'à 5 min à pied. Il séduit par son hall d'accueil aux lignes contemporaines : marbre blanc immaculé, motifs en étoile créant une frise au sol et au plafond, salons de réception discrets... Les chambres jouent la continuité avec des tons sable, de grandes baies vitrées qui les rendent très lumineuses. Certaines d'entre elles ont une vue (lointaine) sur la mosquée Al-Haram et les montagnes qui l'encadrent.

MÖVENPICK MAKKAH HAJAR TOWER €€€

Near King Abdulaziz Gate
✆ +966 571 7171
www.movenpick.com
A partir de 1 700 SAR pour une chambre double, petit déjeuner inclus.

Installé dans l'immense complexe d'Abraj al Abait, le Mövenpick Makkah Har Tower offre des chambres ultra confortables de 34 m² pour les standards. Malgré leur belle taille, elles paraissent un peu exiguës avec leur mobilier XXL. Certaines ont une vue partielle sur la Kaaba. Avec ses 5 restaurants, vous aurez le choix pour vos repas. Tous les après-midi, l'hôtel offre un dessert chocolaté lors de la « Chocolate Hour », une façon originale de promouvoir la Suisse, le pays de Mövenpick.

RAFFLES MAKKAH PALACE €€€

✆ +966 12 571 7888
www.raffles.com
A partir de 2 200 SAR pour une suite junior, petit déjeuner inclus.

Au Raffles, une chaîne hôtelière grand luxe, il n'y a pas de chambre, mais des suites. Vous avez donc la garantie de l'espace (80 m² minimum), d'un mobilier raffiné, d'une harmonie de couleurs et d'un univers feutré. Qui dit grand luxe, dit également emplacement d'exception. Le Raffles est installé dans la tour qui fait immédiatement face à la porte du roi Abdulaziz. Contre un supplément, vous pouvez obtenir une suite avec vue imprenable sur la Kaaba et la mosquée al-Haram. La vue plongeante sur le lieu le plus saint de l'islam est saisissante.

SHAZA MAKKAH €€€

7569 Haratal Bab and Ash Shamiyyah
✆ +966 12 550 9500
www.shazahotels.com
A partir de 1 100 SAR pour une chambre double, petit déjeuner inclus.

Le moins cher des hôtels 5 étoiles de La Mecque se trouve en bordure du premier ring et profite d'une vue imprenable sur la mosquée al-Haram. Les chambres sont certes un peu petites pour un établissement de ce standing (à partir de 22 m²), mais elles sont absolument ravissantes. Du mordoré, des couleurs douces comme une caresse, des touches orientalisantes font oublier la laideur des immeubles de La Mecque. L'hôtel compte également deux restaurants, un service de conciergerie, un club pour enfant et un service de massage des pieds.

DJEDDA ★★★

Point d'entrée pour les villes saintes de La Mecque et de Médine, Djedda est habituée aux visiteurs du monde entier depuis toujours ou presque. Même lorsque le reste du pays était inaccessible aux touristes, Djedda continuait d'accueillir les pèlerins venus de toute part. Elle a développé un esprit d'ouverture qui lui est chère et dont les habitants sont particulièrement fiers. Ils vous expliqueront qu'ils sont progressistes comparé au reste du pays et qu'à Djedda toutes les gastronomies sont représentées. En bordure de mer Rouge, poissons et crustacés sont intégrés à la cuisine locale plus que partout ailleurs dans le pays. C'est aussi le premier port du pays. C'est d'ici que partent les navires chargés de pétrole et d'hydrocarbures. Dotée d'un grand dynamisme économique, la ville n'a de cesse de s'étendre vers le nord ; elle compte aujourd'hui plus de 4,5 millions d'habitant en faisant la deuxième métropole d'Arabie Saoudite. Elle affiche un profil de ville moderne, traversée par des autoroutes charriant des millions de véhicules tous les jours. Elle a néanmoins conservé sa vieille ville, Al Balad, au charme inégalable, et inscrite au Patrimoine mondial de l'humanité. Un passage par Djedda et son climat chaud et humide est obligatoire si vous visitez l'Arabie Saoudite.

Histoire

Quelques éléments permettent d'attester que Djedda existe depuis 2 500 environ. La ville est mentionnée dans d'anciennes inscriptions en thamoudique, une écriture protoarabe. Des fouilles menées dans la vieille ville ont permis de pister la trace de la tribu des Quda'a, qui serait remontée du Yémen vers 115 av. J.-C. Ils auraient fondé un petit village de pêcheur autour d'une anse naturelle et protégée. Djedda gagne en importance en 647, lorsque le troisième calife rachidoune Othmane ibn Affan choisit l'endroit pour devenir le port de La Mecque. Djedda n'est distante de la ville sainte que de 65 km. Le port est autant destiné à l'échange de marchandises qu'à recevoir les pèlerins pour La Mecque. En raison de son importance économique et de sa proximité avec l'Egypte, la ville fait souvent l'objet de la convoitise des dynasties qui lorgnent sur le pays et la première des villes saintes qui doit leur permettre de renforcer leur pouvoir sur le monde arabe et musulman. La ville est souvent prise et détruite. Omeyyades, Abbassides, Fatimides, mais aussi Tulunides ou Qarmatiens se succèdent dans la ville. Lorsque Vasco de Gama trouve son cap jusqu'aux Indes et que les conquêtes portugaises se multiplient, Djedda se dote d'un mur d'enceinte fortifié pour protéger ses habitants et son port.

Cela n'empêche pas les Ottomans de conquérir Djedda en 1517. Ils reconstruisent les fortifications en 1525 en aménageant 6 tours de guet et 6 portes d'accès. Tandis que le reste du Hedjaz se soumet à l'autorité ottomane, Djedda est directement administrée par l'empire turc.

En 1802, Djedda et La Mecque sont intégrés au Premier royaume saoudien. Mais en 1813, Mohammed Ali Pacha reprend les deux villes qui regagnent le giron ottoman. Un peu plus d'un siècle plus tard, la Révolte arabe chasse les Ottomans définitivement de la Péninsule arabe et Djedda fait partie du Royaume du Hedjaz. La ville rejoint le royaume saoudien sans guerre ni conquête, en signant un accord avec Abdulaziz ibn Saoud après la chute de Médine. Le nouveau roi s'empresse de faire construire un palais dans la ville, marquant ainsi son importance stratégique.

Transports

▶ **Avion.** L'aéroport international King Abdulaziz est situé à 25 km au nord de Djedda. Il faut compter 30 minutes de trajet en voiture, en-dehors des heures de pointe. Le train pour La Mecque marque l'arrêt dans la ville de Djedda. L'aéroport international reçoit des vols en provenance du monde entier et un terminal spécifique pour accueillir les pèlerins lors du Hajj et de la Omra du Ramadan a été construit. Un vol quotidien relie Djedda et Paris, assuré par Saudia, en code partagé avec Air France. Djedda est également reliée à toutes les villes d'Arabie Saoudite, du nord au sud, à l'exception de Taïf et de Médine, trop proches.

▶ **Train.** Le train à grande vitesse Haramain relie Djedda à La Mecque et Médine, en passant par la ville et l'aéroport. Compter 35 mn de trajet et 30,20 SAR pour La Mecque ; 1 heure 50 de trajet et 100 SAR pour Médine. Les billets peuvent être réservés sur le site www.hhr.sa.

▶ **Bus.** La gare routière de Djedda est située à l'ouest d'Al Balad, à proximité du centre commercial Corniche, en plein centre-ville donc. Des liaisons quotidiennes et directes sont assurées à destination de taïf (5 liaisons, 2 heures, 72 SAR), Al Baha (7 heures, 125 SAR), La Mecque Al-Haram (4 liaisons, 1 heures, 20 SAR), Médine (8 liaisons, 5 heures, 69 SAR), Abha (9 liaisons, 9 heures, 184 SAR), Jizan (9 liaisons, 12 heures, 184 SAR), Riyad (6 liaisons, 12 heures, 230 SAR), Tabouk (9 liaisons, 13 heures, 237 SAR).

AQUARIUM DE FAKIEH

Al Kurnaysh Branch Road ✆ +966 12 606 6144
www.fakiehaquarium.com

Ouvert de 10h à 23h, à partir de 13h30 le vendredi. Entrée : 55 SAR. Show de dauphins à 19h45. Entrée : 70 SAR.

Le seul aquarium d'Arabie Saoudite se trouve à Djedda, au nord de la ville. Il abrite plus de 200 espèces et permet de se familiariser avec le monde sous-marin de la mer Rouge et son écosystème. Au programme, vous pourrez faire connaissance avec des requins, des murènes, des napoléons, des hippocampes et bien d'autres. Un show avec les dauphins et les otaries du bassin est organisé tous les soirs. Une séance supplémentaire s'ajoute le jeudi et vendredi soir. L'aquarium est en train de travailler à offrir la possibilité de pouvoir nager avec les dauphins.

DARAT SAFEYA BINZAGR

King Abdullah Road
✆ +966 12 657 1030
www.daratsb.com

Ouvert le samedi de 10h30 à 13h30 et le dimanche de 17h30 à 20h30.

Safeya Binzagr est une artiste peintre née à Djedda en 1940. Sa famille s'installe en Égypte lorsqu'elle a 7 ans. Elle emmène avec elle des impressions, des sensations de sa ville natale qu'elle utilisera inlassablement dans ses toiles. Elle rentre en Arabie Saoudite à la fin des années 1960, pour constater que le visage de sa ville n'est plus le même. La modernité a chassé les costumes traditionnels, les entrelacs de ruelles étroites, les relations de voisinage. Sa quête du vieux Djedda est désormais exposée dans cette galerie qu'elle a fait construire.

CORNICHE DE DJEDDA

La Corniche est un lieu de promenade prisé en soirée. En bordure de la mer Rouge, au nord d'Al-Balad, la baie a été aménagée en parcs et jardins. Des kiosques permettent de s'acheter de quoi grignoter, un café ou une boisson fraîche. La Corniche est le quartier des hôtels chics, celui de la rue commerçante de Palestine Street. C'est aussi d'ici que l'on voit le mieux la fontaine du Roi Fahd, un puissant jet d'eau qui s'élève à 260 m, en faisant la plus haute fontaine au monde. Inspiré du jet d'eau de Genève, le roi Fahd a commandité le sien en 1980. Il a fallu cinq années de travaux pour mettre la fontaine en action. L'eau est propulsée à 375 km/h et illuminée de 500 leds la nuit, lui permettant de refléter toutes les couleurs de l'arc-en-ciel.

Le creux de la baie a été aménagé en musée à ciel ouvert. Vingt sculptures d'artistes renommés ont pris possession d'un parc pour former le musée de Sculptures de Djedda. L'intégralité du site a été repensé en 2013 et les statues restaurées, abîmées par plusieurs décennies passées en extérieur, dans la chaleur moite et salée de la ville. Des œuvres de Joan Miró côtoient celles d'Henry Moore, de Vasarely, de Jean Arp, de Sylvestre Monnier ou encore d'Alexander Calder. Un seul artiste arabe figure parmi cette exposition de premier ordre : Maha Malluh. Originaire de Djedda, elle a réalisé un triptyque sculptural à partir de pots de cuisson de différentes tailles, chinés dans les marchés aux puces saoudiens. Les trois colonnes symbolisent les échanges qui se produisent autour d'un repas.

OUEST

Vieille-ville de Djedda.

AL-BALAD ★★★★

https://jeddahalbalad.sa

Al-Balad, qui signifie « vieille ville » en arabe, est le quartier historique de Djedda. La ville fut fondée au VIIe siècle sur les bords de la mer Rouge et à seulement 80 km de La Mecque. L'expansion de l'islam a vite transformé le petit port de pêche en cité multiculturelle ouverte sur le monde. Est-ce la raison historique de son architecture singulière ? La vieille ville a conservé ses immeubles construits avec des blocs de coraux, ses façades ponctuées de balcons en bois ajourés, les *roshans*, ses persiennes colorées. Les immeubles les plus anciens ont 600 ans. Beaucoup sont dans un piteux état. Le prince héritier Mohammed Bin Salmane a débloqué un budget de plus de 13 millions de dollars pour restaurer 56 bâtiments menaçant de s'effondrer. La ville est inscrite au Patrimoine mondial de l'Unesco depuis 2014.

L'accès à la vieille ville s'effectue souvent par le nord et la porte Bab Jadid. On peut encore voir les traces de l'ancien mur d'enceinte qui entourait la ville autrefois, avant qu'il ne soit démoli dans les années 40. Malgré les palissades qui protègent les chantiers de rénovation, il règne d'emblée une atmosphère unique et plaisante dans ce quartier, à mille lieues des villes saoudiennes sans charme. Véritable dédale de ruelles débouchant sur de petites places, il faut déambuler dans ses souks, entrer dans les nombreuses galeries d'art, rendre visite au potier ou au tourneur sur bois… Al-Balad est aussi l'un des derniers centres d'artisanat en Arabie Saoudite. Les céramiques de Djedda notamment sont très réputées.

Les Djeddawis ont commencé à quitter la ville vieillissante et mal adaptée à la modernité dans les années 70. Il était difficile d'y circuler, impossible de s'y garer. La main-d'œuvre immigrée remplaça les Saoudiens. Il faut attendre 20 ans pour que la Municipalité prenne conscience de la nécessité de préserver l'héritage unique de la vieille ville de Djedda. En 1991, elle fonde la Société de Conservation du Djedda Historique. En 2002, des fonds sont débloqués pour la préservation de l'héritage architectural et culturel du vieux Djedda. La tentative d'inscription du quartier au Patrimoine mondial de l'Unesco en 2009 va permettre d'accélérer les efforts consentis et surtout de poursuivre la rénovation dans les règles de l'art. La volonté d'ouverture de l'Arabie Saoudite au tourisme et la prise en compte de Djedda dans le plan Vision 2030 vont transformer la vieille ville en un chantier géant pour quelques années.

Al-Balad est constituée de plusieurs quartiers qui peuvent découpés en 4 zones principales : al-Mazloum au nord-est, al-Sham au nord, al-Yemen au sud et al-Bahr au sud-ouest. Chaque quartier dispose de son propre souk, de ses mosquées, de ses vastes demeures et petits immeubles.

Maison Nassif. Ce palais de 4 étages est la maison la plus emblématique d'Al-Balad. Il se dresse au fond d'une petite place ombragée par un gros arbre. Construit en 1881 pour le riche marchand et gouverneur de Djedda Omar Nassif, le palais mélange les influences. Avec ses bow-windows sculptés, ses frises florales et ses médaillons, ses fenêtres arrondies, sa porte en pierre, sa terrasse sur le toit abritée sous un pavillon de bois, la maison évoque le style turc ottoman. La maison compte deux accès. La porte principale se trouve au nord, tandis qu'une autre percée à l'ouest était réservée aux femmes. Le palais compte 106 pièces arrangées autour d'un grand hall central. Certaines d'entre elles sont ornementées de carrelages anciens ou de boiseries ouvragées. La Maison Nassif hébergea Abdulaziz ibn Saoud lorsqu'il s'empara de Djedda en décembre 1925, puis devint palais royal dans les premiers temps de l'Arabie Saoudite. Les Nassif récupérèrent leur maison quand le roi se fit construire un palais à Djedda. Ils la transformèrent en bibliothèque privée avec plus de 16 000 ouvrages collectés. Aujourd'hui, ces livres ont été transférés à la bibliothèque de l'Université roi Abdulaziz de Djedda et la maison Nassif est un centre culturel doublé d'un musée.

Souq Alawi. Cette rue qui part du cœur de la ville remonte vers le nord-est en passant devant la maison Nassif et la maison Matbouli aux très beaux bow-windows. Les boutiques sont sagement alignées et cachées derrière de gros volets de bois massif lorsqu'elles sont fermées. C'est la rue des parfumeurs et des marchands de chaussures.

Al Layat Lane. Cette minuscule ruelle qui part de Souq Alawi, juste derrière la maison Nassif, héberge quelques artisans d'art. Il y a notamment Hassan et son studio de tourneur sur bois ou un studio de teintures végétales et minérales. Ces espaces sont animés par de jeunes Saoudiens qui réinvestissent les métiers de l'art et de l'artisanat. N'hésitez pas à pousser les portes pour aller à la rencontre de la jeunesse locale.

Mosquée al-Shafi'i. L'une des plus anciennes mosquées d'Al-Balad est ouverte aux visiteurs non musulmans, en dehors des heures de prière et à condition d'être vêtu de façon modeste (pas de short, tenue couvrante et large pour les femmes et tête couverte). Installée le long du Souq al-Jawi, la mosquée date du XVIe siècle, mais sa présence est bien plus ancienne. Son mihrab daterait du XIXe siècle.

Cimetière non musulman. Tout à fait au sud d'Al-Balad, le long de King Fahd Branch Road qui délimite la vieille ville, se cache le vieux cimetière chrétien derrière un bouquet d'arbres et un mur. Les tombes les plus anciennes remontent au XVIe siècle, lorsque les Portugais se battaient contre les Ottomans.

© NEBRAS TOURISM

© NEBRAS TOURISM

© NEBRAS TOURISM

NEBRAS TOURISM

Prince Sultan St. Al Khalidiyah

✆ +966 56 997 0023

Cette petite agence basée dans les environs de Djedda profite de l'ouverture du pays aux touristes pour faire découvrir certaines destinations parfois négligées par ses concurrents. L'excursion d'une demi-journée sur une île au large de Djedda a notamment retenu notre attention. Au programme de cette sortie en mer, la découverte d'une des plus belles plages des environs, ainsi que du kayak dans des eaux cristallines. L'agence propose également une découverte de Taïf et ses roseraies parfumées. Un seul regret, des tarifs assez élevés.

© NEBRAS TOURISM

ZAHID TRAVEL GROUP

✆ +966 12 261 3595
www.zahid-travel.com

L'agence de voyage Zahid s'appuie sur la puissance financière du groupe Zahid, l'un des premiers groupes de construction d'Arabie Saoudite. Elle existe depuis 70 ans et est l'une des premières agences du pays. Vous pouvez lui confier vos besoins et vos envies et ses agents sauront les transformer en une expérience inoubliable. Que ce soit pour découvrir Djedda ou pour un circuit à travers le pays, ils s'adapteront à votre budget. L'agence ne propose pas de circuits, mais uniquement des séjours sur mesure pour être au plus près de l'attente des clients.

MUSEE AL TAYEBAT ★★

8786 Raihanat Al Jazira
✆ +966 56 386 5984
Ouvert de 8h à 12h et de 17h à 21h. Fermé le vendredi. Entrée : 80 SAR.

Ce musée vaut surtout le coup d'œil pour son architecture, qui reprend les codes de Djedda avec ses *roshans*, les balcons de bois ajourés. Musée généraliste, il fait la fierté de la ville. Mais il fait aussi pâle figure au regard de musée plus récents comme celui de Dammam. Les collections vieilles et poussiéreuses servent surtout à éveiller les scolaires de la ville aux cultures de leur pays. Beaucoup de costumes traditionnels et des reconstitutions d'intérieurs traditionnels permettent notamment d'embrasser la grade diversité culturelle saoudienne.

MAISON ANGAWI ★★★

Samir Ibn Kaeb
Visite avec un guide uniquement.
Entrée : 200 SAR.

Pénétrer à l'intérieur de la maison Angawi justifie de s'assurer les services d'un guide pour visiter Djedda. Cette résidence privée est l'œuvre de l'architecte local Sami Angawi. Il a passé quinze années à concevoir et construire cette superbe résidence, en utilisant des matériaux locaux et traditionnels. On retrouve les roshans qui obstruent partiellement les fenêtres. L'intérieur est tout aussi incroyable, avec des volumes immenses, une piscine en mosaïque, du lierre qui tombe en cascade dans le patio, des salons séparés du patio par des panneaux de bois.

ABIR GUIDE FRANCOPHONE

✆ +966 50 336 2262
Tour en petit groupe ou privée de la vielle ville

En matière de visite guidée, le modèle absolu n'est autre qu'Abir Jameel Abusulayman, une Saoudienne francophone qui a été à l'avant-garde du tourisme guidé et une pionnière dans le milieu. Abir a travaillé dans le secteur de l'éducation mais s'est toujours intéressée au patrimoine de Djedda. Elle a obtenu un diplôme d'études secondaires en français et un MBA. En 2011, elle fonde « Heart of Jeddah », le premier collectif du genre, visant à faire revivre le riche patrimoine et les quartiers historiques de la ville. Réserver à l'avance via Insta ou Whatsapp.

MAISON DES ARTS ISLAMIQUES ★★★

Ouvert de 10h à 22h et le vendredi de 17h à 23h.
Entrée : 30 SAR.

Ce musée issu d'une collection privée est assez exceptionnel. Dédié aux arts islamiques, il est installé au 4e étage du centre commercial Djedda Park. Y sont exposés des objets et artefacts anciens convoyés par les pèlerins à La Mecque, Djedda étant le principal point d'entrée pour la ville sainte. Pièces de monnaies étrangères, Corans anciens, *kiswas* richement brodées, céramiques, brûleurs d'encens, écritoires, photos anciennes... Un audioguide en anglais est fourni.

LIVE THE MOMENT

✆ +966 54 003 7369

Cette petite agence jeune et dynamique basée à Djedda propose avant tout des séjours d'aventure à prix raisonnable. Le territoire d'Arabie Saoudite est vaste et les options nombreuses. Les séjours sont organisés en mode camping, ce qui permet de consacrer une bonne partie du budget à des activités originales. Ainsi, à Al Ula, Live The Moment propose des stages de tir à l'arc, du buggy dans les dunes, de la randonnée et du VTT, du tir à la carabine à air comprimé, mais aussi du yoga pour reconnecter son for intérieur à la nature environnante.

BOUDL PALESTINE APPART'HOTEL €

Palestine Street
✆ +966 12 670 7000
www.boudl.com
A partir de 220 SAR pour une chambre double, petit déjeuner compris.

Djedda est une ville chère et il faut regarder du côté des appart'hotels pour trouver des chambres à prix correct. Avec Boudl, vous avez la garantie d'un établissement de qualité. La chaîne est présente un peu partout à travers le pays et est réputée pour le sérieux de son offre. Les sols en marbre, les étoffes chamarrées, le mobilier de style apportent une touche d'élégance bourgeoise à l'établissement. En revanche, pas de kitchenette dans les chambres et un service hôtelier limité.

EWAA EXPRESS AL MAADI AL HAMRA HOTEL €

Maadi
✆ +966 12 650 4231
www.ewaahotels.com
A partir de 390 SAR pour une chambre double, petit déjeuner inclus.

A proximité de la Corniche et de l'artère commerçante de Palestine Street, vous êtes aux premières loges pour une virée shopping. Comme toujours Ewaa assure avec une déco soignée et un excellent rapport qualité-prix. Les chambres offrent un confort suffisant pour un court séjour. Elles sont spacieuses (28 m² minimum), teintées d'un charme discret avec des coussins et dessus de lit d'un vert tendre. Mais ce qu'on aime, ce sont les bonnes idées comme ce billard dans le hall.

ADAGIO JEDDAH CITY CENTER €€

Al Madinah Al-Munawarah Branch Road
✆ +966 12 233 7911
www.adagio-city.com
A partir de 675 SAR pour une chambre double, petit déjeuner inclus.

Les inconditionnels des résidences hôtelières apprécieront l'Adagio Jeddah City Center. La marque appartient à la chaîne française Accor et la résidence partage le même immeuble que l'hôtel Ibis. Nous avons été séduits par la déco résolument contemporaine et les couleurs pop qui dépoussièrent le genre. Résidence haut de gamme, elle se démarque avec nombre de services dont un restaurant qui sert de bons petits-déjeuners et une piscine sur le toit.

JEDDAH HILTON HOTEL €€€

North Corniche Road
✆ +966 92 000 3800
hilton.com
A partir de 800 SAR pour une chambre double.

Face à la mer Rouge et à la promenade de la Corniche nord, le Hilton Jeddah propose de belles chambres avec vue sur la ville ou sur mer. Les chambres donnant sur la mer possèdent des balcons qui permettent de profiter de la brise du soir. L'hôtel est conçu comme une destination familiale et de loisirs avec sa piscine couverte et sa piscine extérieure, son terrain de tennis, son court de squash, son spa et son mini-club. L'aménagement est classique et opulent, sans excès. En choisissant cet hôtel, vous êtes un peu à l'écart du tourbillon de la cité.

© JEDDAH HILTON HOTEL

© JEDDAH HILTON HOTEL

CLARION HOTEL JEDDAH AIRPORT €€

Prince Majid Road
✆ +966 92 003 5775
A partir de 600 SAR pour une chambre double, petit déjeuner inclus.

Cet hôtel est situé à proximité de l'aéroport international Roi Abdulaziz de Djedda. Il s'avère donc particulièrement pratique en cas d'arrivée tardive ou de départ matinal. Coincé entre d'immenses échangeurs autoroutiers, tout au bout de la ville, le quartier ne présente aucun intérêt. L'hôtel se rattrape avec du bois blond, du mobilier contemporain tendu de cotonnades claires créant une atmosphère lumineuse et délicate. Autre point appréciable : la piscine sur le toit.

SHERATON JEDDAH HOTEL €€

Al Kurnaysh Branch Rd ✆ +966 12 699 2212
https://www.marriott.com/
A partir de 780 SAR pour une chambre double.

L'hôtel Sheraton Jeddah est l'un des plus beaux de cette ville portuaire. Il est situé en bordure de la Corniche nord, avec les plus belles chambres donnant sur la mer, le très beau jardin tropical et sa grande piscine. La décoration d'ensemble est apportée par petites touches, avec discrétion. Les couleurs sont sobres, les tons chaleureux, les lignes pures. Les 5 étoiles sont assurées par un excellent niveau de service et un confort irréprochable. L'hôtel s'adresse aussi à une clientèle d'affaires en garantissant de beaux espaces de travail dans les chambres.

NOVOTEL JEDDAH TAHLIA €€

Prince Mohammed bin Abdulaziz Street
✆ +966 12 609 0777
A partir de 630 SAR pour une chambre double, petit déjeuner inclus.

Hyper bien situé, le Novotel Jeddah est en plein centre-ville, à la croisée de Tahlia Street et de Al-Madinah Al-Munawarah Road, l'une des grandes artères qui sillonne la ville du nord au sud. L'hôtel conviendra à la clientèle d'affaires avec des chambres impeccables, un espace bureau, une connexion wifi efficace. Mais il est aussi pensé pour les familles, avec un espace de jeux pour les enfants, une piscine sur le toit et un bain bouillonnant. Les chambres sont fraîches, avec des tonalités douces. Excellent service et room-service à prix raisonnable.

RAMADA BY WYNDHAM CONTINENTAL JEDDAH €€

Palestine St. corner Madinah Road
✆ +966 12 667 0777
www.wyndhamhotels.com
A partir de 320 SAR pour une chambre double, petit déjeuner inclus.

Au nord d'Al Balad, à proximité de la Corniche, le Ramada Continental de Djedda vous séduira par sa localisation de choix. Il est situé à proximité des grandes artères qui sillonnent la ville du nord au sud et permet de gagner rapidement l'aéroport. Le style est un peu suranné, avec le marbre poli, les lustres gigantesques et le marron en couleur dominante. Mais les chambres sont confortables et bien insonorisées. En revanche, la climatisation est un peu bruyante.

PRIME ALMINA HOTEL €€

King Fahd Road
✆ +966 12 614 1010
www.primehotelsgroup.com
A partir de 380 SAR pour une chambre double, petit déjeuner inclus.

Ce petit hôtel 4-étoiles est idéalement situé si vous venez à Djedda pour y faire du tourisme. Il est au sud d'Al-Balad et ses vieux immeubles de corail et de bois, à proximité immédiate du cimetière chrétien. Il a ouvert ses portes en 2021 et propose de belles chambres, tant par la taille que la déco, avec une lumière chaude, des tableaux pour la personnalisation et des teintes claires pour la paix de l'esprit. Outre les services habituels dans un établissement de ce standing, l'hôtel dispose d'un grand Jacuzzi sur le toit-terrasse.

NARCISSUS AL HAMRA HOTEL €€€

✆ +966 12 261 7700
www.goaway.pt
A partir de 1 080 SAR pour une chambre double, petit déjeuner inclus.

Le Narcissus Al Hamra est le dernier-né de la chaîne hôtelière saoudienne. Il a ouvert ses portes en 2020 au sud de la Corniche. De dimension raisonnable, il offre tout de même de beaux volumes. Les chambres démarrent avec 40 m² et sont suréquipées : écran plat, lit king size et matelas triple épaisseur, climatisation réglable, coffre-fort, sèche-cheveux, baignoire ou douche, bidet... La décoration élégante et sobre est particulièrement réussie. L'hôtel accueille un spa et surtout une belle piscine extérieure, qui curieusement donne sur la rue.

PARK HYATT JEDDAH MARINA, CLUB & SPA €€€

Al Hamra District
✆ +966 12 263 9666
www.hyatt.com

A partir de 1 950 SAR pour une chambre double, petit déjeuner inclus.

Cet hôtel 5 étoiles diffuse un esprit « resort » avec son architecture basse (les immeubles ne font pas plus de trois étages). Découvrez l'art du luxe personnalisé au Park Hyatt Jeddah-Marina, Club & Spa, un hôtel plusieurs fois primé. Ce complexe aux multiples facettes est situé dans de magnifiques et paisibles jardins paysagers entre mer et Corniche, où un service exceptionnel rencontre des vues inégalées sur la mer Rouge et la fontaine du Roi Fahd.

FOCUS

SHERATON JEDDAH HOTEL

ELÉGANCE ET SÉRÉNITÉ

Au mois de mars, on entend vrombir les moteurs de Formule 1 au loin depuis les jardins du Sheraton Jeddah. Sur la Corniche nord, au pied du circuit automobile, l'hôtel fourmille de personnes arborant casquettes et polos aux couleurs des écuries. La sérénité reprend ses droits une fois le Grand Prix terminé. Les beaux fauteuils en cuir des salons de la réception sont alors occupés par des hommes en *thobe* et arborant le *shemag*, et par une clientèle d'affaires occidentale. Ils sirotent une tasse de café arabe, un nectar doré obtenu à partir de grains non torréfiés, et le symbole de l'hospitalité qui règne partout dans le pays. La lumière s'engouffre à travers la haute baie vitrée et donne ses couleurs aux eucalyptus-lianes qui apportent volume et verticalité dans l'immense lobby. Des lignes élégantes et épurées, des matières luxueuses et chaleureuses esquissent des espaces élégants et raffinés, mélangeant les influences. Fauteuils, bergères et chaises s'inspirent du design nordique des années 1950, avec juste ce qu'il faut de rondeur dans les lignes pour créer une sensation de cocon. Des motifs arabisants, discrets, sont repris dans les claustras qui séparent les tables du restaurant Feast, sur les armoires ou les miroirs des chambres King Club. Des téléviseurs géants à écran plat, des machines à café Nespresso™, une salle de gym high-tech, des panneaux d'habillage rétroéclairés apportent leur touche de modernité et de confort contemporain. Du cuir, du bois, du marbre, de la laine, du coton se côtoient pour créer des atmosphères fastueuses et discrètes à la fois. Le luxe se cache dans les détails, s'efface pour mieux diffuser une ambiance apaisante et sereine. Un jardin tropical planté de palmiers et de parterres fleuris, une grande piscine enjambée par de petits ponts complètent un tableau enchanteur, avec le bleu de la mer Rouge en toile de fond.

SHERATON JEDDAH HOTEL
Al Kurnaysh Branch Rd
North Corniche, Jeddah
✆ +966 12 699 2212
https://www.marriott.com/

© SHERATON JEDDAH HOTEL

© SHERATON JEDDAH HOTEL

© SHERATON JEDDAH HOTEL

PARK HYATT JEDDAH MARINA, CLUB & SPA €€€

Al Hamra District
✆ +966 12 263 9666
www.hyatt.com

A partir de 1 950 SAR pour une chambre double, petit déjeuner inclus.

Cet hôtel 5 étoiles diffuse un esprit « resort » avec son architecture basse (les immeubles ne font pas plus de trois étages). Découvrez l'art du luxe personnalisé au Park Hyatt Jeddah-Marina, Club & Spa, un hôtel plusieurs fois primé. Ce complexe aux multiples facettes est situé dans de magnifiques et paisibles jardins paysagers entre mer et Corniche, où un service exceptionnel rencontre des vues inégalées sur la mer Rouge et la fontaine du Roi Fahd.

AL BAIK €

Madinah Road

Ouvert tous les jours de 9h à 2h. Compter 10 SAR pour un repas.

Al Baik est une chaîne de fast-food populaire à Jeddah. Vous en trouverez dans tous les recoins de la ville. On y sert les traditionnels burgers ou filets de poulet glissés dans des pains à hot-dog. Mais la vraie spécialité de la maison, c'est le poulet grillé épicé servi avec des frites. Vous verrez les gens faire la queue à partir de 20h pour partir avec leur barquette sous le bras. Car ici on ne vend qu'à emporter. Comme dans tous les fast-foods du pays, on commande à la caisse avant de remettre le ticket au comptoir et on attend.

RAFFLES JEDDAH €€€

6305 Al Kurnaysh Branch Road
www.raffles.com

Ouverture prévue à l'été 2023.

La marque de luxe de la chaîne Accor investit Djedda avec un hôtel et une résidence hôtelière. Ils occupent deux tours, face à la mer Rouge, sur la Corniche nord de la ville, dans le quartier très select d'Al Zahra. La résidence hôtelière occupe une tour de 48 étages et propose des appartements d'un raffinement inouï d'une surface minimum de 375 m². L'hôtel occupant la tour voisine de 26 étages est encore en travaux. Il comprendra 182 chambres, trois espaces de restauration, dont une table française aux accents méditerranéens. Ouverture prévue à l'été 2023.

BOGA - TARIQ AL HUSSAINI €

2336 King Abdulaziz Road
✆ +966 12 288 9029

Ouvert tous les jours de 6h30 à 2h. Compter 30 SAR pour une salade.

Marre du poulet grillé et du riz huileux ? Envie d'autre chose qu'un énième houmous ou tabulé ? Boga a importé un concept de nourriture saine et fraîche à Jeddah. Cette enseigne qui possède plusieurs restaurants en ville attire les jeunes salariés désireux de manger léger à l'heure de la pause. On y sert des salades composées, des soupes et des jus de fruit frais. Voilà une adresse qui ravira les végétariens, un régime alimentaire encore peu présent en Arabie Saoudite. Le cadre est assez impersonnel, voire froid, et la plupart des clients prennent à emporter.

RITZ-CARLTON JEDDAH €€€

✆ +966 12 231 4444
www.ritzcarlton.com

A partir de 1 950 SAR pour une chambre double, petit déjeuner inclus.

Le Ritz-Carlton Jeddah est l'hôtel le plus luxueux de la ville et le plus cher. Dans le quartier de la Corniche, il fait face à la fontaine du roi Fahd. Le hall d'accueil est une débauche de marbre, de dorures, de cristal et de draperies de velours. C'est l'idée d'un certain luxe à la française, façon Versailles, mais au goût américain. Les chambres sont fort heureusement un peu moins chargées. Le personnel discret et affable est aux petits soins et veille à faire de votre séjour un moment d'exception. L'hôtel est adossé au plus grand centre de convention du pays.

BA ESHEN FISH €

✆ +966 50 367 4710

Ouvert tous les jours de 13h à 23h. Compter 40 SAR pour un repas.

Baeshen Fish, c'est la version populaire du restaurant de poisson. On n'y vient surtout pas pour le cadre, mais pour son ambiance vieillotte qui fait écho au quartier d'Al-Balad où il se trouve. Le choix est limité et correspond à la pêche du jour. Les poissons de la mer Rouge sont achetés tous les matins auprès des pêcheurs du coin et vendus au kilo dans le restaurant. Les prix sont ultra-raisonnables et vous pourrez vous faire plaisir sans creuser dans le porte-monnaie. Les poissons sont préparés grillés ou frits et servis avec du riz.

TAMEES 09" €€

King Abdullah Road
✆ +966 55 134 0474
Ouvert tous les jours de 5h à 1h. Compter 100 SAR pour un repas.

Tamees désigne un pain traditionnel saoudien, une galette non-levée, servie chaude. Les plats proposés ici sont donc étudiés pour être mangés accompagnés de ce pain, servi nature ou avec du ghee, le beurre clarifié. Vous pourrez notamment opter pour le foul mudamas, une purée de fèves venue d'Egypte, et très appréciée dans le monde arabe ou le muqalqal, un plat yéménite, où des dés de viande marinée sont frits dans de l'huile. Le cadre de Tamees 09", très moderne, est particulièrement appréciable. Ici, hommes et femmes s'attablent dans les mêmes salles.

TRANKILA LOUNGE €€

Ahl al-Suhaifa Street
✆ +966 54 440 0705
Ouvert tous les jours 24h/24. Compter 150 SAR pour un repas.

Ce restaurant à l'atmosphère sombre est avant tout un bar à chicha. Les habitants de la classe moyenne de Djedda, jeunes ou moins jeunes y ont leurs habitudes, en couple ou entre ami(e)s. Mais c'est aussi une très bonne table qui sert une cuisine venue d'Espagne et du Maroc. Au menu fruits de mer fruits, paella ou tajines, particulièrement savoureux. Le personnel est aimable et accueillant et l'atmosphère détendue. On peut s'attabler seul(e) sans provoquer de regards curieux ou insistants, pour une fois. Une petite terrasse permet de s'attabler dehors en hiver.

WOOD FIRE PIZZA LENUO €€

Al Maadi Street
✆ +966 12 614 0663
www.pizzalenuo.com
Ouvert de midi à 0h30, jusqu'à 2h le jeudi et vendredi.

Si vous avez envie d'une véritable pizza cuite au feu de bois ou de pâtes préparées avec une sauce maison, cette adresse vous ravira. Vous avez le choix entre des pâtes fraîches assorties d'une sauce au choix ou des pâtes au blé dur sauce pesto ou arrabiata. Côté pizza, la margherita figure bien sûr à la carte, mais il y a aussi des recettes plus originales comme celle d'inspiration indienne garnie de poulet tandoori. Elles sont proposées en deux tailles différentes, selon votre faim ou le nombre de convives. Tiramisu ou panna cotta viendront conclure ce repas.

FISH MARKET €€€

Hussein Basalamah Street
✆ +966 12 612 5888
Ouvert tous les jours de 10h à 3h. Compter 250 SAR pour un repas.

L'addition dans ce restaurant est un peu salée, mais cela demeure une excellente adresse pour se délecter des produits de la mer. Installé dans l'InterContinental de Djedda, mais profitant d'un accès direct, vous serez surpris par l'incroyable variété de poissons proposée. Fraîchement remontés des filets de pêche pour la plupart, ils sont exposés dans une longue vitrine réfrigérée, comme au marché. Vous n'avez plus qu'à choisir celui qui vous tente et son mode de cuisson. L'origine des arrivages est affichée en toute transparence.

REYHANA €€€

District Southern Corniche
✆ +966 12 231 4449
www.ritzcarlton.com
Ouvert de 6h30 à 11h, de 13h à 16h et de 18h30 à 23h30. Compter 250 SAR pour un repas.

Le chef du Reyhana explore les saveurs qui traversent le monde arabe, avec un ensemble délicat d'épices. La carte mélange les influences de la Méditerranée à l'Arabie Saoudite. Moutabbal parsemé de grains de grenade ou pièce de bœuf pressée et jus de viande réduit, les créations sont subtiles et les cuissons parfaites. Des cocktails légers et frais remplacent avantageusement l'alcool. La salle de restaurant est à l'image de l'hôtel : très chargée. Stucs, boiseries, plafonds à caissons, colonnades, dorures et tentures sont autant de calories pour les yeux.

SARA

Al Batarji Branch Street
✆ +966 56 462 0992
Ouvert de 7h à 20h et le vendredi de 7h à 12h et de 17h à 20h.

Cet agréable salon de thé clair et lumineux est un havre de paix et sert de QG aux jeunes mères du quartier. Elles se retrouvent entre copines pour boire un thé, une infusion ou un café dans un cadre sorti tout droit d'un catalogue de décoration anglaise. Du vert tendre s'étale sur les murs, de grosses fleurs en papier peint sont collées au plafond, les meubles sont cérusés. Les boissons chaudes sont servies dans des cafetières à piston. Vous pourrez les accompagner d'une généreuse part de gâteau fourré de crème et croulant sous les perles de sucre.

MOON MOUNTAIN ★★

A 90 km au nord-est de Djedda, sur la route de Médine, à proximité du village de Ghran, la montagne de la Lune est en réalité une petite vallée aux paysages splendides. Les formations rocheuses éparses émergent d'un lit de sable beige clair et créent un vaste terrain de jeu pour les amateurs de randonnée et de nature. Dans la mesure du possible, prenez de la hauteur un peu avant le coucher du soleil, pour profiter d'une chaleur supportable et d'une lumière plus douce sur des points de vue enchanteurs. Il faut venir y camper une nuit pour profiter de la sérénité des lieux et compter les étoiles qui s'allument par millions dès que la nuit tombe. Les habitants de Djedda connaissent bien les lieux et viennent souvent s'y ressourcer en hiver. Un 4x4 est indispensable pour en explorer ses moindres recoins, même si une petite route traverse la vallée.

Tourisme

Quelques campements ont pris possession de la vallée pour accueillir les visiteurs, le temps d'une nuit ou plus. Ils travaillent avec les agences de voyage de Djedda. Les packages proposent généralement l'hébergement sous tente, le repas du soir en formule barbecue, les transferts, les snacks et les boissons. Vous pourrez ajouter une promenade à dromadaire, du quad, de la randonnée en fonction de vos centres d'intérêt. Si vous souhaitez passer une nuit à la montagne de la Lune, vous pouvez notamment contacter les agences suivantes :

- **Saudi Arabia Tours.** www.saudiaarabiatours.net. Tél. +966 55 801 8938. L'agence est à Riyad, mais elle possède un bureau à Djedda.
- **Saudi Safari.** www.saudisafari.com. Tél. +966 92 003 3630. L'agence est basée à Djedda. Vous pouvez les contacter de 8h à 20h.

Transports

Depuis Djedda, suivez la direction de l'aéroport Roi Abdulaziz pour sortir de la ville par le nord. Suivez ensuite la direction de Madinah (Médine). Arrivé à l'échangeur d'Asfan et sa somptueuse forteresse qui trône en son centre, poursuivez sur la même route (n'empruntez pas l'autoroute 15 qui mène à Médine). Prenez la direction du nord et du village de Ghran. Tournez à droite juste avant l'entrée du village. Continuez sur la route principale pendant une vingtaine de kilomètres, en gardant les montagnes sur votre droite.

TAIF ★★

Taif est la porte d'entrée vers les hautes montagnes du sud de la chaîne du Hejaz. Les sommets y culminent entre 2 000 et 2 500 mètres d'altitude. Pour cette raison, la ville jouit d'un climat agréable toute l'année et les habitants de la côte n'hésitent pas à venir en été, lorsque le temps est suffocant dans les plaines. La ville est réputée pour sa production de roses de Damas. Au printemps, entre février et avril, les bourgeons d'un rose profond surgissent dans les vallées alentours et embaument l'air frais du matin. Taif est le centre de production d'eau de rose et d'huile de rose, beaucoup plus rare et très chère. Les premières graines auraient été semées au XIVe siècle, alors que des marchands venus de Turquie cherchaient un lieu favorable proche de La Mecque où planter des rosiers. L'huile de rose est d'ailleurs brûlée à la Kaaba. Aujourd'hui, la production de roses fait vivre 900 fermiers qui ramassent plus de 3 milliards de pétales tous les ans. Eau de rose et huile essentielle sont exportés dans le monde entier. Mais on les trouve aussi dans le souk de la vieille ville, qui a su préserver son caractère. A 30 km à l'ouest de la ville, la montagne d'Al Hada est devenue une station de montagne très prisée. Les Saoudiens y ont construit leur plus long téléphérique, qui survole le pic, offrant des vues spectaculaires.

Histoire

La ville aurait été fondée vers le VIe siècle par la tribu des Banu Thaqif. Ils choisirent le lieu de leur sédentarisation pour les terres fertiles et un climat propice à l'agriculture. Ils y cultivaient la vigne, du blé et des fruits. La ville devint rapidement un centre d'échange commercial. Les Banu Thaqif croyaient en Allah et révéraient sa fille Lat. Une statue de la déesse était conservée à Taif, ce qui en faisait un lieu de pèlerinage. Au moment de la naissance de l'islam, les habitants de Taif refusent de se convertir. Ils remportent la bataille de Hunayn en 630 contre les armées mahométanes et la ville résiste au siège. En 631, la chute de Tabouk au nord de l'Arabie Saoudite isole Taif qui demeure l'un des derniers centres à résister à la propagation de l'islam. Des membres de la tribu se rendent à La Mecque pour négocier leur reddition. A leur retour, la statue de Lat est détruite. Taif perd de sa puissance commerciale, alors que La Mecque et Médine s'opposent pour emporter le pouvoir.

En 1517, La Mecque transfère son pouvoir sur le Hejaz à l'armée ottomane. La domination sur la ville de Taif perdurera pendant trois siècles et la formation du Premier Etat saoudien en 1802. Les Ottomans reprennent les rênes de la ville en 1913 avec l'aide de

OUEST

Mohammed Ali Pasha, le wali d'Egypte. L'explorateur suisse Burckhardt pénètre dans la ville peu de temps après cette reconquête. Si les murs de la ville sont toujours debout, il constate de sévères balafres. Nombre de maisons sont détruites. Sur le plan commercial, la ville est devenue un centre de stockage et d'échange de café, venu des montagnes de l'Asir et du Yémen. Durant la Révolte arabe, Abdullah, fils du leader hachémite de La Mecque prend la direction de Taif pour en chasser les Ottomans. C'est chose faite le 22 septembre 1916, peu de temps après le début de la Révolte et Taif intègre le Royaume hachémite du Hedjaz. Les dissensions entre Hussein ibn Ali, roi du Hedjaz, et Abdulaziz ibn Saoud, émir du Najd et d'Ahsa, ne tardent pas à naître. Abdulaziz emporte batailles sur batailles avec l'aide de la milice Ikhwan et Taif rejoint son giron en 1924. C'est à Taif, 10 ans plus tard, qu'est signé le traité délimitant la frontière entre l'Arabie Saoudite et le Yémen. La région n'est véritablement désenclavée qu'avec la construction de l'autoroute la reliant à La Mecque en 1965.

Transports

Avion. L'aéroport international de Taif est situé à 30 km au nord-est de la ville. Inauguré en 2021, il est intégré au projet Vision 2030, et doit permettre de soulager l'aéroport de Djedda en période de Hajj et d'Umrah. Il y a des liaisons internationales vers des villes régionales (Le Caire, Dubaï, Mascate, Istanbul). Taif est également reliée aux villes saoudiennes de Riyad, Dammam, Abha, Jizan et Djedda.

Bus. Taif est bien reliée aux villes du sud de l'Arabie Saoudite et de l'ouest. Plusieurs liaisons quotidiennes pour Al-Baha (3 heures, 67 SAR), Djedda (3 heures, 72 SAR), La Mecque (2 heures, 39 SAR), Abha (8 heures, 170 SAR).

Voiture. Taif est sur l'autoroute 15 qui sillonne les montagnes du sud du Hedjaz entre La Mecque et Abha.

Location de voiture. Plusieurs loueurs sont présents à l'aéroport international de Taif dont Yelo Car Rental (www.iyelo.com. Tél. +966 800 100 0014). En ville, Budget est sur Abu Bakr al Seddiq Street (www.budgetsaudi.com. Tél. +966 12 692 7070).

AL GADHI ROSE FACTORY ★★★

Al Farabi Street

✆ +966 12 733 4133

Ouvert au public en mars et avril du dimanche au jeudi de 9h30 à 14h30.

Une grande partie de l'économie de Taïf repose sur la production de roses de Damas. 900 fermiers cultivent la fleur délicate aux trente pétales pour la transformer en parfum entêtant et huile essentielle. A partir de fin février, les environs de Taïf se tapissent d'un rose soutenu qui tranche sur le vert des buissons. 300 millions de fleurs s'épanouissent entre 2 000 et 2 500 mètres d'altitude et embaument l'air. Les roseraies se concentrent entre Taïf et Al Hada, à l'ouest, et entre Taïf et la montagne d'al-Shafa au sud. La récolte des roses a lieu entre mi-mars et début avril. Les pétales sont collectés à la main et transportés vers les distilleries avant le lever du jour. Les hommes ramassent les pétales à la lueur d'une lampe torche, car les parfums sont plus concentrés à la rosée du matin, avant que le soleil ne fasse s'évaporer les arômes. La culture de la rose à Taïf remonterait au XIVe siècle alors que des marchands venus de Turquie cherchaient un lieu où cultiver la rose de Damas à proximité de La Mecque.

La distillerie Al Gadhi est l'une des plus anciennes de Taïf. Elle ouvre ses portes aux visiteurs durant la période de la récolte et de la transformation. La centaine d'alambics en cuivre tourne à plein pendant une quinzaine de jours pour extraire l'eau des pétales. Une alchimie mystérieuse est nécessaire pour que les roses donnent de l'huile. Dans les années 1970, le roi Khalid achetait toute la production d'huile essentielle de rose de Taïf, qui se monnaye à prix d'or. Il faut compter 1 600 SAR pour 12 grammes !

PALAIS SHUBRA ★★

Shubra Street

Le palais était fermé lors de notre visite.

Le palais Shubra est une résidence construite en 1905 pour le gouverneur ottoman Ali Pasha. On retrouve des éléments de l'architecture ottomane dans les hautes fenêtres aux arches arrondies ou les bow-windows, qui ne sont pas sans rappeler la vieille ville d'Al-Balad à Jeddah. Le palais est devenu la résidence d'été du roi Abdulaziz après avoir rallié Taif dans sa conquête du royaume. Deux de ses fils y sont nés et c'est là qu'il est décédé en 1953. Le palais a été transformé en musée en 1995. On peut y admirer les intérieurs plaqués de marbre de Carrare.

PARC NATIONAL DE SAYSED

Accès gratuit.

Ce Parc national à 15 kilomètres à l'est de Taif est un lieu sympathique pour randonner et prendre l'air frais des montagnes. Il est parcouru de sources qui s'écoulent au fond des wadis, d'une végétation clairsemée d'arbres et de buissons s'infiltrant entre les rochers. L'accès s'effectue à l'ouest du Parc et des routes et sentiers non goudronnés permettent de se déplacer à l'intérieur pour rejoindre les aires de pique-nique et de jeux pour les enfants. Un petit marché aux puces est installé à l'entrée du Parc, où l'on peut dénicher des objets pour la maison.

TELECABINE D'AL HADA ★★

Alhada Ring Road

Ouvert de 10h à 21h30, à partir de 10h30 le samedi. Entrée : 60 SAR et 30 SAR pour les enfants.

La télécabine enjambe la chaîne de Karakoram et le pic d'al Hada. Elle part du parking de l'hôtel Ramada pour arriver au village touristique d'al Kar. La télécabine surplombe l'ancien sentier qu'empruntaient les hommes pour franchir la montagne. Sur 4,2 kilomètres, ce qui en fait le plus long d'Arabie Saoudite, la télécabine offre des points de vue spectaculaires sur le massif et la route qui enlace les pics et épouse le relief. Vous êtes à 2 000 mètres d'altitude et mieux vaut venir par une belle journée dégagée sous peine de vous retrouver dans les nuages.

JOOD AT TAIF RESIDENTIAL UNITS €

King Khalid Road ✆ +966 54 920 0098

A partir de 160 SAR pour une chambre double.

L'appart'hotel Jood at Taif est situé au pied du Parc national de Saysed et ses montagnes. Il est donc un peu éloigné de la ville. Du coup, vous profitez mieux de la sensation de nature, raison principale qui mène le touriste dans cette région. Les chambres sont conçues comme de petits appartements avec un coin salon et une kitchenette équipée. Et pour le prix, elles sont plutôt pas mal. Les canapés sont larges et moelleux et le bleu cobalt vient réveiller une déco un peu terne.

IRIS BOUTIQUE TAIF HEART €€

Shubra Street

✆ +966 12 737 1000

A partir de 400 SAR pour une chambre double.

L'Iris Boutique Taif Heart n'est pas, contrairement à ce que son nom indique, au centre de la ville de Taif, mais à proximité du centre commercial Taif Heart. On aime son emplacement pratique, mais surtout sa déco résolument contemporaine faite de claustras ajourés, de mobilier aux lignes simples, de couleurs douces (du beige, du grège, du gris, du souris). Le linge de toilette est brodé au logo de la maison, un signe supplémentaire d'élégance. Le petit déjeuner (en supplément) est servi sous forme de buffet et suscite tous les compliments.

SWISS SPIRIT HOTEL & SUITES €€

King Saud Road Al-Atahiyah St

✆ +966 12 737 7774

https://swissinternationalhotels.com/

A partir de 300 SAR pour une chambre double.

Swiss Spirit est le seul hôtel digne de ce nom proche du vieux quartier de Taïf. Le personnel est très accueillant et souriant. Les chambres, très grandes, sont agencées autour d'une cour intérieure centrale. Demandez à avoir une chambre sur la petite rue et non sur l'artère centrale, pour plus de tranquillité. Certaines comprennent une kitchenette. Le petit-déjeuner en supplément est préparé à la commande par un chef et se compose d'une omelette, de foul et de fromage.

INTERCONTINENTAL TAIF €€€

Airport Road ✆ +966 12 750 5050

www.ihg.com

A partir de 700 SAR pour une chambre double, petit déjeuner inclus.

Assez excentré, entre la ville de Taïf et l'aéroport, un séjour à l'Intercontinental ne vaut que si vous êtes motorisé ou que vous avez l'ambition de ne rien faire. Situé à 1 700 mètres d'altitude, l'hôtel est conçu pour une escapade axée sur le bien-être. Vous profitez de la fraîcheur des montagnes, d'un spa et d'un centre de remise en forme et de deux superbes piscines. Les chambres, qui auraient besoin d'une remise au goût du jour, n'en demeurent pas moins confortables. La déclinaison de bleu cobalt et les toiles marines détonnent un peu dans ces montagnes.

REMAJ HOTEL €€€

Wadi Waj Road
✆ +966 55 400 5542
www.remajhotel.com
A partir de 350 SAR pour une chambre double.

Entièrement refait à neuf en 2019, le Remaj Hotel offre un étonnant mélange entre la pompe et la grandeur d'un petit palais de style Versailles et du mobilier contemporain aux lignes épurées. Le marbre, les lustres en cristal, les rideaux plissés côtoient des moquettes stylisées, des gros fauteuils tendus de velours, des baignoires thalasso, des toiles très contemporaines. L'hôtel fait partie des établissements les plus confortables de Taïf et propose toute une série de services de loisirs pour passer un agréable week-end : piscine, salle de sport, billard...

KINDAH TASTE RESTAURANT €

Oukaz Street
✆ +966 92 002 0296
Ouvert de 11h à 1h ; à partir de 12h30 le vendredi. Compter 35 SAR pour un repas.

Situé juste derrière le centre commercial Taif's Heart, le Kindah Taste est un restaurant traditionnel et familial. Au rez-de-chaussée, les cuisines ouvertes, la caisse et la possibilité de prendre à emporter. La salle se trouve à l'étage, sur le toit. L'avantage de Taïf, c'est que l'on peut prendre son repas sur la formidable terrasse. La carte (en arabe) n'est pas franchement originale. Elle propose les sempiternels kebabs et viandes grillées, des pizzas façon saoudienne, et des mezzés de salades et houmous. Le service est adorable et la qualité au rendez-vous.

SHAWARMA BEIRUT €

Abu Bakr al-Seddiq
✆ +966 50 470 6110
Ouvert tous les jours 24h/24. Compter 10 SAR pour un shawarma.

Cette cantine qui ne sert qu'à emporter ressemble à ces restaurants que l'on voit partout en Arabie Saoudite dans les quartiers populaires. Même enseigne rouge et jaune, mêmes fourneaux en inox, mêmes préparateurs affairés qu'ailleurs. La spécialité de la maison est le shawarma, servi épicé ou nature. Les sandwiches sont farcis de mayonnaise pour un résultat savoureux. Ils comptent parmi les meilleurs que nous ayons mangé dans le pays. Mais attention, les portions sont congrues, donc prenez-en deux sous peine d'y retourner une heure plus tard.

MALABARI RESTAURANT €

King Faisal Road
✆ +966 53 823 2462
Ouvert tous les jours de 7h à minuit. Compter 30 SAR pour un repas.

Ce restaurant pas vraiment engageant donne sur une placette au nord de la vieille ville de Taif. Malabar, c'est la région du sud de l'Inde, la côte du Kerala. On retrouve effectivement quelques spécialités typiques de la région comme le *fish pollichattu*, un poisson grillé aux épices, les crevettes *dry fry* simplement frites ou le crabe masala, servi entier avec une sauce très relevée. La carte propose également de nombreuses autres spécialités indiennes, dont le fameux biryani d'Hyderabad, où normalement tous les ingrédients sont cuits ensemble.

AHLAN WASAHLAN €

Shubra Street
✆ +966 53 554 4799
www.ahlans.com
Ouvert de 6h à 1h, jusqu'à 1h30 jeudi et vendredi. Compter 40 SAR pour un repas.

Cette vaste cantine est un restaurant familial très apprécié à Taïf. Le week-end, les familles saoudiennes y débarquent avec leur marmaille et prennent d'assaut les salons privés. C'est que l'on trouve ici de quoi nourrir petits et grands avec ses plats préférés à toute heure de la journée. Malheureusement, la carte était exclusivement en arabe lors de notre passage, mais vous retrouverez les grands classiques : fatoush, moutabal et houmous, kebabs et poulet grillé, shawarmas et même des tajines. Les jus de fruits proposés sont fraîchement pressés.

AL SAFY RESTAURANT AND CAFE €€

Wadi Waj Road
✆ +966 92 002 2163
Ouvert tous les jours de 6h à 1h. Compter 60 SAR pour un repas.

Installé au premier étage d'un petit immeuble, on accède au restaurant en empruntant l'ascenseur. Si le temps le permet, n'hésitez pas à demander une table en terrasse, l'une des plus agréables de la ville. La vue est dégagée, le cadre est hautement agréable avec sa reproduction de carrelage ancien au sol et ses tables en bois brut. La salle à manger offre un intérieur beaucoup plus austère, tout blanc. Côté carte, vous trouverez un grand choix de plats saoudiens ou levantins.

AYLUL LUBNAN €€

King Khalid Road
✆ +966 12 742 1000
www.easymenu.site
Ouvert tous les jours de 7h à 0h30. Compter 100 SAR pour un repas.

Aylul Lubnan vous accueille dans un cadre chaleureux mêlant des lignes contemporaines et le charme de la campagne. Installé sur le toit d'un petit centre commercial, les différentes salles diffusent différentes atmosphères. Vous pourrez déjeuner à l'ombre des oliviers dans une salle où l'ardoise domine, prendre le petit déjeuner à la fraîcheur d'un arbre croulant sous les fleurs roses, dîner en terrasse entouré de plantes grasses. La cuisine libanaise est authentique et délicieuse et diffuse les agréables parfums de la Méditerranée, à base d'huile d'olive.

VIEUX SOUK DE TAIF

Commerces ouverts de 9h à 14h et de 16h à 23h.

Le souk de Taif et la vieille ville se confondent. Les boutiques sont cachées derrière de lourds volets de bois plein lorsqu'elles sont fermées. Perdez-vous dans le dédale de ruelles où les biens débordent sur les pas de portes. Vous passerez devant de nombreuses boutiques de vêtements pour hommes ou femmes, devant le quartier des bijoutiers qui sont rassemblés au nord-est, devant l'herboriste et ses tisanes et onguents médicinaux. Mais la particularité de ce souk, c'est bien sûr le grand nombre de parfumeurs qui vendent l'eau de rose de Damas, distillée ici.

CRATÈRE D'AL-WAHBAH ★★

Taif est la grande ville la plus proche du cratère d'al-Wahbah, à 232 km et 2 heures 30 de route. Peu de personnes prennent la peine de venir jusqu'ici. Pourtant, le cratère d'al-Wahbah est l'un des sites volcaniques les plus photogéniques d'Arabie Saoudite. Son cratère forme un cercle presque parfait et le fond blanc tapissé de phosphate de sodium tranche sur le noir de la roche basaltique. Le cratère d'al-Wahbah est situé sur le flanc ouest du plateau volcanique d'Harrat Kishb. Son ellipse impeccable a longtemps laissé pensé qu'il s'agissait d'un impact de météorite jusqu'à ce que les volcanologues s'accordent pour une formation né d'une éruption phréatique. Le phénomène se produit lorsque le magma rencontre une nappe d'eau souterraine. La chaleur transforme immédiatement l'eau en vapeur qui s'échappe en une formidable explosion entraînant avec elle eau, cendres, roches et bombes volcaniques.

Transports

Depuis Taïf, prenez la direction de Riyad. et roulez pendant 170 km. Un échangeur routier permet d'emprunter la route 4440 en direction du nord-ouest. Roulez tout droit jusqu'à la station-service et prenez à gauche, alors que les paysages de désert de sable commencent à laisser place à la roche noire de basalte. Vous traversez le village de Dughaybkah puis de Nimran, où la route effectue un coude. Continuez sur la même route vers le nord. 90 km après la sortie de l'autoroute, un chemin part sur votre droite et mène jusqu'au parking du cratère de Wahabah. C'est fléché.

JABAL DAKKA

Jabal Dakka est le plus haut sommet de la région de Taif. Situé à 40 km au sud-ouest de la ville, il culmine à 2 500 m d'altitude. C'est une destination touristique pour sa forêt de genévriers et pour ses températures un peu plus fraîches. Il y gèle même en hiver. Pour l'anecdote, la montagne a été le sujet d'une controverse au moment du Ramadan. Certaines personnes se sont demandé quelle heure était à prendre en compte pour le lever et le coucher du soleil, soit le démarrage et la rupture du jeûne. En effet, depuis le sommet, le soleil brille 2 minutes de plus que dans la vallée. Il a été décidé de prendre en compte l'heure depuis le sommet.

CRATERE D'AL WAHBAH

Accès gratuit.

Le cratère d'al-Wahbah n'est pas le plus impressionnant de cette région volcanique, ni le plus haut. Il est situé au bout d'une petite route où se trouvent un parking et un centre des visiteurs, qui sera probablement fermé. Des plateformes d'observation ont été aménagées de part et d'autre du parking. En prenant sur votre gauche, vous gagnez le sentier pédestre qui descend au fond du cratère. Certains passages sont un peu raides et le sol est meuble et caillouteux. De bonnes chaussures sont nécessaires. Il faut compter 3 heures de randonnée. Prévoyez de l'eau.

MÉDINE ★★★

Madinah al-Munawarrah, « la cité éclairée », est la deuxième des trois villes saintes de l'islam, après La Mecque et avant Jérusalem. C'est aussi l'une des plus anciennes villes d'Arabie Saoudite, qui existait au moins 1 500 ans avant l'avènement de l'islam. Enserrée dans les vallées des montagnes du Hedjaz, dans une zone volcanique autrefois très intense, la ville est devenue un haut lieu de pèlerinage. Les musulmans du monde entier viennent se recueillir devant la tombe du Prophète et prier dans l'une des premières mosquées qu'il a fondées, la mosquée al-Nabawi. Celle-ci est le cœur battant de la ville, le lieu où convergent tous les visiteurs. Elle occupe le centre du quartier al-Haram, l'enceinte sacrée. Contrairement à La Mecque, les non-musulmans y ont accès. Il convient de porter une tenue décente dans la ville. Médine joue un rôle essentiel dans l'avènement de l'islam. C'est d'ici qu'est partie la religion, que le Prophète a fondé les premières mosquées, que se trouve le premier cimetière musulman. Médine était aussi la ville-terminus de la voie ferrée du Hedjaz, qui remontait à travers le Moyen-Orient, jusqu'à Damas. On peut toujours visiter son ancienne gare de style ottoman qui expose de vieilles locomotives et wagons. De nombreuses mosquées historiques parsèment la ville. On y trouve aussi un musée dédié à l'histoire du Prophète et à la civilisation islamique.

Histoire

A l'ère préislamique, la ville de Médine s'appelait Yathrib, du nom d'un roi amalécite, une ancienne tribu biblique. Elle existait déjà au IXe siècle av. J.-C. et était occupée par des tribus juives. Au IVe siècle, des tribus arabes venues du Yémen remontent dans la Péninsule et atteignent la région de Yathrib. Les Banu Aws' et les Khazraj pactisent dans un premier temps avec les tribus juives des Banu Qaynuqa, Banu Qurayza et Banu Nadir. Mais à la fin du Ve siècle, les Juifs ont perdu le contrôle de Yathrib au profit des deux tribus arabes. Celles-ci s'affrontent alors durant plus d'un siècle pour devenir ennemies jurées.

Médine et le Prophète. La tension est à son comble lorsque Mahomet arrive à Médine en 622. Il est allié à la tribu des Khazraj par sa grand-mère et est rapidement invité à intervenir comme médiateur. De nombreux membres des tribus arabes et juives se convertissent à la nouvelle religion portée par Mahomet. La conversion affaiblit l'animosité qui règne entre les différentes tribus et Mahomet devient le chef de la communauté. La Constitution de Médine statue que les membres des différentes tribus acceptent de coopérer sous l'autorité de Mahomet. Le texte, dont l'intégrité est remise en cause par certains historiens, est le plus ancien document islamique qui nous soit parvenu.

En 625, un raid sur Médine est mené par un chef de La Mecque, Abou Soufiane ibn Harb. Mahomet va à sa rencontre avec une troupe de 700 hommes. La bataille se déroule autour de la montagne de Uhud. Si les pertes sont considérables pour les Médinois, Abou Soufiane renonce à envahir Médine. En 627, Abou Soufiane tente à nouveau de prendre la ville. Mahomet ayant vent de la nouvelle fait creuser une profonde tranchée au nord de la ville. La cité est protégée naturellement à l'est et à l'ouest par les montagnes et par une grande palmeraie au sud. Les Mecquois assiègent la ville pendant un mois, avant de se retirer avec l'hiver. Dans leur départ, ils négocient avec la tribu juive des Banu Qurayza que ceux-ci attaquent et encerclent les défenseurs de Médine. Les Musulmans ont vent de la trahison et attaque leur bastion. Les Juifs se rendent et Mahomet nomme pour juge un ancien chef juif converti à l'islam. Il rend un jugement conforme aux lois juives qui stipule que les hommes doivent être tués et les femmes et les enfants devenir esclave. C'est la sentence établie pour trahison dans le livre du Deutéronome. Cet évènement est considéré comme le point de bascule de l'islam, qui devient désormais une religion conquérante. Suite à la bataille de la Tranchée, le nom de la ville est changé en Taybah par le Prophète qui interdit l'utilisation de l'ancien nom de Yahtrib. Dans les années qui suivent, Médine devient le siège de l'islam d'où des attaques sont menées et contre laquelle des attaques sont menées. En 630, Mahomet quitte Médine avec une armée de 10 000 hommes et assiège La Mecque, qui se rend sans se battre. Malgré l'importance de La Mecque dans l'islam, Mahomet retourne à Médine où il décède en 632. Il est enterré dans la maison de sa femme Aïsha toute proche de la mosquée Al-Nabawi. La sépulture sera intégrée à la Mosquée par la suite, lors de travaux d'agrandissement. La ville prend le nom de Madinah, « la Cité », puis Madinat un-Nabi, « la cité du Prophète » ou encore Madinah al-Munawarrah, « la Cité éclairée ». Ce dernier nom est celui retenu par les Saoudiens à l'heure actuelle.

Le déclin politique de Médine. Les trois premiers califes font de Médine leur capitale. Othmane, le troisième calife est assassiné dans sa demeure en 656. Le quatrième calife Ali, déplace la capitale de Médine à Koufa en Irak pour des raisons stratégiques. Cette décision entraîne le déclin politique de Médine, dont l'importance ne demeure que par sa dimension religieuse.

OUEST

Durant le califat omeyyade (661-750), des barrages sont construits autour de Médine et des canaux d'irrigation mis en place. Ces travaux permettent à la ville de développer son agriculture et son économie. La ville accueille de nouveaux habitants et devient un centre commercial. Durant le califat abbasside (750-1258), Médine se place sous l'autorité des califes, qui, en retour, protègent la ville et entreprennent des travaux de développement. Des routes sont construites ou maintenues en bon état pour permettre aux pèlerins un accès sécurisé à la ville. La mosquée est régulièrement réaménagée et agrandie. Le sultanat mamelouk (1258-1517) voit de nombreux érudits de l'islam s'installer à Médine, dont l'importance religieuse ne fait que croître. De nombreux pèlerins pour La Mecque viennent également à Médine, pourtant distante de 400 km. Les Ottomans s'emparent de la Péninsule arabe au début du XVIe siècle. La prise de Médine, en tant que ville sainte de l'islam, est importante politiquement. Néanmoins, la ville ne joue pas de rôle particulier sur le plan politique. Les sultans qui se succèdent laissent leur empreinte à Médine. Ils agrandissent la mosquée, décident de peindre le dôme du tombeau du Prophète en vert, renforcent les murs défensifs de la ville.

En 1916, la Révolte arabe, destinée à chasser les Turcs de leur territoire, amène le chérif de La Mecque à assiéger Médine. La ville tombe après trois années de siège qui affectent durement les habitants soumis aux épidémies et à la famine. Médine est intégrée au royaume du Hedjaz, dont la capitale est La Mecque. Dans la foulée de la Révolte arabe, Abdulaziz ibn Saoud mène bataille pour unifier l'Arabie Saoudite. Il s'empare de Médine le 5 décembre 1925, avec l'aide de ses habitants.

La place de Médine dans l'Arabie Saoudite. Les Saoud, sous l'influence des oulémas wahabbites, s'attachent à détruire toutes traces historiques dans les villes de Médine et de La Mecque. Ils entreprennent de grands travaux de modernisation et d'agrandissement, transformant les deux sanctuaires de l'islam en villes-hôtels. Tout est mis en place pour accueillir toujours plus de pèlerins et les villes ne vivent plus qu'autour de leur importance religieuse. Ces travaux sont aussi des opportunités pour effacer toutes les traces du passé. Des bâtiments parfois vieux de 1 000 ans sont détruits. Près de 300 sites en lien avec le Prophète ou ses compagnons sont ainsi détruits, par peur de l'idolâtrie, interdite dans l'islam. La démolition la plus emblématique est celle du cimetière al-BAqi situé juste à côté de la mosquée al-Nabawi. Les oumélas wahabbites ont émis une fatwa ordonnant d'effacer tous les noms sur les tombes et de détruire tous les mausolées du cimetière. Ils ont longtemps hésité à en faire de même avec le tombeau du Prophète, avant de se raviser.

Se loger

Le centre de la ville, Al-Haram, est presque exclusivement constituée d'hôtels et de centres commerciaux. Les hôtels 5-étoiles donnent tous ou presque sur la mosquée al-Nawabi, les chambres avec vue sur le sanctuaire étant plus chères. Plus vous vous éloignez de la mosquée, plus les prix des chambres baissent et la qualité des hôtels aussi. Pour les chambres les moins chères, il vous faudra loger au-delà du premier ring et emprunter bus ou taxi pour vous rendre à Al-Haram, car les distances sont importantes.

Se restaurer

Médine n'est pas une ville de bonne chère. Les nourritures spirituelles l'emportent sur les questions plus prosaïques. Dans le quartier d'Al-Haram, les restaurants sont ceux des hôtels. Vous trouverez des fast-foods dans les centres commerciaux ou sous les arcades des ruelles entourant la mosquée Al-Nabawi.

Transports

Avion. La ville de Médine est desservie par l'aéroport international Prince Mohammed bin Abdulaziz situé à 20 km au nord-est. Des vols saisonniers en période de hajj relient Médine aux grandes villes du monde musulman. Des vols réguliers assurent la liaison avec les villes du Proche et Moyen-Orient. Les 3 compagnies saoudiennes relient Médine à Riyad, Djedda, Abha, Tabouk, Dammam.

Bus. La SAPTCO relie Médine à de nombreuses villes saoudiennes par des liaisons directes, dont La Mecque (7 bus quotidiens, 6 heures, 69 SAR), Djedda (8 bus quotidiens, 5 heures, 69 SAR), Tabouk (4 bus quotidiens, entre 9 et 13 heures, 171 SAR), Al Ula (5 heures, 110 SAR), Hail (6 heures, 118 SAR), Riyad (11 heures, 223 SAR).

Taxi. Uber est assez peu populaire à Médine. En revanche, de vieux tacots sillonnent la ville sainte, la vitre ouverte et à basse allure. Les chauffeurs vous alpagueront. Négociez le tarif de la course.

CIMETIERE AL BAQI

Ouvert tous les jours de 5h à 8h et de 16h15 à 17h.

A l'est de la mosquée Al-Nabawi et directement reliée à celle-ci, le cimetière al-Baqi est le premier cimetière musulman. C'est là que sont enterrés la fille et le petit-fils du Prophète. L'imam Abou Abdallah al-Malik ibn Anas, fondateur de l'un des 4 grands courants orthodoxes de l'islam, y est également enterré. Vous ne verrez aucun nom sur les tombes, ni mausolée, tous détruits par les wahhabites en vertu d'une fatwa visant à empêcher les pèlerinages extra-canoniques. Dans l'islam, on n'adore que Dieu, et l'idolâtrie est interdite.

MOSQUEE AL-QIBLATAIN ★★

Khalid ibn al Walid Road

Ouvert de 9h30 à midi et de 17h30 à 22h30. Fermé le vendredi.

La mosquée al-Qiblatain est l'une des premières mosquées édifiées à Médine et remonte à l'an 2 de l'Hégire, soit 623. C'est là que le Prophète aurait reçu l'ordre d'Allah de modifier la direction de la prière (*qibla*) vers La Mecque. Jusqu'à cet ordre divin donné en 624, les prières étaient orientées vers Jérusalem. La mosquée al-Qiblatain a longtemps été une des rares mosquées à posséder deux mihrabs dans deux directions différentes. En 1987, sous le règne du roi Fahd, la mosquée est rasée et reconstruite, ne laissant plus que le mihrab en direction de La Mecque.

GARE DU CHEMIN DE FER DU HEDJAZ ★★★

Omar bin al Khattab Road

Ouvert tous les jours de 9h à 16h et de 17h à 22h. Entrée gratuite.

La gare du Hedjaz est l'un des rares bâtiments historiques de style ottoman encore préservé en Arabie Saoudite. Le chemin de fer du Hedjaz est un projet lancé par les Ottomans au tournant du XXe siècle qui devait relier Damas à Djedda et la mer Rouge et permettre le transport des pèlerins. L'émir de La Mecque émit une objection immédiate, car le train entrait en concurrence avec ses caravanes de dromadaires. La ligne reliera finalement Damas à Médine à partir de 1908.

MUSEE DE L'HISTOIRE DU PROPHETE ET DE L'ISLAM ★

2722 Abou Ayoub al Ansari

✆ +966 92 000 8397

www.salamfairs.com.sa

Ouvert de 5h à 22h30, à partir de 13h vendredi et samedi. Entrée : 30 SAR.

Ce musée attenant à la mosquée al-Nabawi est chargé de présenter « les bonnes manières, la noble morale et l'enseignement éclairé du Prophète ». Supervisé par la Ligue Musulmane Mondiale, le musée mêle différentes techniques de présentation pour livrer une biographie complète du Prophète et de la Révélation coranique : maquettes, panneaux explicatifs (en arabe), photos, diaporamas, film en 3 D... Tours en français. Les horaires sont consultables sur le site Internet.

OUEST

Parasols géants, Mosquée du Prophète.

MOSQUEE DU PROPHETE ☪ ★★★★

✆ +966 14 823 2400

Ouverte 24h/24.

La mosquée du Prophète ou masjid al-Nabawi en arabe, remonte à l'Hégire, l'année de la fondation de l'islam. Mais elle n'est pas la toute première mosquée construite par le Prophète. Il aurait d'abord investi la mosquée de Quba, qui existe toujours, à 3 km au sud de Médine. Avant d'entrer dans Médine, Mahomet se serait arrêté dans le village de Quba. Il aurait refusé l'hospitalité des habitants et aurait choisi l'emplacement exact où s'est arrêté son dromadaire pour se faire construire sa demeure et une mosquée attenante à celle-ci. Ce n'est qu'après 20 jours passés à Quba que Mahomet serait entré dans Médine. L'emplacement de la mosquée al-Nabawi aurait été déterminé par le lieu de la première prière du vendredi. Réalité ou légende ? Peu importe. La mosquée al-Nabawi a bien été fondée par le Prophète. Et elle est devenue le modèle de toutes les mosquées : un enclos carré, une galerie ombragée et une salle de prière. Les 8 premières années de l'Hégire, les prières s'effectuaient en direction de Jérusalem, jusqu'à ce que Mahomet revienne à La Mecque et déclare la Kaaba comme la maison de Dieu, et en fasse la ville la plus sacrée de l'islam. Il ne reste rien de la mosquée originale, qui a été très souvent remaniée. En revanche, une maquette de celle-ci est exposée au Musée Ithra de Dammam.

La mosquée du Prophète est remaniée et agrandie par le premier calife Omar ibn al-Khattab, compagnon du Prophète. Sa sépulture se trouve d'ailleurs dans la mosquée, à côté de celle du Prophète. En 650, la mosquée est à nouveau agrandie par le calife Othmane ibn Affan, autre compagnon de Mahomet. Les premiers califes s'attachent à laisser leur empreinte sur la mère de toutes les mosquées. Le calife omeyyade Al Walid ibn Abdel Malek aura une influence considérable. C'est lui qui ordonne l'adjonction d'un minaret et fait creuser une niche dans le mur de la *qibla* (« la direction »), le *mihrab*. Plus de 2 600 m² de terrain sont ajoutés à la mosquée, qui comprend notamment les sépultures des mères des premiers croyants. Durant la seconde moitié du VIIIe siècle, la mosquée est à nouveau agrandie et reconstruite. Mais c'est au XVe siècle qu'elle subit à nouveau des modifications importantes. Le sultan mamelouk Qaitbay fait reconstruire le mausolée du Prophète en ajoutant un dôme au-dessus de la chambre mortuaire. En 1813, le sultan ottoman Mahmoud II fait couvrir de plomb le dôme du mausolée du Prophète et le fait peindre en vert. Vers 1850, son successeur fait raser la mosquée pour la faire reconstruire en plus grand. Le seul bâtiment qui échappe à son ambition est la chambre prophétique. Les Saoud, eux aussi, procéderont à des agrandissements, l'afflux de pèlerins se faisant toujours plus important. Aujourd'hui, la mosquée al-Nabawi couvre une surface de 16 hectares et peut accueillir 250 000 fidèles.

La mosquée actuelle est construite sur deux étages, la principale salle de prière se trouvant au premier étage. Le toit plat, parcouru de 27 dômes, peut accueillir les fidèles les jours de grande affluence. La vaste esplanade à l'extérieur de l'enceinte de la mosquée est, elle aussi, investie par les pèlerins aux heures de prière. L'esplanade comme la cour de la mosquée sont abritées du soleil par des parasols rétractables. La nouvelle mosquée est délimitée par 6 minarets. En son centre, la mosquée de la période ottomane compte elle 4 minarets. Le dôme vert aisément distinguable signale l'emplacement du tombeau du Prophète.

Mosquee du Prophète.

MOSQUEE QUBA ☪ ★★★

Al Hijra Road

✆ +966 14 831 2441

Interdit aux non-musulmans.

A 6 km au sud de Médine, en bordure du 3e ring, la mosquée Quba est la première mosquée au monde. Lors de son exil de La Mecque, Mahomet se réfugie à Médine. Il s'arrête 14 jours à Quba, un petit village des environs de Médine, attendant son gendre Ali qui assure ses arrières. La légende veut qu'il ait construit cette mosquée sur le lieu où se serait arrêté son dromadaire. Le Prophète aurait posé les premières pierres de l'édifice qui a été construit par ses compagnons. Une fois installé à Médine, le Prophète aurait continué à se rendre à la mosquée de Quba tous les samedis. Il pratiquait ses ablutions chez lui et pratiquait deux ra'kah, les itérations et mouvements pratiqués lors de la prière, en arrivant à la mosquée. Il conseilla à ses compagnons d'en faire autant, car selon la tradition coranique, la pratique des ablutions suivie d'une prière à la mosquée de Quba équivaut à la pratique de la *umrah*, le petit pèlerinage à La Mecque.

La mosquée de Quba a été entièrement reconstruite en 1986 sur les plans de l'architecte égyptien primé Abdel-Wahed El-Wakil. Il s'inspire du style de Médine, connu pour sa simplicité. Il ébauche un édifice rectangulaire sur deux étages. La base en basalte est visible de l'extérieur tandis que l'étage est plâtré de blanc. 50 petits dômes blancs surmontent les plafonds des bâtiments qui encadrent la cour intérieure, tandis que 6 dômes plus imposants chapeautent la salle de prière. Un minaret octogonal est placé dans chaque angle. La mosquée Quba est la deuxième plus grande de Médine.

LES SEPT MOSQUEES ☪ ★★

Les 7 Mosquées sont au nombre de 6, la septième étant la mosquée al-Qiblatain. Il s'agit d'un complexe de petites mosquées historiques bâties au sud du Mont Sala' où se déroula la bataille de la Tranchée. Certains pèlerins viennent ici, bien qu'aucune de ces mosquées ne soit désignée comme lieu de pèlerinage par le Prophète. Seules La Mecque, Médine et Jérusalem méritent une visite de la part des Musulmans. Les mosquées al-Fath, al-Farsi et Abu Bakr Siddi ont été rasées puis reconstruites pour n'en faire qu'une. Vous ne verrez donc que 3 édifices.

EMAAR TAIBA HOTEL 🛏 €

2141 As Salam Road

A partir de 200 SAR pour une chambre double.

A l'ouest de l'enceinte sacrée, l'Emaar Taiba Hotel est l'un des hôtels les moins chers d'Al-Haram. Vous n'aurez pas de vue sur la mosquée, mais elle se trouve juste au bout de l'avenue, à 500 mètres à peine. Malgré le tarif raisonnable, on sent la bonne volonté de la direction de présenter l'établissement sous son meilleur jour. Il y a du carrelage dans les chambres, mais les sommiers sont tapissés. Les matelas sont à ressorts, mais ils sont épais. La salle à manger est froide et immense, mais les chaises sont enrubannées de rouge pour amener un peu de gaieté.

AL ANSAR GOLDEN TULIP HOTEL 🛏 €€

✆ +966 14 816 0116

A partir de 350 SAR pour une chambre double.

Placé dans le quartier des hôtels de luxe au nord d'Al-Haram, Al Ansar Golden Tulip Hotel offre un excellent rapport qualité-prix. L'hôtel possède le charme des hôtels d'affaires des années 2000, avec une débauche de marbre, un éclairage vif et un mobilier passe-partout. Le crème, le marron et le beige dominent, des parties communes aux chambres. C'est un peu vieillot, vous l'aurez compris. Mais l'hôtel se rattrape avec son service d'étage, son restaurant et sa salle de sport.

AS'SAAFA HOTEL 🛏 €€

Hassa bent Omar St

✆ +966 53 940 0228

A partir de 360 SAR pour une chambre double, petit déjeuner compris.

Situé dans la zone Al-Haram de Médine, l'hôtel As'Saafa fait partie des derniers arrivés dans l'enceinte sacrée. Vous vous trouvez donc à proximité de la mosquée Al-Nawabi et de celle d'Al-Ghamamah. Vous apprécierez son hall lumineux (l'hôtel fait le coin d'une rue) et son mobilier contemporain. On retrouve la même touche moderne dans les chambres, bien conçues, où l'espace est optimisé pour de courts séjours. On regrette cependant la pose de moquette, déjà bien dégradée par des occupants peu respectueux. Les petits déjeuners très copieux sont servis à table.

SAJA AL MADINAH €€

7128 Abdul Rahman ibn Auf
✆ +966 14 840 4040
www.sajahotels.com

A partir de 400 SAR pour une chambre double.

L'hôtel est dans l'enceinte sacrée de Médine, al-Haram, mais n'offre pas de vue sur la mosquée, car il est en troisième rideau. Néanmoins, vous n'êtes qu'à 4 minutes à pied de la mosquée al-Nabawi et vous profitez de l'ambiance pieuse qui règne dans la ville. Les chambres sont ultra-fonctionnelles sans bibelots ou fioritures inutiles. On sent bien que le turnover est fréquent et que, par conséquent, les chambres doivent être préparées en un minimum de temps pour accueillir de nouveaux hôtes. Cela ne vous privera pas de confort, les matelas sont bien épais.

DAR AL TAQWA HOTEL €€€

Off Al Sitteen Street
✆ +966 14 829 1111
www.taqwamadinah.com

A partir de 2 000 SAR pour une chambre double, petit déjeuner inclus.

Cet hôtel 5-étoiles donne directement sur la Mosquée al-Nabawi. La vue depuis le restaurant ou certaines chambres est absolument saisissante et la spiritualité qui émane de la deuxième ville sainte de l'islam saute irrémédiablement aux yeux. L'hôtel offre un confort classique et bourgeois avec ses mosaïques de marbre au sol, ses moulures dorées, ses plafonds à caissons, ses lustres à pampilles et ses colonnes en stuc. Une telle débauche de luxe et d'éclat contraste quelque peu avec la modestie attendue de la part des pèlerins, mais rien n'interdit le confort.

MILLENNIUM MADINAH AIRPORT €€€

International Airport
✆ +966 14 813 5000
www.millenniumhotels.com

A partir de 500 SAR pour une chambre double, petit déjeuner inclus.

Cet hôtel n'est pas proche de l'aéroport, il est dans l'aéroport. Il accueille les voyageurs dépendants d'horaires de vol peu pratiques. Avec ses 5 étoiles au compteur, vous êtes assuré de prestations de qualité, d'une chambre spacieuse, d'un service de conciergerie disponible 24h/24. Il s'agit d'un gros navire avec ses 227 chambres et suites réparties sur 6 étages qui offrent toutes une vue sur les montagnes environnantes. Le hall de réception, immense, donne le ton.

THE OBEROI MADINA €€€

Abi Zur al Ghafari
✆ +966 14 828 2222
www.oberoihotels.com

A partir de 1 500 SAR pour une chambre double standard, petit déjeuner inclus.

Oberoi est l'une des chaînes hôtelières les plus exclusives au monde. En résidant ici, vous aurez accès au meilleur de l'hospitalité à l'indienne. Le service est déférent, la décoration inspirée du style anglais avec des meubles si bien cirés qu'on se voit dedans. Les plus belles chambres et suites sont aux premières loges de la Mosquée al-Nabawi. Le restaurant est ouvert 24h/24, afin de satisfaire les pèlerins à toute heure. Un spa réservé aux hommes, avec un personnel exclusivement masculin, permet de se délasser en toute quiétude.

FATOUM SHAWARMA €

Bada'ah

Ouvert tous les jours de midi à 22h30. Compter 30 SAR pour un repas.

Les restaurants ne sont pas légion dans la zone Al-Haram. Soit vous prenez votre repas à l'hôtel, soit vous vous contentez d'un fast-food. Il y en a quelques-uns dans la zone nord de l'enceinte sacrée. Fatoum, comme son nom l'indique, s'est fait une spécialité du shawarma, qui se déguste dans un pain plat fourré de sauce à l'ail et de frites. Si l'option ne vous tente guère, l'établissement sert également des burgers et des plats à base de poulet ou de veau, un peu plus consistants. Vous pourrez accompagner le tout d'un jus de fruits frais.

WADI E JIN ★

Wadi e Jin est une vallée étrange située à 27 km au nord-ouest de Médine. Si en apparence tout respire la normalité, des phénomènes mystérieux s'y produisent. Le week-end, locaux et touristes installent leurs campements le long de la route. Ils regardent passer les voitures remontant la pente moteur éteint, sans que les conducteurs ne touchent le volant. Le même phénomène se produit avec de l'eau qui s'écoule dans la pente montante au lieu de la dévaler. Longtemps, les gens ont cru que ce phénomène était le fait d'esprits malins, les djinns. En réalité, de puissants courants magnétiques parcourent le site et font « bouger » les objets inertes.

YANBU ★

Yanbu est le second port saoudien sur la mer Rouge après Djedda. L'occupation du site remonte à au moins 2 500 ans et c'était une étape importante sur les routes caravanières. La ville est aujourd'hui divisée en deux secteurs. Yanbu Al-Bahr, au nord, comprend la vieille ville, des quartiers résidentiels et le port de commerce. Yanbu al Sina'iya, au sud, s'est développée à partir de 1975 et la construction du terminal pétrolier. Outre son activité commerciale, Yanbu est une destination prisée des amateurs de fonds marins. La côte est parsemée de récifs coralliens de toute beauté, qui sont autant d'écueils pour les navires remontant la mer Rouge.

KHAYBAR ★

Khaybar est une oasis située à 150 km au nord de Médine, sur la route d'AlUla. Le site est occupé depuis plusieurs milliers d'années et a été le lieu d'une bataille déterminante dans la conquête de l'islam par le prophète Mahomet. C'est aujourd'hui une bourgade tranquille, qui tire toujours ses ressources de l'agriculture et de la palmeraie. Les dattes de Khaybar sont très réputées. En se promenant au nord du village, on peut toujours apercevoir les restes de l'ancienne forteresse et les ruines de trois villages, dont le dernier a été abandonné en 1974. Khaybar jouit d'un regain d'intérêt de la part des archéologues. La ville intégrée au plan « Vision 2030 » par Mohammed bin Salmane dépend de la Commission Royale d'AlUla quant à son développement culturel et touristique. Par conséquent, une équipe mixte franco-saoudienne d'archéologues s'intéresse depuis peu aux lieux, notamment depuis les airs. Si les forteresses des Juifs de Khaybar sont bien connues, d'étranges découvertes ont été faites depuis le ciel. La première concerne les « cerfs-volants », de grandes lignes mystérieuses formant des dessins étranges. Il s'agissait de pièges à gazelles géants, une pratique opérée de la Jordanie à l'Ouzbékistan. La seconde découverte a permis d'identifier des milliers de tombes au nord de Khaybar, remontant à 2 000 ans av. J.-C. Ce sont 15 000 tombeaux en forme de trous de serrure qui ont été dénombrés sur une aire de fouille de 56 km². Il pourrait y en avoir de nombreuses autres.

Histoire

Au milieu des montagnes basaltiques du Hedjaz, Khaybar a assuré son développement grâce à son oasis. Des tribus juives se sont installées dans les wadis pour y cultiver des palmiers et faire du négoce avec les caravanes qui marquaient l'arrêt ici en route pour AlUla ou Médine. En 567, les Ghassanides, une tribu arabe chrétienne, expurge le village de ses habitants. Ils sont libérés lorsque le roi Al-Harith ibn Jabalah parvient au Levant et les Juifs regagnent leur village. En 625, lorsque Mahomet expulse les Juifs de la tribu des Nadir de Médine, ils se réfugient à Khaybar où ils possèdent des terres. Alors qu'ils préparent une reprise de Médine en s'appuyant sur des tribus arabes et juives, Mahomet envoie une armée à Khaybar en 628. Les 1 800 hommes et 200 chevaux ne pèsent pas lourds à côté des 10 000 hommes que comptaient les différents forts de Khaybar. Mais c'est qui leur permit de se déplacer rapidement et d'attaquer Khaybar par surprise, seulement 3 jours après avoir quitté Médine. Désorganisés sur le plan militaire, les Juifs de Khaybar ne résistent que peu de temps et leurs forts tombent un à un. Mahomet emporte la bataille de Khaybar et autorise les Juifs à rester chez eux, à la condition qu'ils reversent 50 % de leurs richesses et récoltes aux Musulmans. Ce tribut exorbitant a créé un précédent juridique appelé *jizya* dans la sharia (la loi islamique), qui oblige tout non-musulman vivant sous une autorité islamique à payer un taxe et à donner ses terres à la communauté musulmane. Les Juifs de Khaybar furent définitivement chassés par le deuxième calife rachidoune, Omar.

OUEST

VIEUX VILLAGES DE KHAYBAR ★★

La citadelle et le vieux village étaient en rénovation lors de notre passage.

Khaybar a conservé les vestiges de sa citadelle en pisé de trois villages, qui remontent à des époques plus ou moins lointaines. Ils sont tous situés au nord-ouest de la ville actuelle.

- **Premier village.** En remontant dans la ville de Khaybar, suivez le panneau indiquant « Khaybar Cultural Village ». Il s'agit du plus récent des villages de Khaybar et les derniers habitants en sont partis en 1974. Il domine la palmeraie plantée dans le wadi et les champs. Le village était entouré d'une enceinte défensive. Certaines des maisons possèdent encore de très belles portes en bois de palme sculpté.
- **La forteresse et le deuxième village.** Lorsque Mahomet décide de chasser les Juifs de Khaybar, il y avait plusieurs forteresses dans la région. Il est fort probable que cette forteresse existât à l'époque du Prophète, même si les ruines du bâtiment actuel sont bien plus récentes. La forteresse occupe une position dominante et a été érigée au sommet d'une colline basaltique. Elle domine le deuxième village de Khaybar dont il ne reste que les murs extérieurs des maisons, parfois en très mauvais état. Le plan du village et son dédale de ruelles sont encore bien perceptibles. Le village est entouré de champs et par la palmeraie.
- **Le troisième village**, plus au nord, légèrement en retrait de l'ancienne route qui relie Médine à Tabouk, les restes de ce village construit sur un plateau basaltique sont en très mauvais état. À peine distingue-t-on quelques murs encore debout.

MARCHÉ AUX POISSONS ET MARINA AZIZIYA ★

Le port de pêche et le marché aux poissons sont situés à l'ouest de la vieille ville, dans la rade de Yanbu. Les petits bateaux couverts d'un auvent pour s'abriter du soleil sont sagement alignés le long des quais flottants en journée. Tous les matins, ils ramènent petits et gros poissons colorés dans leurs filets, qui sont ensuite acheminés jusqu'au marché situé de l'autre côté de la route. Il règne une atmosphère animée tôt le matin dans ce long marché bordé d'étals.

VIEILLE VILLE DE YANBU ★★

Le quartier historique s'est développé en bordure de la rade de Yanbu et à l'ouest de ce qui est aujourd'hui le port de commerce. Il reste quelques immeubles typiques aux balcons de bois ouvragés, notamment aux abords de la grande esplanade, dont la maison où vécut Lawrence d'Arabie lors de son séjour dans la ville. Le marché de nuit est un des points de rencontre des habitants, qui viennent y faire leurs courses dès que la chaleur étouffante s'étiole quelque peu. Vous trouverez également de nombreux cafés et restaurants de poisson bon marché.

RADISSON BLU HOTEL YANBU €€

Abdullah ibn Abdulaziz Road

✆ +966 14 322 3888

A partir de 400 SAR pour une chambre double, petit déjeuner inclus.

Si le Radisson Blu est l'un des rares hôtels construits directement sur la plage, il révèle le rapport distant que les Saoudiens entretiennent avec la mer. L'hôtel est construit perpendiculairement au rivage, si bien qu'aucune des chambres n'offre de vue sur la mer. Les chambres les plus chères sont celles donnant sur le jardin. L'hôtel tente de sauver la mise en s'inspirant de la thématique marine, et c'est le bleu qui domine dans les chambres et vient casser un style très fonctionnel et standardisé. L'hôtel est malgré tout confortable.

DIVING BUBBLES

✆ +966 56 081 0339

www.bubblesgroup.com

Ouvert tous les jours de 17h à 22h. A partir de 915 SAR pour 2 plongées en session privée pour une personne.

Diving Bubbles est un centre de plongée certifié PADI très professionnel. Ils disposent d'une piscine où vous pourrez passer votre « Bubble Maker » et vous initier aux joies de la plongée en toute sécurité. Les plongeurs expérimentés pourront eux se lancer dans le grand bain et explorer les somptueux fonds coralliens des environs de Yanbu. Moyennant un supplément et si les conditions météorologiques le permettent, l'équipe vous emmènera plonger dans l'épave du Iona qui gît au large du récif de Shaab el-Sharm à 15 km de la côte.

ALULA ★★★★

AlUla est une oasis à l'occupation très ancienne, une vallée parcourue de palmiers-dattiers et de bananiers, qui fut la capitale de plusieurs civilisations antiques. C'est aussi un cadre naturel époustouflant de beauté, des montagnes de grès rose aux lignes adoucies par le vent, le sable et la pluie. AlUla et ses environs forment probablement le plus beau désert de montagnes au monde. Les vallées sont tapissées de sable beige ou rosé, les montagnes fendues de crevasses et de canyons, aux formes étonnantes parfois, offrent des panoramas inégalés. Les plus sportifs partiront à leur assaut pour se livrer à de la randonnée, du canyoning, de la via ferrata, de la descente en rappel... Les plus méditatifs se contenteront de regarder le silence et d'écouter la beauté naturelle se glisser dans ces paysages, de jour comme de nuit. Les amateurs de culture se rendront à Hegra, deuxième joyau nabatéen après Petra en Jordanie, ou à Dadan, nécropole d'une civilisation remontant au VIe siècle. Les fous de culture viendront en hiver pour découvrir quelque vedette arabe se produire à Maraya, une incroyable salle de spectacle, ou parcourir les galeries d'art d'Al Jadidah. Tous se retrouveront à arpenter le souq ou l'ancienne palmeraie de Old AlUla. L'Arabie Saoudite a décidé de faire d'AlUla une destination touristique de premier ordre à un niveau international. La combinaison d'un cadre naturel merveilleux, de sites archéologiques d'exception, d'une offre culturelle de haut niveau, d'une vieille ville et de multiples activités sportives ou de loisir fait d'AlUla une destination à découvrir de toute urgence.

Histoire

L'avènement du royaume de Dadan au VIe siècle av. J.-C. marque le début du développement de la vallée d'AlUla. Les Dadanites y installent leur capitale, dont la cité a été découverte en 2005, au pied de de sa nécropole creusée dans la montagne. Ils choisissent les lieux, qui étaient déjà occupés, pour leur situation géographique placée sur la route de l'encens qu'ils contrôlent, pour l'accès à l'eau qui coule en abondance dans les sous-sols, pour la sécurité qu'offre le site, enchâssé dans un étroit défilé de montagnes. L'ascension de la puissance nabatéenne au cours du IIIe siècle av. J.-C. met fin à la civilisation dadanite. Les Nabatéens s'emparent de l'oasis d'AlUla et construisent une seconde capitale – après celle de Pétra en Jordanie –, un peu plus au nord, sur le plateau d'Hegra. Le site, classé au Patrimoine mondial de l'Unesco depuis 2008, compte de nombreux tombeaux à façades finement sculptées dans les montagnes. Des recherches archéologiques sont en cours pour tenter de mettre au jour les fondations de la cité. L'avancée romaine en Orient met un terme à la domination nabatéenne au début du IIe siècle. AlUla tombe perd de sa puissance économique, les routes caravanières empruntent désormais les voies maritimes. L'oasis continue d'être occupée et exploitée, mais elle n'a plus guère d'importance. Lorsque les maisons des villageois commencent à tomber en ruines, ils se déplacent de quelques kilomètres dans la vallée pour construire un nouveau village. Ainsi, le village d'Old AlUla se développe à partir du XIIIe siècle. Les habitants charrient les pierres de l'ancienne cité de Dadan pour construire leurs maisons. Le village grossit et devient l'un des plus importants centres d'habitation de la région avec plus de 900 foyers. Lorsque les Ottomans tracent le plan de la ligne de chemin de fer du Hedjaz qui doit relier Damas à Médine, ils prévoient une gare à Mada'in Saleh, aux portes d'Hegra, et une autre à AlUla. La vieille ville tombe commence à s'effriter au mitan du XXe siècle. Les habitants construisent une ville nouvelle juste à côté au nord, et un autre au sud. Les derniers habitants d'Old AlUla partent en 1982.

Se loger

L'offre hôtelière est encore très limitée à AlUla. Si le gouvernement saoudien ambitionne de faire de l'oasis une destination touristique d'exception, il manque encore clairement de chambres dans la vallée. Des hôtels sont en cours de construction, dans des bâtiments neufs ou de vieilles maisons rénovées. En attendant, les habitants d'Alaziziyah, au sud d'AlUla prennent le relai. Cette ville nouvelle compte nombre de chambres chez l'habitant. Vous serez logé à la saoudienne, ce qui signifie que quand vous louez une chambre, vous louez un appartement entier. Les tarifs sont très élevés pour le niveau de confort, d'autant que vous ne bénéficiez d'aucun service hôtelier. Tout au mieux avez-vous une cuisine à disposition afin de préparer vos repas.

L'alternative à la chambre d'hôte est le « chalet », un concept destiné aux familles dans des endroits généralement isolés des villes. Ce sont le plus souvent des bungalows individuels, de taille variable, qui offrent intimité et le minimum de confort.

Quelques resorts de luxe ont ouvert leurs portes dans la Vallée d'Ashar, un wadi privatisé au nord d'AlUla, sur la route de Hegra.

En période de festival, c'est à dire durant toute la saison hivernale, les tarifs flambent et mieux vaut réserver à l'avance.

© AHMED HASAN ALI TAHER - SHUTTERSTOCK.COM

Outre les célèbres vestiges des civilisations nabatéennes et dadanites, AlUla c'est avant tout des paysages absolument spectaculaires. Des montagnes de grès rose polies par les vents s'élèvent en groupe moutonneux. Elles sont parcourues de profondes entailles formant des vallées tapissées de sable nacré. Rien n'est plus beau que d'admirer les environs d'AlUla depuis le ciel. C'est désormais possible grâce à des tours en hélicoptère ou en montgolfière durant le festival de Tantora.

© THAMIM ZAIN - ISTOCKPHOTO.COM

© KATIEKK2 - ISTOCKPHOTO.COM

Transports

▶ **Avion.** L'aéroport international d'AlUla est à 30 km au sud-est de la ville. Il compte une liaison directe avec Roissy CDG en hiver et une liaison régulière avec Dubaï et Le Caire. Des vols domestiques relient AlUla à Riyad, Dammam et Djedda. L'aéroport est aussi un centre d'art depuis 2022, avec 40 œuvres exposées.

▶ **Bus.** La gare routière est située au sud de la ville nouvelle d'AlUla. La SAPTCO assure des dessertes régulières entre AlUla et les villes de Tabouk (4 heures, 76 SAR) et Hail (4 heures 30, 99 SAR).

▶ **Voiture.** Une voiture est indispensable pour se déplacer à AlUla. Les sites sont éloignés les uns des autres et la beauté du désert autour d'AlUla vous donnera envie de rouler. La compagnie Yelo est installée à l'aéroport international (www.iyelo.com. Tél. +966 800 100 0014).

▶ **Taxi.** Il n'y a que très peu de chauffeurs Uber ou Careem à AlUla. Les temps d'attente peuvent s'avérer exceptionnellement longs. Si vous êtes pressé ou avez un rendez-vous, mieux vaut demander à votre hôtel de vous appeler un chauffeur.

▶ **Pod.** Une navette électrique sans chauffeur développée par la RATP relie le parking sud d'Old AlUla au Souq entre 16h et minuit en haute saison.

▶ **Navettes.** Des navettes gratuites relient le Winter Park à Old AlUla et à la ville nouvelle d'AlUla, sur le parking du fast-food Kudu. Départ à la demande.

AL JADIDAH ★★

C'est le quartier récent de Old AlUla, au nord. Œuvres d'art, fresques murales, cafés, placettes, galeries d'art, cinéma en plein air et boutiques font vibrer cette partie de la ville. Elle s'anime dès que la chaleur retombe. Le parcours « Incense Road » vous mènera sur les œuvres de *street art* qui parcourt la ville. Des ateliers créatifs sont menés à la Madrasat Adeera pour explorer la richesse de l'artisanat traditionnel d'AlUla. Le « Oasis Heritage Trail » est un sentier qui vous mène jusqu'à l'ancienne palmeraie où des balançoires ont été suspendues.

GHARAMEEL ★★★

Départ à 17h30 d'octobre à mars et à 18h30 d'avril à septembre. Entrée : 330 SAR.

AlUla n'a de cesse de vous faire tourner la tête, même la nuit. Gharameel est un plateau rocheux situé à 90 km au nord d'AlUla. Loin de la pollution lumineuse, en plein désert, le site est tout indiqué pour observer les étoiles et la voie lactée. Vous plongez dans le noir total, tandis que votre guide vous apprend à lire la carte du ciel, comme au temps des caravanes. Le ciel est illuminé de millions d'étoiles qui brillent de toute leur splendeur les nuits sans lune. Au milieu d'un cadre féerique, un dîner est servi avant de regagner AlUla en soirée.

JEBEL ALFIL ★★

Ouvert tous les jours de 16h à minuit. Accès libre.

© DA_CIPHER - ISTOCKPHOTO.COM

Les montagnes de grès tendre d'AlUla, polies par les vents, les sables et l'eau, offrent des contours spectaculaires qui créent un enchantement pour les yeux... et l'appareil photo. Jebel Alfil, ou le Rocher de l'Eléphant, fait partie de ces silhouettes les mieux connues dans la région. Le gros bloc monolithique est percé d'une arche naturelle, qui forme comme une trompe d'éléphant retombant sur le sol. Le site est ouvert en fin de journée, pour voir le soleil se coucher sur le rocher et adoucir ses contours. A la nuit tombée, des éclairages colorés l'animent.

DADAN & JABAL IKHMA ★★

✆ +966 92 002 5003

www.experiencealula.com

Visites guidées entre 8h et 14h. Départ toutes les 2 heures. Entrée : 65 SAR.

Les sites archéologiques de Dadan et de Jabal Ikhma se visitent conjointement. La visite démarre au Winter Park où vous prendrez un bus pour les sites. Vous devez vous présenter 30 min avant le début de la visite. Réservation et informations sur le site Experience AlUla renseigné ci-dessus.

Le site de Dadan est un témoignage archéologique précieux de l'ancienne civilisation lihyanite. Il comprend une nécropole creusée dans la montagne, dont les deux célèbres Tombes aux Lions, ainsi que les fondations de la capitale du royaume remontant au VIe siècle av. J.-C. Jabal Ikhma livre un témoignage scriptural d'une grande richesse. Des milliers de graffitis ont été laissés sur le flanc de la montagne et les rochers par les voyageurs dès le VIIe siècle av. J.-C.

Dadan. Dadan, aussi appelée Lihyan, est une civilisation ancienne qui prospéra dans l'ouest de la péninsule arabe entre le VIe et le IIIe siècle av. J.-C. Dans l'Antiquité, le golfe d'Aqaba était appelé le golfe de Lihyan. Les Dadanites firent de l'oasis d'AlUla la capitale de leur royaume, qu'ils nommèrent Dadan. L'empire était l'un des plus importants centres caravaniers du Moyen-Orient. Il constituait un passage obligé sur la route de l'encens, entre le Yémen et le Levant. Dadan avait établi des liens commerciaux directs avec Tyr au Liban. Les historiens et archéologues emploient le terme de Dadan pour signifier les premiers siècles d'existence du royaume, tandis que Lihyan indique l'ère du déclin, juste avant que les Nabatéens ne l'emportent et conquièrent leur territoire. Outre un rôle économique majeur, la civilisation dadanite a joué une importance culturelle.

La visite du site de Dadan démarre au Centre des Visiteurs qui propose une exposition permanente livrant des informations sur cette civilisation antique. Elle se poursuit avec un guide pour observer les tombeaux creusés dans le haut de la montagne et notamment les Tombes aux Lions. Les tombes qui consistent en des niches rectangulaires étaient placées en hauteur afin que l'âme du défunt puisse rejoindre le ciel plus rapidement. Dadan en compte 700, mais aucun reste humain n'a été retrouvé. Seules deux tombes se distinguent avec la sculpture de deux lions au-dessus de l'entrée du caveau. Celles-ci sont placées à une cinquantaine de mètres de hauteur sur la falaise. Le lion symbolise la force et le pouvoir, ce qui laisse à penser que les personnes enterrées là devaient être des personnages importants. Des inscriptions à la base des caveaux indiquent que les défunts étaient des Minéens, venus du Yémen. Il est possible qu'ils aient voulu être inhumés selon leurs traditions.

La visite se poursuit par un tour à proximité de l'ancienne cité de Dadan. Un vaste bassin existait depuis toujours sur le site. Il s'agissait d'un énorme rocher qui avait roulé depuis la montagne, puis évidé. En 2005, l'Université du roi Saoud entreprend des fouilles archéologiques avec une équipe française. Les fondations d'une cité ancienne sont mises au jour, ainsi que plusieurs statues colossales, de plus de 2 mètres de haut et autres artefacts précieux. En 2010, une nouvelle statue est découverte et envoyée au Louvre pour restauration. Elle est prêtée au musée français jusqu'en 2027. Malheureusement, le tour ne prévoit pas de visite de la cité et le guide se contente de montrer des photos des fouilles et des découvertes tirées d'un livret. Quelques tombes ont été creusées au pied de la montagne qui fait face à la cité. Il est possible d'y accéder, mais pas de pénétrer à l'intérieur.

Jabal Ikhma. De retour au Centre des Visiteurs de Dadan, le bus vous conduit à Jabal Ikhma, une montagne au nord de la vallée d'AlUla. A l'entrée du canyon qui permet de gravir la montagne, des milliers de graffitis et inscriptions ont été gravés sur la roche tendre par les voyageurs transitant par Dadan. On retrouve toutes les formes d'écriture qui prévalaient dans la région à l'époque antique : araméen, dadanitique, safaïtique, thamudique, minaïque ou encore nabatéen. Toutes ces langues préfigurent l'écriture arabe qui apparaîtra en Jordanie au Ve siècle. L'intégralité des inscriptions a été déchiffrée par les archéologues et spécialistes des langues anciennes, ce qui représente un témoignage inestimable d'une époque et d'une région peu documentées. Beaucoup de graffitis indiquent le nom de personnes, probablement celles qui les ont inscrits. Certains autres mentionnent des noms de lieu et indiquent la provenance des voyageurs, ce qui confirme par ailleurs le rôle crucial de Dadan sur les routes caravanières et son poids économique. D'autres inscriptions, au contraire, décrivent des rites religieux dans le détail, font état de transactions commerciales, ou gravent dans la pierre les lois en cours. Certaines gravures représentent des animaux, des outils du quotidien, des personnes. Les personnages sont toujours représentés en action : partie de chasse, gardiennage de troupeaux, travaux dans les champs... Parmi les animaux, le plus représenté est le dromadaire. Mais on peut aussi reconnaître des chèvres, des moutons, des gazelles... L'inscription la plus ancienne a été datée par les archéologues à 644 av. J.-C.

La présence d'inscriptions est un fait courant dans la région. On peut notamment en admirer dans la vallée d'Ashar. En revanche, le nombre, la variété et la diversité des inscriptions laissées au Jabal Ikhma en font un lieu unique. C'est la raison pour laquelle la montagne est surnommée « la bibliothèque à ciel ouvert ».

HEGRA ★★★★

www.experiencealula.com

Tour à 8-9-10h et 14-15-16h d'octobre à mars et 8h, 9h et 17h de mai à septembre. Entrée : 95 SAR.

Ancienne capitale nabatéenne, Hegra est située à 20 kilomètres au nord d'AlUla. Le site est un vaste plateau sablonneux planté de barres rocheuses et de rochers isolés. Les Nabatéens ont laissé en héritage une centaine de tombeaux creusés dans la roche, aux façades ornementées. C'est le deuxième site nabatéen le plus important après Pétra en Jordanie. Il fut occupé entre le IIe siècle av. J.-C. et le IIe siècle apr. J.-C. qui signent l'âge d'or de la civilisation nabatéenne au Moyen-Orient. Hegra est inscrit au Patrimoine mondial de l'Unesco depuis 2008, en faisant le premier site saoudien recensé par l'institution. Les visites sont organisées par la Commission Royale d'AlUla au départ du Winter Park. En raison du nombre limité de visites quotidiennes, il est recommandé de réserver son billet sur le site Internet. Les tours sont menés dans des bus climatisés avec un guide anglophone. Ils durent 2 heures. Le bus marque 5 arrêts dans le site. Des vidéos sont diffusés dans les bus entre chaque arrêt, présentant les caractéristiques essentielles du prochain arrêt. Il est également possible d'effectuer la visite d'Hegra aux mêmes horaires dans des Land-Rover anciennes pour des tours privés. En hiver, Hegra organise des visites en carriole à cheval ainsi qu'un spectacle « Hegra by night ». La soirée se déroule au pied d'un groupe de tombeaux éclairés de centaines de lumignons, poursuivie par une promenade en carriole sous la lumière des étoiles. Elle se termine par une reconstitution historique de la vie au temps du roi nabatéen Arétas IV. Toutes les informations sont disponibles sur le site Internet d'AlUla.

L'histoire d'Hegra. Les Nabatéens succèdent à la civilisation lihyanite et s'emparent de l'oasis d'AlUla vers le IIe siècle av. J.-C. Ils installent leur ville plus au nord autour du Jebel Albanat. La civilisation aux origines inconnues tire sa richesse du contrôle de la route de l'encens, de la myrrhe et des épices. Elle établit une cité importante, très moderne, qui est actuellement fouillée par une équipe d'archéologues français. La ville occupait la partie centrale du plateau. Elle était alimentée en eau par un réseau complexe de canalisations. De nombreux puits avitaillés par des sources naturelles ou l'eau de pluie ont été retrouvés tout autour de la ville. Le réseau permettait également d'irriguer les champs qui entouraient la ville. Les montagnes et rochers du plateau permettent aux Nabatéens de se livrer à leurs rites mortuaires. Des tombeaux sont creusés dans la roche pour y inhumer les membres les plus importants de la communauté. Des inscriptions renseignent sur les lignées occupant les caveaux. Hegra entame son déclin lorsque les Romains s'emparent du Moyen-Orient. Les routes commerciales empruntent désormais la voie maritime en remontant la mer Rouge. Des indices retrouvés sur le site laissent penser que les troupes de l'empereur Trajan seraient descendues jusqu'à Hegra, mettant fin à la puissance nabatéenne vers le début du IIe siècle.

Suite à la redécouverte du site de Pétra par l'explorateur suisse Johann Ludwig Burckhardt en 1812, Charles Montagu Doughty se met en quête d'une seconde ville nabatéenne dont il a eu vent. Les tombeaux nabatéens se trouveraient à proximité d'une forteresse ottomane et d'un village bédouin sur la route entre Damas et La Mecque. L'écrivain britannique se mêle à une caravane de pèlerins en route pour le Hajj et atteint Hegra en 1876. Il passe deux mois dans la forteresse ottomane et relate sa découverte dans ses mémoires « Voyages en Arabia Deserta » publiées en 1888. Lorsque les Ottomans construisent le chemin de fer du Hedjaz, ils font passer les rails au bout du site de Hegra. La gare est toujours présente et subit actuellement une rénovation complète pour la transformer en hôtel. En 1960, le gouvernement saoudien tente de sédentariser les Bédouins et leur propose de s'installer à Mada'in Saleh. Les puits sont déjà présents pour leur permettre d'irriguer leurs champs. La découverte d'inscriptions et d'éléments archéologiques en 1972 oblige le gouvernement à trouver un nouvel emplacement pour les Bédouins. Le village est abandonné et les Bédouins s'installent au nord du site, en dehors de ses limites. Le gouvernement saoudien reconnaît d'emblée l'importance de ces découvertes, mais n'entreprend que peu de recherches scientifiques. L'idolâtrie et la vénération d'objets, un tabou assorti d'une interdiction stricte empêche toutes fouilles sérieuses. Seuls quelques archéologues étudient les inscriptions découvertes en 1977 et 1985. Dans les années 2000, les mesures religieuses conservatrices s'assouplissent quelque peu et le gouvernement saoudien entreprend de documenter les trésors archéologiques d'Hegra. Il fait venir des équipes d'archéologues, dont une équipe française, qui entreprennent des fouilles et mettent en lumière de nombreux éléments permettant de mieux comprendre le style de vie des Nabatéens et la puissance de leur civilisation. Hegra occupe une place majeure dans la volonté d'ouverture de l'Arabie Saoudite au tourisme international. Le site étant encore l'objet de fouilles importantes, son ampleur et son exposition aux fortes chaleurs font que sa visite demeure très encadrée pour le moment. Les conditions climatiques désertiques et l'absence d'occupation du site par d'autres civilisations ou groupes humains postérieurement à la chute de la civilisation nabatéenne font que Hegra présente un état de conservation extraordinaire.

Le tombeau de Lihyan, fils de Kuza.

Les tombeaux d'Hegra. La nécropole d'Hegra entourait la ville et est répartie en 4 zones distinctes. Les tombes sont creusées dans le grès tendre des montagnes. 111 d'entre elles sont ornées de façades extérieures ouvragées et 16 sont de simples caveaux. La plupart comprennent des inscriptions renseignant le nom du défunt, sa lignée et parfois sa profession. On a notamment retrouvé un grand nombre d'inscriptions mentionnant des rangs militaires qui permettent de penser que Hegra était un centre militaire et que la ville nécessitait une protection particulière. Les façades étaient taillées de haut en bas en commençant par les merlons à double escalier, la corniche, l'attique, l'entablement et parfois des pilastres encadrant les portes. Les tombeaux des personnages de haut rang étaient plus grands et leurs façades pouvaient être ornées d'éléments décoratifs supplémentaires tels que des frontons triangulaires au-dessus des portes ou des médaillons. En revanche, les intérieurs des tombeaux ne comportent aucun élément décoratif, uniquement les chambres funéraires creusées dans les parois ou les sols.

Tombeau de Lihyan fils de Kuza. Le tombeau le plus emblématique d'Hegra est le seul de tout le site à avoir été sculpté dans un bloc monolithique, isolé des autres. Pour cette raison, il est aussi appelé *Qasr al-Farid*, « le château isolé ». Il ne s'agit évidemment pas d'un château, mais bien d'un tombeau, le plus beau de tout le site. La façade haute de 22 mètres a été sculptée en direction de la ville. Le retour du rocher sur le côté droit permet de constater la masse de pierre qu'il fallait évider pour faire naître les pièces architecturales. La porte est encadrée de 4 pilastres à corniches nabatéennes et surmontée d'un aigle. Le tombeau aurait été taillé vers 186 av. J.-C. Le bas de la façade est plus imprécis et moins travaillé que le haut, ce qui laisse à penser qu'elle serait inachevée.

Jebel al Banat. « La montagne de la fille » compte de nombreux tombeaux numérotés tout autour. Si toutes les tombes se ressemblent par leurs éléments principaux, elles se distinguent par des éléments décoratifs singuliers. On peut ainsi voir des frises de fleurs qui symbolisent l'immortalité, des aigles ou des médaillons au-dessus des tombes. Certaines ont des cartouches renseignant le nom du défunt ou celui du sculpteur. Sur le côté ouest de la montagne, on peut voir une façade inachevée. Seul le merlon se détache de la paroi. La roche étant très friable il arrivait qu'elle se décroche et s'effondre sur elle-même pendant les travaux. D'autres tombes sont inachevées pour des raisons inconnues.

Jebel Ithlib. Une étroite faille fend la montagne en deux, permettant le passage. La photo est célèbre. Le mont Ithlib était probablement le principal centre religieux de Hegra. L'entrée de l'étroit canyon est marquée par une vaste salle creusée dans la roche, le *diwan*. Il ne reste pas grand-chose de l'entrée, qui a dû être grandiose. L'entablement s'est effondré, tout comme une partie des colonnes qui encadrent la porte. La large ouverture suggère que s'y tenaient des réunions publiques. La fonction exacte de cette salle est méconnue, mais elle n'est pas sans rappeler les tricliniums de Pétra. Une banquette court le long des trois parois intérieures. La salle pouvait possiblement servir à des banquets funéraires et des libations. Le géographe grec Strabo rapporte dans sa « Géographie » parue en 7 av. J.-C. que les Nabatéens « préparent des repas ensemble, par groupe de 13 personnes ; et ils ont deux jeunes chanteuses pour chaque banquet. Le roi organise des concours de boisson [...], mais personne ne boit plus de 11 coupes pleines, à chaque fois dans une coupe en or différente ».

En sortant du diwan, dans le défilé, vous noterez la présence de bétyles et niches gravés dans la paroi. Les Nabatéens pratiquaient le polythéisme. Les dieux appartenaient au panthéon arabe préislamique avec l'ajout de divinités étrangères, telles qu'Isis d'Egypte, Atargatis de Phénicie ou Dionysos de Grèce. Dusarès, dont le nom signifie « Seigneur de la montagne » était possiblement vénéré à Hegra, en raison de l'inscription « Seigneur du Temple » qui a été retrouvée. Les bétyles, ces cylindres sculptés, représentent la demeure divine, la présence divine, sans le personnifier. Les niches faisaient office de temples et permettaient aux fidèles d'y placer leurs bétyles portatifs.

Le défilé débouche sur une esplanade naturelle où se trouvait un temple. On aperçoit encore les bases de sa fondation. Sur la droite, des escaliers taillés dans la roche mènent à d'autres temples. Des archéologues ont trouvé un cercle sacrificiel au sommet d'un Jebel Ithlib (inaccessible). Si les rites cultuels des Nabatéens sont assez méconnus en l'absence de sources et de pillage des différents sites, on sait tout de même qu'ils pratiquaient des rituels sacrificiels d'animaux et parfois même d'humains.

Jebel Alahmar. Le bloc monolithique compte 18 tombes sculptées à différentes hauteurs. Les plus basses n'ont été dégagées que récemment. Les entrées étaient bouchées par des agrégats de pierre et de sable. On peut clairement voir l'intérieur des tombeaux les plus bas. Juste en face du Jebel Alahmar, un rocher présente un profil original. La roche dessine un visage regardant vers le ciel.

L'atelier. Entre Jebel Ithlib et Jebel Alahmar, le tour s'arrête près de l'ancienne gare ottomane du chemin de fer du Hedjaz, au nord du site. Des femmes font des démonstrations de poterie que vous pouvez acheter à la boutique.

SURVOL EN HELICOPTERE

✆ +966 92 002 5003
www.experiencealula.com
Tous les jours à 9h, 10h, 13h, 14h, 16h, 17h.
Entrée : 750 SAR.

Quoi de mieux que de découvrir AlUla, ses montagnes, ses sites archéologiques et son oasis depuis le ciel ? L'héliport d'AlUla se trouve juste en face du Rocher de l'Eléphant, et vous commencerez donc par le survoler. Le pilote prend ensuite la direction du nord jusqu'au site d'Hegra. Les tombeaux nabatéens se révèlent sur le flanc des montagnes rocheuses. Le vol dure 30 minutes de pur bonheur, à couper le souffle. Prenez votre passeport avec vous, sous peine d'être refoulé. Ce serait vraiment dommage ! L'activité est interdite aux -4 ans et femmes enceintes.

HUSAAK ADVENTURE CENTRE

✆ +966 50 139 6943
www.husaak.trekksoft.com
Informations et tarifs sur le site Internet.

Husaak Adventures est une société omanaise spécialisée dans la randonnée et les activités de plein air dans les conditions extrêmes de la péninsule arabique. Elle propose de nombreuses randonnées, dont certaines qui s'adressent à un public expérimenté, du canyoning, du buggy dans les dunes ou des balades pour atteindre des points de vue somptueux sur AlUla et ses environs. Il y en a pour tous les goûts, les niveaux et les budgets. C'est aussi Husaak qui gère l'observation des étoiles sur le plateau de Gharameel. Agence très sérieuse et bon encadrement.

ABU ALI €

AlUla
✆ +966 56 500 6332
A partir de 315 SAR pour un appartement 2 chambres.

L'adorable Abu Ali vous accueille dans sa maison. Ce monsieur toujours souriant se plie en quatre avec ses trois mots d'anglais pour être sûr que vous ne manquiez de rien. Pas de voiture ? Pas de problème, il se propose de faire le taxi. La maison est un peu isolée dans un quartier pas franchement chaleureux. Mais l'accueil et la qualité des prestations vous feront vite oublier ce désagrément. Abu Ali ne loue pas de chambres, mais des appartements entiers avec salon, 2 chambres, cuisine et salle de bain. Vous pourrez même laver votre linge.

VIEILLE VILLE D'ALULA ★★★

www.experiencealula.com
Accès gratuit. Visite guidée : 70 SAR.

La vieille ville d'AlUla forme un ensemble compact de 900 maisons en ruine adossées les unes aux autres. A partir du XIIe siècle, AlUla devient une halte de choix sur le chemin de pèlerinage de Damas à La Mecque. Le site fut choisi pour son accès aisé à l'eau et par la sécurité naturelle apportée par les montagnes. L'accès à la cité se faisait par 14 portes qui étaient ouvertes tous les matins pour accueillir pèlerins, voyageurs et marchands, et fermées tous les soirs. Quelques maisons sont construites en pierres charriées du site de Dadan, mais la plupart sont en briques de boue séchée. Les pièces au rez-de-chaussée servaient pour stocker les récoltes et abriter les animaux la nuit. Les habitants occupaient les pièces des étages. En été, ils dormaient sur les toits, à la belle étoile. L'entrelacs de ruelles étroites forme un dédale où il est difficile de se retrouver. La vieille ville a été abandonnée au début des années 80. Les joints de boue entre les briques commençaient à fondre et les maisons à s'écrouler. Une ville nouvelle a été construite plus au sud.

▸ **Dar al-Tantora.** Cette maison, en bordure du parking nord, est aisément reconnaissable à sa tour. Celle-ci faisait office de cadran solaire. L'ombre projetée donnait l'heure en journée et sa longueur indiquait la saison. Quand l'ombre commençait à s'allonger, cela signifiait qu'il était temps de moissonner. La maison et les maisons adjacentes sont actuellement en travaux pour être transformées en hôtel.

▸ **Château Musa bin Nusayr.** La ville d'AlUla s'étalait autour d'un piton rocheux sur lequel fut construit un château de pierre. La base de ses fortifications remonterait au Xe siècle. Le château a été remanié et restauré et était notamment occupé par les Ottomans. Le seul moyen de le visiter est de souscrire à la visite guidée de la vieille ville. Depuis son sommet et ses terrasses, la vue sur l'oasis d'AlUla et la vieille ville est absolument magnifique.

▸ **Le souq.** Sur les hauteurs de la vieille ville, le souq accueillait 500 boutiques. C'est le premier lieu de la ville à avoir été restauré par le gouvernement saoudien. La longue allée est désormais dallée, les boutiques accueillent des artisans, des brocanteurs, des cafés, des restaurants et le centre des visiteurs, à l'extrémité sud, à la sortie de la navette Pod. Des bancs ont été installés, des tapis et paniers en osier suspendus aux murs des maisons. Il se dégage de cette rue une atmosphère joyeuse et agréable, qui devient le lieu de rencontre et de sortie à AlUla. Certains bâtiments du souq sont encore en cours de rénovation.

26° NORTH ALULA €€

Hegra South Gate Road
✆ +966 55 220 2721
26northalula.com
A partir de 1 000 SAR pour une tente double.

Le nom vient de la position géographique du campement situé sur le 26e parallèle nord. 26° North, c'est du *glamping* dans un cadre enchanteur, au cœur d'une oasis de palmiers et de manguiers. Les dunes de sable ont été terrassées pour y poser des tentes toutes blanches qui jouent la simplicité. Des meubles de style nordique et minimaliste occupent les tentes : lit à baldaquin en bois, armoire pour suspendre ses affaires, tapis. Chaque tente possède sa terrasse. Le rapport qualité-prix est assez élevé, comme partout à AlUla, mais l'expérience s'avère plaisante.

QUEEN HOTEL ALULA €€

Al Ula
✆ +966 50 699 4887
Compter entre 350 SAR et 650 SAR pour une chambre double, selon la saison.

Le Queen Hotel est situé dans la partie sud de la ville nouvelle d'Al Ula, à une dizaine de kilomètres de la vieille ville. C'est là où se concentre une grande partie de l'offre hôtelière de la région, à l'opposé des sites touristiques. Il vous faudra donc une voiture pour assurer vos déplacements. La qualification d'hôtel est trompeuse, car il s'agit bien de chambres chez l'habitant. Celles-ci sont flambant neuves et de nouvelles étaient en travaux lors de notre passage. C'est fonctionnel et sans charme réel. Une petite cuisine est à disposition des occupants.

SAHARY ALULA RESORT €€

✆ +966 55 105 3222
www.saharyalularesort.com
A partir de 800 SAR pour une chambre double, petit déjeuner inclus.

Ceux qui connaissent le désert du Wadi Rum en Jordanie ne seront pas dépaysés ici. On retrouve les mêmes tentes tendues de laine grise, alignées comme des soldats à la parade le long d'un chemin pavé. Les intérieurs diffèrent, soit tendus de rouge vermillon et de tentures à motifs ethniques soit de beige et d'arabesques très 70's. Tout le confort est pourvu avec climatisation, petit salon, baignoire à jets massants... Enserrée entre de belles montagnes de grès rose, la vallée est tapissée de gazon. Vous n'en reverrez pas de sitôt !

CARAVAN BY HABITAS ALULA €€€

www.ourhabitas.com
A partir de 2 000 SAR pour une caravane 2 personnes, petit déjeuner inclus.

Quand Habitas revisite le camping, vous pouvez être sûr d'être séduit. Une vingtaine de caravanes Airstream sont agencées en cercle dans un cirque naturel de la vallée d'Ashar. Une terrasse est aménagée devant chacune d'entre elles, offrant une vue imprenable sur les montagnes. Une grande tente de style bédouin fait office de lieu de rencontre et de salle à manger. Repas et boissons se commandent dans les food-trucks du resort. A la nuit tombée, un film est projeté sur une falaise. Le concept s'adresse clairement à une jeunesse bobo et insouciante.

HABITAS ALULA €€€

✆ +966 14 821 3900
www.ourhabitas.com
A partir de 3 500 SAR pour une villa 2 personnes, petit déjeuner inclus.

Habitas a pris possession de la plus belle des vallées d'AlUla pour y déposer 96 villas, de véritables cocons de douceur. Les lieux extraordinaires invitent à se ressourcer loin des froissements du monde. Vous êtes entouré par les montagnes de grès rose et un silence apaisant. Ici, on se déplace en golfette ou vélo électriques. Le resort respecte de hautes normes environnementales. Pas de fondations en béton sous les villas, pas de plastique, les lieux sont plantés de plantes endémiques... Spa divin et piscine panoramique ponctueront un séjour enchanteur.

HERITAGE GARDEN RESTAURANT €

Al Sukhayrat
✆ +966 14 884 1444
Ouvert tous les jours de midi à minuit. Compter 55 SAR pour un repas.

Si ce restaurant d'AlUla 2 arbore une enseigne discrète (en arabe), c'est qu'il n'a besoin d'aucune publicité. Les locaux connaissent l'adresse et viennent s'y régaler midi et soir. C'est aussi l'un des rares restaurants à être ouvert au déjeuner. On y mange les spécialités moyen-orientales classiques : houmous, kebab, poulet grillé. Tout est bon et les kebabs sont particulièrement moelleux. Si vous voyagez en famille ou en couple, vous devrez occuper la salle dédiée.

SUHAIL €€

Dans la rue principale ✆ +966 53 558 8151
www.experiencealula.com
Ouvert du lundi au samedi de midi à minuit en saison, à partir de 16h hors saison. Compter 200 SAR pour un repas.

A l'entrée de la rue touristique d'Old AlUla, à quelques pas du Centre des Visiteurs, Suhail est spécialisé dans la cuisine saoudienne. La carte visite les différentes régions du pays et vous pourrez notamment goûter à la viande de dromadaire ou au cahpsa, le plat national. Le cadre est enchanteur avec un mobilier contemporain qui trouve sa place dans cette vieille maison de pisé parfaitement restaurée. Vous pourrez prendre place sous les arcades, en terrasse à l'étage ou dans l'une des deux petites salles à manger. Le service est à la hauteur de l'établissement.

MARAYA SOCIAL €€€

✆ +966 55 005 9161
www.marayasocial.com
Ouvert du mardi au samedi de 18h à minuit. Compter 600 SAR par personne, boissons incluses. Réservation obligatoire.

Le restaurant Maraya Social est installé sur le toit de la salle de concert. Y avoir une table est donc une très bonne excuse pour admirer le bâtiment et les montagnes d'Ashar se refléter dedans. La carte signée par le chef étoilé Jason Atherton en est une autre pour se régaler. La cuisine est légère et inspirée. Elle puise dans un répertoire européen teinté d'accents arabisants. Le chef a veillé à utiliser les produits locaux dans la mesure du possible, comme pour cette betterave au chèvre fumé et à la gelée d'orange d'Al Ula ou le pudding aux dattes.

MERKAZ

✆ +966 92 002 5003
Ouvert de 8h à 2h en saison, à partir de 17h hors saison.

Ce grand café occupe une place importante en plein cœur de la rue touristique d'AlUla. On prend place sur la vaste terrasse, à une table ou sur des coussins abrités sous de petits pavillons aux montants rappelant les troncs de palmiers. Si on y sert à manger, l'endroit est surtout propice à une pause rafraîchissante. On concocte ici des cocktails (sans alcool), dont l'incontournable « limoun nanah », une limonade à la menthe. Les prix sont à l'avenant de ceux pratiqués à Al Ula, un peu élevés. Mais on profite de l'atmosphère unique des lieux avec pignon sur rue.

TYROLIENNE D'ALULA

✆ +966 92 002 5003
www.experiencealula.com
Du mardi au samedi, entre 14h et 17h. Entrée : 180 SAR.

Un filin de 1,5 km a été tendu dans le massif de Harrat, l'une des plus hautes montagnes d'AlUla. La tyrolienne est l'une des plus longues, mais surtout la plus rapide d'Arabie Saoudite. Vous dévalez entre les montagnes de grès à 120 km/h. Excitante, l'expérience est aussi magique dans ce cadre presque surnaturel qu'offre AlUla. La descente doit être réservée sur le site d'Experience AlUla. Il faut se présenter à l'Adventure Hub 45 min avant le départ du tour. Prévoyez des vêtements près du corps et des chaussures fermées. Il faut mesurer au moins 1,10 m.

VIA FERRATA

✆ +966 92 002 5003
www.experiencealula.com
Du mardi au samedi. Départ à 6h et 8h. Entrée : 180 SAR.

Toutes les activités de montagne et d'aventure sont possibles à AlUla. Vous trouverez même une via ferrata pour défier vos sens et tester votre résistance au vertige. Des guides en fer ont été aménagés dans la montagne. De là-haut, prenez le temps d'admirer les paysages, qui ne sont jamais plus beaux que vus du ciel. L'équipe d'encadrement vous briefera sur les conditions de sécurité avant le départ et vous fournira le matériel nécessaire : casque, harnais et mousquetons. Vous n'avez plus qu'à prévoir une tenue confortable et de bonnes chaussures.

MARAYA

✆ +966 92 002 5003
www.experiencealula.com

Maraya est une salle de concert perdue dans la somptueuse Vallée d'Ashar, un véritable chef-d'œuvre d'architecture contemporaine. L'architecte Gio Forma a réussi le tour de force de ne pas dénaturer le site. Il a recouvert la bâtisse de 9 740 miroirs qui la font disparaître dans son environnement naturel. Tel un mirage, Maraya reflète ce qui se trouve derrière vous, créant une illusion optique parfaite. Le seul moyen d'y accéder est de réserver un concert, de dîner au restaurant sur le toit ou de résider dans l'un des très chics resorts de la vallée.

NORD

Le nord de l'Arabie Saoudite est gratifiée de paysages splendides et variés. C'est aussi le berceau le plus ancien de l'humanité dans la Péninsule arabe. Un fragment d'os a été retrouvé dans les sables rouges du désert du Nafud, remontant à 90 000 ans. Le nord est parcouru d'oasis connues et exploitées depuis des temps très anciens. Tayma compte des vestiges remontant à la période néo-babylonienne ; Al Bad' cache les vestiges méconnus d'une ancienne ville nabatéenne ; le mystère des Colonnes de Rajajil à Sakakah n'a toujours pas été percé. Les montagnes du Hedjaz, l'escarpement de Tuwaiq, le désert rouge du Nafud, les eaux turquoise et les plages désertes de la côte, les fonds préservés de la mer Rouge sont autant de terrains de jeux splendides. Le nord-ouest de la province de Tabouk, elle, se projette dans le futur, avec l'implantation du projet NEOM, un vaste projet de développement touristique à 500 milliards de dollars.

AMMAN
JÉRUSALEM
TURAYF
Al Qurayyat
JORDANIE
At Tafila
Al `Isawiyah
Shaubak
Tubarjal
An Nabk Abu Qasr
Ma'an
Aqaba
HAQL ★★
Umm Nakhila
Bir Ibn Hirmas
AL KHANAFAH
WILDLIFE SANCTUAR
JABAL AL-LAWZ ★★★
AL BAD' ★★
TABUK ★★
Alkalibah
TAYMA ★★
Neom
SHARMA
Abit
AL-DISAH ★★★
Tayma
Ad Dhabiba
DUBA
JABAL ARNAAN
Jabal
Al-Amair
Al.Mothalath
Al-'Ula
Al Jarif
AL WAJH ★
Ar Raqiba
Mer Rouge
Zubair
K
HANAK ★★
UMLUJ ★★★
Al Ais
VERS HARRAT AL HARRAT
CONSERVATION RESERVE
100 KM

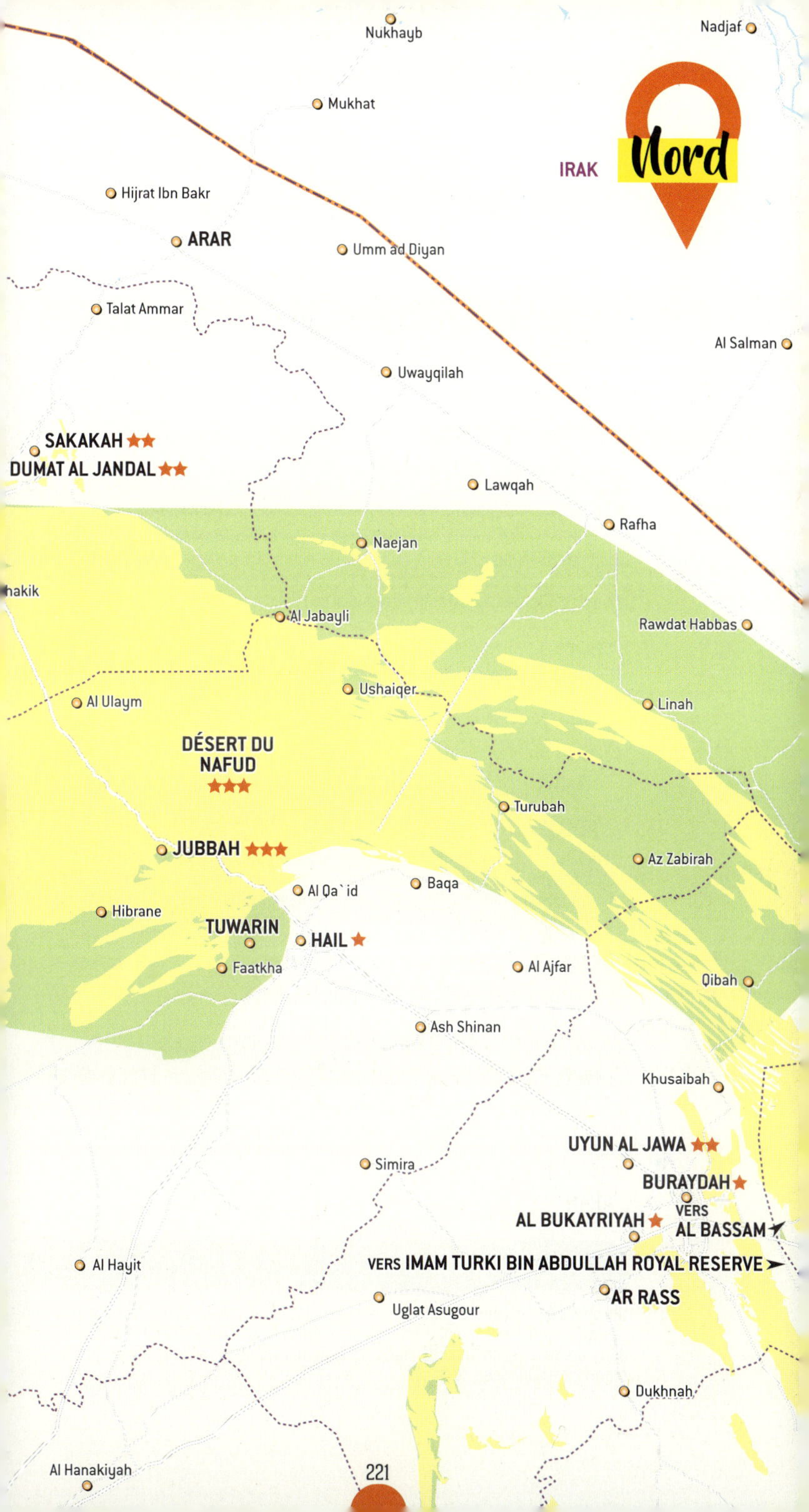
Nord
IRAK
Nukhayb
Nadjaf
Mukhat
Hijrat Ibn Bakr
ARAR
Umm ad Diyan
Talat Ammar
Al Salman
Uwayqilah
SAKAKAH ★★
DUMAT AL JANDAL ★★
Lawqah
Rafha
Naejan
hakik
Al Jabayli
Rawdat Habbas
Ushaiqer
Al Ulaym
Linah
DÉSERT DU NAFUD ★★★
Turubah
JUBBAH ★★★
Az Zabirah
Al Qa`id
Baqa
Hibrane
TUWARIN
HAIL ★
Faatkha
Al Ajfar
Qibah
Ash Shinan
Khusaibah
UYUN AL JAWA ★★
Simira
BURAYDAH ★
AL BUKAYRIYAH ★
VERS AL BASSAM
Al Hayit
VERS IMAM TURKI BIN ABDULLAH ROYAL RESERVE
AR RASS
Uglat Asugour
Dukhnah
Al Hanakiyah

PAGES

NORD

225 **● ● QASSIM**

Entre Riyad et Hail, vous passerez par Buraydah et son oasis qui compte le plus grand marché aux dromadaires du monde, ainsi qu'un festival de la datte. Véritable verger du Najd, ses environs abritent quelques vieux villages et palais en pisé.

BURAYDAH ★

225 La capitale de la province d'Al Qassim est réputée pour sa production de dattes. Il s'y échange 300 000 tonnes lors du festival annuel au mois d'août. A l'est de la ville se tient également le plus grand marché aux dromadaires au monde.

226 **AL BUKAYRIYAH ★**

226 **UYUN AL JAWA ★★**

227 **● ● PROVINCE D'HAIL**

Moitié montagnes, moitié désert de sable rouge, la province de Hail est un passage obligé entre Riyad et le nord du pays. De nombreux pétroglyphes inscrits sur les parois d'Umm Senman à Jubbah livrent le mode de vie des nomades à la période néolithique et figurent au Patrimoine mondial de l'Unesco.

HAIL ★

227 L'ancienne capitale de l'émirat de Jebel Shammar, siège du clan Rashid, compte quelques forteresses et palais de pisé intéressants à visiter. La ville est un point de passage obligé pour le site classé à l'Unesco de Jubbah ou la ville de Sakaka au nord du pays.

228 **TUWARIN**

JUBBAH ★★★

229 Jubbah est une petite ville de 20 000 âmes, un centre agricole établi sur le lit d'un lac asséché du Paléolithique. Elle est reconnue pour ses inscriptions vieilles de 8 000 ans laissées sur les parois de la montane d'Umm Senman. Ce témoignage exceptionnel lui vaut d'être inscrite au Patrimoine mondial de l'Unesco.

229 **DÉSERT DU NAFUD ★★★**

229 **IMAM TURKI BIN ABDULLAH ROYAL RESERVE**

230 **● ● FRONTIÈRES DU NORD**

La province des Frontières du Nord est perdue aux confins de l'Arabie Saoudite, entre la Jordanie au nord et l'Irak à l'est. Elle ne comprend aucune destination touristique et seuls un voyage d'affaires ou un transit vers Karbala en Irak devraient vous conduire jusqu'ici.

230 **ARAR**

231 **● ● AL JAWF**

Un peu à l'écart des circuits touristiques classiques, vous serez récompensé par quelques forteresses importantes dont la forteresse de Zabal et son impressionnant puits de Sisra, le château de Marid remontant à l'époque nabatéenne ou encore les étonnantes Colonnes de Rajajil.

PAGES

© MEI-HUI HUANG - SHUTTERSTOCK.COM

Les Colonnes de Rajajil.

SAKAKAH ★★

231 Les Colonnes de Rajajil attirent de rares touristes jusqu'à Sakakah. Le site mystérieux est qualifié de « Stonehenge de l'Arabie Saoudite ». 50 dalles de pierre ont été taillées et plantées dans une plaine désertique il y a plus de 4 000 ans.

DUMAT AL-JANDAL ★★

232 Une forteresse remontant à l'ère nabatéenne, une mosquée de 638 ayant conservé les attributs des premières mosquées du monde musulman, un musée archéologique flambant neuf, tels sont les atouts de la petite ville de Dumat al-Jandal.

233 AL KHANAFAH WILDLIFE SANCTUARY

233 RÉSERVE PROTÉGÉE D'HARRAT AL-HARRAT

234 ●● PROVINCE DE TABUK

La province de Tabouk est peut-être la plus spectaculaire du royaume saoudien. Entre le désert rouge du Nafud, les montagnes de granit rose ou brun du Sarawat, les plages immaculées et les eaux turquoise de la mer Rouge, c'est un paradis pour les amateurs de nature.

TABOUK ★★

234 Tabouk est un passage obligé pour explorer ses environs absolument splendides. Si la ville ne présente qu'un intérêt limité sur le plan touristique, ne manquez pas son musée installé dans l'ancienne gare du Hedjaz ou sa forteresse ottomane du XVIe siècle.

JABAL AL-LAWZ ★★★

238 Du haut de ses 2 850 mètres, Jabal al-Lawz est le plus haut sommet au nord de la chaîne de montagnes du Hedjaz. Le massif est intégré au projet fou de Neom et devrait accueillir une station de ski et de détente d'ici à 2028. C'est un fantastique terrain de jeu pour les randonneurs aguerris.

PAGES

HAQL ★★

238 Située au bout de la magnifique route qui longe la mer Rouge, Haql est une petite bourgade tranquille aux fonds marins particulièrement préservés. Malheureusement, l'offre hôtelière est inexistante. Seuls quelques appartements tristounets permettent de se dépanner pour la nuit.

AL BAD' ★★

239 Les passionnés de culture nabatéenne ne manqueront pas un arrêt dans la petite ville d'Al Bad'. Le site de Madyan, aussi appelé Magha'ir Shu'yab par les locaux comprend quelques tombeaux à façades de type Hegra. La ville compte aussi un puits, qui serait celui où Moïse aurait secouru les filles de Jéthro.

240 **SHARMA**

240 **DUBA**

240 **HANAK ★★**

240 **UMLUJ ★★★**

AL-DISAH ★★★

241 Au bout de la route qui traverse le petit village d'Al-Disah, vous déboucherez sur le plus beau canyon d'Arabie Saoudite. Le Wadi Disah est une oasis magnifique parcouru par une source naturelle qui surgit littéralement de sous la montagne. Planté de dattiers et encadré de somptueuses montagnes de grès rose, l'endroit est magique.

TAYMA ★★

241 Tayma est le siège de la plus ancienne colonie humaine de la Péninsule arabe, remontant à au moins 90 000 ans. L'oasis était une étape importante et convoitée sur les routes caravanières. Elle conserve les vestiges de deux forteresse remontant au VIe siècle av. J.-C. et du plus ancien puits du pays.

Al-Disah.

BURAYDAH ★

Plantée au centre de l'Arabie Saoudite, Buraydah est la capitale de la province d'Al Qassim, réputée pour sa production de dattes. Un grand festival annuel s'y tient tous les ans au mois d'août, où ce sont plus de 300 000 tonnes du fruit sucré qui sont vendues. Les rues de la ville fourmillent alors de visiteurs et de nombreux marchés aux dattes se tiennent en plein air aux quatre coins de la cité. Outre la production de dattes, Buraydah est considéré comme le verger de l'Arabie Saoudite avec une production importante d'agrumes, de raisin et de grenades. Depuis quelques années, grâce à l'irrigation, la ville est devenue le premier producteur de blé du pays. La ville compte deux musées d'intérêt, installés dans des palais à l'architecture typique du Najd. A l'est de la ville se tient également le plus grand marché aux dromadaires du monde.

Histoire

La ville fut développée au XVIe siècle lors de la fondation de l'émirat de Buraydah par la dynastie Olayan de la tribu des Banu Tamim. Elle était déjà une halte importante sur le chemin du Hajj pour les pèlerins venus d'Irak et de Perse. La ville comptait de nombreux points d'eau et dortoirs pour permettre aux pèlerins de se ravitailler et de dormir. La ville était naturellement irriguée par les sources souterraines du wadi al-Rummah, une ancienne vallée fluviale qui relie La Mecque au golfe Persique.

MARCHE AUX DROMADAIRES ET BETAIL ★★★

Ouvert tous les jours de 6h à midi.

Il faut venir aux petites heures du matin, quand la fraîcheur est encore de mise, pour assister aux négociations autour des dromadaires. Beiges, bruns, noirs, blancs, ils sont des milliers à occuper les enclos en attendant un acquéreur. Certains sont de vraies bêtes de course, d'autres sont destinés à des concours de beauté, d'autres enfin à terminer dans votre assiette. Une section du marché est réservée aux chèvres et aux moutons. C'est bruyant, malodorant, animé et amusant.

MUSEE ALOQILAT ★

✆ +966 50 513 3191

Ouvert tous les jours de 8h30 à 12h et de 16h à 18h30.

Le Musée Aloqilat a pris possession d'une grande maison traditionnelle de pisé, avec ses tours rondes, ses toitures crénelées chaulées de blanc, ses fenêtres décorées de motifs graphiques. Remarquez également les portes en bois de palme peintes de motifs traditionnels du Najd. A l'intérieur, le musée abrite une collection d'objets anciens qui revisitent le mode de vie des habitants de Buraydah et de sa région il y a un siècle ou plus. C'est dans les salons de réception, les *majlis*, que se nouaient les relations commerciales et se concluaient les transactions.

MUSEE DE BURAYDHA ★★

3144 King Abdulaziz Road

✆ +966 16 323 1700

Ouvert du dimanche au jeudi de 8h à 14h. Entrée libre.

Cette réplique de palais du Najd domine le carrefour central de Buraydah. Une énorme Cadillac blanche trône dans le hall d'accueil, qui a appartenu au roi Abdulaziz en personne. Comptez une petite heure pour parcourir les différentes salles qui mettent en lumière l'héritage culturel et folklorique de Buraydah et de la province d'Al Qassim. La muséographie est bien pensée et les collections sont bien mises en valeur. Une section est consacrée au roi Abdulaziz, le fondateur du Royaume d'Arabie Saoudite, avec une collection d'objets lui ayant appartenu.

ROLLINS HOTEL €€

✆ +966 16 381 0470

A partir de 300 SAR pour une chambre double.

Cet hôtel est l'une des bonnes surprises de Buraydah et il offre un excellent rapport qualité-prix. Il a été récemment rénové et propose des chambres spacieuses, coquettes, sans excès d'effets de style. Les couloirs qui mènent aux chambres sont feutrés et élégants et l'hôtel respire le calme dans un quartier central et résidentiel. Le petit-déjeuner est servi en chambre, à un tarif très raisonnable. Un long bassin agrémenté de fontaines et bordé de salons de jardins privatisables permet de se rafraîchir lors des chaudes soirées d'été, tout en fumant la chicha.

MÖVENPICK QASSIM €€€

King Khaled ibn Abdulaziz Road
✆ +966 16 316 9999
www.movenpick.com
A partir de 900 SAR pour une chambre double.

L'option 5-étoiles de Buraydah est tenue par la chaîne Mövenpick. Sa localisation hyper centrale, à deux pas du musée de Buraydah, en fait une halte pratique. Les chambres sont aux couleurs de la Suisse, ou de l'idée que l'on s'en fait : or et chocolat. Elles sont agencées dans une grosse tour ronde, dont l'architecture intérieure n'est pas sans rappeler le musée Guggenheim de New York. Piscine extérieure, salle de sport et spa permettent de se détendre après avoir visité la ville et ses environs. Ne manquez pas la « pause chocolat » offerte l'après-midi.

PARADISE RESTAURANT €€

2850 King Abdulaziz Road
✆ +966 92 000 6457
Ouvert tous les jours de 13h à 1h30. Compter 60 SAR pour un repas.

Ce n'est peut-être pas le paradis, mais le Paradise Restaurant figure parmi les bonnes options de la ville. La salle est cossue, avec de grosses banquettes de cuir grenat agencées autour des tables. Les cuisiniers s'affairent derrière une grande vitre et préparent des plats indiens et... italiens. La vraie bonne surprise se trouve sur le toit-terrasse, parfaite pour les fraîches soirées d'hiver. Les tables sont séparées par des jardinières et des arbustes du plus bel effet. Une salle aménagée pour les plus petits leur permet de passer le temps.

NORD

AL BUKAYRIYAH ★

A 36 km au sud-ouest d'Al Buraydah, la petite ville d'Al Bukayriyah fut fondée au IXe ou Xe siècle. Elle présente le visage typique des villes moyennes d'Arabie Saoudite, avec ses centres commerciaux, son hôpital et son club de foot fondé en 1962. La ville est entourée de fermes et de vergers où s'épanouissent les palmiers-dattiers et les agrumes. La végétation parfois dense permet de réguler le climat brûlant du désert central. Il fait un peu moins chaud en été à Al Bukayriyah que dans la ville voisine de Buraydah. La ville compte quelques palais anciens remontant au Xe siècle, qui ont été restaurés et qui se visitent, comme le maqsorat Alswailem.

MAQSORAT ALSWAILEM ★★

✆ +966 50 519 5895
Ouvert tous les jours de 8h à 22h.

Le village de Bukayriyah fut fondé par le grand-père d'Al Swailem. Ce dernier se fit construire un palais de pisé dans la palmeraie. Parfaitement rénové, on peut le visiter et admirer les pièces étroites décorées de motifs géométriques, les plafonds de bois de palme et d'ajoncs, les sols recouverts d'épais tapis de laine colorée. Il a accueilli plusieurs générations de princes. Le palais du XVIIe siècle est toujours entouré de palmiers qui procurent un espace de verdure agréable. Un puits se tient devant la porte d'entrée avec ses réas toujours visibles.

UYUN AL JAWA ★★

A 52 kilomètres au nord-ouest de Buraydah, sur la route de Hail, le petit village de Uyun al Jawa mérite un arrêt pour contempler ses vieilles maisons de pisé particulièrement bien conservées. Le vieux village d'Uyun al Jawa a été abandonné pour être reconstruit un peu plus loin. Vous pourrez pousser les portes de l'ancienne école où le temps semble s'être arrêté. Les documents administratifs sont toujours dans le bureau du directeur. Si l'ancienne mosquée n'est plus en activité, elle est toujours gardée. Le gardien vous la fera d'ailleurs peut-être visiter et grimper dans l'étroit minaret d'où vous pourrez embrasser le vieux village d'un seul regard.

HAIL ★

La ville de 600 000 habitants est la capitale de la province de Hail et l'ancienne capitale de l'émirat du Jebel Shammar, instauré par le clan Rashid, les ennemis jurés des Saoud dans la conquête du pays. Ancienne étape caravanière sur les routes du Hedjaz, la ville a conservé une réputation d'ouverture et d'hospitalité. C'est aujourd'hui un centre universitaire important, avec 32 000 étudiants. Elle tire ses ressources de l'agriculture (blé, fruits, dattes). Sur le plan touristique, la ville compte une forteresse du XVIIe siècle, un palais royal du XIXe siècle et une caserne militaire. Vous pourrez aussi flâner dans la vieille ville du côté de Barzan, entre les maisons de pisé ocre en ruine et les marchés traditionnels de fruits, de légumes, de dattes.

Transports

Avion. L'aéroport international de Hail est situé à 15 km au sud de la ville. Les compagnies saoudiennes offrent des liaisons vers Riyad, Djedda, Dammam et Al Hofuf. Des compagnies low-cost étrangères assurent des liaisons avec les villes de Sharjah (UAE), Le Caire, Dubaï et Koweit City. Il est question d'agrandir l'aéroport et d'augmenter le trafic, en raison de la position géographique stratégique de Hail au sein du monde arabe. Elle est à une heure d'avion maximum de 11 capitales dans la région.

Bus. La gare routière SAPTCO (www.saptco.com.sa. Tél. +966 16 531 0101) est au centre de la ville, juste en face du palais Qishlah, dans le quartier d'Al Mahattah. Des liaisons quotidiennes sont assurées vers les villes de Riyad (11 liaisons, 9 heures, 159 SAR), Tabouk (9 heures, 146 SAR), Al Ula (6 heures, 99 SAR), Sakaka (6 heures, 99 SAR), Buraydah (4 liaisons, 3 heures, 60 SAR), Médine (6 heures, 118 SAR), Djedda (12 heures, 204 SAR).

Train. La gare de Hail est dans le désert, à 30 km au nord de la ville, à proximité de l'Université de Hail. Hail est située sur la ligne qui relie Riyad à Qurayyat, via Jauf au nord et Buraydah/Qassim et Majmaah au sud. Comptez 4 heures 30 de trajet entre Hail et Riyad et 185 SAR. Deux trains quotidiens.

Voiture. L'agence Cherry Rent A Car (+966 92 003 3338) est située à la gare de Hail. L'agence Almosafer (www.almosafer.com. Tél. +966 92 000 0997) est située à l'aéroport de Hail.

FORTERESSE D'A'ARIF ★★

Ouvert tous les jours de 8h à 17h.

Au sommet d'une colline rocheuse isolée, le fort d'A'arif est le point de repère incontournable de la ville de Hail. La grande forteresse de boue et d'argile a été intégralement restaurée en 2019. Construite au XVIIe siècle sous le règne de la famille Al Ali, elle mesure 40 mètres de long et 11 mètres de large. Elle était destinée à défendre la ville et à abriter les habitants en cas d'attaque. Les soldats se plaçaient derrière les petites ouvertures qui ponctuent la façade. Le fort comprend des entrepôts, des espaces d'habitation et une mosquée.

PALAIS DE QISHLAH ★

Le palais de Qishlah était en rénovation lors de notre passage.

Situé en plein cœur de la ville, juste en face de la gare routière SAPTCO, le palais de Qishlah date de 1940. Il ne s'agit pas d'une demeure royale, mais d'une ancienne caserne voulue par le roi Abdulaziz pour accueillir les soldats arrivant en ville et pour servir de dépôt d'armes et de munitions. La caserne a ensuite été transformée en prison avant de devenir un monument historique. Il était en rénovation lors de notre passage, mais on peut tout de même admirer son importance : un carré de 142 mètres de côté et des murs de 8,5 mètres d'épaisseur.

VIEILLE VILLE DE HAIL ★★

La vieille ville de Hail s'étale au nord de la forteresse d'A'arif, jusqu'au fort de Barzan. Les maisons de pisé en ruine, les cours plantées de palmiers sont cachées derrière les rangées de maisons modernes et de boutiques qui longent les artères du quartier. Il faut donc fouiner un peu pour débusquer les vieilles maisons couleur ocre. Le quartier est également bordé par le marché traditionnel aux fruits et légumes, ainsi que par un marché aux dattes, très typiques. Tout à fait au nord, le vieux fort de Barzan date de 1808, c'était le palais de Mohammed Al Ali.

NORD

AL EAIRY APARTMENTS €

Compter 130 SAR pour une chambre double.

Al Eairy possède plusieurs résidences hôtelières dans la ville de Hail, toutes disponibles sur le site de réservation Booking. Elles sont situées dans des quartiers centraux de la ville. Le petit prix des hébergements induit un service minimum et un confort limité. Certains « appartements » sont franchement vieillots, avec un mobilier dépareillé. Chaque chambre comprend a minima un lit double ou 2 lits jumeaux, une armoire, un coin bureau, une salle de douche et un réfrigérateur. Certaines chambres sont familiales et comprennent une kitchenette également.

HOLIDAY VILLA HAIL HOTEL €€€

King Saoud Road
✆ +966 16 533 5555

A partir de 420 SAR pour une chambre double, petit déjeuner inclus.

L'hôtel ouvert en 2019 se cache derrière une grande façade de verre bleuté. Les chambres affichent une décoration très arabisante, avec des têtes de lit colorées aux motifs inspirés de l'art islamique. Le parti pris de cette décoration, parfois un peu chargée, tranche sur la décoration assez standardisée des autres hôtels qui affichent une profusion de marbre et d'éclairages en laiton. L'hôtel est situé au sud de la ville, à proximité du grand échangeur de l'aéroport. Le service professionnel, l'excellent buffet du petit déjeuner vous offriront un séjour agréable.

MILLENNIUM HOTEL HAIL €€€

North Hail City Road ✆ +966 16 538 6111
www.millenniumhotels.com

A partir de 580 SAR pour une chambre double, petit déjeuner inclus.

Le Millennium de Hail arbore une architecture originale toute en rondeur, avec une des ailes formant un cercle. C'est un grand caravansérail de 191 chambres qui a pris possession du nord de Hail, à côté de l'université. C'est aussi le seul 5-étoiles de la ville. Outre des chambres impeccables et claires avec des vues sur le désert, l'hôtel compte un grand nombre de services. Neuf salles de réunion et conférences, trois piscines dont une extérieure et une réservée aux femmes, un sauna, une salle de musculation et un restaurant.

AL TURATHI €€

King Abdulaziz Road
✆ +966 16 531 0000

Ouvert tous les jours de 5h à minuit. Compter 80 SAR pour un repas.

Al Turathi est l'une des tables historiques de Hail installée dans une reproduction de maison traditionnelle du Najd. On est presque dans un musée avec les objets anciens exposés sur les murs des couloirs et des salles : malles en métal, pots et casseroles, cafetières et théières, bijoux… On y sert les plats traditionnels du Najd, dont le chicken mandi, du poulet servi avec un riz parfumé et épicé. Vous pourrez également goûter à la viande de dromadaire ou au foie du camélidé. Le menu est en arabe, mais les photos vous aideront à choisir.

SMOKE RING €€

✆ +966 53 965 5644

Ouvert tous les jours de 13h à 2h. Compter 130 SAR pour un repas.

Le restaurant est un peu excentré, mais il vaut la peine d'aller y faire un tour. Derrière une haute verrière, une grande salle claire vous accueille avec des tables de bois blond, des tabourets, des chaises et des banquettes couvertes de cuir brun. On sert ici des viandes cuites au barbecue et fumées au charbon de bois. Entrecôtes, steaks, côtes de bœuf sont marinés ou nature et cuits à la perfection. Les viandes sont servies avec des frites maison. Des salades ou des sandwiches sont aussi proposés pour satisfaire les petits appétits.

TUWARIN

Tuwarin est un minuscule village à l'écart de la route qui relie Hail au site d'art rupestre de Jubbah, classé au Patrimoine mondial de l'Unesco. Au pied de la montagne d'Aja, l'ancienne oasis offre des paysages spectaculaires qui sont l'occasion de belles randonnées. Tuwain est aussi le lieu qu'avait choisi le prince et ancien poète Hatim al Tai pour y construire son château. Les ruines de l'édifice peuvent être visitées et convoquent la vie d'un personnage important de l'ère préislamique. Chef de la tribu chrétienne des Tayy, il était réputé pour son extrême générosité, à tel point que l'expression arabe « plus généreux que Hatim » lui rend hommage.

JUBBAH ★★★

Jubbah est une petite ville de 20 000 âmes implantée au pied de la montagne d'Umm Senman. Entourée par les dunes de sable ocre du désert du Nafud, la ville est construite sur le lit d'un lac du Paléolithique. L'eau présente en quantité dans les sous-sols a fait de Jubbah une halte privilégiée sur les routes caravanières. C'est toujours un centre agricole important. La ville est peuplée par le clan Al Ramal de la tribu des Shammar. Mais la ville attire surtout les touristes pour ses pétroglyphes, des inscriptions gravées dans la pierre depuis 8 000 ans, qui lui ont valu de figurer sur la liste du Patrimoine mondial de l'Unesco depuis 2015.

DÉSERT DU NAFUD ★★★

Le désert du Nafud est une vaste cuvette qui s'étire sur 290 kilomètres de long et 225 kilomètres de large, au nord de Hail. Ses dunes de sables ocres et orangés, en forme de croissant de lune, sont hautement photogéniques. En revanche, il est dangereux de partir seul et sans connaissances dans ce désert, réputé pour ses vents violents et soudains. Il est relié par le couloir de Dahna au grand désert d'Arabie et au Rub' al Khali. La découverte d'un doigt humain vieux de 85 000 ans en 2016 par l'archéologue Mathieu Duval est la plus ancienne trace de vie en-dehors d'Afrique et du Levant et qui confirme une occupation ancienne de la Péninsule arabe.

IMAM TURKI BIN ABDULLAH ROYAL RESERVE

Cette vaste Réserve naturelle de 91 500 km^2 est la deuxième plus grande d'Arabie Saoudite. Elle occupe un plateau rocheux du couloir de Dahna qui relie les déserts du Nafud et du Rub' al-Khali, à cheval sur les provinces de Hail et de Qassim. La zone fut délimitée en 1995 pour oeuvrer à la préservation de la faune. La Réserve Imam bin Abdullah abrite une soixantaine d'espèces, dont certaines en danger d'extinction dont l'oryx d'Arabie ou l'autruche. C'est aussi une destination pour les oiseaux migrateurs en hiver, dont l'outarde houbara. La Réserve compte quelques villages et vestiges historiques, dont d'anciens marchés ou un centre de fauconnerie.

SITE ARCHEOLOGIQUE DE JUBBAH ★★★

Ouvert du dimanche au jeudi de 8h à 15h et de 15h à 18h le vendredi et samedi. Entrée libre.

Les pétroglyphes de Jubbah remontant à 8 000 ans sont remarquables pour leur état de conservation et la mine d'informations qu'ils livrent sur le mode de vie au Moyen-Orient à l'ère Néolithique. L'essentiel des graffitis a été gravé profondément dans la pierre du Jebel Umm Senman, littéralement la « Montagne du Chameau ». Les représentations d'hommes et de femmes renseignent notamment les archéologues sur les activités entreprises par chacun, mais aussi sur les vêtements, les ornements ou les coiffures de l'époque. De nombreuses scènes de chasse évoquent une faune riche et variée et livrent des informations sur les moyens utilisés. Ces chasseurs-cueilleurs utilisaient des lances, des flèches, mais aussi des bâtons. Ils s'accompagnaient de chiens. Certaines scènes font appel aux techniques de l'art rupestre et sont peintes avec des pigments tirés de pierres de couleur.

Le site de Jubbah fut « découvert » en 1879 par l'explorateur Wilfrid Blunt qui avait entendu parler de ces inscriptions. Plus récemment, l'archéologue américain Juris Zarins a passé 20 ans à étudier ces pétroglyphes. Il a déclaré à propos de leur importance qu'il s'agissait « du site numéro 1 ou 2 dans tout le Moyen-Orient. [Jubbah] rivalise avec n'importe quel site d'Afrique du Nord. [...] C'est un trésor pour répondre aux questions sur le Pyen-Orient » à l'ère Paléolithique.

Les sites de la Grotte de Qatar et de Ghouwtah à la sortie est de la ville comptent également quelques pétroglyphes plus récents.

NORD

ARAR

Arar fut fondée en 1961 par Aramco pour assurer son développement dans cette région du nord-est. La compagnie pétrolière saoudienne importa une main d'œuvre immigrée qui constitue toujours l'essentiel des 145 000 habitants que compte la ville. Le nom choisi fut celui d'une plante très répandue en Arabie Saoudite, le genévrier. Arar est la capitale de la province des Frontières du nord. Elle compte quelques hôtels principalement destinés à accueillir une clientèle d'affaires, des cafés et centres commerciaux dont les Saoudiens ne sauraient se passer. C'est aussi une importante garnison militaire en raison de la proximité avec l'Irak.

DAR OTEL €

3913 Al Hussein Ibn Ali
✆ +966 58 363 4151
www.shamssc.com

Compter 185 SAR pour une chambre double.

Cette résidence hôtelière propose de belles chambres avec kitchenette, lave-linge, coin salon et salle de bains. Elles sont confortables et aménagées comme de véritables studios où l'on se sent vite chez soi. En revanche, les salles de bains sont un peu exiguës et il est impossible de ne pas inonder la pièce en prenant une douche. La sensation d'arriver à la maison se produit dès que l'on franchit la porte de l'hôtel. Le hall d'accueil est aménagé comme un véritable salon, avec ses canapés, sa table basse, son tapis, ses rideaux et voilages suspendus aux fenêtres.

HALA INN ARAR HOTEL €€

King Fahd Road
✆ +966 14 663 4444

Compter 470 SAR pour une chambre double, petit déjeuner inclus.

Le Hala Inn Arar Hotel est l'option la plus confortable de la ville. Les chambres sont vraiment très spacieuses et équipées de mobilier de style avec un coin salon et un bureau, d'un écran plat, d'un coffre-fort et de belles salles de bains avec baignoire à remous. Les lits de 2 mètres de long satisferont les personnes de grande taille. Le petit-déjeuner est servi sous forme de buffet dans une grande salle à manger carrelée de marbre. Les espaces d'accueil sont également très spacieux et vous trouverez un immense *majlis* traditionnel au fond du hall.

HASHEM €

3322 King Abdulaziz Road
✆ +966 50 907 9191

Ouvert tous les jours de 4h à minuit. Compter 8 SAR pour un sandwich.

La petite enseigne verte et jaune vous sera certainement déjà familière si vous parvenez jusqu'à Arar. On y fait frire des centaines de boulettes de falafel quotidiennement. La fraîcheur est attestée par l'énergie que l'équipe déploie à suivre le rythme des commandes. Plat favori des Saoudiens au petit-déjeuner, les falafels sont servis en sandwiches copieux farcis de salade, de tomate fraîche, de frites et de sauce. Si vous avez une petite faim, optez pour les boulettes de pois chiches servies en barquettes, beaucoup plus digestes.

QUZU €

Yellow Street
✆ +966 92 001 4152
www.quzuksa.com

Ouvert tous les jours de 8h à 1h30. Compter 45 SAR pour un repas.

Quzu est une petite chaîne de restauration, populaire dans les villes du nord-est de l'Arabie Saoudite. On en trouve des succursales à Hail et Sakaka. En arabe, *quzu* signifie « agneau ». Vous pouvez donc le déguster sous forme de kebab, ces brochettes de viande hachée parfumée d'épices et d'herbes fraîches. L'établissement propose également les incontournables plats de poulet servis avec du riz. Poulet mandi, poulet maqlouba (renversé), poulet zurbia, poulet madghoot, poulet madbi : les variations semblent infinies et vous pourrez en apprécier toutes les nuances.

NOORSEEN €€

Al Amir Naif Ibn Abdul Aziz Road
✆ +966 55 111 9907

Ouvert tous les jours de 12h30 à 0h30. Compter 70 SAR pour un repas.

Noorseen est l'un des restaurants les plus élégants d'Arar, à l'architecture qui rappelle habilement les styles arabes et moghols. On se croirait dans l'antre d'un palais d'empereur indien avec les stucs dessinant de gros bulbes, des éléments décoratifs inspirés des *jialis* (écrans ajourés) des tombeaux monumentaux et autres demeures exubérantes. Les plats traditionnels sont servis dans des petites casseroles de cuivre, permettant de conserver la chaleur et d'exhausser les saveurs. Outre les spécialités indiennes, vous trouverez quelques plats venus de Chine.

SAKAKAH ★★

Sakakah est la capitale de la province d'Al Jawf, la plus petite d'Arabie Saoudite avec seulement 300 000 habitants. L'occupation du site est ancienne comme en atteste les Colonnes de Rajajil, le Stonehenge de l'Arabie Saoudite vieux de 4 000 ans. Ancien point de passage sur la route des caravanes remontant vers l'Irak, Sakakah compte également les vestiges de deux forteresses qui protégeaient la ville des pillards. L'oasis est plantée de 200 000 palmiers et depuis 2007 de 5 millions d'oliviers, ce qui en fait la plus grande oliveraie au monde. Sakakah accueille un festival de l'olive qui se tient pendant 2 semaines en janvier.

Se loger

Malgré son statut de capitale de province, Sakakah ne comprend que des résidences hôtelières, en nombre limité. Celles-ci sont éloignées des sites touristiques et une voiture est indispensable.

Transports

- **Avion.** L'aéroport d'Al Jawf est desservi par les compagnie Saudia et Flynas à destination de Riyad et Djedda. Air Arabia, Nesma Airlines et Nile Air assurent des liaisons avec la ville du Caire en Egypte. L'aéroport est situé à 25 km au sud de la ville, à côté de l'Université de Médecine d'Al-Jawf.
- **Bus.** La gare routière de la SAPTCO est située à l'est de Sakaka, sur Prince Abdulelah Ibn Abdulaziz Road. La compagnie de bus dessert les villes de Hail (2 départs, 6 heures, 99 SAR), Tabouk (6 heures, 138 SAR), Riyad (5 départs, 16 heures, 276 SAR), Al Qurayyat (4 heures, 99 SAR).

COLONNES DE RAJAJIL

✆ +966 55 070 0633
Ouvert du samedi au jeudi de midi à 19h.

© BENEDEK - ISTOCKPHOTO.COM

Le site des Colonnes de Rajajil questionne les archéologues. Une cinquantaine de dalles de pierre sont plantées par groupes, formant des cercles au milieu d'une plaine désertique. Le site est souvent qualifié de « Stonehenge de l'Arabie Saoudite ». Les scientifiques ont fouillé les lieux en 1975, extrayant des morceaux de poteries, des outils permettant de dater les constructions à 4000 av. J.-C. Il est probable que le site avait une fonction religieuse et que les nomades se rendaient ici pour se plier à des rituels. Certaines colonnes mesurent 3 mètres de haut.

NORD

FORTERESSE DE QADEER

Ouvert tous les jours de 8h à 18h.
La forteresse Al Qadeer est le plus ancien vestige historique de Sakakah. Elle a été érigée en 1124 pour défendre le village d'éventuelles agressions. Elle a été construite en grès rose extrait dans la région et recouverte d'un enduit à base de boue argileuse. Il ne reste pas grand-chose de la structure, à peine devine-t-on les deux tours, un escalier et un ancien puits. Des inscriptions antérieures au fort ont été laissées par des nomades passant par là sur les rochers qui entourent le fort. On peut clairement distinguer des mains ou un homme à dos de cheval.

FORTERESSE DE ZABAL

Palestine Street
Ouvert tous les jours de 8h à 18h.
Au nord-ouest de la ville, la forteresse de Zabal est installée au sommet d'un promontoire rocheux offrant un magnifique point de vue sur les environs. La présence d'un fort à cet endroit remonte à l'an Mil environ, mais la forteresse actuelle date de 400 ans. Le château de grès présente les attributs classiques de l'architecture du Najd : un plan rectangulaire, 4 tours à chaque coin et un crénelage triangulaire autour du chemin de ronde. Le puits de Sisra, au pied du fort, est particulièrement impressionnant. Il a été creusé dans la roche à l'époque nabatéenne.

LARA AL JAWF HOTEL APARTMENTS €

Martyr Khaled al-Atwi Street
✆ +966 53 205 3000
A partir de 175 SAR pour une chambre double.

Cette résidence hôtelière propose des prestations simples, mais de qualité. L'hôtel est un peu excentré, dans un quartier résidentiel, à proximité de l'hôpital King Abdulaziz. Les chambres sont réparties autour de larges couloirs. Elles sont aménagées simplement, mais avec goût : armoire, petit bureau, grand miroir, coin salon… Le nécessaire est là pour un séjour confortable. Il n'y a pas de restaurant dans la résidence, mais vous pouvez faire appel au room-service très efficace.

ROKN AL-RIMMAL HOTEL SUITES €€

4241 King Khaled Road
✆ +966 50 766 7479
Compter 360 SAR pour une chambre double, petit déjeuner inclus.

Rokn Al-Rimmal Hotel Suites est ce qui se fait de mieux à Sakakah, parmi une offre hôtelière très limitée. Les chambres sont vraiment immenses, avec un salon séparé et une kitchenette. Elles font 40 m² pour les chambres doubles et 100 m² pour les chambres familiales de 4 personnes et incluent une pléthore de services pour tous les membres de la famille. Les chambres sont équipées de consoles de jeux vidéo et des puzzles, jeux, livres et films pour enfants sont disponibles.

NORD

DUMAT AL-JANDAL ★★

A 42 km au sud-ouest de Sakakah, Dumat al-Jandal possède une histoire qui remonte aux moins à l'époque nabatéenne. Les fondations de sa forteresse remontent à cette période et des poteries nabatéennes et romaines ont été retrouvées sur le site. Elles sont exposées au Musée archéologique et folklorique d'Al-Jawf qui retrace l'histoire de la région dans un complexe ultra-moderne. Dumat al-Jandal, c'est aussi la plus ancienne mosquée du nord de la Péninsule arabe, érigée en 638, et qui conserve un plan proche de la mosquée originelle de Médine. Le minaret de la mosquée Omar ibn al-Khattab serait le premier construit dans le monde musulman.

CHATEAU DE MARID ★★★

Kiing Saoud Road
✆ +966 54 392 9272
Ouvert tous les jours de 8h à 18h. Entrée libre.

La présence d'un fort à Dumat al-Jandal remonte au Ier siècle. De nombreux fragments de poterie nabatéenne ainsi que les fondations remontant à la même période conduisent à penser que l'oasis abritait une communauté nabatéenne prospère. D'autres fragments de poterie de la période romaine indiquent que Dumat al-Jandal était une ville convoitée. Zénobie, reine de Palmyre au IIIe siècle, tente de s'en emparer et échoue. En 633, le chef militaire Khalid ibn al-Walid nouvellement converti à l'islam s'empare de la ville. En 1909, la forteresse est assiégée pendant 10 mois à l'issue desquels elle est ravie au clan Rashid.

Il faut compter 30 minutes d'ascension pour parvenir au sommet du château et gravir ses 1 000 marches. A l'origine, le château présentait un plan rectangulaire. Mais ses destructions et remaniements à travers les époques font que c'est aujourd'hui un des rares châteaux arabes de forme ovale. Il est construit sur deux étages, avec une base en pierre remontant partiellement à l'époque nabatéenne, et l'étage en adobe est une caractéristique typique que l'on retrouve à travers toute l'Arabie Saoudite. La forteresse comprend deux accès principaux, l'un au sud et l'autre au nord. Le bastion est ponctué de 4 tours de 12 mètres de haut, qui permettent une vue à 360° sur les environs. Le château comprend des salles de garde et des entrepôts et il est entouré d'un mur d'enceinte percé de lucarnes permettant l'observation. Le château a été rénové en 1995 et à nouveau en 2018, avec l'ajout d'un café.

© GONZALO BUZONNI - SHUTTERSTOCK.COM

© WIRESTOCK CREATORS - SHUTTERSTOCK.COM

Mosquee Omar Ibn Al-Khattab.

MOSQUEE OMAR IBN AL-KHATTAB ★★★

✆ +966 50 339 3493

Ouvert du samedi au jeudi de 7h30 à 15h30. Entrée libre.

Cette mosquée érigée au pied du château de Marid est l'une des plus anciennes au nord de la péninsule arabe. Elle est attribuée au deuxième calife rachidoune Omar ibn al-Khattab, alors qu'il se rendait à Jérusalem. La mosquée daterait de 638 et son style se rapproche de la mosquée originelle de Médine. Construite en pierre, elle est orientée selon un axe est-ouest et figure un rectangle presque parfait de 32 x 18 mètres. Le minaret de 12,70 mètres serait le tout premier de l'islam.

MUSEE ARCHEOLOGIQUE ET FOLKLORIQUE D'AL JAWF ★★

✆ +966 50 339 3493

Ouvert du dimanche au jeudi de 7h30 à 15h30.

La petite ville de Dumat al-Jandal s'est dotée d'un somptueux musée ultra moderne en 2018. Installé au pied du château, il expose notamment une série d'objets et d'artefacts archéologiques qui permettent de retracer l'histoire de la ville au cours de différentes périodes. Des poteries nabatéennes et romaines, aux objets religieux remontant aux débuts de l'islam, à des outils agricoles plus récents, on embrasse l'évolution des civilisations rehaussée par une belle muséographie.

AL KHANAFAH WILDLIFE SANCTUARY

Le sanctuaire de Khanafah est intégré à l'immense Réserve naturelle royale du roi Salmane bin Abdulaziz. Elle est située aux portes du désert de Nafud et couvre une surface de plus de 19 000 km². La réserve de Khanafah a été instaurée en 1987, notamment pour protéger une faune avicole en danger. Elle sert d'habitat à des espèces locales telles que le vautour oricou, le ganga ou grouse des sables, le pigeon biset ou encore l'espèce migratoire de l'outarde houbara. Les paysages de petites montagnes rocheuses abritent également des renards du désert et des gazelles des montagnes. Une expédition dans le sanctuaire de Khanafah nécessite une voiture 4x4.

RÉSERVE PROTÉGÉE D'HARRAT AL-HARRAT

La Réserve protégée de Harrat al-Harrah est la première du genre en Arabie Saoudite. Elle a vu le jour en 1986 au nord de la province d'Al-Jawf, le long de la frontière jordanienne. Il s'agit d'un vaste plateau basaltique et de petits sommets volcaniques de 13 000 km². Aujourd'hui, la Réserve est intégrée à l'immense Réserve naturelle royale du roi Salmane ibn Abdulaziz. La zone se caractérise par une flore variée, dont une végétation d'arbres, bosquets et épineux protégés, parmi lesquels le tamaris Athel. La faune est également riche avec des gazelles de Reem, des renards rouges et des sables, des lops d'Arabie, des hyènes rayées ou des lièvres du désert.

NORD

TABOUK ★★

Avec une population de près de 700 000 habitants, Tabouk est la grande ville du nord du Hedjaz. Elle n'a de cesse de s'étendre et de grignoter sur le désert. Son approvisionnement en eau est assuré par une désalinisation d'eau de la mer Rouge. Tabouk ne comprend que peu de sites d'intérêt touristique. Seuls sa forteresse ottomane du XVIe siècle et son musée retiendront votre attention. En revanche, la ville est une halte incontournable pour qui veut visiter sa formidable région. La grande majorité des hôtels sont concentrés à l'est de la ville, non loin de l'aéroport, ce qui permet de s'en extraire rapidement.

Histoire

L'histoire de la ville est mal documentée. Il est possible qu'elle remonte à la période ptolémaïque, au IIe siècle. Le géographe grec mentionne une ville nommée « Tabawa », située au nord-ouest de l'Arabie. Il est en revanche certain que Tabouk était une ville relativement importante au moment de l'avènement de l'islam. En 630, le prophète Mahomet monte l'Expédition de Tabouk destinée à conquérir les territoires au nord de Médine et à répandre la foi musulmane. Lors de la Révolte arabe, Tabouk tombe en 1918, seulement 3 semaines après que les Ottomans furent chassés de Damas. La ville intègre alors le Royaume du Hedjaz. En 1950, la ville ne comptait que 12 000 habitants. Son explosion démographique a engendré de grandes transformations et il ne reste quasiment rien de l'atmosphère d'antan.

Transports

▶ **Avion.** L'aéroport international Prince Sultan bin Abdulaziz est situé à 6 km à l'est du centre-ville. Sur le plan national, l'aéroport est relié aux villes de Riyad, Dammam et Djedda. Sur le plan international, Tabouk est reliée à Sharjah (UAE), Dubaï et Le Caire.

▶ **Bus.** La gare routière de Tabouk est située sur Prince Sultan Road, au nord de la ville. Des bus réguliers assurent des liaisons avec les villes de Hail (5 départs, 8 heures, 146 SAR), AlUla (4 heures, 76 SAR), Haql (3 heures, 79 SAR), Sharma (2 heures, 66 SAR), Duba (12 départs, 2 heures, 53 SAR).

▶ **Location de voiture.** Vous trouverez une agence Sixt à l'aéroport (www.sixt.com.sa. Tél. +966 54 186 0611). La plupart des agences de location de véhicules sont sur King Fahd Road dont Yelo Car Rental (www.iyelo.com. Tél. +966 800 100 0014) ou Al Rehaili (www.alrehailico.com. Tél. +966 14 423 9252).

FORTERESSE DE TABOUK ★

Al Amir Fahd ibn Sultan Road

Ouvert de 9h à 17h et de 15h à 21h le vendredi. Entrée libre.

La forteresse de Tabouk date de 1559 et a été construite pendant la période ottomane à la demande de l'administration du sultan Suleiman Al-Qanoni. Sa fonction était de sécuriser l'approvisionnement en eau de la ville en protégeant ses puits et son réservoir. Contrairement à la grande majorité des forts de l'Arabie Saoudite, celui-ci est en pierres extraites dans les montagnes du Hedjaz. Il est agencé autour d'une grande cour centrale rectangulaire. La forteresse a été entièrement rénovée en 2013 et aménagée en musée, à l'intérêt extrêmement limité.

AJWAA TABUK TRAVEL

Abu Bakr al Siddiq Street

✆ +966 14 421 4445

www.ajwaatravelksa.com

Ouvert de 9h30 à 13h30 et de 16h30 à 22h30 ; le vendredi de 16h30 à 22h30.

Ajwaa Travel est une agence sérieuse ayant pignon sur rue depuis des années. Ali, son propriétaire, est originaire de Tabouk et connaît sa région comme personne. Il organise des circuits personnalisés pour vous faire découvrir les environs : Wadi Disah, Jabal al-Lawz, Haql et la côte, les somptueuses montagnes de grès ou les fonds magiques de la mer Rouge... L'affaire est familiale et son gendre s'occupe de conduire un 4x4 flambant neuf floqué au nom de l'agence. Ali peut également organiser des circuits à travers tout le pays. N'hésitez pas à le consulter.

RAFAHYAT ALFAKHAMA RESIDENTIAL UNITS €

6745 Al Imam Abdullah Ibn Faisal Ibn Turki

✆ +966 14 421 8818

Comptez 250 € pour une chambre double, petit déjeuner inclus.

Cette résidence hôtelière est située à l'entrée de la ville en venant de l'aéroport. Elle propose 70 appartements et suites plutôt vastes, conçus pour de longs séjours. Mais il est tout à fait possible d'y passer une nuit ou deux afin de profiter de Tabouk et ses environs. La décoration n'est pas franchement séduisante, avec force dorures, du carrelage imitation parquet au sol et du mobilier bon marché. En revanche, les prix pratiqués sont corrects et le petit déjeuner est compris.

SAUDI SILK ROAD

Abu baker Al Sadiq Street
✆ +966 14 421 4445
https://saudisilkroad.com/

Avec un nom aussi évocateur, une promesse d'un beau voyage le long des routes caravanières de la soie dans la Péninsule arabe, Saudi Silk Road ne pouvait que proposer des circuits alléchants. L'agence basée à Tabouk inscrit à son programme de nombreuses sorties à la journée, dans toute l'Arabie Saoudite : le canyon de Wadi Disah, l'oasis d'Al Ahsa ou une expédition sur une île déserte en face de Djedda. En 10 jours, l'agence vous emmène de Djedda à Abha, à Tabouk et ses environs et l'immanquable AlUla, qui donnent un aperçu riche et varié du pays.

EWAA EXPRESS HOTEL TABUK €€

King Fahd Road ✆ +966 14 426 5442
www.ewaahotels.com

A partir de 390 SAR pour une chambre double, petit déjeuner inclus.

L'Ewaa Express est situé à l'entrée de la ville, juste à côté de l'aéroport, dans le quartier des hôtels. Comme toujours, l'enseigne, très présente en Arabie Saoudite, affiche un parti pris contemporain très réussi. On aime le côté pop de la déco, comme ce grand canapé confident jaune citron qui trône dans le hall de réception. Les chambres sont simples et claires, sans fioritures, tout comme les salles de bains entièrement carrelées de beige, en écho au désert des environs. Une table de billard américain est à la disposition des clients dans le hall.

OLIVE TREE HOTEL €€

20 Ar Rabwah
✆ +966 57 073 6613

A partir de 350 SAR pour une chambre double, petit déjeuner inclus.

Situé dans un quartier calme, juste à côté du ministère du Logement, l'Olive Tree Hotel est accueillant. Vous identifierez sa façade à son café aux faux airs de brasserie parisienne. C'est d'ailleurs là qu'est servi le petit-déjeuner le matin. La réception claire et cosy donne la tonalité que vous retrouverez dans les chambres : placage bois, fauteuils en velours, tapis épais. L'hôtel est récent et tout est encore neuf et impeccable. Proche de l'aéroport qui n'est qu'à 4 km, l'hôtel offre de bonnes prestations et un bon rapport qualité-prix.

HILTON GARDEN INN HOTEL TABUK €€

7701 Prince Sultan Road
✆ +966 14 422 6116
www.hilton.com/hgi/tabuk

A partir de 690 SAR pour une chambre double, petit déjeuner inclus.

Le Hilton Garden Inn est un peu excentré, à proximité de l'aéroport néanmoins. Il parait un peu isolé, entouré de désert, mais il mérite ses 4 étoiles. Les chambres sont grandes et impeccables, baignées de lumière naturelle. Les lits sont tendus de couettes d'un blanc éclatant qui rajoute de la clarté. Dans la salle de gym, les tapis de course sont placés face au désert... mais vous êtes sous la clim ! On aime aussi la piscine extérieure, à l'abri des regards, et son petit solarium.

GRAND MILLENNIUM HOTEL TABUK €€€

Gate n°4 Tabuk University Complex
✆ +966 14 432 6000
www.millenniumhotels.com

A partir de 1 050 SAR pour une chambre double, petit déjeuner inclus.

Aux portes de Tabouk, au sud-ouest de la ville, le Grand Millennnium semble émerger tel le soleil à l'horizon. En forme d'arc de cercle, l'hôtel est un immense caravansérail aux chambres particulièrement luxueuses, mais au goût saoudien. Si on évite le bling-bling et les dorures, on n'échappe pas aux tons de marron et beige un peu ternes. Piscine intérieure et extérieure, chambres de 55 m² minimum, hammam et coiffeur et une bonne localisation en font tout de même un excellent choix.

NORD

Wadi Al Disah, près de Tabouk.

MUSEE DE TABOUK - GARE DU HEDJAZ ★★★

King Abdulaziz Road
✆ +966 14 421 6198
Ouvert du dimanche au jeudi de 8h à 16h.

Si l'on juge l'importance d'une ville à la taille de sa gare, Tabouk était sans nul doute un centre d'intérêt pour les Ottomans. De cette époque, elle a conservé sa forteresse et sa gare, construite au début du XXe siècle. Celle-ci faisait partie du projet initié par le sultan Abdulhameed II en mars 1900 de construire une ligne de chemin de fer qui relierait Damas – et au-delà Constantinople –, aux villes saintes de Médine et La Mecque. Le chérif de La Mecque s'opposa à l'arrivée du train dans sa ville au motif que cela nuirait à son entreprise de caravanes qui prospérait grâce aux pèlerins. Le terminus de la ligne du Hedjaz est donc Médine. Elle fut inaugurée le 1er septembre 1909, mais ne demeura en activité que peu de temps, car la Révolte arabe y mit fin. Le soulèvement des Arabes contre l'Empire ottoman amorcé par Lawrence d'Arabie au Hedjaz en 1916 a créé de fortes tensions de la Syrie à l'Arabie Saoudite, de la Transjordanie à l'Irak. Les Ottomans utilisent le train du Hedjaz pour le transport de troupes et les convois sont régulièrement attaqués. Le chemin de fer du Hedjaz cesse son activité en 1919 avec la fin de la Révolte et le morcellement de l'Empire en protectorats et royaumes distincts. Les gares demeurent. L'Arabie Saoudite en compte 38, dont Tabouk, Mada'in Saleh, AlUla et Médine. Il s'agissait d'ouvrages importants, car les gares abritaient également une petite garnison chargée de protéger les voies. La gare de Tabouk comprenait en outre des hébergements pour les voyageurs, un poste d'inspection médicale et de quarantaine, un atelier de réparation et d'entretien.

La gare de Tabouk a fait l'objet d'une importante rénovation en 2019. Le ministère du Tourisme s'est emparé du site et des 8 hectares pour y intégrer un musée retraçant la riche histoire de la région Tabouk.

- **Le musée du rail et la gare du Hedjaz.** Ce musée occupe un ancien entrepôt qui abrite une locomotive et un ancien wagon de fret. On peut également y étudier de vieilles photos et des documents relatifs à l'histoire du rail. L'accès au musée est gratuit.

- **Le musée de Tabouk.** L'immense bâtiment inauguré en 2019 mêle architecture de pierre de l'époque ottomane et structures de verre et d'acier. Son objectif est de tendre un fil entre le passé et le présent de la région de Tabouk, jusqu'au futur avec le projet délirant de Neom. La présentation commence avec la fondation de l'Arabie Saoudite en 1932 et remonte le temps, de l'étude de l'islam aux Nabatéens à la Préhistoire.

HOLIDAY INN & SUITES TABUK €€

Prince Fahd Bin Sultan Street
✆ +966 14 422 1212
www.ihg.com/holidayinn/hotels/tabuk
A partir de 475 SAR pour une chambre double.

En bordure de Tabouk, au nord-est de la ville, le Holiday Inn Tabouk met à la votre disposition des chambres qui vont vous changer. Ici, point de dorures ou de débauche de marbre, pas de rideaux marron, mais un ton prune chaleureux décliné sur les murs, les fauteuils ou la moquette. Un mobilier élégant en bois verni renforce l'aspect cosy des chambres. Le restaurant Al Walima propose un grand choix de plats de cuisine orientale ou occidentale... et les enfants ne paient pas.

HASHEM €

Aludaibah
✆ +966 53 600 1048
Ouvert tous les jours de 6h30 à minuit. Compter 9 SAR pour un falafel.

En Jordanie, Hashem est une institution. En Arabie Saoudite, le « roi du falafel » est installé un peu partout dans les villes, dans des restaurants franchisés. Vous n'y retrouverez ni le charme ni le côté désuet de la petite table d'Amman. Ici, les restaurants sont des espèces de cantine tout en inox où l'on prépare les falafels sous vos yeux. Au Moyen-Orient, les falafels se dégustent de préférence au petit-déjeuner et sont servis à emporter sous forme de sandwiches garnis de frites et de sauce à l'ail. Ce n'est pas léger-léger, mais c'est franchement délicieux.

MASHWY W SAJ €

Al Imam Abdullah Ibn Faisal Ibn Turki

Ouvert de 5h30 à midi et de 19h à minuit. Compter 30 SAR pour un repas.

Cet établissement n'est pas un restaurant à proprement parler, mais un « take-away ». Vous pourrez emporter sur le pouce de délicieux shawarmas ou des plats plus copieux appelés « meals ». Au choix : kebabs (brochettes de viande hachée) et shish tawouk (morceaux de poulet cuits au barbecue) vous seront servis avec du riz et quelques frites. C'est simple et plutôt bon. On passe commande à la caisse (le monsieur est adorable), on remet un ticket au préparateur et le plat vous sera servi en quelques minutes seulement. C'est juste à côté de Rayahat AllFakhradine.

AL-QARYAH AL-TURATHIYAH €€

King Khalid Road

✆ +966 56 120 6666

Ouvert de 11h à 2h, à partir de 13h le vendredi. Compter 60 SAR pour un repas.

Ce restaurant occupe une réplique des vieilles maisons de village de pisé du Najd, un peu kitsch. La salle est quadrillée en petits salons ouverts ou privés pour les familles. De vieilles photos, des cafetières, de vieux transistors et téléphones d'un autre siècle assurent une décoration un peu fouillis, de celles que l'on retrouve dans nombre de musées privés à travers le pays. Le restaurant fait partie des incontournables de Tabouk pour sa cuisine saoudienne typique. Au menu, chicken mandi, kabsa, ou du madhbi, un plat originaire du Yémen.

FARES' STEAKHOUSE €€

3562 Street

✆ +966 55 899 7100

Ouvert tous les jours de midi à 1h. Compter entre 50 SAR et 130 SAR pour un repas.

Un peu à l'écart des grandes artères dans le quartier du ministère du Logement, ce restaurant prépare la spécialité préférée des Saoudiens : la viande. Du coup, l'addition peut vite grimper si vous optez pour une belle pièce de bœuf comme l'entrecôte ou la côte de bœuf Black Angus. Vous épargnerez votre porte-monnaie en optant pour un burger. Même celui au haché de bœuf Wagyu demeure à prix raisonnable. Les viandes sont grillées à la perfection, à votre goût. Le cadre, un peu exigu, est un « mix and match » entre salle à manger bourgeoise et bistro.

JABAL AL-LAWZ ★★★

La « montagne aux amandes » est le plus haut sommet du nord de la chaîne du Hedjaz. Elle s'élève à 2 580 mètres d'altitude et il y neigeote en hiver. Son massif est une super destination pour la randonnée, mais veillez à être accompagné d'un guide. Vous serez récompensé par de splendides panoramas qui peuvent s'étirer jusqu'à la mer Rouge dès que vous prenez de la hauteur. La montagne est considérée par certains exégètes de la Bible comme l'emplacement du Mont Sinaï, là où Moïse rencontra Dieu. Cette identification est cependant soumise à une large controverse. Le Jabal al-Lawz est intégré au plan de développement « Vision 2030 » et au projet un peu fou de Neom. Le site a été identifié pour devenir une station de ski, baptisée « Trojena » en référence à la ville de Troie et son célèbre cheval. La pression a grimpé d'un cran avec l'attribution des Jeux asiatique d'hiver en 2028. Les travaux sont en train de faire sortir de terre hôtels, restaurants, et des pistes de ski en béton qui seront pulvérisées de neige artificielle. Voulue comme une destination de loisirs ouverte toute l'année, Trojena comprend également un vaste resort tourné vers le bien-être, la construction d'un immense lac de retenue dont les abords seront équipés de promenades et de scènes pour recevoir des festivals. En raison des travaux en cours, l'accès au Jabal al-LAwz est réglementé voire interdit. Renseignez-vous bien si vous avez l'intention de randonner dans ses environs.

HAQL ★★

En bordure de mer Rouge, Haql est la dernière ville saoudienne avant la Jordanie. La petite ville ne présente qu'un intérêt très limité. En revanche, elle est le point d'arrivée ou de départ pour la route panoramique absolument fabuleuse qui longe la mer Rouge jusqu'à Magna, 110 kilomètres plus au sud. Son environnement préservé, l'absence de prélèvement d'eau dans la mer en vue d'une désalinisation ont permis de protéger ses fonds coralliens. Plonger à Haql, c'est la garantie de coraux, d'anémones et de poissons colorés. L'offre d'hébergement se résume à la location d'appartements pour les familles. Le centre-ville compte 2 appart'hôtels.

AL BAD' ★★

La petite ville d'Al Bad' est située sur la route qui traverse le Wadi Aful, coincée entre la chaîne des Sarawat en bordure de mer Rouge et celle du Jabal al-Lawz. A 25 km à vol d'oiseau de la mer et au pied des montagnes, sont emplacement est idéal. La région est occupée depuis des temps très anciens et les environs d'Al Bad' regorgent de pétroglyphes remontant à la période néolithique. Les Nabatéens ont laissé derrière eux des tombeaux aux façades similaires à ceux de Petra (Jordanie) et d'Hegra. Al Bad' possède également une signification biblique. Son puits serait celui où Moïse aurait secouru les 7 filles de Jéthro contre des pasteurs nomades.

SITE ARCHEOLOGIQUE DE MADYAN ★★★

Ouvert du dimanche au jeudi de 10h à 18h et de 16h à 18h vendredi et samedi.

Madyan, aussi appelée Mugha'ir Shu'ayb par les locaux, figure parmi les trois anciennes villes nabatéennes qui ont été exhumées en Arabie Saoudite, avec celles d'Hegra et de Dumah al-Jaula. Elle figurait sur la route qui reliait Hegra à Petra, les deux grandes capitales de la Nabathée à la fin du IIe siècle av. J.-C. Mais l'occupation de Madyan serait bien plus ancienne et remonterait au IIe millénaire av. J.-C. Elle est mentionnée dans la Bible. C'est ici que Moïse aurait trouvé refuge lors de sa première fuite d'Égypte. Il y aurait vécu 10 ans et aurait épousé une des 7 filles de Jéthro, avant de retourner en Égypte pour libérer les juifs et les conduire jusqu'à la Terre promise. Des fouilles archéologiques ont permis de retrouver des pièces de monnaie et des artefacts attestant de la présence des Grecs, des Nabatéens et des Romains. Il semble que la ville ait décliné après le XIe siècle, même si elle continue à être mentionnée dans des documents des califats musulmans. La ville de Madyan était divisée en deux zones distinctes : un vaste complexe d'habitations dans la vallée et une nécropole dans la montagne de Mussalla surplombant le site. La ville fait l'objet de fouilles depuis 2017, menées par une équipe franco-saoudienne. La nécropole compte une trentaine de tombeaux creusés dans la roche, dont certains possèdent une façade typique du style nabatéen avec des merlons en escalier, parfois des demi-colonnes à chapiteau ionique encadrant les portes.

NEOM, LE PROJET FOU DU FUTUR

En 2017, le prince Mohammed bin Salmane présente le projet de développement « Vision 2030 ». La feuille de route est destinée à initier de grands chantiers à travers tout le pays, pour le sortir de sa dépendance au pétrole. Vision 2030 inclut notamment l'ouverture de l'Arabie Saoudite au tourisme international. Il fixe aussi un chantier ambitieux, NEOM, qui comprend la construction d'une ville du futur, d'une station de ski et d'une destination de loisirs, d'un nouveau port et d'une zone industrielle. Le nord-ouest de la province de Tabouk est choisi, entre mer Rouge et montagnes du Hedjaz. Une zone de 26 500 km² est délimitée, assortie d'un budget de 500 milliards de dollars. Le nom est la contraction du préfixe grec néo qui signifie « nouveau » et de moustaqbal qui veut dire « futur » en arabe. La ville The Line semble tout droit sortie du *Metropolis* de Fritz Lang ou du *Cinquième Élément* de Luc Besson. Le premier projet comprenait des technologies qui n'ont même pas encore été inventées, comme des taxis volants, des plages phosphorescentes ou une lune artificielle. L'ambition est de construire une ville connectée « zéro émission ». Il s'agit d'un long ruban de 170 km de long traversant les montagnes, longeant la côte par endroits. Un train à haute vitesse souterrain permettra de la parcourir d'un bout à l'autre en 40 minutes seulement. La montagne de Jabal al-Lawz accueillera une station de ski sur ses pentes. Pistes couvertes de neige artificielle, immense lac de retenue, resort luxueux consacré à la détente et au bien-être, station de montagne avec hébergements, boutiques, loisirs font partie du programme de développement. Les stations balnéaires existantes comme Duba ou Sharma sont elles aussi intégrées au projet NEOM et vont bénéficier de la manne financière. Malgré son aspect délirant, NEOM est perçue comme une grande fierté par la plupart des Saoudiens. Et les rares voix qui osent s'élever contre le projet sont balayées d'un revers de la main. Deux membres de la tribu Huweitat qui s'insurgeaient contre une relocalisation forcée ont été arrêtés, jugés après un simulacre de procès, et exécutés en 2022. L'attribution des IXe Jeux asiatiques d'hiver à l'Arabie Saoudite a fortement choqué les défenseurs de l'environnement de par le monde. S'il gèle au sommet du Jabal al-Lawz en hiver, la mise en chantier du projet est loin d'une empreinte environnementale neutre ou à faible impact.

SHARMA

Sharma est une ville de 9 000 habitants, en bordure de mer Rouge, une station balnéaire prisée des Saoudiens. Ses fonds marins sont particulièrement préservés. Pour le moment. Car Sharma est au cœur du projet NEOM, une ville nouvelle assortie d'un complexe de loisirs sur plus de 26 000 km². Le plan de développement Vision 2030 destiné à sortir l'Arabie Saoudite de sa dépendance au pétrole entend dynamiser la région sur le plan touristique. Sharma accueillera un Centre des Visiteurs très prochainement qui permettra de présenter le projet aux visiteurs, ainsi que les possibilités de loisirs dans la région. En attendant, c'est un vaste chantier.

GOLDEN TULIP SHARMA RESORT €€€

✆ +966 14 435 1000

A partir de 450 SAR pour une chambre double.

Le Golden Tulip Sharma Resort est ce qui se fait de mieux pour le moment à Sharma. Vous pourrez expérimenter le concept des vacances à la saoudienne dans des villas et des « chalets » privatifs. Les bungalows assurent une intimité parfaite pour les personnes seules ou en couple. Les villas sont conçues pour les familles et comprennent plusieurs chambres. L'hôtel donne directement sur la plage et vous profitez de vues agréables sur la mer. L'hôtel comprend également un restaurant.

DUBA

A la croisée de trois vallées et en bordure de mer Rouge, Duba était un point de passage sur la route du hajj. Les pèlerins en provenance d'Egypte ou de Jordanie passaient ici. C'est aujourd'hui un port de pêche avec ses petits bateaux colorés, son marché aux poissons ouvrant sur la crique. La ville occupée par les Ottomans compte toujours les ruines de la forteresse qu'ils avaient construite. La ville fut libérée par la Révolte arabe en 1917 et tomba dans le giron saoudien en 1933. Le roi Abdulaziz s'y fit construire un palais sur les ruines de la forteresse ottomane. Duba est à 25 km au sud du projet de cité industrielle inclus dans NEOM.

HANAK ★★

Hanak n'est pour l'heure qu'un point sur la carte, à mi-distance des stations balnéaires d'Al Wajh et d'Umluj. Sa situation idéale au bord de la mer Rouge face à un chapelet d'îles désertes baignées d'eau turquoise a transformé ce no-man 's-land en vaste chantier. Intégré à la Vision 2030 et au complexe NEOM, le projet répond au nom de code de « Red Sea Project ». Les pelleteuses sont déjà en action pour faire sortir du sable des resorts luxueux et un pont reliant l'île principale à la terre ferme. Le coin, surnommé « les petites Maldives » pour la couleur de ses eaux et ses plages immaculées, a l'ambition de devenir un pôle touristique majeur.

UMLUJ ★★★

Au sud de la province de Tabouk, Umluj est l'une des villes les plus importantes de la côte. Son activité principale est tournée vers la pêche et aussi vers le tourisme. Les amateurs de plongée et d'eaux cristallines privées de pollution viennent tremper leurs palmes aux abords d'Umluj pour les splendides coraux préservés, les poissons colorés, les îles désertes et les bancs de sable blanc. Les plus chanceux réussissent même à apercevoir le timide dugong, un mammifère marin en voie d'extinction qui broute les algues des fonds peu profonds. Le village a aussi conservé quelques traces de la période ottomane dont le splendide Palais de l'émir.

LTM
TOURISM & ENTERTAINMENT
سياحة و ترفيه
Votre Partenaire de voyage
partout en Arabie Saoudite
info@ltmksa.com
+996 54 003 7369

AL-DISAH ★★★

Al-Disah est un village insignifiant à l'est de la chaîne du Hedjaz, planté sur un vaste plateau sablonneux. L'étape est pourtant incontournable pour son magnifique wadi, une des plus belles vallées d'Arabie Saoudite. Des montagnes de grès roses se découpent sur le bleu du ciel et forment un canyon étroit et verdoyant. Une source affleure de sous la montagne, à l'ouest du wadi, et s'écoule à travers la vallée. Quelques agriculteurs y font pousser des palmiers-dattiers et des manguiers. Des pick-up attendent les touristes au bout de la route venant de Disah. Les plateaux sont équipés de bancs et d'une bâche pour se protéger du soleil. Wadi Disah est un endroit fabuleux, une oasis de calme et de sérénité à visiter en semaine de préférence, afin d'éviter les grappes de Saoudiens venus pique-niquer dans la joie et la bonne humeur. La récompense sera encore meilleure si vous atteignez le wadi par son côté est. La route serpente entre les montagnes et offre des panoramas absolument spectaculaires. Une large vallée s'étire en longueur, que la route parcoure graduellement pour en atteindre le fond. Là, des dromadaires broutent tranquillement quelques épineux. L'entrée du Wadi Disah est marquée sur la droite par une grande cavité naturelle et un piton de grès rose.

Transports

Le Wadi Disah ne peut être parcouru qu'en 4x4. Il n'y pas de route, mais une piste sablonneuse jonchée de gros cailloux et traversée par moment par une source naturelle qui grossit en hiver.

▸ **Accès par le côté ouest.** En venant de Tabouk, prenez la route 8900 en mettant le cap au sud. A la croisée de la route 8790, prenez à droite en direction de Shuwaq. Continuez sur 23 km et tournez à droite en direction de Al-Disah. Poursuivez sur la même route, jusqu'au bout. Comptez 250 km et 2 heures 30 de route.

▸ **Accès par le côté est.** En venant de Tabouk, prenez la route 8900 en mettant le cap au sud. Roulez pendant 90 km et prenez à droite sur la route 8788 (elle était barrée lors de notre visite, mais praticable). Ne manquez pas le point de vue spectaculaire sur les montagnes Qaraqir et sortez la caméra pour filmer la descente dans la vallée. La route goudronnée s'arrête après une quinzaine de kilomètres et devient une piste cahoteuse. L'accès au Wadi Disah se trouve sur votre droite. Cherchez les palmiers.

TAYMA ★★

Isolée sur le versant ouest du désert du Nafud, l'oasis de Tayma est le plus ancien centre humain de la Péninsule arabe. C'est là qu'a été retrouvée une phalange d'être humain vieille de 90 000 ans. A cette époque, l'Arabie était verte et heureuse et Tayma était un lac. La cuvette asséchée n'a pas empêché les hommes de rester, de nombreuses sources se maintenant dans les sous-sols. Le puits de Hadaj est l'un des plus anciens du pays, remontant au VIe siècle av. J.-C. et toujours utilisé par les paysans pour irriguer leurs champs. De nombreux artefacts archéologiques ont été retrouvés dans les différentes forteresses qui gardaient la ville, dont des stèles livrant des détails précieux sur différentes civilisations.

L'oasis est située dans un couloir naturel, entre désert du Nafud et montagnes de Sarawat, une route identifiée depuis des temps très anciens pour y faire transiter les marchandises circulant entre le Yémen et les pays du Levant ou l'Irak. Aujourd'hui, Tayma nécessite un détour entre Tabouk et AlUla. Sa visite peut également être envisagée en visite à la journée au départ de l'une ou l'autre de ces deux villes. Les sites d'intérêt se trouvent au nord-est de la ville moderne.

Histoire

Tayma est la plus ancienne colonie humaine de la Péninsule arabe. Outre le bout d'os de doigt retrouvé dans le sable du désert, Tayma est mentionnée dans des textes anciens, dont un manuscrit mésopotamien du VIIIe siècle av. J.-C. Celui-ci relate le tribut versé par une tribu de Tayma au roi assyrien Tiglath Pileser III. Tayma était un centre important sur les routes caravanières à la fin de l'ère babylonienne, au VIe siècle av. J.-C. L'oasis connaît une prospérité inégalée et des forts-palais sont construits pour la défendre. La stèle de Harran conservée au Musée d'Urfa en Turquie relate la prise de l'oasis par le roi babylonien Nabonidus en 552 av. J.-C.

Les *Chroniques de Nabonidus* relatent que le roi a délégué la gestion de Babylone à son fils pour venir s'installer pendant 10 ans à Tayma. De cette époque, il demeure les vestiges des châteaux d'Al Hamra et d'Al Radhm, ainsi que des portions d'une muraille défensive. Une stèle datée du VIe ou du Ve siècle av. J.-C. fut trouvée dans le puits de Hadj en 1883. Les inscriptions en araméen, la langue utilisée par l'empire néo-babylonien, relatent la mise à sac de Tayma par un roi d'Agade en Mésopotamie. Cette stèle est conservée au Musée du Louvre.

NORD

Tayma est également mentionnée à plusieurs reprises dans l'Ancien Testament (*Livre de Jérémie, Livre de Job*). L'oasis attire les voyageurs du Moyen Âge. Benjamin de Tolède et Raynald de Châtillon, seigneur de l'Outre-Jourdain, rapportent avoir visité l'oasis. Il faut attendre l'intégration de Tayma à l'Arabie Saoudite pour qu'elle perde de son importance et de son attrait.

Transports

- **Bus.** La SAPTCO dessert Tayma au départ de Tabouk. Compter 3 heures de route et 67 SAR. 5 bus quotidiens.
- **Voiture.** Tayma est à 260 km de Tabouk. Compter 3 heures de route. Tayma est à 230 km d'AlUla. Compter 2 heures 30 de route.

FORTERESSE DE TAYMA ★

Ouvert tous les jours de 9h à 17h.

A 200 mètres à l'est du puits de Hadaj, la forteresse de Tayma ressemble à un vieux palais du Najd avec ses épais murs en adobe. Un parking a été aménagé pour accueillir les visiteurs. C'est le mieux conservé des forts et châteaux de Tayma et le plus récent aussi. Il a été intégralement rénové en 2017. Il s'agit de l'ancienne résidence du gouverneur. A l'intérieur, les anciens quartiers d'habitation, les entrepôts, les tours et les bastions se visitent. Une lourde porte en bois de palme ouvre sur la palmeraie toujours en activité qui entoure la forteresse.

CHATEAU AL RADHM ★★

Ouvert tous les jours de 9h à 17h.

La forteresse d'Al-Radhm remonte à l'époque babylonienne. Elle a peut-être été construite par le roi Nabonidus au VIe siècle av. J.-C., alors qu'il contrôlait les échanges commerciaux dans la région. Les ruines du château sont à l'ouest du puits de Hadaj, à la limite nord de la ville actuelle. Le château était de forme rectangulaire et monté en blocs de pierre. Il s'agit de l'un des plus anciens édifices d'Arabie Saoudite, dont il ne reste malheureusement que la base des murs. C'est peut-être leur épaisseur de près de 3 m qui leur a permis de résister au temps.

LE PUITS DE HADAJ ★★★

Ouvert tous les jours de 9h à 17h.

Le puits de Hadaj est l'un des plus anciens d'Arabie Saoudite remontant à l'époque babylonienne vers 550 av. J.-C. Il est complètement comblé mille ans plus tard, avant qu'il ne soit reconstruit sous la période ottomane. En 1953, le roi Abdulaziz visite Tayma et ordonne d'installer des pompes électriques afin de faciliter l'irrigation des champs. En l'absence d'entretien, le puits se dégrade. Le prince Fahd bin Sultan ordonne alors que le puits soit remis dans son état original, à ses propres frais. Tous les réas ont été remplacés et les murs de pierre réparés.

CHATEAU D'AL HAMRA ★★★

Ouvert tous les jours de 10h à 18h.

Tout à fait au nord de Tayma, les ruines du château d'Al-Hamra surplombent un lac asséché. Il pourrait s'agir du plus ancien bâtiment de l'Arabie Saoudite. L'ancien fort-palais de pierre remonte à la période babylonienne, vers le VIe siècle av. J.-C. Des fouilles menées entre 1979 et 1986 par une équipe allemande ont permis de faire des découvertes importantes, livrant des témoignages précieux sur l'oasis à l'époque babylonienne. Le palais était divisé en 3 zones distinctes : une aux fonctions religieuses et deux autres parties dévolues aux habitations.

ORGANISER SON SÉJOUR

Devant les prix affichés par les agences de voyage proposant des circuits en Arabie Saoudite, vous aurez peut-être envie d'organiser votre séjour vous-même. C'est tout à fait possible et pas très compliqué. L'Arabie Saoudite est un pays moderne, possédant d'excellentes infrastructures. Les routes sont impeccables, des bus relient les villes principales entre elles, l'avion est peu cher et permet de se déplacer partout et les locations de voiture demeurent raisonnables. En revanche, et surtout si vous ne parlez pas arabe, vous limiterez les possibilités de rencontre avec les locaux et certains sites ou attractions seront hors d'atteinte. L'offre d'hébergement est vaste, mais assez peu variée. Les hôtels sont globalement très confortables avec des chambres spacieuses, pour répondre aux exigences saoudiennes. Côté budget, les prix sont sensiblement les mêmes que sous nos latitudes, mais billet d'avion et excursions sont très chers.

ORGANISER SON SÉJOUR

ARGENT

Monnaie. La monnaie saoudienne est le Saudi Arabian Riyal (SAR). Le riyal est divisé en 100 halalas. Il existe des pièces de 5, 10, 25 et 50 halalas et de 1 et 2 riyals. La valeur des billets de banque est de 1, 5, 10, 20, 50, 100, 200 et 500 riyals. Les billets de 20 et 200 riyals sont relativement rares. Le taux de change (décembre 2022) est de :
1 € = 0,25 SAR
1 SAR = 0,25 €.

Paiements. La crise sanitaire du Covid a généralisé les paiements par carte bancaire. Taxis, cafés, restaurants, hôtels, entrées sur les sites, titres de transport, magasins, vous pourrez payer partout par carte, sans contact. Les Saoudiens sont d'ailleurs étonnés lorsqu'on leur explique que le paiement sans contact est limité à 200 SAR. Il n'y a pas de limite de ce genre avec une carte saoudienne. Il n'y a que dans certaines petites épiceries locales ou au marché que vous devrez payer en liquide.

Banque et change. Vous pouvez changer de l'argent avant le départ ou à l'arrivée. Il y a des bureaux de change dans l'aéroport de Riyad et dans celui de Djedda. En revanche, les taux sont rarement à votre avantage. Certains hôtels possèdent également des facilités de change. Demandez à la réception. Mais là encore, les tarifs sont peu avantageux. A Riyad et Djedda, vous trouverez des agents de change en ville, aux taux souvent meilleurs.

Saudi Arabian Riyal.

Carte bancaire. Les paiements par carte Visa ou MasterCard sont possible partout dans le pays. Les distributeurs automatiques des banques locales acceptent également ces cartes de façon généralisée. Vous n'aurez aucun problème à vous procurer des riyals ; il y a des banques et des distributeurs dans toutes les villes. Par conséquent, inutile de prendre avec vous de grosses sommes en liquide, d'autant que la vie sur place est assez chère. Il est interdit de pénétrer dans le pays avec plus de 10 000 € en devise, sans les déclarer.

Transfert d'argent. En raison d'une forte présence de main-d'œuvre étrangère, il est très facile de transférer de l'argent depuis ou vers l'Arabie Saoudite. Vous pouvez utiliser les services en ligne de Western Union. La grande compagnie de transfert locale est Ejaz. Vous pouvez retrouver ses services dans les banques du pays ou dans leurs bureaux dédiés.

BUDGET / BONS PLANS

Budget. Le niveau de vie en Arabie Saoudite est relativement comparable à celui de la France, à quelques exceptions notables près. L'essence est bien entendu beaucoup moins chère. Il faut compter 0,70 € le litre pour du sans plomb. Le prix est fixe et le même dans tout le pays et toutes les stations-service. La nourriture est sensiblement moins chère qu'en France. Il faut compter 2 à 2,50 € SAR pour un sandwich (shawarma, hamburger), 10 € pour un repas dans un restaurant correct, 25 € pour un bon repas. Le prix des hôtels varie selon la destination. A Riyad et Djedda, les deux grandes centres économiques, il faut compter entre 60 € et 150 € la nuit en moyenne, pour une chambre confortable. Dans les villes moyennes, il faut compter 40 € pour une chambre bien et pas chère, 60 € à 80 € pour un hôtel confortable et 100 € et plus pour un hôtel de luxe. AlUla, la destination luxe par excellence, fait figure d'exception. Il n'y a que peu d'offres pour beaucoup de demandes. Il faut compter 100 € pour une chambre chez l'habitant, 200 € dans un resort moyen de gamme et 800 € dans un resort de luxe. Trains, avions et bus permettent de se déplacer facilement à tarif raisonnable. Le prix de location des voitures est identique à ce qui se pratique en Europe. En revanche, les services d'une voiture avec chauffeur ou un guide à la journée coûtent extrêmement cher. Ils n'hésitent pas à demander 350 € à 400 € la journée ! Les prix peuvent augmenter fortement en hiver, qui est la saison des festivals dans des villes comme Riyad ou AlUla.

INTERVIEW

L'ASSURANCE VOYAGE, LE MEILLEUR MOYEN POUR PROTÉGER SA SANTÉ À L'ÉTRANGER

avec le DR CÉDRIC RAMAUT, directeur médical d'Allianz Travel

En cas de souci de santé sur place, que faut-il faire ?

Si l'on se trouve dans une situation urgente (accident grave, morsure d'animaux...), il est conseillé d'appeler les numéros d'urgence locaux. Une fois à l'hôpital, appeler son assisteur pour déclencher les procédures de prise en charge.

Est-il possible d'entrer en contact avec un professionnel de santé en cas de besoin ?

Allianz Travel dispose d'un service de téléconsultation médicale accessible en visio qui permet de s'entretenir avec un médecin 24h/24, 7 jours sur 7. La consultation se fait en français et des conseils sont donnés sur les démarches à effectuer. Une ordonnance peut également être délivrée.

S'agissant des frais médicaux, est-on forcément couvert par son assurance maladie et sa mutuelle à l'étranger ?

La sécurité sociale fonctionne uniquement dans les pays avec lesquels la France a passé des accords. Il faut pour cela demander sa carte européenne d'assurance maladie (CEAM). La sécurité sociale et la mutuelle couvriront alors les frais médicaux à l'étranger à hauteur de leur propre barème sous certaines conditions. Il est malgré tout conseillé de souscrire une assurance voyage, car la prise en charge des frais ne sera pas la même qu'en France.

Quel est le meilleur moyen de voir ses frais médicaux pris en charge ?

Dans les pays hors Europe, il est recommandé de souscrire à un contrat d'assistance avec un bon niveau de couverture des frais médicaux. Il est également important de choisir un assureur disposant d'un important réseau international dans le domaine médical.

En cas de problème médical, le rapatriement est-il prévu dans le contrat d'assurance ?

Oui, la majorité des contrats d'assurance voyage prévoit le rapatriement mais il n'est toutefois pas systématique. L'état de santé du patient peut nécessiter une hospitalisation / une immobilisation sur le lieu de séjour. Si le patient peut être traité sur place, l'assisteur l'orientera vers un médecin ou une structure médicale adaptée localement, et ce jusqu'à ce qu'il puisse à nouveau de voyager et rentrer chez lui.

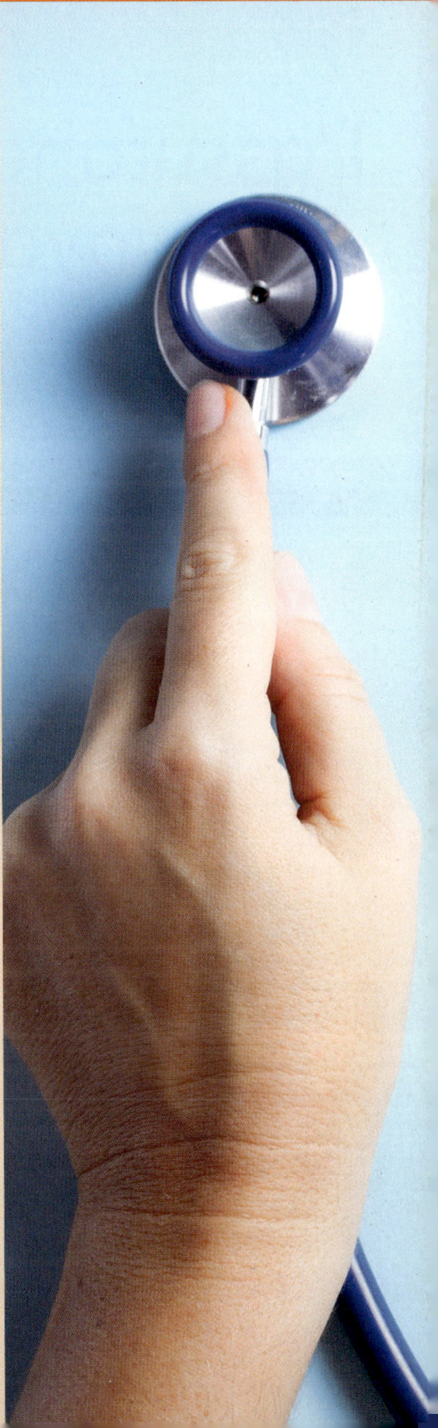

Petit budget. Avec 50 à 90 € par personne et par jour vous vous déplacerez en bus de ville à ville, utiliserez les services d'Uber dans les villes, logerez en résidences hôtelières moins chères que les hôtels, mangerez à petit prix dans les fast-foods en vous autorisant un restaurant de temps à autre et en visitant les sites touristiques principaux. Vous pourrez prendre un ou deux vols intérieurs pour gagner du temps.

Budget moyen. Avec 100 à 150 € par personne et par jour, vous louerez un véhicule qui vous permettra une plus grande liberté et de visiter des sites touristiques à l'écart des centres-villes. Vous effectuerez deux repas par jour dans des restaurants corrects et logerez dans de petits hôtels. Vous pourrez prendre un ou deux vols intérieurs pour gagner du temps.

Gros budget. Entre 200 et 500 € par jour, vous pourrez choisir entre location de voiture et voiture avec chauffeur. Vous pourrez faire appel aux services d'un agent de voyage local pour certaines excursions dans le désert, comme le lac Jaune à Al-Ahsa, le Wadi Disah à Tabouk, ou une virée dans le désert du Rub' al-Khali. Vous logerez dans les meilleurs établissements et pourrez vous offrir des tables d'exception dans les grandes villes de Riyad et de Djedda. Vous pourrez également emprunter les lignes aériennes intérieures pour gagner du temps et voir plus de pays.

Pourboire. Le pourboire est une pratique courante, mais pas obligatoire. On ne vous fera jamais de réflexion si vous n'en laissez pas, mais il est fortement apprécié. D'autant que serveurs, chauffeurs, bagagistes sont souvent des travailleurs immigrés qui viennent en Arabie Saoudite pour envoyer de l'argent à leur famille en espérant améliorer leur sort. N'hésitez pas à laisser 10 riyals ou plus lorsque vous êtes satisfait du service. Et le service est souvent impeccable !

Marchandage. Le marchandage est de mise dans les souks. Il s'agit d'un jeu social, donc inutile de perdre son sang froid. Les commerçants sont rodés à l'exercice et vous ne gagnerez que quelques riyals, une dizaine tout au plus, sauf si le prix de l'article que vous convoitez est élevé. Plus l'objet est cher, plus vous pourrez gagner dessus. Ne démarrez pas les enchères trop bas, sous peine d'insulter votre interlocuteur.

Taxes. Les biens de consommation courante sont soumis à une TVA de 15 %. Les taxes sont toujours incluses dans le prix affiché.

PASSEPORT ET VISAS

Passeport. Tous les passeports délivrés en France sont désormais biométriques. Vos empreintes digitales sont numérisées dans une puce insérée dans la couverture du passeport. Pour obtenir un passeport ou son renouvellement, vous devez prendre rendez-vous en mairie et effectuer une pré-demande de délivrance de passeport sur www.ants.gouv.fr. Vous devez également vous acquitter d'un timbre fiscal de 86 € pour un adulte (17 € pour les enfants de moins de 15 ans et 42 € pour les adolescents entre 15 et 17 ans). Le timbre fiscal peut être obtenu en ligne sur le site www.timbres.impots.gouv.fr. Le jour du rendez-vous en mairie, vous devez vous présenter avec votre ancien passeport, un justificatif de domicile de moins d'un an, une photo d'identité prise il y a moins de 6 mois et répondant à des caractéristiques bien précises (fond clair, cheveux lâchés, pas de lunettes, etc.), du numéro de pré-demande et de la référence du timbre fiscal. Attention, les délais d'obtention de rendez-vous en mairie et de délivrance peuvent prendre plusieurs mois. Il est indispensable d'anticiper votre demande en amont.

Le passeport est valable pour une durée de 10 ans (5 ans pour les enfants). Il peut-être renouvelé gratuitement si toutes les pages ont été remplies.

Pensez à photocopier et scanner vos documents de voyage avant le départ. Remettez-en une copie à une personne de confiance qui pourra intervenir pour vous si nécessaire. En cas de perte ou de vol de votre passeport, vos démarches seront simplifiées si vous pouvez fournir les informations complètes aux autorités consulaires. Vous pouvez également conserver une copie sur le site Internet www.mon.service-public.fr. Il vous suffit de créer un compte gratuitement et de scanner toutes vos pièces d'identité et autres documents importants dans votre espace confidentiel.

Visa. Le visa est obligatoire pour se rendre en Arabie Saoudite. Si vous êtes titulaire d'un passeport européen, vous pouvez effectuer la demande de e-visa touristique en ligne sur le site https://visa.visitsaudi.com. Vous aurez à remplir un formulaire en ligne et télécharger une photo d'identité. Vous devez également souscrire à une assurance santé obligatoire. Le paiement s'effectue une fois le formulaire correctement complété. Vous recevrez les informations relatives à votre e-visa dans votre boîte mail. Elles seront à présenter aux services de l'immigration à l'arrivée. Le visa + assurance santé coûte 100 € environ. Le visa est délivré pour une durée de 1 an, à entrées multiples. Chaque séjour sur place ne doit pas excéder 90 jours.

Avec un passeport européen, vous pouvez également faire votre demande de visa à l'arrivée. Il vous suffit de suivre les panneaux « Visa on Arrival ». Une personne vous accueillera et vous aidera dans vos démarches qui sont à compléter aux bornes informatiques. La démarche est simple et rapide. Nous étions les seuls dans la queue lors de notre venue pour le guide.
Pour tout renseignement sur l'obtention d'un visa saoudien, vous pouvez vous reporter à la page https://www.visitsaudi.com/en/travel-regulations.
Attention, si vous vous rendez en Arabie Saoudite pour le Hajj, vous devez faire une demande de visa spécifique. Le visa gratuit s'obtient auprès du consulat de votre pays de résidence. Jusqu'en 2022, il était obligatoire de passer par une agence de voyage agréée par le ministère du Hajj. Seule l'agence était habilitée à faire la demande de visa. Le gouvernement saoudien a modifié les modalités d'accès au Hajj en 2022. Il faut désormais s'enregistrer sur la plateforme www.motawif.com.sa un mois avant le début du pèlerinage. Si vous êtes tiré au sort, vous recevrez un mail vous en informant. Vous aurez alors quelques jours pour vous acquitter des frais de pèlerinage sur la plateforme Motawif et votre eVisa spécifique vous sera envoyé. Ce système a permis à l'Arabie Saoudite de court-circuiter les agences agréées dans les différents pays du monde, à leur grand dam. Aucune information officielle n'a encore été communiquée concernant les modalités d'inscription au Hajj 2023.

PERMIS DE CONDUIRE

Il est recommandé d'être en possession d'un permis de conduire international en plus de votre permis de conduire français, si vous comptez louer et conduire un véhicule en Arabie Saoudite. Les contrôles routiers existent et il n'est pas sûr que la police saoudienne se contente d'un permis de conduire en français. La demande de permis de conduire international est gratuite et s'effectue sur https://permisdeconduire.ants.gouv.fr. Vous devrez télécharger un justificatif d'identité, une copie de votre permis de conduire, une photo d'identité, un justificatif de domicile de moins de 6 mois et une enveloppe 50 gr affranchie pour le retour. Le permis de conduire international a une validité de 5 ans. L'obtention du permis peut prendre entre 2 et 6 mois.

SANTÉ

Il n'y a pas de recommandations particulières concernant le risque sanitaire en Arabie Saoudite. Les principales maladies qui circulent dans le pays sont les mêmes qu'en Europe. Un traitement préventif contre le paludisme peut néanmoins être envisagé si vous vous rendez

pour une durée de plusieurs jours ou semaines à la frontière avec le Yémen. Des cas ont été recensés. En revanche, en raison de la guerre qui sévit au Yémen, il n'est pas recommandé de se rapprocher de la frontière.
L'eau du robinet est potable, mais fortement traitée. Les Saoudiens eux-mêmes préfèrent boire de l'eau en bouteille. Il n'est pas recommandé de boire l'eau des puits.

VACCINS OBLIGATOIRES

Assurez-vous que votre carnet de vaccination est à jour avant votre voyage. Pour rappel, les vaccins obligatoires sont ceux de la varicelle, du DTP, de la rougeole et de la poliomyélite. Il est recommandé d'être à jour dans votre schéma vaccinal contre le Covid-19, mais ce n'est pas obligatoire pour entrer dans le pays (à l'heure où nous écrivons, en décembre 2022). Le vaccin contre l'hépatite A et l'hépatite B est également recommandé. Le vaccin contre le méningocoque B est exigé pour toute personne participant au Hajj ou à la Omra. Le vaccin contre la fièvre jaune est obligatoire si vous arrivez d'une zone contaminée.
La rage a été éradiquée en Arabie Saoudite. Le risque est très faible et n'existe qu'en cas de morsure par un animal sauvage.

SÉCURITÉ

L'Arabie Saoudite est un pays extrêmement sûr et vous ne vous sentirez jamais en insécurité. En revanche, en raison de l'intervention de l'Arabie Saoudite dans la guerre civile au Yémen, la zone proche de la frontière n'est pas recommandée. L'Arabie Saoudite elle-même déconseille la zone aux voyageurs. La situation est stable la plupart du temps, mais des attaques de drones en provenance du Yémen ont eu lieu par le passé. Vous pouvez obtenir l'information sur la sécurité aux voyageurs sur le site www.diplomatie.gouv.fr.

Drogues et alcool. L'usage de drogues ou la possession et l'absorption d'alcool sont interdits en Arabie Saoudite. Si les substances circulent au marché noir, nous vous déconseillons vivement de chercher à vous en procurer. Vous risquez une peine de prison de 2 à 10 ans assortie de coups de fouet.

Femmes voyageant seule. Voyager seule en Arabie Saoudite ne présente aucun risque ou danger. En revanche, vous serez parfois regardée avec insistance, car rares sont les femmes qui circulent et se déplacent seules. Les Saoudiennes n'ont le droit de conduire que depuis 2017 et les changements concernant la condition féminine apportés dans la société saoudienne ne sont pas encore acceptés par tous. Le port du voile ou de l'abaya n'est pas obligatoire. Il vous est demandé de porter une tenue modeste, c'est-à-dire bras couverts jusqu'aux coudes, pas de décolleté et jambes couvertes jusque sous les genoux. Cela implique l'interdiction du port du maillot de bain sur les plages publiques. Un legging et un T-shirt à manches longues feront l'affaire. En revanche, vous pouvez porter un maillot de bain une pièce dans les resorts de luxe ou certains hôtels qui ont des piscines réservées aux femmes ou avec des horaires aménagés pour elles.

Voyageurs LGBTQ+. L'homosexualité est interdite en Arabie Saoudite et considérée comme une tare occidentale. Si vous voyagez en couple, vous pourrez tout à fait réserver une chambre commune. En revanche, abstenez-vous de demander un lit double si vous avez des lits jumeaux et ne vous affichez jamais publiquement. Les effusions et gestes tendres sont à proscrire en public. Cela vaut aussi pour les couples hétérosexuels.

DÉCALAGE HORAIRE

Il y a 2 heures de décalage horaire entre la France et l'Arabie Saoudite. Il est 14h à Riyad, lorsqu'il est midi à Paris. Le décalage horaire est réduit d'une heure à l'heure d'été, entre fin mars et fin octobre. L'Arabie Saoudite est sur un fuseau horaire unique.

LANGUES PARLÉES

La langue officielle de l'Arabie Saoudite est l'arabe. L'anglais est couramment utilisé, notamment avec la main-d'œuvre d'origine étrangère, dans le milieu des affaires et dans la sphère touristique. Rares sont les guides francophones dans le pays.

COMMUNIQUER

Le wifi est présent dans tous les hôtels, la plupart des restaurants et cafés. Le réseau est généralement bon, voire excellent. Il en est de même pour le réseau de téléphonie mobile. En revanche, les pertes de réseau sont fréquentes dans le désert, au milieu de nulle part. Pensez à télécharger vos cartes si vous vous déplacez en voiture et que vous comptez sur votre GPS.

ELECTRICITÉ ET MESURES

Électricité. Le voltage est de 230 V en Arabie Saoudite et les prises sont anglaises, avec trois fiches rectangulaires. Prévoyez un adaptateur pour pouvoir recharger votre matériel électronique. Vous pouvez également acheter un chargeur sur place, moyennant une dizaine d'euros.

Poids et mesures. L'Arabie Saoudite a adopté le système métrique. Les distances sont renseignées en kilomètres et les poids en kilogrammes. L'abréviation « kilo » est utilisée pour les kilomètres.

BAGAGES

Le climat extrêmement chaud et sec nécessite une garde-robe adaptée. Optez pour des vêtements amples et couvrants qui vous protégeront du soleil et permettront de faire circuler l'air. Privilégiez les matières naturelles telles que le lin, le coton ou la soie. Un chapeau et des lunettes de soleil sont également indispensables. Les fortes chaleurs (46 °C à Riyad en septembre) peuvent suffire à vous incommoder. Une crème solaire haute protection est nécessaire pour le visage, notamment si vous prévoyez de randonner.

En hiver, s'il fait encore chaud comparé à la France, les nuits sont fraîches. Dans le désert, il peut faire très froid dès que le soleil se couche. Une doudoune est indispensable si vous vous rendez dans l'Asir ou dans le désert du Rub' Al Khali. Ailleurs, vous apprécierez la chaleur d'une bonne polaire assortie d'une doudoune légère.

Une bonne paire de chaussures de marche est indispensable pour les terrains difficiles. Beaucoup de déserts sont caillouteux et les sandales ou petites tennis ne sont alors pas adaptées.

Un foulard est toujours utile pour se protéger du vent en cas de tempête de sable, les cheveux dans une ville sainte pour les femmes, le cou sous la climatisation poussée à fond dans les trains, taxis et magasins.

LES PHRASES CLÉS

Bonjour, je voudrais réserver un billet aller/retour pour…
مرحبا، اود حجز تذكرة مفردة/عودة إلى...

J'ai raté mon avion. Je voudrais échanger mon billet s'il vous plaît.
لقد فوت موعد طائرتي،<> اريد تغيير التذكرة من فضلك.

Mon vol est très en retard. Ma correspondance sera bien assurée ?
لقد تأخرت طائرتي للغاية. هل سأتمكن من اللحاق برحلتي الترانزيت؟

Mes bagages ont été égarés, à qui dois-je m'adresser ?
لقد فقدت حقائبي، من المسؤول الذي يجب أن أتحدث إليه؟

Louez-vous des voitures avec chauffeur ?
هل لديك تأجير سيارات مع السائق؟

Je n'ai presque plus d'essence. Où se trouve la station-service la plus proche ?
لقد أوشك وقود السيارة على النفاد. اين توجد أقرب محطة وقود؟

S'Y RENDRE

L'accès à l'Arabie Saoudite se fait au départ de Roissy Charles-de-Gaulle en direction de Riyad, la capitale saoudienne, ou de Djedda, le point d'entrée pour les pèlerinages religieux à La Mecque ou à Médine. Il existe également une liaison directe sur Saudia Airlines pendant les mois d'hiver entre Paris CDG et AlUla, le grand site touristique et archéologique de l'Arabie Saoudite. Les compagnies aériennes Saudia et Air France assurent des vols directs quotidiens pour Riyad et Djedda. Les tarifs sont assez élevés. Le seul moyen pour faire baisser le prix du billet est d'envisager un vol avec escale. Ces liaisons sont assurées par des compagnies nationales ou low-cost implantées en Turquie ou dans d'autres pays du Moyen-Orient. Il faut compter 6 heures de vol pour une liaison sans escale dans le sens aller et 7 heures dans le sens retour, pour Riyad, et 5 heures 30 et 6 heures de vol pour et au retour de Djedda.

AIR FRANCE

✆ 09 69 39 36 54

Air France propose un vol quotidien à destination de Riyad et de Djedda. Les codes sont partagés avec la compagnie Saudia et les liaisons assurées par la compagnie saoudienne. A l'aller, le vol quitte l'aéroport de Roissy-Charles-de-Gaulle à 11h25 et atterrit à l'aéroport King Khalid de Riyad à 19h35 (18h35 en été). Le vol retour est assuré de nuit. L'avion quitte Riyad à 2h05 et atterrit à Roissy-CDG à 7h. Pour Djedda, le vol aller décolle à 15h15 et atterrit à l'aéroport King Abdulaziz à 22h50 ; le vol retour part à 8h55 et atterrit à Roissy-CDG à 13h15.

SAUDIA

✆ +966 0820 20 05 05

www.saudia.com

La compagnie aérienne nationale existe depuis 1945 et possède son siège à Djedda. Elle dessert plus de 100 destinations à l'international et, avec l'ouverture du pays au tourisme, n'a de cesse de se développer. La compagnie a notamment ouvert une liaison directe entre Paris CDG et AlUla. La compagnie est également maîtresse sur le marché des liaisons domestiques, proposant toutes les liaisons possibles, là où les autres compagnies sont absentes. Vous apprécierez le grand confort à bord. Saudi est membre de l'alliance Skyteam.

MISTERFLY

www.misterfly.com

Ouvert du lundi au vendredi de 9h à 21h. Le samedi de 10h à 20h.

MisterFly.com est le nouveau-né de la toile pour la réservation de billets d'avion. Son concept innovant repose sur un credo : transparence tarifaire ! Cela se concrétise par un prix affiché dès la première page de la recherche, c'est-à-dire qu'aucun frais de dossier ou frais bancaire ne viendront alourdir la facture finale. Idem pour le prix des bagages ! L'accès à cette information se fait dès l'affichage des vols correspondant à la recherche. La possibilité d'ajouter des bagages en supplément à l'aller, au retour ou aux deux... tout est flexible !

OPTION WAY

✆ 04 22 46 05 23

www.optionway.com

Option Way est l'agence de voyages en ligne au service des voyageurs. L'objectif est de rendre la réservation de billets d'avion facile en vous faisant économiser. 3 bonnes raisons de choisir Option Way :

- la transparence comme mot d'ordre. Finies les mauvaises surprises, les prix sont tout compris, sans frais cachés ;
- des solutions exclusives qui vous permettent d'acheter vos vols au meilleur prix ;
- le service client, basé en France, joignable gratuitement, composé de véritables experts de l'aérien. Ils sont là pour vous, n'hésitez pas à les contacter.

SÉJOURS ET CIRCUITS

L'Arabie Saoudite est une jeune destination qui ne s'est ouverte au tourisme qu'en 2019. Par conséquent, l'offre de séjour est encore limitée, la plupart des opérateurs proposant des circuits de découverte d'une semaine à 10 jours, se concentrant principalement sur Riyad, AlUla et Djedda. Agences généralistes, agences spécialisées et agences réceptives, toutes sont néanmoins présentes sur le marché. Elles pourront, pour certaines, adapter les circuits proposés à votre mesure, si vous êtes en quête d'un voyage individuel. Pour le moment, l'essentiel des séjours proposés se pratiquent en petits groupes, l'Arabie Saoudite étant une destination encore chère. Même les agences réceptives fonctionnent de la sorte. Elles créent de courts séjours à dates fixes et nécessitant un nombre minimum de participants. Il faudra encore quelques années pour que les acteurs locaux s'adaptent aux nécessités du marché international.

ARTS ET VIE

251, rue de Vaugirard - **PARIS** (15e)
✆ 01 40 43 20 21
www.artsetvie.com
Autres agences : Grenoble, Lyon, Marseille et Nice. Du lundi au vendredi de 9h à 12h30 et de 14h à 17h.

Arts et Vie est une agence spécialisée dans les voyages culturels. Elle propose un circuit en Arabie Saoudite en groupe de 15 à 20 participants. L'itinéraire s'attache à la découverte du nord du pays et de ses fabuleux sites archéologiques ou anciens, inscrits au Patrimoine mondial de l'humanité. La visite comprend la découverte de l'ancienne capitale de Diriyah à Riyad, des pétroglyphes de Hail, des anciennes civilisations de Dadan et de Nabathée à AlUla, des environs de Tabouk avec le fantastique Wadi Disah ou le site nabatéen méconnu d'Al Bad'.

CERCLE DES VOYAGES

31, avenue de l'Opéra
PARIS (1er)
✆ 01 40 15 15 11
www.cercledesvoyages.com
Tous les jours sauf dimanche 9h-20h, samedi 10h-18h30.

Les conseillers du Cercle des Voyages sont des spécialistes qui partageront avec vous leurs conseils et leurs petits secrets pour faire de votre voyage une expérience inoubliable et personnalisée. Confiez-leur vos habitudes de voyages, les différentes régions que vous souhaitez découvrir et co-concevez ensemble un voyage sur mesure, qui vous ressemble. Cette agence en plein cœur de Paris, avec un original service de conciergerie, vous propose des séjours, des circuits et des vols à prix économiques dans plus de 90 destinations.

CLUB FAUNE VOYAGES

50, rue de Passy
PARIS (16e)
✆ 01 42 88 31 32
www.club-faune.com
Ouvert du lundi au vendredi de 9h à 19h.

Ce spécialiste du voyage sur mesure depuis 1985, vous invite à découvrir l'Arabie Saoudite. Accompagnés et conseillés par un de ses experts passionnés, vous construirez ensemble le « voyage de vos envies » et découvrirez adresses secrètes et expériences hors des sentiers battus au cours d'un séjour intitulé « Merveilles d'Arabie ». Au programme : découverte de Riyad, d'AlUla, des vestiges de la cité antique d'Hegra, de Djedda. Votre conseiller vous recevra dans « l'Espace Voyage » de l'agence pour voir les étapes incontournables de votre futur voyage.

EXPLORATOR

✆ 01 53 45 85 85
www.explo.com
Ouvert de 9h30 à 18h30 du lundi au vendredi.

Ce tour-opérateur organise des voyages d'immersion en petits groupes de 4 à 8 participants. Nature, Culture et Rencontres sont les maîtres-mots des voyages proposés dans 80 destinations éloignées de notre culture occidentale. En lien avec des partenaires sur place, Explorator propose plusieurs formules (Découverte, En famille, Sur mesure...). Passeurs de culture, les meilleurs guides partageront avec vous leur immersion dans la vie locale, favorisant les rencontres spontanées avec les habitants. Des voyages qui s'adaptent à toutes les envies.

INTERMÈDES

10, rue de Mézières - **PARIS** (6e)
✆ 01 45 61 90 90
www.intermedes.com
Du lundi au jeudi de 9h30 à 18h et le vendredi de 9h30 à 17h.

Intermèdes, c'est une autre façon de voir le monde. Avec son équipe de spécialistes passionnés par le voyage culturel au service de particuliers ou de groupes, cette agence vous conseillera un voyage accompagné d'un conférencier ou une croisière de qualité à dimension humaine ou encore un circuit original, mais aussi l'accompagnement sur les chemins de pèlerinage. Les groupes sont limités à 25 participants. Deux séjours sont proposés en Arabie Saoudite. De très beaux parcours de 9 jours le long de sites religieux, culturels et antiques du pays.

LES MAISONS DU VOYAGE

76, rue Bonaparte
PARIS (6e)
✆ 01 40 51 95 15
www.maisonsduvoyage.com
Du lundi au samedi de 10h à 19h.

Cela fait 30 ans que Les Maisons du Voyage concoctent des séjours d'exception axés sur la curiosité, l'ouverture à d'autres civilisations et cultures, le respect du patrimoine et des paysages. L'aventure a démarré avec la Chine. Désormais, les Maisons du Voyage proposent des séjours étendus à toutes les régions du monde. L'Arabie Saoudite n'échappe pas à leur regard d'expert. L'agence a dessiné un itinéraire d'exception entre les « cités heureuses de l'Arabie nabatéenne », qui vous fera découvrir les trésors de Pétra en Jordanie et d'Hegra en Arabie Saoudite.

MARCO VASCO

36, rue de Brunel
PARIS (17e)
✆ +33 01 76 64 72 38
www.marcovasco.fr

C'est l'agence de voyages du groupe de presse du *Figaro*. Elle propose des circuits plutôt élitistes dans de nombreuses destinations à travers le monde. Elle propose un circuit de 8 jours en Arabie Saoudite « Mystérieuse Arabie ». Le circuit propose une initiation expresse aux fabuleux trésors de la péninsule Arabique, comprenant Riyad, AlUla et Djedda. Chacune des étapes de l'itinéraire comprend un site classé au Patrimoine mondial de l'humanité de l'Unesco. Nul doute qu'après un premier séjour, vous aurez envie de poursuivre vers d'autres déserts du pays.

NOMADE AVENTURE

40, rue de la Montagne-Sainte-Geneviève
PARIS (5e)
✆ 01 46 33 71 71
www.nomade-aventure.com
Ouvert du lundi au samedi de 9h30 à 18h30. Circuits sur mesure. Activités.

Nomade Aventure, comme son nom l'indique doublement, est une agence qui vous change de vos habitudes sédentaires. Avec ses voyages placés sous le thème de la nature, de la culture et de la rencontre, elle vous propulse vers de nouvelles aventures. Loin des meutes de touristes, vous mettrez à profit les bonnes connaissances des agents sur la région en profitant à la fois de circuits originaux et de spots incontournables. Nomade Aventure fait de votre voyage de véritables vacances en vous permettant de vous détendre, ils prévoient tout !

TIRAWA

170, voie Albert-Einstein - **MONTMÉLIAN**
✆ 04 79 33 76 33
www.tirawa.com
Agence ouverte du lundi au vendredi de 9h00 à 12h30 et de 13h30 à 18h00.

Spécialiste des voyages à pied et d'aventure, Tirawa propose des circuits variés allant du voyage de découverte à des treks soutenus dans plus de 30 pays. L'agence a mis au point un splendide circuit en Arabie Saoudite, qui permet d'en faire le tour en 16 jours. L'itinéraire démarre à Djedda avant de s'enfoncer dans les brumes des montagnes du Sud Hedjaz. Un vol pour Riyad, et un circuit qui remonte vers le nord du pays, s'arrêtant dans les principales oasis des routes caravanières ancestrales. Quelques balades étudiées et de courtes randonnées sont prévues.

VOYAGEURS DU MONDE

55, rue Sainte-Anne - **PARIS** (2e)
✆ 01 88 33 06 93
www.voyageursdumonde.fr
Tous les jours sauf dimanche 10h-18h. Autres agences en France, à Bruxelles, à Genève, à Montréal et à Québec.

Depuis quarante ans maintenant, Voyageurs du Monde construit pour vous un univers totalement dédié au voyage sur mesure et en individuel, grâce – entre autres – aux conseils pointus transmis par des spécialistes qualifiés sur leur destination de cœur ou d'origine. Vous bénéficiez de leur aide pour la préparation du voyage, mais aussi durant toute la durée du voyage sur place. Tous les circuits peuvent être effectués avec des enfants, car tout est question de rythme. A noter également, un site internet au contenu riche et inspirant.

HAVAS VOYAGES

✆ 08 26 08 10 20

www.havas-voyages.fr

Avec un réseau de centaines d'agences, le numéro un des clubs de vacances français propose des formules tout compris avec un bon rapport qualité-prix. Désormais, Havas Voyages cherche à renouveler l'offre des séjours *all incluse* dans des clubs formatés pour aller vers plus de personnalisation du pack vacances. L'agence propose des idées thématiques, du sur-mesure à la demande du client, ce qui correspond à la tendance actuelle. Des vols, des offres d'hébergement, mais aussi des promotions toute l'année et en dernière minute également.

LASTMINUTE

✆ +39 0892 586 132

www.lastminute.com

Des vols secs à prix négociés, dégriffés ou publics sont disponibles sur Lastminute, agence de voyage en ligne créée en 1998. On y trouve également des week-ends, des séjours, de la location de voiture... Mais surtout, Lastminute est le spécialiste des offres de dernière minute permettant ainsi aux vacanciers de voyager à petits prix sans avoir à s'y prendre plusieurs semaines à l'avance. Que ce soit pour un week-end ou une semaine, une croisière ou simplement un vol, des promos sont proposées et renouvelées très régulièrement.

PROMOVACANCES

✆ 01 55 33 44 44

www.promovacances.com

Promovacances est une agence de voyage en ligne qui propose de nombreux séjours touristiques, des week-ends, ainsi qu'un très large choix de billets d'avion à tarifs négociés sur vols charters et réguliers, des locations, des hôtels à prix réduits. En plus de cette importante offre, n'hésitez pas à guetter en ligne des promotions de dernière minute et les bons plans du jour. Enfin, des informations pratiques sont à consulter en ligne pour préparer votre voyage : santé, formalités, aéroports, voyagistes, compagnies aériennes.

88 DESTINATIONS

RIYAD

✆ +966 55 112 2786

www.88destinations.com

88 Destinations est l'un des principaux tour-opérateurs de l'Arabie Saoudite fondé en 2017. Les fondateurs, d'intrépides voyageurs, connaissent non seulement la destination, mais comprennent également les besoins des touristes amenés à visiter le pays. Voyage individuel ou de groupe, l'agence crée des itinéraires qui se concentrent sur les aspects culturels et humains. Avec 88 Destinations, vous partirez à la rencontre d'un peuple à l'hospitalité légendaire composé d'une mosaïque de coutumes et traditions qui diffèrent selon les régions.

AJWAA TABUK TRAVEL

Abu Bakr al Siddiq Street - **TABOUK**

✆ +966 14 421 4445

www.ajwaatravelksa.com

Ouvert de 9h30 à 13h30 et de 16h30 à 22h30 ; le vendredi de 16h30 à 22h30.

Ajwaa Travel est une agence sérieuse ayant pignon sur rue depuis des années. Ali, son propriétaire, est originaire de Tabouk et connaît sa région comme personne. Il organise des circuits personnalisés pour vous faire découvrir les environs : Wadi Disah, Jabal al-Lawz, Haql et la côte, les somptueuses montagnes de grès ou les fonds magiques de la mer Rouge... L'affaire est familiale et son gendre s'occupe de conduire un 4x4 flambant neuf floqué au nom de l'agence. Ali peut également organiser des circuits à travers tout le pays. N'hésitez pas à le consulter.

AL FOKHARIA

King Fahd Road

AL HOFUF

✆ +966 53 394 0000

https://fokharia.sa

Abdullah bin Saleh est un des pionniers dans le tourisme à Al-Ahsa. Natif de la région, il se consacre à faire découvrir sa belle oasis et sa ville d'Al Hofuf. Son agence, Al Fokharia, propose de nombreux circuits à la durée variable, pour découvrir la soixantaine de sites d'intérêt que compte la région. Mais elle peut aussi concocter un circuit sur mesure en fonction du temps dont vous disposez et de vos centres d'intérêt. Soyez assurés qu'en faisant appel à Fokharia, vous serez entre de bonnes mains et que vous serez accompagné par les meilleurs guides locaux.

ALFORATT TOURS

AL HOFUF

✆ +966 53 948 5738

Hussain et Abdulrahman sont 2 amis saoudiens qui ont lancé cette agence à taille humaine. Abdulrahman, également le guide, vous accompagnera en anglais sur toute la zone de l'Est du pays. Ils sont spécialisés dans l'oasis d'al-Hassa, patrimoine mondial de l'UNESCO, qui abrite de nombreux sites archéologiques qui témoignent de la présence d'êtres humains pendant la période Néolithique. Avec leur voiture, ils peuvent vous aider à organiser votre séjour de 2 jours en partant de Ryad en train. Avec l'agence Al Foratt tours, on sort réellement des sentiers battus.

AMAZING TOURS

RIYAD

✆ +966 55 593 0139

amazingtours.com.sa

Meteb tient cette excellente agence qui propose une vision haute en couleur de l'Arabie Saoudite. Installée à Riyad, l'agence peut organiser votre visite de la ville et propose régulièrement des tours organisés les jours de semaine. Mais Amazing Tours est surtout l'agence spécialiste du Rub al-Khali, le grand désert du quart sud-est du pays, l'un des plus hostiles au monde. Les départs se font à date fixe et plusieurs circuits sont proposés : une découverte sur trois jours, sept jours d'aventure dans le désert ou un trek de 300 km pendant quatorze jours.

HAYA TOURS

8479 Airabee Avenue / Thumamah Road

RIYAD

✆ +966 11 229 0091

https://hayatour.com/

Lorsque Salwa a créé son agence, elle a longtemps réfléchi à un nom qui sonne juste. En arabe, *haya* signifie « on y va » ou « faisons connaissance ». Elle vous fait de nombreuses excursions, d'une journée à Riyad et ses environs, à plusieurs jours dans le pays. A Riyad, Salwa se propose de vous faire découvrir de nombreux sites naturels uniques et l'incontournable « Edge of the World » ou le marché aux dattes. N'hésitez pas à faire appel à Salwa pour enrichir votre découverte culturelle du pays. Ses tarifs sont ultraraisonnables et vous trouverez des idées tops.

SHAMAL SAUDI ARABIA

RIYAD

✆ +966 50 079 7002

www.shamal-sa.com

Shamal est une agence spécialisée dans les expériences et les séjours d'aventure. Et l'Arabie Saoudite est un terrain de jeu idéal pour explorer, conquérir, grimper, sortir de sa zone de confort. Via ferrata à Al-'Ula, grottes volcaniques dans des paysages lunaires, camping sur une des îles désertes de Farasan, randonnée dans les wadis de Tabouk... L'agence propose également des séjours plus relax comme un week-end bien-être à Al-'Ula, qui allie yoga, méditation, observation des étoiles et visites culturelles avec l'incontournable Hegra.

© SHAMAL

© SHAMAL

ORGANISER SON SÉJOUR

ISLAND NIGHTS FOR TOURIST TRIPS

RIYAD

✆ +966 55 490 3999

Cette agence originaire de Djedda possède des antennes un peu partout dans le pays : Riyad bien sûr, mais aussi Tabouk, Jezan, Hail, Al Baha ou encore Taïf. Avec Island Nights Tourist Trips, vous avez la certitude d'avoir affaire à des interlocuteurs qui connaissent bien le terrain et sauront vous concocter des circuits ou excursions sur-mesure au plus près de vos envies. L'agence est agréée par le Ministère du Tourisme depuis 2016, une garantie de sérieux complémentaire.

SAUDI ADVENTURER

✆ +966 55 527 7369

www.adventurer.com.sa

Si vous avez envie d'expériences hors du commun, de vous défier physiquement ou plus simplement de vous connecter avec les fabuleux paysages d'Arabie Saoudite, Saudi Adventurer est l'agence qu'il vous faut. Abdulslam a parcouru son pays de fond en comble et testé toutes les randonnées qu'il propose. Que vous souhaitiez vous initier à la descente en rappel dans les environs de Riyad, partir pour une courte ou longue randonnée, expérimenter la dureté du désert du Rub' al-Khali ou survoler le désert en deltaplane, tout est possible. Pour les passionnés d'aventure.

LIVE THE MOMENT

DJEDDA

✆ +966 54 003 7369

Cette petite agence jeune et dynamique basée à Djedda propose avant tout des séjours d'aventure à prix raisonnable. Le territoire d'Arabie Saoudite est vaste et les options nombreuses. Les séjours sont organisés en mode camping, ce qui permet de consacrer une bonne partie du budget à des activités originales. Ainsi, à Al Ula, Live The Moment propose des stages de tir à l'arc, du buggy dans les dunes, de la randonnée et du VTT, du tir à la carabine à air comprimé, mais aussi du yoga pour reconnecter son for intérieur à la nature environnante.

SIXTH GULF

RIYAD

✆ +966 50 370 2185

https://sixthgulf.com/

Depuis sa création, Sixth Gulf cherche à atteindre le leadership et l'excellence dans les services de voyage et de tourisme. L'ambition de cette petite compagnie est de fournir les meilleurs services liés à l'industrie du voyage et du tourisme à des prix compétitifs. Pour ce faire, elle exploite toutes les capacités techniques et les cadres humains professionnels afin de proposer les séjours les plus appropriés en fonction des aspirations de ses clients. La satisfaction de la clientèle est au cœur des services proposés par Sixth Gulf.

PANGEA ADVENTURES

✆ +966 55 271 3769

https://pangaeaclub.net

Comme son nom l'indique, Pangea Adventures est une agence 100 % orientée vers l'aventure et les activités de plein air. Son programme est hautement alléchant, avec des méharées de 3 jours dans le désert d'AlUla, des nuits en mode camping dans les montagnes brumeuses d'Abha, des excursions enseignant les techniques de survie dans le désert. L'équipe fourmille d'idées originales comme ce week-end axé autour d'une chasse au trésor sur les pentes du mont Soudah ou des randonnées de nuit, juste guidé par les étoiles et la lumière de la lune.

ZAHID TRAVEL GROUP

DJEDDA

✆ +966 12 261 3595

www.zahid-travel.com

L'agence de voyage Zahid s'appuie sur la puissance financière du groupe Zahid, l'un des premiers groupes de construction d'Arabie Saoudite. Elle existe depuis 70 ans et est l'une des premières agences du pays. Vous pouvez lui confier vos besoins et vos envies et ses agents sauront les transformer en une expérience inoubliable. Que ce soit pour découvrir Djedda ou pour un circuit à travers le pays, ils s'adapteront à votre budget. L'agence ne propose pas de circuits, mais uniquement des séjours sur mesure pour être au plus près de l'attente des clients.

SE LOGER

Il est facile de se loger en Arabie Saoudite, car la plupart des oasis sont devenues des villes à la population qui ne cesse de croître et à l'économie active. Toutes les grandes villes et villes moyennes comptent une offre variée d'hôtels, tous très confortables et souvent récents. Le concept de résidence hôtelière est également très développé et permet de se loger à moindre frais dans de véritables appartements équipés de kitchenette et comprenant le plus souvent un salon séparé de la chambre. Il y a tout de même une exception notable : AlUla. Cette destination incontournable de tout voyage en Arabie Saoudite ne présente qu'une offre très limitée. Les rares hôtels sont des resorts de luxe où les villas se vendent à prix d'or. Le manque crucial de chambres est compensé par des chambres chez l'habitant, au tarif élevé et sans aucun service associé. Toute l'offre hôtelière du pays est recensée sur le site de Booking.

BEWELCOME €€

www.bewelcome.org

Le système est simple : être hébergé chez l'habitant, partout dans le monde. C'est le site Internet qui se charge de contacter les accueillants et les postulants puis de les mettre en contact, que ce soit en ligne ou dans la vraie vie. Avec leur carte interactive, les profils *des « welcomers »* s'affichent, avec leurs disponibilités. Certains font part de leurs projets de voyage afin de pouvoir trouver des affinités, des opportunités d'action avec les membres du site. Idéal pour un voyage solidaire et plein de belles rencontres !

COUCHSURFING €€

www.couchsurfing.com

Plateforme internet pour séjourner chez l'habitant. Tarif d'adhésion : 15€ environ.

Couchsurfing est le service d'hébergement gratuit en ligne regroupant le plus d'adhérents. Il suffit de s'inscrire pour accéder aux profils des locaux ou faire sa demande d'hébergement pour quelques jours, voire quelques semaines. En échange, vous pouvez par exemple inviter votre hôte à manger, lui offrir un cadeau ou bien l'accueillir chez vous. Le site Internet met en place des systèmes de contrôle : notation des membres, numéro de passeport exigé à l'inscription, etc. Les participants ont accès à des hébergements volontaires dans plus de 200 pays.

HELPX €€

www.helpx.net

Plateforme Internet pour séjourner chez l'habitant.

Des fermes biologiques, des B&B, des hôtels où l'étranger aide tout en bénéficiant, selon les hôtes, d'un hébergement, de repas ou de cours de langues selon le travail fourni. Un panel de lieux, partout dans le monde, où vivre durant une année ou moins, afin d'améliorer une langue ou vivre une expérience hors du commun pendant une année de césure. Lors de notre dernière visite sur le site, des propriétaires de *guesthouse* proposaient lit + déjeuner en échange de quelques heures de travail. Peut être une bonne affaire pour les plus jeunes.

BOOKING.COM €€

www.booking.com

Est-il encore besoin de présenter la centrale de réservation Booking ? En Arabie Saoudite, la plupart des hôtels ne s'embarrassent plus de sites Internet présentant leur établissement, ils mettent leur propriété directement sur Booking, avec de nombreuses photos et une revue détaillée des chambres et des services proposés dans les établissements. La centrale sera donc votre partenaire privilégié si vous envisagez un séjour organisé par vos soins en Arabie Saoudite. Presque tous les établissements hôteliers du pays sont référencés sur le site.

SE DÉPLACER

Les distances en Arabie Saoudite sont immenses et il est fréquent de devoir rouler pendant des heures dans le désert pour rallier deux villes. Dans les villes aussi, les distances sont grandes et la voiture est indispensable pour se déplacer. La meilleure option consiste donc à louer une voiture, afin de bouger en toute liberté et de pouvoir explorer à sa guise. En revanche, il est vivement déconseillé de rouler sur des routes non-goudronnées, dans le désert, sauf à avoir un véhicule 4x4 adapté. Pour les très longues distances et si vous n'avez que peu de temps sur place, l'avion est un bon moyen d'aller de ville en ville. Toutes possèdent un aéroport et l'Arabie Saoudite compte 3 compagnies proposant des liaisons domestiques. Le bus est en plein développement et il relie les grandes villes entre elles, permettant des sauts de puce à moindre frais. Enfin, le train est un moyen agréable et rapide de se déplacer.

FLYADEAL

✆ +966 12 634 6100

Flyadeal est l'autre compagnie low-cost opérant en Arabie Saoudite. Elle appartient à la compagnie Saudia et opère depuis 2017. Elle a débuté ses activités en privilégiant des liaisons domestiques, mais elle assure depuis peu des liaisons à l'international. Les destinations desservies sont essentiellement des villes du Moyen-Orient (Amman, Dubaï, Koweït City...). Elle vise en priorité une clientèle touristique et de pèlerinage. La flotte de Flyadeal est constituée d'Airbus A320 et A320 Neo. Elle en possède 26 et doit se faire livrer 16 autres avions prochainement.

FLYNAS

✆ +966 11 434 9000

Flynas est la première compagnie low-cost à être venue concurrencer Saudia Airlines. La compagnie saoudienne existe depuis 2006 et propose des liaisons aériennes intérieures à prix réduits. Sa flotte est exclusivement composée d'appareils Airbus. Pour l'instant, elle dispose de 39 appareils, mais en a commandé 75 supplémentaires au constructeur européen. La compagnie se développe également à l'international et assure des liaisons avec les pays du Moyen-Orient, d'Asie du Nord et du Sud, les pays du Maghreb et quelques pays européens comme l'Autriche ou l'Espagne.

SAUDIA

✆ +966 0820 20 05 05

www.saudia.com

La compagnie aérienne nationale existe depuis 1945 et possède son siège à Djedda. Elle dessert plus de 100 destinations à l'international et, avec l'ouverture du pays au tourisme, n'a de cesse de se développer. La compagnie a notamment ouvert une liaison directe entre Paris CDG et AlUla. La compagnie est également maîtresse sur le marché des liaisons domestiques, proposant toutes les liaisons possibles, là où les autres compagnies sont absentes. Vous apprécierez le grand confort à bord. Saudi est membre de l'alliance Skyteam.

SAPTCO

www.saptco.com.sa

La SAPTCO est la société publique de transports d'Arabie Saoudite. Si toutes les villes d'Arabie Saoudite ne sont pas reliées entre elles par la SAPTCO, les plus importantes le sont. Mais attention, les distances dans le pays étant énormes, les trajets peuvent s'avérer très longs. Tous les horaires et tarifs sont disponibles sur le site Internet de la compagnie. Il est également possible de réserver en ligne. Si vous réservez au comptoir d'une gare routière, il vous faudra un numéro local sur lequel votre billet vous sera envoyé.

SAUDI ARABIA RAILWAYS

www.sar.com.sa

Le train est le nouvel allié des déplacements dans certaines contrées d'Arabie Saoudite. Deux lignes partent de Riyad. La première dessert l'est du pays, passant par Al Hofuf et se terminant à Dammam. La seconde remonte vers le nord du pays et la frontière jordanienne, jusqu'à Al-Quarayyat et passant par Buraydah et Hail. Le second hub ferroviaire est destiné aux pèlerins musulmans. Une ligne à grande vitesse relie Djedda, avec son aéroport international, aux villes saintes de La Mecque et de Médine. Le train est bon marché et très confortable.

KAIIAN

✆ +966 92 000 9771

www.kaiian.com

Kaiian est l'équivalent saoudien d'Uber. Le service de chauffeur à la demande est très bien implanté dans le pays et il vous sauvera peut-être la mise dans les petites villes peu touristiques où les services VTC des géants que sont Uber et Careem ne sont que peu présents. C'est notamment le cas à AlUla ou dans certaines petites villes de la côte de la mer Rouge comme Sharma ou Haql. L'application Kaiian peut être téléchargée sur l'Apple Store ou Google Play, en fonction du système d'exploitation installé sur votre téléphone.

AVIS RENT A CAR

Aéroport Riyadh

RIYAD

✆ +966 11 488 4887

https://www.avis.com

Ouvert tous les jours.

Avis propose une gamme de véhicules très complète partout en Arabie Saoudite. La compagnie peut notamment mettre un véhicule à votre disposition dans tous les aéroports du pays. Vous profitez d'une location de voiture avec des conditions particulièrement flexibles, comme l'option de carburant (retour à plein ou non), l'assurance collision et les assurances complémentaires. La compagnie se plie en quatre pour vous servir et se propose de déposer et récupérer le véhicule là où cela vous arrange (hôtel, domicile, etc.). Aucuns frais d'annulation ne sont appliqués.

KEY CAR RENTAL

✆ +966 9200 05211

http://key.sa

Ouvert tous les jours. Ouvert le dimanche.

Key Car Rental a été fondée en 1982 avec l'ouverture d'une première agence à Djedda. Aujourd'hui, la société compte plus de 50 succursales dans le royaume et est devenue l'une des principales sociétés de location de voitures en Arabie Saoudite. Présente dans douze villes, Key Car Rental propose les meilleurs services de location de voitures dans tous les grands aéroports d'Arabie Saoudite. Si vous passez par Riyad, Djedda, Dammam, Médine, Abha, Yanbu ou Al-Ahsa, vous trouverez l'une de leurs agences et leur personnel prêt à vous aider.

CAREEM

www.careem.com

Careem est l'équivalent arabe d'Uber. La compagnie originaire de Dubaï est présente en Arabie Saoudite depuis 2015. L'application est à télécharger sur l'Apple Store ou Google Play selon le téléphone que vous utilisez. Une carte bancaire est nécessaire pour pouvoir activer les services de commande de chauffeur à la demande. Il est également recommandé d'avoir une carte SIM locale afin de pouvoir correspondre avec les chauffeurs en cas de besoin et de ne pas se ruiner en frais de « roaming ». Le service Careem est disponible dans toutes les villes saoudiennes.

UBER

www.uber.com

Uber sera sans nul doute votre meilleur compagnon pour vous déplacer à Riyad si vous ne louez pas de voiture. Le système est identique à celui partout ailleurs dans le monde. Pensez bien à télécharger l'application sur votre téléphone portable avant votre départ, car vous ferez certainement appel à l'un de ses chauffeurs dès votre sortie de l'avion. Vous aurez donc pris soin d'acheter une carte SIM dans le hall d'arrivée du terminal 2 afin de pouvoir commander tout de suite votre véhicule qui vous emmènera dans le centre de Riyad.

S'INFORMER

Sur le plan international, l'Arabie Saoudite a pour habitude de défrayer la chronique en tentant des coups de force qui parfois font froid dans le dos. Le positionnement politique du pays dans les relations internationales dessert l'image du pays sur le plan touristique. Vous serez surpris d'être accueilli à bras ouverts par un peuple qui ne plaisante pas avec le mot « hospitalité ». Le pays s'étant ouvert au tourisme en 2019 seulement, la littérature concernant la destination est encore assez maigre. Le Petit Futé Arabie Saoudite est d'ailleurs le premier guide de voyage consacré à la destination. Il existe néanmoins quelques beaux livres s'intéressant notamment à la dimension archéologique du pays. L'Arabie Saoudite n'a pas toujours été un vaste désert. Il y a quelques milliers d'années, c'était un pays verdoyant. Civilisations anciennes et routes caravanières ont forgé un mystère, dont un coin de voile se lève enfin.

LA COMPAGNIE DES CARTES

lacompagniedescartes.fr

La Compagnie des cartes est une librairie en ligne spécialisée dans les cartes du monde, de randonnée, routières, murales, en 2D et en 3D, ainsi que des guides de voyage pour chaque recoin de la planète. Ce ne sont pas moins de 5 000 cartes qui sont proposées sur le site et livrées entre 1 et 5 jours après la commande. C'est le site idéal pour trouver la carte ou le guide d'une destination confidentielle ou encore peu touristique. Des globes sont également proposés, ainsi que des idées cadeaux (jeux, objets relatifs au voyage, etc.).

PETIT FUTÉ MAG

www.petitfute.com

Le *Petit Futé Mag* est le magazine idéal pour vous aider à préparer vos prochains week-ends, vacances, ou tout simplement rêver à votre prochaine destination ! Biannuel, vous le retrouverez dans vos kiosques au printemps et à l'automne. À chaque numéro, des destinations en France et à travers le monde sont mises en valeur sous forme de dossiers thématiques pour valoriser les différents aspects de ladite destination (culturels, gastronomiques, etc.). En prime, un agenda ouvre le mag pour ne rien manquer de l'actu touristique et muséale.

COURRIER INTERNATIONAL

6-8, rue Jean-Antoine de Baïf

PARIS (12e)

✆ 01 46 46 16 00

www.courrierinternational.com

Courrier International est un titre de presse hebdomadaire regroupant les meilleurs articles de la presse internationale en version française. Il permet d'obtenir un point de vue « intérieur » sur l'actualité qui secoue le monde et d'affiner son analyse géopolitique. L'Arabie Saoudite multiplie les tentatives pour figurer au premier plan de l'actualité internationale et s'imposer comme un interlocuteur politique de premier plan : intervention dans la guerre au Yémen, durcissement des relations avec le Qatar, multiplication des actions de « soft power », etc.

RMC DÉCOUVERTE

✆ 01 71 19 11 91

www.rmcbfmplay.com

Média d'information thématique, cette chaîne – diffusée en HD – propose un florilège de programmes dédiés à la découverte, et plus particulièrement des documentaires liés aux thématiques suivantes : aventure, animaux, science et technologie, histoire et investigations, automobile et moto, mais également voyages, découverte et art de vivre. C'est une excellente source d'informations pour préparer un séjour, se tenir au courant des événements dans la région et même bien au-delà. Une chaîne dont l'audience, logiquement, augmente régulièrement !

RESTER

S'installer en Arabie Saoudite est impossible, sauf à obtenir un contrat de travail en bonne et due règle. Il n'est pas non plus possible de monter une entreprise avec des capitaux étrangers. Seuls les Saoudiens sont autorisés à créer des entreprises dans le pays. Toutes les entreprises étrangères présentes en Arabie Saoudite ont donc conclu des accords de partenariats avec des acteurs économiques locaux. L'économie saoudienne est extrêmement protégée. La vie en Arabie Saoudite est assez particulière et les loisirs ne sont que peu nombreux. Les femmes ont le droit de travailler, de vivre seule et de se déplacer seule. Mais l'univers du travail demeure très masculin. Les expatriés sont pour beaucoup regroupés dans des condominiums très luxueux, avec piscine. Ils vivent en vase clos. Il existe également une nombreuse main d'œuvre étrangère venus de pays en voie de développement et asservie aux petites tâches.

ACTION CONTRE LA FAIM

102, rue de Paris
MONTREUIL
✆ 01 70 84 70 70
www.actioncontrelafaim.org
Par téléphone de 9h à 13h et de 14h à 18h.

ONG internationale spécialisée dans la lutte contre la faim dans le monde, active dans les domaines de la nutrition, santé, sécurité alimentaire, de l'eau, de l'assainissement. L'association intervient dans des situations de crise. Le but étant de rendre les populations autonomes d'un point de vue de la nutrition, en apportant une aide concrète et en formant les intervenants locaux qui prendront le relais. Ses missions de volontariat durent de trois mois à un an en Afrique, Asie, Amérique, Europe centrale, dans le Caucase, au Moyen-Orient et dans les Caraïbes.

WEP FRANCE

95, avenue Ledru Rollin
PARIS (11e)
✆ 01 48 06 26 26
www.wep.fr

WEP propose plus de 50 projets éducatifs et séjours linguistiques dans une trentaine de pays pour une durée allant de une semaine à 18 mois. Quel que soit votre projet d'études ou de volontariat à l'étranger, vous trouverez sur le site de WEP une rubrique qui y sera consacrée : étudier au lycée, dans une université, partir en séjour linguistique, faire une expérience professionnelle dans le cadre d'un stage ou vivre en immersion dans une famille. Possibilité également de planifier des programmes combinés (études et projet humanitaire par exemple).

BUSINESS FRANCE

77, Boulevard Saint-Jacques
PARIS (14e)
✆ 01 40 73 30 00
Ouvert en semaine de 8h30 à 18h30.

L'Agence pour le développement international des entreprises françaises travaille en étroite collaboration avec les missions économiques. Le site Internet recense toutes les actions menées, les ouvrages publiés, les événements programmés et renvoie sur la page du Volontariat International en Entreprise (VIE). Fondée en 2015, cette structure est née de la fusion entre Ubifrance et l'Agence française pour les investissements internationaux. Elle est affiliée au Ministère de l'Europe et des Affaires étrangères et au Ministère de l'Économie et des Finances.

CÉCILIA PITRÉ

RIYAD
✆ +966 50 012 8321

Cécilia est installée en Arabie Saoudite depuis 2020, travaillant dans l'hôtellerie. Elle a découvert la culture du désert à Oman, où elle a vécu 4 ans et s'est passionnée pour les concours de chameaux et les courses de purs sangs arabes. Fascinée par le mode de vie bédouin, elle a déjà noué de nombreux contacts en Arabie Saoudite et se propose de vous faire découvrir des villages hors des sentiers battus et des sites peu connus. Bonne connaisseuse de la culture arabe et de la tradition islamique, Cécilia enrichit les visites avec des détails passionnants.

INDEX

26° NORTH ALULA 217
70'S CAFE 117
88 DESTINATIONS 99, 254

A

ABHA PALACE 168
ABHA ★★ 166
ABIR GUIDE FRANCOPHONE 190
ABU ALI 216
ACTION CONTRE LA FAIM 261
ADAGIO JEDDAH CITY CENTER 191
AEROPORT INTERNATIONAL KING KHALID 94
AHLAM GALLERY 101
AHLAN WASAHLAN 199
AÏD AL-ADHA 6, 85
AÏD EL-FITR 82
AIR FRANCE 251
AJWAA TABUK TRAVEL 234, 254
AL-ASEEL COFFEE 117
AL-BALAD 188
AL-DISAH ★★★ 241
AL-KHARJ 130
AL-MUZAHMIYA ★ 130
AL-QARYAH AL-TURATHIYAH 238
AL-ULA ★★★★ 209
AL AHSA INTERCONTINENTAL 147
AL AHSA TOURISM 152
AL ANSAR GOLDEN TULIP HOTEL 205
AL AREESH 169
AL BAD' ★★ 239
AL BAHA ZIPLINE 173
AL BAHA ★★ 173
AL BAIK 194
AL BUKAYRIYAH ★ 226
AL EAIRY APARTMENTS 228
AL FOKHARIA 144, 254
AL GADHI ROSE FACTORY 197
AL GHAT ★★ 128
AL HAWI RESTAURANT 148
AL HOFUF ★★★ 143
AL JAAD MAHABAS HOTEL 183
AL JADIDAH 211
AL JAHAMAH ★ 172
AL JUBAIL 143
AL KHANAFAH WILDLIFE SANCTUARY 233
AL KOOT HERITAGE HOTEL 147
AL MASAA CAFE 117
AL NAKHEEL MALL 120
AL NAMAS ★ 172
AL QASSIM OASIS DATES 170
AL REEF LEBANON 114
AL RIMAYA 122
AL SAFY RESTAURANT AND CAFE 199
AL TAROF DATES 121
AL TURATHI 228
AL UQAÏR ★ 152
ALAHSA GRAND 146
ALFORATT TOURS 145, 255
ALMAKAN HOTEL 113 107
ALULA ARTS FESTIVAL 6, 82
AMAKEN RESIDENTIAL UNITS 145
AMAZING TOURS 37, 98, 255
AMBER SPECIALTY COFFEE 117
ANKAWA IRAQI RESTAURANT 141
AQUARIUM DE FAKIEH 187
ARAR 230
ARCHERY RANGE 123
ARTS ET VIE 252
AS'SAAFA HOTEL 205
ATHARNA 122
AVIS RENT A CAR 95, 259
AYA SOFYA 169
AYLUL LUBNAN 200

B

BA ESHEN FISH 194
BAIE DE LA DEMI-LUNE (HALF MOON BAY) 138
BAIT AL ROBYAN SEAFOOD RESTAURANT 141
BALCONY 142
BEACH PARK RESTAURANT AND LOUNGE 142
BEAUTY ROSE HOTEL 168
BEDU COFFEE LOUNGE 118
BEES TOWER HONEY REFINERY 171
BEIT OMAR 114
BEWELCOME 257
BLACK HOUSE CAFE 118
BLUE INN BOUTIQUE HOTEL 168
BOGA - TARIQ AL HUSSAINI 194
BOOKING.COM 257
BOUDL AL SHATEA 140
BOUDL PALESTINE APPART'HOTEL 191
BURAYDAH ★ 225
BURGER SITE 141
BUSINESS FRANCE 261

C

CAFE DE RIJAL ALMA'A 171
CAOUA 118
CARAVAN BY HABITAS ALULA 217
CARAWAN AL KHALEEJ HOTEL 107
CAREEM 259
CÉCILIA PITRÉ 261
CENTRE HISTORIQUE DU ROI ABDULAZIZ 101
CERCLE DES VOYAGES 252
CHATEAU AL DOSSARIA 158
CHATEAU AL RADHM 242
CHATEAU D'AL HAMRA 242
CHATEAU DE MARID 232
CHATEAU DE RA'OUM 154
CHATEAU OTTOMAN DE SHAMSAN 166
CIMETIERE AL BAQI 203
CITADELLE DE TURAIF 105
CLARION HOTEL JEDDAH AIRPORT 192
CLOUDS AND STARS APARTHOTEL 155
CLUB FAUNE VOYAGES 252
COLONNES DE RAJAJIL 231
CORAL AL AHSA HOTEL 146
CORNICHE DE DJEDDA 187
COUCHSURFING 257
COURRIER INTERNATIONAL 260
CRATÈRE D'AL-WAHBAH ★★ 200
CRATERE D'AL WAHBAH 200
CROWNE PLAZA RIYADH PALACE 107

D

DADAN & JABAL IKHMA 212
DAMMAM ★★ 137
DANA RAYHAAN BY ROTANA 140
DAR AL TAQWA HOTEL 206
DAR BASMA 148
DAR OTEL 230
DARAT SAFEYA BINZAGR 187
DELHI DARBAR 114
DÉSERT DU NAFUD ★★★ 229
DIM LIGHT 116
DIVING BUBBLES 208
DJEDDA ★★★ 186
DOLCE RAGUSA 118
DOUBLETREE BY HILTON MAKKAH JABAL OMAR 185
DR CAFE COFFEE 118
DRAFT CAFE 118
DUBA 240
DUMAT AL-JANDAL ★★ 232
DUNES DE SABLE ROUGE 130
DUR HOSPITALITY 108

E

ECOLE AL AMIRIAH 144
ELAF BAKKAH HOTEL 183
ELIXIR BUNN COFFEE ROASTERS 119
EMAAR TAIBA HOTEL 205
EMPTY QUARTER ★★★ 153
ENCORE 116
ENNABI GRILL 141
EWAA EXPRESS AL MAADI AL HAMRA HOTEL 191
EWAA EXPRESS HOTEL TABUK 236
EWAA EXPRESS OLAYA 108
EXPLORATOR 252

F

FAIFA HOTEL 157
FAIRMONT RAMLA RIYADH 110
FALAFEL PIE 168
FARASAN ISLAND ★★★ 159
FARES' STEAKHOUSE 238
FAROUJ AL CARAWAN 114
FATOUM SHAWARMA 206
FATTE W SNOBAR 148
FESTIVAL DE DROMADAIRE DU ROI ABDULAZIZ 6, 85
FESTIVAL DU DROMADAIRE DU PRINCE HÉRITIER 6, 85
FESTIVAL INTERNATIONAL DU FILM DE LA MER ROUGE 7, 85
FESTIVAL NATIONAL DE JANADRIYAH 6, 82
FÊTE NATIONALE 6, 85
FIRA BISTRO 157
FISH MARKET 195
FLORIDA INN HOTEL 155
FLYADEAL 94, 258
FLYNAS 94, 258
FORTERESSE AL MASMAK 101
FORTERESSE D'A'ARIF 227
FORTERESSE DE QADEER 231
FORTERESSE DE TABOUK 234
FORTERESSE DE TAROUT 143
FORTERESSE DE TAYMA 242
FORTERESSE DE ZABAL 231
FOUR POINTS BY SHERATON RIYADH KHALDIA 108

G

GARDEN PLAZA HOTEL 147
GARE DU CHEMIN DE FER DU HEDJAZ 203
GARE FERROVAIRE DE DAMMAM 139
GHARAMEEL 211
GHAZI TOURISM SERVICES 97
GOAT STEP 119
GOLDEN AL ANDALOS 166
GOLDEN TULIP SHARMA RESORT 240
GOLF DE DIRAB 130
GRAND MILLENNIUM HOTEL TABUK 236
GRAND PLAZA HOTEL TAKHASOSI RIYADH 108
GRANDE MOSQUEE DE L'IMAM TURKI BIN ABDULLAH 101
GRANDE MOSQUEE DU ROI KHALID 103
GROTTE DE HIRA 178

H

HABITAS ALULA ... 217
HAIL ★ ... 227
HAJJ ... 7, 85
HALA INN ARAR HOTEL ... 230
HANAK ★★ ... 240
HAPPY TIMES FISH RESTAURANT ... 159
HAQL ★★ ... 238
HASHEM ... 230, 237
HASHIM RESTAURANT ... 169
HAVAS VOYAGES ... 254
HAYA TOURS ... 49, 97, 255
HEGRA ... 213
HELPX ... 257
HERITAGE GARDEN RESTAURANT ... 217
HERITAGE VILLAGE ... 138
HIGH CITY ... 170
HILTON GARDEN INN HOTEL TABUK ... 236
HILTON GARDEN INN RIYADH OLAYA ... 110
HOLIDAY INN & SUITES AL JUBAIL ... 143
HOLIDAY INN & SUITES TABUK ... 237
HOLIDAY VILLA HAIL HOTEL ... 228
HURAYMILA ★★★ ... 124
HUSAAK ADVENTURE CENTRE ... 216

I

IDMI COFFEE ROASTERS ... 119
IMAM TURKI BIN ABDULLAH ROYAL RESERVE ... 229
INTERCONTINENTAL TAIF ... 198
INTERMÈDES ... 253
IRIS BOUTIQUE TAIF HEART ... 198
ISLAND NIGHTS FOR TOURIST TRIPS ... 97, 256

J

JABAL AL-LAWZ ★★★ ... 238
JABAL DAKKA ... 200
JABAL SHADA RESERVE ★★ ... 175
JEBEL ALFIL ... 211
JEDDAH HILTON HOTEL ... 191
JEPANG'S FILIPINO RESTAURANT ... 148
JIZAN ... 158
JO SPA ... 123
JOOD AT TAIF RESIDENTIAL UNITS ... 198
JUBBAH ★★★ ... 229

K

KAIIAN ... 259
KEY CAR RENTAL ... 259
KHAYBAR ★ ... 207
KINDAH TASTE RESTAURANT ... 199
KING FAHD INTERNATIONAL AIRPORT ... 140
KINGDOM CENTRE ... 120

L

LA COMPAGNIE DES CARTES ... 260
LA GROTTE CACHEE ... 124
LA KAABA ... 179
LA MECQUE ★★★★ ... 176
LAC JAUNE (ASAFAR LAKE) ... 149
LAC SADUS ... 125
LARA AL JAWF HOTEL APARTMENTS ... 232
LASTMINUTE ... 254
LAYLA ... 130
LE MASCHOU ... 116
LE PARK CONCORD HOTEL NAJRAN ... 156
LE PORT D'UQAIR ... 153
LE PUITS DE HADAJ ... 242
LEILA MIN LEBNEN ... 116
LES MAISONS DU VOYAGE ... 253
LES SEPT MOSQUEES ... 205
LILOU ARTISAN PATISSERIE ... 119
LIVE THE MOMENT ... 190, 256
LOOPAGOON WATERPARK ... 138
LOTUS HOTEL ... 156
LUSIN ... 114

M

M HOTEL AL DANA MAKKAH BY MILLENIUM ... 184
MAISON ANGAWI ... 190
MAISON DE L'ALLEGEANCE - MAISON AL-BIAH ... 144
MAISON DES ARTS ISLAMIQUES ... 190
MAISONS DE PISÉ DE QABIL ... 154
MAKAN ... 157
MAKAREM AJYAD MAKKAH HOTEL ... 183
MAKAREM AL BAIT HOTEL ... 184
MAKAREM AL SHOROFAT ... 184
MAKAREM MINA MAKKAH HOTEL ... 184
MAKAREM UMM AL QURA MAKKAH HOTEL ... 185
MALABARI RESTAURANT ... 199
MALIK AL-SAJ RESTAURANT ... 156
MANSARD RIYADH A RADISSON COLLECTION ... 112
MAQSORAT ALSWAILEM ... 226
MARAYA SOCIAL ... 218
MARAYA ... 218
MARCHE AUX DROMADAIRES ET BETAIL ... 225
MARCHE AUX DROMADAIRES ... 124
MARCHÉ AUX POISSONS ET MARINA AZIZIYA ... 208
MARCHE AUX POISSONS ... 158
MARCO VASCO ... 253
MARRIOTT RIYADH AIRPORT HOTEL ... 112
MARRIOTT RIYADH DIPLOMATIC QUARTER ... 112
MASHWY W SAJ ... 238
MATAEIM MADHAQ AL MAGHRIB ... 116
MÉDINE ★★★ ... 201
MERKAZ ... 218
MIJANA ... 141
MILLENNIUM HOTEL HAIL ... 228
MILLENNIUM MADINAH AIRPORT ... 206
MILOS GOURMET ... 170
MISTERFLY ... 251
MONT FAYFA ★★ ... 157
MONT SOUDAH ★★★ ... 170
MONTAGNE AL QARAH ... 150
MONTAGNE AL SHUABA ... 149
MOON MOUNTAIN ★★ ... 196
MOSQUEE AL-HARAM ... 181
MOSQUEE AL-QIBLATAIN ... 203
MOSQUEE DE JUATHA ... 149
MOSQUEE DU PROPHETE ... 204
MOSQUEE OMAR IBN AL-KHATTAB ... 233
MOSQUEE QUBA ... 205
MÖVENPICK MAKKAH HAJAR TOWER ... 185
MÖVENPICK QASSIM ... 226
MRAT ★ ... 125
MUSEE AL TAYEBAT ... 190
MUSEE ALFELWAH ET ALJOWHARA ... 138
MUSEE ALJHALI ... 170
MUSEE ALOQILAT ... 225
MUSEE ARCHEOLOGIQUE ET FOLKLORIQUE D'AL JAWF ... 233
MUSEE DE BURAYDHA ... 225
MUSEE DE L'AVIATION SAQER-ALJAZIRAH ... 103
MUSEE DE L'HISTOIRE DU PROPHETE ET DE L'ISLAM ... 203
MUSEE DE RIJAL ALMA'A ... 171
MUSEE DE TABOUK - GARE DU HEDJAZ ... 237
MUSEE DU PATRIMOINE DE FATIMAH ... 167
MUSEE HERITAGE HOUSE ... 149
MUSEE ITHRA ... 139
MUSEE NATIONAL ... 104
MUSEE TAYBEEN ... 139

N

NAJD VILLAGE ... 114
NAJRAN ★★ ... 154
NARCISSUS AL HAMRA HOTEL ... 192
NEBRAS TOURISM ... 189
NEW DOOR RESTAURANT ... 148
NOFA RIYADH, A RADISSON COLLECTION RESORT ... 110
NOMADE AVENTURE ... 253
NOORSEEN ... 230
NORMINA HOTEL SUITES ... 140
NOVOTEL JAZAN ... 159
NOVOTEL JEDDAH TAHLIA ... 192
NOVOTEL MAKKAH THAKHER CITY ... 185
NOVOTEL RIYADH AL ANOUD ... 110
NUMBER NINE CONCEPT STORE ... 122

O

OASIS D'AL AHSA ★★★★ ... 149
OASIS ZONE ... 124
OKKU ... 115
OKROM ... 172
OLIVE TREE HOTEL ... 236
OPTION WAY ... 251

P

PALAIS AL AAN ... 154
PALAIS D'IBRAHIM ... 144
PALAIS DE BIN RAQOUSH ... 174
PALAIS DE QISHLAH ... 227
PALAIS HISTORIQUE DE MURABBA ... 104
PALAIS SHUBRA ... 197
PALMERAIE D'AL AHSA ... 152
PALMS LAND TOURS ... 98
PANGEA ADVENTURES ... 256
PARADISE RESTAURANT ... 226
PARC DE LA FORET DE RAGHADAN ... 174
PARC NATIONAL D'HURAYMILA ... 125
PARC NATIONAL DE SAYSED ... 198
PARC NATIONAL DE THUMAMAH ... 124
PARK HOUSE HOTEL SUITE ... 110
PARK HYATT JEDDAH MARINA, CLUB & SPA ... 194
PAUL BAKERY & RESTAURANT ... 119
PERSONAGE ... 121
PETIT FUTÉ MAG ... 260
PISCINE ... 123
PLAGE D'UQAIR ... 152
POINT DE VUE DU MONT SOUDAH ... 170
POTERIE DOUGHA ... 152
PRIME ALMINA HOTEL ... 192
PRINCE FAISAL BIN FAHD ART GALLERY ... 103
PROMOVACANCES ... 254
PUITS DE ZAMZAM ... 183

Q

QASR AL AMARAH ... 155
QUARTIER D'AL BASTA ... 167
QUARTIER DU VIEUX KOUD ... 145
QUEEN HOTEL ALULA ... 217
QUZU ... 230

EDITION

Directeurs de collection et auteurs : Dominique AUZIAS et Jean-Paul LABOURDETTE

Auteurs : Astrid LATAPIE, Baptiste THARREAU, Mathias DESHOURS, Amandine GLEVAREC, Adélaide SAUTER, Juliette COURTOIS, Romain RISSO, Kevin GIRAUD, Sylvie DEL COTTO, Jean-Paul LABOURDETTE, Dominique AUZIAS et alter

Directeur Editorial : Stéphan SZEREMETA

Rédaction Monde : Laure CHATAIGNON, Morgane VESLIN, Pierre-Yves SOUCHET, Natalia COLLIER

Rédaction France : Briséis CREAC'H-MENUT, Audrey VEDOVOTTO, Marie VIGNERON, Nicolas WODARCZAK, Mélanie PEILLET

FABRICATION

Maquette et Montage : Romain AUDREN, Julie BORDES, Delphine PAGANO

Iconographie et Cartographie : Anne DIOT, Julien DOUCET

WEB ET NUMERIQUE

Directeur Web : Louis GENEAU de LAMARLIERE

Technical Project Manager : Hervé MARION

Développeurs : Guillaume BARBET, Adeline CAUX

Intégrateur Web : Mickael LATTES, Antoine DION

Webdesigner : Caroline LAFFAITEUR

Community Traffic Manager : Alice BARBIER, Noémie LE SAUX

DIRECTION COMMERCIALE

Directeur commercial : Guillaume VORBURGER

Coordinatrice des Régies commerciales : Manon GUERIN

Responsable Régies locales : Michel GRANSEIGNE

Responsables Développement régie inter : Jean-Marc FARAGUET, Guillaume LABOUREUR et Camille ESMIEU

Assistante commerciale Régie internationale : Leila ANTRI-BOUZAR

Chefs de Publicité Régie nationale : Caroline AUBRY, François BRIANCON-MARJOLLET, Perrine DE CARNE MARCEIN, Jonathan TOUTOUX,

DIFFUSION ET PROMOTION

Directrice des Ventes : Bénédicte MOULET assistée d'Aissatou DIOP

Responsable des ventes : Jean-Pierre GHEZ assisté de Nelly BRION

Relations Presse-Partenariats : Jean-Mary MARCHAL

ADMINISTRATION

Président : Jean-Paul LABOURDETTE

Directrice des Ressources Humaines : Dina BOURDEAU assistée de Sandra DOS REIS et Eva BAELEN

Directrice Administrative et Financière : Valérie DECOTTIGNIES

Comptabilité : Guillaume PETIT, Aminata BAGAYOKO, Jeannine DEMIRDJIAN et Adama DIABY

Recouvrement : Fabien BONNAN assisté de Sandra BRIJLALL

Responsable informatique : Elie NZUZI-LEBA

PETIT FUTÉ ARABIE SAOUDITE

LES NOUVELLES EDITIONS DE L'UNIVERSITE
18, rue des Volontaires - 75015 Paris.
✆ 01 53 69 70 00 - Fax 01 42 73 15 24
Internet : www.petitfute.com
SAS au capital de 1 000 000 € - RC PARIS B 309 769 966
Couverture : Elephant Rock, Arabie Saoudite © da cipher - iStockPhoto.com
Impression : CORLET IMPRIMEUR - 14110 Condé-en-Normandie
Achevé d'imprimer : février 2023
Dépôt légal : 12/03/2023
ISBN : 9782305086217

Pour nous contacter par email, indiquez le nom de famille en minuscule suivi de @petitfute.com
Pour le courrier des lecteurs : info@petitfute.com

IMPRIMÉ EN FRANCE

R

RADISSON BLU HOTEL & RESIDENCE, RIYADH DQ .. 111
RADISSON BLU HOTEL YANBU 208
RADISSON BLU RESORT JIZAN 159
RAFAHYAT ALFAKHAMA RESIDENTIAL UNITS 234
RAFFLES JEDDAH 194
RAFFLES MAKKAH PALACE 185
RAJIV INDIAN RESTAURANT 157
RAMADA BY WYNDHAM CONTINENTAL JEDDAH 192
RAMADAN 7, 82
RAZAN ALAZZOUNI 122
REMAJ HOTEL 199
RÉSERVE PROTÉGÉE D'HARRAT AL-HARRAT 233
RESIDENCE INN BY MARRIOTT DAMMAM 140
REYHANA 195
RIJAL ALMA ★★★ 171
RITZ-CARLTON JEDDAH 194
RIYADH GOLF COURSES 123
RIYADH HIKING 98
RIYADH METRO TRANSPORT 96
RIYADH PARK 120
RIYADH SEASONAL DATES MARKET 121
RMC DÉCOUVERTE 260
ROKN AL-RIMMAL HOTEL SUITES 232
ROLLINS HOTEL 225
ROSH RAYHAAN BY ROTANA, RIYADH 108, 109
RUSTICANA 169

S

SAHARY ALULA RESORT 217
SAJA AL MADINAH 206
SAKAKAH ★★ 231
SAMA AL QASR HOTEL SUITES 108
SAMAL AL DEAFAH HOTEL 184
SAPTCO - AL AZIZIYA 96
SAPTCO - RIYADH 96
SAPTCO 258
SARA 195
SAUDI ADVENTURER 98, 256
SAUDI ARABIA RAILWAYS 259
SAUDI SILK ROAD 235
SAUDIA 94, 251, 258
SAWGHA 121
SCITECH 139
SHAFA ABHA HOTEL 168
SHAMAL SAUDI ARABIA 98, 255
SHAQRA ★★ 128
SHARMA 240
SHATAER AL FALAFIL 169
SHAWARMA BEIRUT 199
SHAWARMA FACTORY 169
SHAWARMER 116
SHAZA MAKKAH 185
SHERATON DAMMAM HOTEL & CONVENTION CENTRE 141
SHERATON JEDDAH HOTEL 192, 193
SITE ARCHEOLOGIQUE D'AL UKHDUD 155
SITE ARCHEOLOGIQUE DE JUBBAH 229
SITE ARCHEOLOGIQUE DE MADYAN 239
SIXTH GULF 98, 100, 256
SKY BRIDGE 103
SMOKE RING 228
SOMEDAYS 146
SOMEWHERE HOTEL AL AHSA 147
SOUK DE QAISARIYA 145
SOUK DE SWEIGAH 120
SOUQ AL ZAL 121
SPAZIO 115
STARBUCKS COFFEE 142
SUHAIL 218
SUMOUKH JAZAN SERVICED APARTMENTS 158
SURVOL EN HELICOPTERE 216
SWAT AL OLAYA HOTEL APARTMENTS 140
SWISS SPIRIT HOTEL & SUITES AL BAHA 175
SWISS SPIRIT HOTEL & SUITES 198

T

TABOUK ★★ 234
TAGHMEES 115
TAIF ★★ 196
TAMEES 09" 195
TAMNIAH ★★ 172
TAROUT ★ 142
TASTE OF DILLI 115
TAXIS DE RIYAD 96
TAYMA ★★ 241
TELECABINE D'AL HADA 198
THE EDGE OF THE WORLD 125
THE GLOBE 115
THE OBEROI MADINA 206
THE RITZ CARLTON RIYADH 112
THEE AIN ★★★ 175
THUMAMAH NATIONAL PARK 124
TIRAWA 253
TRANKILA LOUNGE 195
TRIPLE TREE 146
TURQUOISE MOUNTAIN 122
TUWARIN 228
TYROLIENNE D'ALULA 218

U

UBER 96, 259
UMLUJ ★★★ 240
URTH CAFFE 119
USHAIQER ★★★ 128
UYUN AL JAWA ★★ 226

V

VIA FERRATA 218
VIEILLE VILLE D'ALULA 216
VIEILLE VILLE DE HAIL 227
VIEILLE VILLE DE YANBU 208
VIEUX SOUK DE TAIF 200
VIEUX VILLAGE D'AL GHAT 129
VIEUX VILLAGE D'USHAIQER 129
VIEUX VILLAGE DE SHAQRA 128
VIEUX VILLAGES DE KHAYBAR 208
VILLAGE D'ABA AS SU'UD 155
VILLAGE HISTORIQUE D'AL-MALAD 174
VILLAGES D'ALGEHAD ET AL ATHAWLAH 175
VIOLA HOTEL 159
VIVIENDA HOTEL VILLAS 112
VOYAGE APARTMENTS 110
VOYAGEURS DU MONDE 253

W

WABI SABI CLOSET 122
WADI AD-DAWASIR 130
WADI E JIN ★ 207
WEP FRANCE 261
WOOD FIRE PIZZA LENUO 195

Y

YANBU ★ 207
YAUATCHA RIYADH 115
YOUTH RESTAURANT 156

Z

ZAHID TRAVEL GROUP 190, 256
ZULFI ★ 129